Patt im Ausschuss

Europäische Hochschulschriften

European University Studies

Publications Universitaires Européennes

Reihe II **Rechtswissenschaft**

Series II Law

Série II Droit

Band/Volume **5894**

Karsten Alex

Patt im Ausschuss

Die Abbildung politischer Mehrheitsverhältnisse in repräsentativen Gremien im Spannungsfeld von Staatsrecht und Staatspraxis

PL ACADEMIC RESEARCH

Bibliografische Information der Deutschen Nationalbibliothek
Die Deutsche Nationalbibliothek verzeichnet diese Publikation in der Deutschen Nationalbibliografie; detaillierte bibliografische Daten sind im Internet über http://dnb.d-nb.de abrufbar.

Zugl.: Hamburg, Bucerius Law School, Diss., 2016

H 360
ISSN 0531-7312
ISBN 978-3-631-71436-2 (Print)
E-ISBN 978-3-631-71437-9 (E-PDF)
E-ISBN 978-3-631-71438-6 (EPUB)
E-ISBN 978-3-631-71439-3 (MOBI)
DOI 10.3726/b10510

PL Academic Research ist ein Imprint der Peter Lang GmbH.
Peter Lang – Frankfurt am Main · Bern · Bruxelles · New York · Oxford · Warszawa · Wien

Diese Publikation wurde begutachtet.

www.peterlang.com

Vorwort

Die vorliegende Arbeit wurde im Oktober 2015 fertiggestellt und im Juli 2016 als Dissertation an der Bucerius Law School – Hochschule für Rechtswissenschaft – angenommen. Die mündliche Promotionsprüfung fand am 26. September 2016 statt. Rechtsprechung und Literatur konnten bis einschließlich September 2016 berücksichtigt werden; im Übrigen befindet sich die Arbeit auf dem Stand ihrer Fertigstellung.

Mein herzlicher Dank gilt meinem Doktorvater, Prof. Dr. Christian Bumke. Er hat mich während meines Promotionsvorhabens sehr gut betreut und mir wertvolle Anregungen gegeben. Ebenso herzlich danke ich Prof. Dr. Jörn Axel Kämmerer für die zügige Erstellung des Zweitgutachtens.

Ein besonderer Dank geht an meine Familie und meine Freunde, die mir während der Umsetzung des Promotionsvorhabens die notwendige Abwechslung geboten haben.

Der größte Dank gebührt meiner Ehefrau, die für mich zu jeder Zeit Rückhalt und Antriebskraft zugleich war. Sie hat im erheblichen Maße zum Gelingen dieser Arbeit beigetragen. Ihr ist die Arbeit gewidmet.

Hamburg, im Oktober 2016 Karsten Alex

Inhaltsverzeichnis

Abkürzungsverzeichnis

a.A.	anderer Ansicht
a.F.	alte Fassung
aaO	am angegebenen Ort
Abg.	Abgeordnete(r)(n)
Abs.	Absatz
AEUV	Vertrag über die Arbeitsweise der Europäischen Union
Anh.	Anhang
AöR	Archiv des öffentlichen Rechts
Art.	Artikel
Ba-Wü	Baden-Württemberg
Bay	Bayern
BayVBl.	Bayerische Verwaltungsblätter
Bd.	Band
Berl	Berlin
BGBl.	Bundesgesetzblatt
BR	Bundesrat
Brandb	Brandenburg
BRD	Bundesrepublik Deutschland
Brem. GBl.	Bremisches Gesetzblatt
BT	Bundestag
BVerfG	Bundesverfassungsgericht
BVerfGE	Amtliche Sammlung der Entscheidungen des Bundesverfassungsgerichts
BVerfGG	Gesetz über das Bundesverfassungsgericht
BVerwG	Bundesverwaltungsgericht
BVerwGE	Amtliche Sammlung der Entscheidungen des Bundesverwaltungsgerichts
bzgl.	bezüglich
bzw.	beziehungsweise
ca.	circa
CDU	Christlich Demokratische Union Deutschlands
CSU	Christlich-Soziale Union in Bayern
d.h.	das heißt
dass.	dasselbe
DDR	Deutsche Demokratische Republik
ders.	derselbe
dies.	dieselben
DNG	Die Neue Gesellschaft
DÖV	Die Öffentliche Verwaltung
Drucks.	Drucksache

DVBl.	Deutsches Verwaltungsblatt
etc.	et cetera
EU	Europäische Union
f.	folgende
FDP	Freie Demokratische Partei
ff.	folgende
FHB	Freie Hansestadt Bremen
FHH	Freie und Hansestadt Hamburg
Fn.	Fußnote
Forts.	Fortsetzung
FS	Festschrift
GG	Grundgesetz
ggf.	gegebenenfalls
GOAbg	Geschäftsordnung des Abgeordnetenhauses
GOBR	Geschäftsordnung des Bundesrates
GOBT	Geschäftsordnung des Deutschen Bundestages
GOBürg	Geschäftsordnung der Bürgerschaft
GOLT	Geschäftsordnung des Landtages
GOVermA	Gemeinsame Geschäftsordnung des Bundestages und des Bundesrates für den Ausschuss nach Artikel 77 GG
h.M.	herrschende(r) Meinung
Hes	Hessen
Hrsg.	Herausgeber
insb.	insbesondere
JöR	Jahrbuch des öffentlichen Rechts der Gegenwart
JURA	Juristische Ausbildung
JZ	Juristenzeitung
LVerf	Landesverfassung
m.w.N.	mit weiteren Nachweisen
Meck-Vorp	Mecklenburg-Vorpommern
n.F.	neue Fassung
Nds	Niedersachsen
NJW	Neue Juristische Wochenschrift
Nr.	Nummer
NRW	Nordrhein-Westfalen
NVwZ	Neue Zeitschrift für Verwaltungsrecht
NWVBl.	Nordrhein-Westfälische Verwaltungsblätter
o. Hrsg.	ohne Herausgeber
o. O.	ohne Ort
O. V.	ohne Verfasser
PDS	Partei des Demokratischen Sozialimus
Rh-Pfl	Rheinland-Pfalz
Rn.	Randnummer
S.	Satz/Seite

Saarl	Saarland
Sachs	Sachsen
Sachs-Anh	Sachsen-Anhalt
Schl-Holst	Schleswig-Holstein
sog.	sogenannte(r)(s)(n)(m)
SPD	Sozialdemokratische Partei Deutschlands
Thür	Thüringen
u.a.	unter anderem
v.a.	vor allem
vgl.	vergleiche
Vorbem.	Vorbemerkung
VVDStRL	Veröffentlichungen der Vereinigung deutscher Staatsrechtslehrer
WP	Wahlperiode
z.B.	zum Beispiel
ZaöRV	Zeitschrift für ausländisches öffentliches Recht und Völkerrecht
ZG	Zeitschrift für Gesetzgebung
ZParl	Zeitschrift für Parlamentsfragen
ZPol	Zeitschrift für Politikwissenschaft
ZRP	Zeitschrift für Rechtspolitik

A. Einleitung

„Spielen Sie nicht länger die beleidigte Leberwurst in diesem Hause!“ – „Das ist unparlamentarisch, du Lümmel!“[1]

Welchen Anlass hatte es für diesen skurrilen Wortwechsel zweier Bundestagsabgeordneter gegeben? Die Bundestagswahl im Herbst 2002 hatte der Bundesregierung von SPD und BÜNDNIS 90/DIE GRÜNEN eine derart knappe Mehrheit beschert, dass die Frage nach der Besetzung der Bundestagsfachausschüsse sowie insbesondere der Bundestagsbank im Vermittlungsausschuss zum politischen Zankapfel geriet. Denn die Anwendung aller herkömmlichen Zählverfahren hätte dazu geführt, dass sowohl das „rot-grüne“ Regierungslager als auch „schwarz-gelbe“ Oppositionslager jeweils acht Abgeordnete auf die Bundestagsbank im Vermittlungsausschuss entsandt hätten. Dieses 8:8-Patt wurde von der Regierungsmehrheit, unter den wütenden Protesten der Oppositionsfraktionen, durch die Einführung eines sog. Korrekturfaktors aufgelöst, so dass ein Verhältnis von 9:7 Abgeordneten zugunsten des Regierungslagers entstand.[2] Dessen ungeachtet bestand dann ab März 2003 infolge veränderter Mehrheitsverhältnisse im Bundesrat eine Pattsituation im gesamten Vermittlungsausschuss.[3] Es war gleichwohl nicht das erste Mal, dass es in repräsentativen Gremien deutscher Parlamente zu einem Patt zwischen Regierung und Opposition gekommen war,[4]

---

1 Plenarprotokoll 15/5 zur Bundestagssitzung vom 30. Oktober 2002, Stenografischer Bericht, S. 174 (C).

2 Siehe ausführlich unten D. III. 1. a) aa) (2), 4. b) dd).

3 Koggel, Die Tätigkeit des Vermittlungsausschusses in der fünfzehnten Wahlperiode des Deutschen Bundestages – Sechzehnte zeitliche Übersicht mit Fundstellen –, Bundesanzeiger 2006, Nummer 18a, S. 8; vgl. auch BVerfG, Beschluss vom 3. Dezember 2002 – 2 BvE 3/02, BVerfGE 106, 253, 255.

4 Ein Beispiel aus der Zeit vor 2002/2003 lässt sich – wenn auch unter veränderten Vorzeichen – im Bremer Landesparlament nach der Bürgerschaftswahl 1999 finden: Die Regierung aus SPD und CDU konnte sich auf eine Mehrheit im Parlament stützen, allerdings hätten auch die Fraktionen von SPD und GRÜNEN sowie diejenigen von CDU und GRÜNEN jeweils zusammen eine Parlamentsmehrheit gehabt. In Fachausschüssen mit zwölf Mitgliedern sollten der SPD-Fraktion sechs Sitze zugeteilt werden, der CDU-Fraktion fünf und den GRÜNEN einer, wodurch ein Patt zwischen einer (theoretischen) „schwarz-grünen“ Mehrheit und der (theoretischen) SPD-Minderheit bestanden hätte, vgl. Drucks. 15/1 der Bremischen Bürgerschaft [Land], Sitzungsprotokoll der Sitzung vom 7. Juli 1999, S. 24 (B) ff.
Für ein Beispiel aus der Zeit nach 2002/2003 lohnt ein Blick in die 17. Wahlperiode des Bundestages, in der die Fraktion von BÜNDNIS 90/DIE GRÜNEN nach dem Ausscheiden zweier Unions-Abgeordneter, für die es keine Nachrücker gab, angesichts der veränderten Mehrheitsverhältnisse einen der bisher der CDU/CSU-Fraktion zugeteilten Sitze im Vermittlungsausschuss für sich reklamierte, siehe Plenarprotokoll 17/119, Stenografischer Bericht der Bundestagssitzung vom 6. Juli 2011,

und es dürfte mit großer Wahrscheinlichkeit auch nicht das letzte Mal gewesen sein.[5]

Wie aus dem geschilderten Szenario des Jahres 2002 ersichtlich wird, ist von einem Patt zwischen Regierung und Opposition in repräsentativen Gremien dann die Rede, wenn beide Lager über die gleiche Anzahl an Gremienmitgliedern verfügen. Derartige Pattsituationen sind vor allem für das Regierungslager misslich, da es fürchten muss, seinen politischen Willen in den betroffenen Gremien nicht durchsetzen zu können. Aus Sicht des Regierungslagers wird diese Sorge umso akuter, wenn die Pattsituation in Gremien besteht, die eine nicht unerhebliche Rolle im Gesetzgebungsverfahren spielen, wie der Vermittlungsausschuss. Das Regierungslager wird deshalb bestrebt sein, Pattsituationen in repräsentativen Gremien zu vermeiden und sich dabei darauf berufen, dass anderenfalls das staatsrechtlich verankerte *Mehrheitsprinzip*[6] nicht hinreichend zur Geltung kommen würde. Denn dieses Prinzip soll gewährleisten, dass sich die Regierungsmehrheit des Plenums in repräsentativen Gremien wiederfindet. Demgegenüber wird das Oppositionslager die Auflösung einer Pattsituation zugunsten des Regierungslagers verhindern wollen und jedenfalls dann eine Verletzung des staatsrechtlichen *Spiegelbildlichkeitsgrundsatzes*[7] rügen, wenn die Anwendung sämtlicher herkömmlicher Zählverfahren zu einer Pattsituation geführt hätte, so wie im Szenario aus dem Jahre 2002. Schließlich soll dieser Grundsatz dafür Sorge tragen, dass die Zusammensetzung eines repräsentativen Gremiums stets einer verkleinerten Abbildung des Plenums entspricht.

Unter Berücksichtigung der widerstreitenden Interessen von Regierungs- und Oppositionslager stellt sich die Frage nach dem angemessenen Umgang mit Pattsituationen in repräsentativen Gremien. Dieser Frage soll in der vorliegenden Arbeit nachgegangen werden. In diesem Zusammenhang gilt es zunächst zu erörtern, ob Pattsituationen überhaupt aufgelöst bzw. vermieden werden müssen. Sofern man dies bejaht, muss anschließend erörtert werden, auf welche Weise die Vermeidung bzw. Auflösung von Pattsituationen erfolgen soll. In jedem Fall müssten im Zuge der Vermeidung bzw. Auflösung von Pattsituationen der Spiegelbildlichkeitsgrundsatz

---

Anlagen 2 und 3, Erklärungen nach § 31 GOBT des Abgeordneten Volker Beck und Peter Altmaier, S. 13841 (C) ff. Die CDU/CSU-Fraktion gab diesem Begehren nach einiger Zeit statt, siehe Plenarprotokoll 17/186, Stenografischer Bericht der Bundestagssitzung vom 27. Juni 2012, S. 22221 (A), so dass schließlich eine Pattsituation auf der Bundestagsbank mit sechs Sitzen für die CDU/CSU, vier Sitzen für die SPD und je zwei Sitzen für die FDP, die LINKE und die GRÜNEN entstand, siehe auch Podschull-Wellmann, Die Tätigkeit des Vermittlungsausschusses in der siebzehnten Wahlperiode des Deutschen Bundestages – Achtzehnte zeitliche Übersicht mit Fundstellen –, Berlin 2013, S. 34.

5 *Kokott*, in: Bonner Kommentar zum Grundgesetz, Ordner 11, Art. 77, Rn. 96; Podschull-Wellmann, aaO.

6 Siehe dazu unten D. II. 1. c) bb), III. 4. b) bb).

7 Siehe dazu unten D. II. 1. c) aa), III: 4. b) aa).

und das Mehrheitsprinzip sorgfältig gegeneinander abgewogen, d.h. in einen möglichst schonenden Ausgleich zueinander gebracht werden.[8]

In der Staatspraxis ist die Frage nach dem angemessenen Umgang mit Pattsituationen nahezu ausnahmslos dadurch beantwortet worden, dass das jeweilige Patt vermieden bzw. aufgelöst wurde. Dafür wurde entweder ein Wechsel des Zählsystems vollzogen[9] oder herkömmliche Zählsysteme wurden durch die beschriebene Einführung des sog. Korrekturfaktors im Jahre 2002 modifiziert. Nur ein einziges Mal fand man sich mit einem bestehenden Patt ab.[10]

Der Meinungsstand in der Literatur ist etwas vielfältiger. Vereinzelt wird behauptet, dass zumindest für das eingangs geschilderte Szenario rund um die Organisation der Bundestagsbank des Vermittlungsausschusses im Jahre 2002 gar nicht von einem „Patt“ gesprochen werden könne, da dies auf einer systemfremden Zugrundlegung der politischen Lager Regierung und Opposition als Bezugsgrößen beruhte.[11] Von den Autoren, die dieses Szenario als „Patt“ anerkennen, wollen manche in drohenden oder bestehenden Pattsituationen grundsätzlich dem Spiegelbildlichkeitsgrundsatz den Vorrang einräumen.[12] Damit bringen sie implizit zum Ausdruck, dass Pattsituationen nicht vermieden oder aufgelöst werden müssen. Andere Autoren messen hingegen dem Mehrheitsprinzip generell ein höheres Gewicht bei und halten deshalb u.a. auch die Einführung des Korrekturfaktors im Jahre 2002 für verfassungsgemäß.[13]

---

8 Siehe dazu vor allem unten D. III. 4. b) dd). Neben dem Spiegelbildlichkeitsgrundsatz und dem Mehrheitsprinzip müssen weitere Prinzipien bzw. funktionelle Anforderungen berücksichtigt werden, siehe unten D. II. 1. c) cc), d), III. 4. b) cc), 5.

9 Siehe unten D. II. 1. a) aa), III. 1. a) aa) (2).

10 Siehe soeben oben Fn. 4.

11 Stein, Die Besetzung der Sitze des Bundestages im Vermittlungsausschuss, NVwZ 2003, 557, 561.

12 Axer, Die Kompetenz des Vermittlungsausschusses – zwischen legislativer Effizienz und demokratischer Legitimation – Dargestellt am Beispiel des Steuergesetzgebungsverfahrens, Berlin 2010, S. 81; Kämmerer, Muss Mehrheit immer Mehrheit bleiben? Über die Kontroversen um die Besetzung des Vermittlungsausschusses, NJW 2003, 1166, 1167; vgl. auch ders., Staatsorganisationsrecht, 2. Auflage, München 2012, S. 130; Krüper, Ausschussbesetzung zwischen Politik, Mathematik und Demokratie (Besprechung von BVerwG – 8 C 18.03 –, NWVBl. 2004, 184), NWVBl. 2005, 97, 98.

13 *Kokott*, in: Bonner Kommentar zum Grundgesetz, Ordner 11, Art. 77, Rn. 94; Pfeil, Der Abgeordnete und die Fraktion – verfassungsrechtliche Vorgaben und gesetzliche sowie binnenrechtliche Ausgestaltung, Hamburg 2008, S. 140 f.; siehe auch BVerfG, Urteil vom 8. Dezember 2004 – 2 BvE 3/02, BVerfGE 112, 118, 155, Sondervotum der Richterin Lübbe-Wolff; Ritzel/Bücker/Schreiner, Handbuch für die parlamentarische Praxis: Mit Kommentar zur Geschäftsordnung des Deutschen Bundestages, Teil 2, Köln, Stand: 30. Ergänzungslieferung, Dezember 2014, Anh. zu § 12 S. 6; ähnlich Hasselsweiler, Der Vermittlungsausschuß: Verfassungsgrundlagen und Staatspraxis: Eine Untersuchung der parlamentsrechtlichen und verfassungspolitischen Bedeutung des Ausschusses nach Art. 77 Abs. 2 des Grundgesetzes unter besonderer Berücksichtigung seiner Verfahrenspraxis, Berlin 1981, S. 142; vgl. auch Ernst/Johnsen, Spiegelbildlichkeit oder

Auf diese Weise verdeutlichen jene Autoren, dass Pattsituationen zugunsten des Regierungslagers ihrer Ansicht nach vermieden bzw. aufgelöst werden müssen und können.

Eines haben die beiden letztgenannten Ansichten trotz der gravierenden Unterschiede gemeinsam: sie führen beide zu einer „Schwarz-Weiß-Lösung“. Denn in dem Maße, in dem die „oppositionsfreundliche“ Lösung eine Verletzung des Mehrheitsprinzips bewirkt, führt die „regierungsfreundliche“ Lösung einen Verstoß gegen den Spiegelbildlichkeitsgrundsatz herbei. Die Aussage, dass eine grundlegende Lösung für das Problem bestehender politischer Pattsituationen in repräsentativen Gremien noch nicht gefunden wurde,[14] verwundert vor diesem Hintergrund nicht.

Das *Ziel* dieser Arbeit ist es, diesen Zustand zu ändern: es soll gezeigt werden, dass politische Pattsituationen vermieden bzw. aufgelöst werden müssen und können, und dabei sowohl die staatsrechtlichen Vorgaben als auch die Erfahrungen der Staatspraxis hinreichend berücksichtigt werden.[15] Zunächst wird hierfür u.a. aufgezeigt, dass die *Lager* Regierung und Opposition auch bzw. gerade im Vermittlungsausschuss nicht die falschen Bezugsgrößen für die Bestimmung der Mehrheitsverhältnisse darstellen.[16] Darauf aufbauend wird ergründet, auf welche Weise die Mehrheitsverhältnisse des Plenums möglichst exakt in die repräsentativen Gremien transferiert werden können.[17] Das Entstehen einer Pattsituation ist nämlich dann ausgeschlossen, wenn die Mehrheitsverhältnisse eines repräsentativen Gremiums vollkommen deckungsgleich mit denen des Plenums sind. Da sich die Mehrheitsverhältnisse in repräsentativen Gremien durch die dort geltenden Besetzungs- und Abstimmungsregeln als Teil der Organisationsregeln manifestieren,[18] müssen diese Regeln für die Erarbeitung eines Lösungsvorschlags in den Blick genommen werden. Zwar wurden in der Vergangenheit durchaus Vorschläge zur Reformierung der Organisationsregeln andiskutiert, die zur Lösung des Problems politischer Pattsituationen

---

Mehrheitsprinzip? Die Besetzung der Bundestagsbank im Vermittlungsausschuss aus rechts- und politikwissenschaftlicher Sicht, ZParl 2005, 748, 762 Fn. 69.

14 *Kokott*, in: Bonner Kommentar zum Grundgesetz, Ordner 11, Art. 77, Rn. 96; Podschull-Wellmann, aaO.

15 Siehe vor allem unten D. V.

16 Siehe unten D. IV.

17 Siehe unten D. V.

18 Siehe unten D.

hätten beitragen können.[19] Allerdings wurden diese Vorschläge bedauerlicherweise vorschnell abgelehnt.[20]

Da in dieser Arbeit der Umgang mit politischen Pattsituationen in repräsentativen Gremien erörtert wird, kommt dem Verhältnis zwischen Recht und Politik eine gewichtige Bedeutung zu. Deshalb sei zum Ende der Einleitung festgehalten, dass nur Gremien betrachtet werden, die eine große *politische* Relevanz besitzen oder erhebliche *rechtliche* Konsequenzen herbeiführen können: die parlamentarischen Fachausschüsse und der Vermittlungsausschuss. Erstere besitzen aufgrund ihrer bedeutsamen Funktion für den Parlamentsbetrieb[21] große politische Relevanz. Bei Letzterem kommt neben der politischen Relevanz noch die potentielle Herbeiführung erheblicher rechtlicher Konsequenzen durch die Mitwirkung am Gesetzgebungsverfahren[22] hinzu. Andere Gremien, die geringere politische Relevanz besitzen oder nur unerhebliche rechtliche Konsequenzen herbeiführen können, wie z.B. der Wahlprüfungsausschuss (Art. 41 GG), parlamentarische Untersuchungsausschüsse (Art. 44 GG), der Wahlmännerausschuss (Art. 94 Abs. 1 S. 2 GG), der Richterwahlausschuss (Art. 95 Abs. 2 GG), der Gemeinsame Ausschuss des Bundes (Art. 53a GG) und der parlamentarische Ältestenrat (§ 6 GOBT) werden deshalb nicht näher beleuchtet.

---

19 Bergkemper, Das Vermittlungsverfahren gemäß Art. 77 II GG: Eine Zwischenbilanz, Baden-Baden 2008, S. 185; Edinger, Wahl und Besetzung parlamentarischer Gremien: Präsidium, Ältestenrat, Ausschüsse, Berlin 1992, S. 323 f.; Brief von Pukelsheim an den BT-Präsidenten Thierse vom 17. Dezember 2004 im Anhang zu seiner Stellungnahme, S. 5; Stellungnahme Robbers, S. 11, jeweils Wortprotokoll der 32. Sitzung des Ausschusses für Wahlprüfung, Immunität und Geschäftsordnung – Geschäftsordnungsangelegenheiten – am 17. Februar 2005.

20 Bergkemper, aaO; Edinger, S. 324; Robbers, aaO; ohne nähere Begründung hält Badura sämtliche Vorschläge, die auf eine Stimmrechtsgewichtung abzielen, für „verfassungsrechtlich angreifbar", Stellungnahme Badura, S. 7, Wortprotokoll der 32. Sitzung des Ausschusses für Wahlprüfung, Immunität und Geschäftsordnung – Geschäftsordnungsangelegenheiten – am 17. Februar 2005.

21 Siehe dazu unten C. I. 2.

22 Siehe dazu unten C. II. 2. a) bb) (1), (2).

B. Das Zusammenspiel von Recht und Politik im Parlamentsrecht

Die vorliegende Arbeit ist offenkundig dem Parlamentsrecht zuzuordnen. Das Parlamentsrecht wurde, darüber besteht Einigkeit,[23] erstmalig von *Hatschek* als eigenständige Disziplin in die deutsche[24] Rechtswissenschaft eingeführt.[25] Nach *Hatscheks* Definition umfasst das Parlamentsrecht „die Normen, welche: 1. die Organisation und Zusammensetzung [der Parlamente][26] bestimmen, 2. die Funktion und das Verfahren [der Parlamente] regeln, schließlich 3. auf die Frage Antwort geben, wie jene Funktionen mittels des bestehenden Parlamentsverfahrens und der bestehenden Parlamentsorganisation verwirklicht werden."[27]

Bereits diese grundlegenden Aussagen *Hatscheks* lassen angesichts der Verwendung von Begriffen, wie *Organisation, Zusammensetzung, Funktion* und *Verfahren* erkennen, dass der politischen Praxis im Regelungs- und Anwendungsbereich des Parlamentsrechts erhebliche Bedeutung zukommt. Wie *di Fabio* treffend formulierte, „siedelt [parlamentarische Arbeit] im Grenzbereich zwischen Politik und Recht", so dass das Parlamentsrecht „nach Kontakt zur parlamentarischen Praxis [verlangt]".[28]

Für das Ziel dieser Arbeit bedeutet dieses Zusammenspiel zwischen Recht und politischer Praxis[29], dass Letztere bei der Suche nach einer Lösung für das Problem

---

23 Vgl. Achterberg, Parlamentsrecht, Tübingen 1984, S. III; *Pietzcker*, in: Schneider/Zeh, Parlamentsrecht, § 10 Rn. 1; Schröder, Grundlagen und Anwendungsbereich des Parlamentsrechts: Zur Übertragbarkeit parlamentarischer Grundsätze auf Selbstverwaltungsorgane, insbesondere in der Kommunal- und Hochschulverwaltung, Baden-Baden 1979, S. 83.

24 Für den Hinweis, dass der Begriff „Parlamentsrecht" dem anglo-amerikanischen Sprachgebrauch entstammt, wo sich Regeln für das parlamentarischen Verfahren bereits seit dem 17. Jahrhundert finden lassen, siehe H.-P. Schneider, Das Parlamentsrecht im Spannungsfeld von Mehrheitsentscheidung und Minderheitenschutz, in: Badura/Dreier (Hrsg.), Festschrift 50 Jahre Bundesverfassungsgericht, Zweiter Band: Klärung und Fortbildung des Verfassungsrechts, Tübingen 2001, S. 625.

25 Hatschek, Das Parlamentsrecht des Deutschen Reiches, 1. Teil, Berlin [u.a.] 1915, S. 1.

26 Hatschek, aaO, hatte sich ausschließlich auf den „deutschen Reichstag" konzentriert, was der Übertragbarkeit seiner Erkenntnis auf alle Parlamente auf Bundes- und Länderebene aber nicht entgegensteht.

27 Hatschek, aaO. In der Folgezeit wurden zwar immer wieder Versuche unternommen, abweichende Parlamentsrechtsansätze zu begründen bzw. zu verfolgen, deren Ausgangspunkt jedoch stets *Hatscheks* grundlegende Gedanken zum Parlamentsrecht waren, siehe den Überblick bei Schröder, S. 86 ff.

28 Di Fabio, Parlament und Parlamentsrecht: Aufgaben, Organisation und Konflikte parlamentarischer Arbeit, Der Staat 29 (1990), 599.

29 Auch auf der Ebene des Staatsrechts ist die Wechselwirkung von Recht und Politik anerkannt, siehe *Grimm*, in: HStR I, 3. Auflage, § 1 Rn. 43 f.; ders., Die Verfassung und

die Politik: Einsprüche in Störfällen, München 2001, S. 21; ders., Politik und Recht, in: Klein (Hrsg.), Grundrechte, soziale Ordnung und Verfassungsgerichtsbarkeit: Festschrift für Ernst Benda zum 70. Geburtstag, Heidelberg 1995, S. 91, 96; Herzog, Allgemeine Staatslehre, Frankfurt a.M. 1971, S. 32 f.; *Isensee*, in: HStR II, 3. Auflage, § 15 Rn. 181; Stern, Staatsrecht, Bd. I, S. 53 ff.; für entsprechende Beispiele aus der Rechtsprechung aus des Bundesverfassungsgerichts siehe Häberle, Kommentierte Verfassungsrechtsprechung, Königstein/Ts. 1979, S. 216; Müller-Franken, Staatspraxis und Verfassungsauslegung: Zur Bedeutung der praktischen Handhabung der Verfassung durch staatliche Organe für die Auslegung des Grundgesetzes, in: Depenheuer/Heintzen/Jestaedt/Axer (Hrsg.), Staat im Wort: Festschrift für Josef Isensee, Heidelberg 2007, S. 229 f.

Zur historischen Entwicklung dieses Verständnisses vgl. Ehmke, Grundgesetz und politisches Handeln, in: Häberle (Hrsg.), Horst Ehmke: Beiträge zur Verfassungstheorie und Verfassungspolitik, Königstein/Ts. 1981, S. 466, 467 f., 479 f.; Hennis, Verfassung und Verfassungswirklichkeit: Ein deutsches Problem, Tübingen 1968, S. 5 ff.; ders., Zur Rechtfertigung und Kritik der Bundestagsarbeit, in: Ehmke/Schmid/Scharoun (Hrsg.), Festschrift für Adolf Arndt zum 65. Geburtstag, Frankfurt a.M. 1969, S. 147, 149 f.; ders., Die mißverstandene Demokratie: Demokratie – Verfassung – Parlament: Studie zu deutschen Problemen, Freiburg 1973, S. 53 ff.; Herzog, Allgemeine Staatslehre, Frankfurt a.M. 1971, S. 31; ders., Der Einfluß des Bundesrates auf die Gesetzgebung und Verwaltung des Bundes seit 1949, in: Bundesrat (Hrsg.), Der Bundesrat als Verfassungsorgan und politische Kraft: Beiträge zum fünfundzwanzigjährigen Bestehen des Bundesrates der Bundesrepublik Deutschland, Bad Honnef/Darmstadt 1974, S. 235, 237; Hesse, Die normative Kraft der Verfassung, Tübingen 1959, S. 3 ff.; ders., Grenzen der Verfassungswandlung, in: Ehmke/Kaiser/Kewenig/Meessen/Rüfner (Hrsg.), Festschrift für Ulrich Scheuner zum 70. Geburtstag, Berlin 1973, S. 123, 130 ff.; ders., Grundzüge des Verfassungsrechts der Bundesrepublik Deutschland, 20. Auflage, Heidelberg 1995, S. 17 f.; Jellinek, Verfassungsänderung und Verfassungswandlung. Eine staatsrechtlich-politische Abhandlung, Berlin 1906, S. 31 f.; Kewenig, Staatsrechtliche Probleme parlamentarischer Mitregierung am Beispiel der Arbeit der Bundestagsausschüsse, Bad Homburg [u.a.] 1970, S. 5; Krüger, Verfassung, in: von Beckerath/Brinkmann/Gutenberg/Haberler/Jecht/Jöhr/Lütge/Predöhl/ Schaeder/Schmidt-Rimpler/Weber/von Wiese (Hrsg.), Handwörterbuch der Sozialwissenschaften: zugleich Neuauflage des Handwörterbuchs der Staatswissenschaften, 11. Bd., Stuttgart [u.a.] 1961, S. 72, 74 ff.; Lassalle, Über Verfassungswesen, Berlin 1862, S. 21 ff.; Leibholz, Strukturprobleme der modernen Demokratie, 3. Auflage, Frankfurt a.M. 1974, S. 277 ff.; ders., Rudolf Smend: Gedenkrede, gehalten am 17. Januar 1976 in der Aula der Georg-August-Universität in Göttingen, in: In Memoriam Rudolf Smend: Gedenkfeier in der Aula der Universität Göttingen – mit einer Gedenkrede von Gerhard Leibholz und Gedenkworten von Gerhard Gottschalk und André Pirson, Göttingen 1976, S. 15, 26 f.; Loewenstein, Verfassungsrecht und Verfassungsrealität: Beiträge zur Ontologie der Verfassungen, AöR 77 (1951/52), 387, 398 ff.; Ritter, Die Verfassungswirklichkeit – eine Rechtsquelle? Der Staat 7 (1968), S. 352 ff.; Scheuner, Der Bereich der Regierung, in: o. Hrsg., Rechtsprobleme in Staat und Kirche: Festschrift für Rudolf Smend zum 70. Geburtstag, 15. Januar 1952, Göttingen 1952: Dargebracht von Freunden, Schülern und Kollegen, S. 253, 263 f., 266 f.;

politischer Pattsituationen in repräsentativen Gremien in gleichem Maße zu berücksichtigen ist, wie (verfassungs-)rechtliche Vorgaben.

Im Folgenden sollen zwei Beispiele für das Zusammenspiel von Recht und politischer Praxis im (Parlaments-)Recht dargestellt werden, auf die im weiteren Verlauf der Arbeit noch zurückzukommen sein wird.[30]

I. Die Konsequenz des Unterschiedes zwischen formellem und materiellem Gesetzgeber: das politische Gruppenmodell

Das Zusammenwirken von Recht und politischer Praxis wird zunächst bei einem flüchtigen Blick auf das Gesetzgebungsverfahren deutlich: Das (Verfassungs-)Recht

---

ders., Das parlamentarische Regierungssystem in der Bundesrepublik: Probleme und Entwicklungslinien, DÖV 1957, 633, 634; ders., Das Wesen des Staates und der Begriff des Politischen in der neuen Staatslehre, in: Hesse/Reicke/Scheuner (Hrsg.), Staatsverfassung und Kirchenordnung: Festgabe für Rudolf Smend zum 80. Geburtstag am 15. Januar 1962, Tübingen 1962, S. 225, 226, 247 ff.; ders., Entwicklungslinien des parlamentarischen Regierungssystems in der Gegenwart, in: Ehmke/Schmid/Scharoun (Hrsg.), Festschrift für Adolf Arndt zum 65. Geburtstag, Frankfurt a.M. 1969, S. 385, 391, 404; ders., Gesetzgebung und Politik, in: Fischer/Jakob/Mock/Schreiner (Hrsg.), Dimensionen des Rechts: Gedächtnisschrift für René Marcic, Bd. 2, Berlin 1974, S. 889, 890 f.; H. Schneider, Die Bedeutung der Geschäftsordnungen oberster Staatsorgane für das Verfassungsleben, in: o. Hrsg., Rechtsprobleme in Staat und Kirche: Festschrift für Rudolf Smend zum 70. Geburtstag, 15. Januar 1952, Göttingen 1952: Dargebracht von Freunden, Schülern und Kollegen, S. 303; Smend, Ungeschriebenes Verfassungsrecht im monarchischen Bundesstaat, in: o. Hrsg., Festgabe für Otto Mayer. Zum siebzigsten Geburtstag dargebracht von Freunden, Verehren und Schülern. 29. März 1916, Tübingen 1916, S. 245, 248 ff.; ders., Die Verschiebung der konstitutionellen Ordnung durch die Verhältniswahl, in: Bonner Juristische Fakultät (Hrsg.), Festgabe für Karl Bergbohm zum 70. Geburtstag, Bonn 1919, S. 278 ff.; ders., Die politische Gewalt im Verfassungsstaat und das Problem der Staatsform: Aus der Festgabe der Berliner juristischen Fakultät für Wilhelm Karl zum Doktorjubiläum am 19. April 1923, Tübingen 1923, S. 14 f.; ders., Verfassung und Verfassungsrecht, München/Leipzig 1928, S. 38 ff.; ders., Integrationslehre, in: von Beckerath/Brinkmann/Gutenberg/ Haberler/Jecht/Jöhr/Lütge/Predöhl/Schaeder/Schmidt-Rimpler/Weber/von Wiese (Hrsg.), Handwörterbuch der Sozialwissenschaften: zugleich Neuauflage des Handwörterbuchs der Staatswissenschaften, 5. Bd., Stuttgart [u.a.] 1961, S. 299 ff; von Gerber, Grundzüge des deutschen Staatsrechts, 3. Auflage, Leipzig 1880, S. 6, 15, 220 ff.; von Oertzen, Die Bedeutung C. F. von Gerbers für die deutsche Staatsrechtslehre, in: Hesse/Reicke/Scheuner (Hrsg.), Staatsverfassung und Kirchenordnung: Festgabe für Rudolf Smend zum 80. Geburtstag am 15. Januar 1962, Tübingen 1962, S. 183.

30 Siehe unten D. IV. für eine ausführliche Analyse des politischen Gruppenmodells und seiner praktischen Auswirkungen sowie D. V. für eine Ausrichtung des Lösungsvorschlags an der zunehmenden normativen Verankerung der Opposition.

legt zugrunde, dass das jeweilige Parlament als Verfassungsorgan in seiner Gesamtheit der (formelle) Gesetzgeber ist.[31] In der parlamentarischen Praxis zeigt sich hingegen, dass die jeweilige (Regierungs-)Mehrheit in den Parlamenten der (materielle) Gesetzgeber ist.[32] Dies hat zur Folge, dass es in den Parlamenten zu einer Frontstellung zwischen Regierungs- und Oppositionsfraktionen kommt (sog. Gruppenmodell).[33] In den repräsentativen Gremien der Parlamente setzt sich diese Frontstellung in aller Regel in einem abgestimmten Gruppenverhalten, getrennt nach Regierungslager einerseits, und Oppositionslager andererseits, fort.[34]

II. Parlamentsrecht im Wandel: Die zunehmende normative Verankerung der politischen Opposition

Ein weiterer Beleg für das Zusammenspiel von Recht und politischer Praxis ist die sukzessive und stetig zunehmende Verankerung der politischen Opposition in den Landesverfassungen, den parlamentarischen Geschäftsordnungen und einigen Bundesgesetzen sowie ihre Stärkung durch das Bundesverfassungsgericht.

Zunächst muss jedoch festgestellt werden, dass der Begriff der Opposition weder im Grundgesetz noch in der GOBT unmittelbar Verwendung findet. Aus dem

---

31 Siehe z.B. Art. 77 Abs. 1 S. 1 GG: „Die Bundesgesetze werden vom Bundestage beschlossen."

32 Grundlegend Schuett-Wetschky, Gewaltenteilung zwischen Bundestag und Bundesregierung?: Nach dem Scheitern des Gewaltenteilungskonzeptes des Parlamentarischen Rates: Gemeinwohl durch Parteien statt durch Staatsorgane?, in: Dicke (Hrsg.), Der demokratische Verfassungsstaat in Deutschland: 80 Jahre Reichsverfassung, 50 Jahre Grundgesetz, 10 Jahre Fall der Mauer, Baden-Baden 2001, S. 67, 74, 82 f., S. 86 ff.; siehe auch Ernst/Johnsen, ZParl 2005, 748, 753 f.; Schöne, Alltag im Parlament: Parlamentskultur in Theorie und Empirie, Baden-Baden 2010, S. 262 ff.; Schuett-Wetschky, Parlamentarismuskritik ohne Ende? Parteidissens und Repräsentationskonzepte, am Beispiel der Entparlamentarisierungs- und Gewaltenteilungskritik, ZPol 2005, 3, 9 f.; ders., Regierung, Parlament oder Parteien: Wer entscheidet, wer beschließt?, ZParl 2005, 489, 491 ff.

33 Schuett-Wetschky, Gewaltenteilung, S. 67, 75, 90 f., 108 ff.; ders., ZPol 2005, 3, 10 f.; ders., ZParl 2005, 489, 502.

34 Schöne, S. 139 ff., der seine Ausführungen auf entsprechende Auszüge aus eigens geführten Interviews stützt; vgl. auch Ernst/Johnsen, ZParl 2005, 748, 758; Sternberger, Gewaltenteilung und parlamentarische Regierung in der Bundesrepublik Deutschland, in: Stammen (Hrsg.), Strukturwandel der modernen Regierung, Darmstadt 1967, S. 186, 190 f., 205, der trotz der beobachteten Fronstellung zwischen Regierung und Opposition am Verfassungsorgan Bundestag als materiellem Gesetzgeber festhielt; Zeh, Aktuelle Entwicklungen der Rolle des Bundestages im parlamentarischen Regierungssystem, in: Benz/Siedentopf/Sommermann (Hrsg.), Institutionenwandel in Regierung und Verwaltung: Festschrift für Klaus König zum 70. Geburtstag, Berlin 2004, S. 317, 319; ders., Über Sinn und Zweck der Parlamente heute. Ein Essay zum Auftakt, ZParl 2005, 473, 475.

Schweigen von Grundgesetz und GOBT wird mitunter gefolgert, dass „‚Opposition' [...] kein Begriff des Bundesverfassungsrechts" und deshalb eine „Differenzierung nach Regierungs- und Oppositionsfraktionen [...] von Verfassungs wegen nicht geboten" sei.[35]

Diese Schlussfolgerung sieht sich jedoch mehreren berechtigten Einwänden ausgesetzt. So wird die faktische Existenz der Opposition im Verfassungsleben, soweit ersichtlich, von niemandem geleugnet, sondern vielmehr deren Bedeutung betont.[36] Infolgedessen finden sich dann auch Vorschläge für eine verfassungsrechtliche Begriffsbestimmung der „Opposition".[37]

Neben diesen theoretischen Erörterungen zeigen aber auch verschiedene Vorschriften auf Bundesebene und Landesebene, dass die politische Praxis das Recht insofern beeinflusst hat, als dass die Opposition normativ verankert wurde: auf Bundesebene wird in § 50 Abs. 2 S. 1 Abgeordnetengesetz (AbgG) der sog. Oppositionszuschlag normiert. Dieser Vorschrift zufolge erhalten die Bundestagsfraktionen, die nicht die Bundesregierung tragen, im Vergleich zu den Regierungsfraktionen einen zusätzlichen Geldbetrag aus dem Bundeshaushalt.[38] Daneben findet sich auf Bundesebene noch in § 92 Abs. 2 Nr. 3 Strafgesetzbuch (StGB), der allerdings nicht dem Parlamentsrecht zuzuordnen ist, die Bestimmung, dass das Recht auf Bildung und Ausübung einer parlamentarischen Opposition ein Verfassungsgrundsatz im

---

35 *Morlok*, in: Dreier, Bd. II, Art. 38 Rn. 183.

36 Siehe z.B. Achterberg, Parlamentsrecht, S. 86 f.; Gehrig, Gewaltenteilung zwischen Regierung und parlamentarischer Opposition, DVBl. 1971, 633, 635 ff.; Haberland, Die verfassungsrechtliche Bedeutung der Opposition nach dem Grundgesetz, Berlin 1995, S. 17 ff.; Mundil, Die Opposition: Eine Funktion des Verfassungsrechts, Berlin 2014, S. 76 ff.; *H.-P. Schneider*, in: Schneider/Zeh, Parlamentsrecht, § 38 Rn. 3, 15 ff., 34 ff.; vgl. auch Gehrig, Parlament – Regierung – Opposition: Dualismus als Voraussetzung für eine parlamentarische Kontrolle der Regierung, München 1969, S. 83; Zirker, Die staatsrechtliche Stellung der Opposition nach dem Grundgesetz, Würzburg 1968, S. 47, 61.

37 Hassenpflug-Hunger, Verfassungsrechtliche Abmessungen parlamentarischer Opposition nach dem Grundgesetz und Art. 12 der Verfassung des Landes Schleswig-Holstein, Frankfurt a.M. [u.a.] 1999, S. 38; *H.-P. Schneider*, in: Schneider/Zeh, Parlamentsrecht, § 38 Rn. 33; vgl. auch Mundil, S. 61 ff.; H.-P. Schneider, Die parlamentarische Opposition im Verfassungsrecht der Bundesrepublik Deutschland, Bd. 1: Grundlagen, Frankfurt a.M. 1974, S. 87 ff.; Stüwe, Die Opposition im Bundestag und das Bundesverfassungsgericht: Das verfassungsgerichtliche Verfahren als Kontrollinstrument der parlamentarischen Minderheit, Baden-Baden 1997, S. 30 f.

38 Zur Ratio von § 50 Abs. 2 S. 1 AbgG, die darin besteht, dass die Oppositionsfraktionen einen Ausgleich dafür erhalten sollen, dass sie die parlamentarische Kontrolle über die Bundesregierung ausüben, aber dabei nicht in dem Umfang auf die Unterstützung der Ministerialbürokratie zurückgreifen können, wie die Regierungsfraktionen, siehe u.a. Braun/Jantsch/Klante, Abgeordnetengesetz des Bundes – unter Einschluß des Europaabgeordnetengesetzes und der Abgeordnetengesetze der Länder: Kommentar, Berlin [u.a.] 2002, § 50 Rn. 9.

Sinne des StGB ist. Einen Verstoß gegen diesen strafrechtlich anerkannten Verfassungsgrundsatz würden z.B. Bestrebungen zur Einführung eines Ein-Parteien-Systems darstellen.[39] Den beiden Vorschriften des AbgG und des StGB ist gemein, dass sie die Existenz der Opposition als Rechtsfigur voraussetzen.

Der Blick auf die Landesebene zeigt, dass in zwölf Bundesländern Verfassungsnormen existieren, in denen sich Legaldefinitionen oder zumindest Umschreibungen des Begriffs Opposition finden, außerdem das Recht der Opposition auf Gleichbehandlung festgeschrieben, und teilweise eine Garantie für deren Beteiligungsrechte gegeben wird.[40] Zum Teil erfahren die Vorgaben der Landesverfassungen dann eine Konkretisierung in den Geschäftsordnungen der Länderparlamente, in denen z.B. die Vergabe bestimmter Ausschussvorsitze an die Oppositionsfraktionen oder deren Berücksichtigung in der Redereihenfolge normiert wird.[41] Bemerkenswerterweise finden sich auch in drei Bundesländern Regelungen bezüglich der parlamentarischen Opposition in den Landtagsgeschäftsordnungen, obwohl die Landesverfassungen keine entsprechenden Vorgaben enthalten.[42] Somit ist die parlamentarische Opposition in allen Bundesländern entweder in den Landesverfassungen oder den Geschäftsordnungen der Länderparlamente normativ verankert – mit Ausnahme des Saarlandes. Diese Kodifikation der Opposition ist das Ergebnis eines Entwicklungsprozesses der jüngeren Vergangenheit, wie ein Blick auf die Regelungssituation in den Jahren 1989[43] und 1998[44] zeigt. Aus diesem Grund kann von einer sukzessiven und stetig zunehmenden normativen Verankerung der Opposition auf Landesebene gesprochen werden.

Die Stärkung der Opposition als Rechtsfigur hat sich allerdings nicht nur auf der Ebene der Rechtssetzung, sondern auch in der verfassungsgerichtlichen Rechtsprechung vollzogen. So hat das Bundesverfassungsgericht bereits in einer seiner ersten Entscheidungen betont, dass das Recht auf verfassungsmäßige Bildung und Ausübung der Opposition zu den grundlegenden Prinzipen der freiheitlichen demokratischen Grundordnung im Sinne des Art. 21 Abs. 2 GG zählt.[45] In der Folge hat das Bundesverfassungsgericht immer wieder die Bedeutung der Opposition

---

39 *Sternberg-Lieben*, in: Schönke/Schröder, StGB, § 92 Rn. 9.

40 Art. 16a Abs. 1 LVerfBay; Art. 38 Abs. 3 LVerfBerl; Art. 55 Abs. 2 LVerfBrandb; Art. 78 LVerfFHB; Art. 24 LVerfFHH; Art. 26 LVerfMeck-Vorp; Art. 19 Abs. 2 LVerfNds; Art. 85b LVerfRh-Pfl; Art. 40 LVerfSachs; Art. 48 LVerfSachs-Anh; Art. 12 LVerfSchl-Holst; Art. 59 LVerfThür.

41 § 154 S. 3 GOLT-Bay; § 63 Abs. 10 GOAbg-Berl; §§ 26 Abs. 3. S. 1, 84 Abs. 2 GOLT-Brandb; § 63 Abs. 1 S. 3 GOBürg-FHB; §§ 40, 82 Abs. 2 S. 2 GOLT-Meck-Vorp; § 13 Abs. 4 S. 2 GOLT-Sachs-Anh; §§ 32 Abs. 5 lit. b) S. 2, 52 Abs. 4 GOLT-Schl-Holst.

42 §§ 82 Abs. 4 S. 1, 83a Abs. 3 S. 3 GOLT-Ba-Wü; § 73 Abs. 1 S. 2 GOLT-Hes; § 28 Abs. 3 S. 1 GOLT-NRW.

43 Siehe dazu *H.-P. Schneider*, in: Schneider/Zeh, § 38 Rn. 30.

44 Siehe die Übersicht bei Hassenpflug-Hunger, S. 241 ff.

45 BVerfG, Urteil vom 23. Oktober 1952 – 1 BvB 1/51, BVerfGE 2, 1, 13.

im Verfassungsleben unterstrichen und deren Rechte konturiert und gestärkt.[46] Daneben hat das Gericht aber auch hervorgehoben, dass die wesentliche politische Konfliktlinie in der parlamentarischen Demokratie zwischen der Regierung mit den sie tragenden Parlamentsfraktionen einerseits, und den Oppositionsfraktionen andererseits verläuft.[47]

46 Siehe z.B. BVerfG, Urteil vom 17. August 1956 – 1 BvB 2/51, BVerfGE 5, 85, 140, 199; Urteil vom 14. Juli 1959 – 2 BvE 2, 3/58, BVerfGE 10, 4, 19; Beschluss vom 30. Mai 1962 – 2 BvR 158/62, BVerfGE 14, 121, 135; Beschluss vom 10. Mai 1977 – 2 BvR 705/75, BVerfGE 44, 306, 321; Beschluss vom 2. August 1978 – 2 BvK 1/77, BVerfGE 49, 70, 85 ff.; Urteil vom 14. Januar 1986 – 2 BvE 14/83 und 4/84, BVerfGE 70, 324, 363, 365, 370 f.; Urteil vom 30. Juni 2009 – 2 BvE 2, 5/08, 2 BvR 1010, 1022, 1259/08, 182/09, BVerfGE 123, 267, 342 f., 366; auf die Einzelheiten der Entscheidungen wird nicht eingegangen, da diese bereits von diversen anderen Autoren zusammengefasst und erörtert worden sind, siehe z.B. Grube, Die Stellung der Opposition im Strukturwandel des Parlamentarismus, o. O. 1965, S. 71 f.; Mundil, S. 53 ff.; H.-P. Schneider, Die parlamentarische Opposition im Verfassungsrecht, S. 208 ff.; Stüwe, S. 87 ff.; Zirker, S. 53 ff.

47 BVerfGE 49, 70, 85 f.; 123, 267, 338, 359; Stüwe, S. 88 wertet die Ausführungen in BVerfGE 49, 70, 85 f. offenbar als Abkehr des Bundesverfassungsgerichts von dessen vermeintlicher Auffassung, dass ein Spannungsverhältnis vornehmlich zwischen der Regierung und dem Parlament in seiner Gesamtheit bestehen würde und bezieht sich dabei auf die Darlegungen in BVerfGE 10, 4, 17. Die Bewertung Stüwes überzeugt insofern nicht, als dass in BVerfGE 10, 4, 17 lediglich mit Blick auf das Verhältnis zwischen Regierung und Parlament angeführt wird, dass „doch ein Spannungsverhältnis zwischen dem Parlament als dem Gesetzgebungs- und Kontrollorgan und der Regierung als der Spitze der Exekutive bestehen [bleibt]." Mit dieser Aussage drückt das Bundesverfassungsgericht – anders als Stüwe offensichtlich schlussfolgert – allerdings *nicht* zwangsläufig aus, dass das eigentliche Spannungsverhältnis *nicht* zwischen Regierung und Opposition besteht.

C. Wesensmerkmale von repräsentativen Gremien

In diesem Abschnitt werden die Wesensmerkmale der für diese Arbeit relevanten repräsentativen Gremien, d.h. der parlamentarischen Fachausschüsse und des Vermittlungsausschusses nach Art. 77 Abs. 2 GG, dargestellt. Diese Darstellung soll zunächst das Verständnis der betreffenden Ausschüsse erleichtern. Darüber hinaus leistet insbesondere die Auseinandersetzung mit der Rechtsnatur der repräsentativen Gremien einen nicht zu unterschätzenden Beitrag zu der später folgenden kritischen Analyse der Organisationsregeln.[48]

I. Parlamentarische Fachausschüsse

Als Erstes sollen die parlamentarischen Fachausschüsse, die auf eine lange historische Entwicklung zurückblicken können,[49] betrachtet werden. Einleitend sei klargestellt, dass in dieser Arbeit sämtliche Fachausschüsse des Bundestages, der Länderparlamente sowie des Bundesrates als parlamentarische Fachausschüsse behandelt werden.[50]

---

48 Siehe dazu unten D. II.–V.

49 Erste Ausschüsse ließen sich in England offensichtlich bereits im frühen 14. Jahrhundert finden, in Amerika und Frankreich erhielten sie im 17. bzw. im 18. Jahrhundert Einzug und in Deutschland tauchten sie erstmals in den Landesparlamenten der deutschen Mittelstaaten vor 1848 auf; zur Historie, auch aus rechtsvergleichender Perspektive, siehe Dechamps, Macht und Arbeit der Ausschüsse: Der Wandel der parlamentarischen Willensbildung, Meisenheim am Glan 1954, S. 5; 20 ff., 38 ff., 55 ff., 60 f., 93, 95f., 131 f.; Edinger, S. 18 ff., 45 ff., 55 ff., 68 ff., 77, 80 f., 84, 91 f., 98 ff., 120 ff., 126 f.; Frost, Die Parlamentsausschüsse, ihre Rechtsgestalt und ihre Funktionen, dargestellt an den Ausschüssen des Deutschen Bundestages, AöR 95 (1970), 38, 42, 44 ff.; Vetter, S. 10 ff.

50 Der Sache nach wird der Bundesrat damit implizit als Parlament qualifiziert, wofür es eines weiten Verständnisses des Begriffes „Parlament" bedarf, vgl. dazu Patzelt, Grundriss einer Morphologie der Parlamente, in: Ders. (Hrsg.), Evolutorischer Institutionalismus: Theorie und exemplarische Studien zu Evolution, Institutionalität und Geschichtlichkeit, Würzburg 2007, S. 483, 524; ders., Staat und Parlament: Herausforderungen und Entwicklungspfade, in: Dreier/Graf/Hesse (Hrsg.), Staatswissenschaften und Staatspraxis, Baden-Baden 2011, S. 332, 333. Würde man hingegen ein enges Begriffsverständnis zugrunde legen, wäre der Bundesrat mangels freier Wahl seiner Mitglieder nicht als Parlament zu qualifizieren, so dass dessen Fachausschüsse zwangsläufig auch keine parlamentarischen Fachausschüsse wären, siehe Achterberg, Die ständigen Ausschüsse der Parlamente, in: Kurt Madlener (Hrsg.), Deutsche öffentlich-rechtliche Landesberichte zum X. Internationalen Kongreß für Rechtsvergleichung in Budapest: 23.–28. August 1978, S. 133, 135.

Für die Frage nach der möglichst exakten Abbildung politischer Mehrheitsverhältnisse in repräsentativen Gremien sind von den Wesensmerkmalen der parlamentarischen Fachausschüsse deren Rechtsnatur sowie deren Funktion und Bedeutung relevant, wie im Folgenden gezeigt werden wird.

1. Rechtsnatur

Bereits in der Einleitung wurde dargelegt, dass eine Auseinandersetzung mit den Organisationsregeln der repräsentativen Gremien für die Frage nach der exakten Abbildung der politischen Mehrheitsverhältnisse von zentraler Bedeutung ist. Im Rahmen dieser Auseinandersetzung wird es unter dem Gesichtspunkt der „formellen Anforderungen" um die Frage gehen, auf welcher Regelungsebene die Besetzungsregeln statuiert werden müssen: im Grundgesetz, in der Parlamentsgeschäftsordnung oder in einer eigenen Geschäftsordnung des jeweiligen repräsentativen Gremiums?[51] Für die Beantwortung dieser Frage kommt es u.a. entscheidend auf die Rechtsnatur des entsprechenden repräsentativen Gremiums an. Denn für Verfassungsorgane ist beispielsweise anerkannt, dass sie über eine autonome Geschäftsordnungskompetenz verfügen.[52]

Sollten die parlamentarischen Fachausschüsse als Verfassungsorgane zu qualifizieren sein, wäre dies demnach einerseits ein starkes Indiz dafür, dass sie gewisse

---

Dass *Patzelts* Begriffsverständnis einer politikwissenschaftlichen Perspektive entspringt, steht deren Zugrundelegung aus zwei Gründen nicht entgegen: Erstens spielt die Politikwissenschaft in dieser Arbeit insofern eine gewichtige Rolle, als dass sie auch die politische Praxis umfasst, siehe Mols, Politik als Wissenschaft: Zur Definition, Entwicklung und Standortbestimmung einer Disziplin, in: Lauth/Wagner (Hrsg.), Politikwissenschaft: Eine Einführung, 8. Auflage, Paderborn 2016, S. 30 ff., 47 f.; vgl. auch Thiery, Moderne politikwissenschaftliche Theorie, in: Lauth/Wagner (Hrsg.), Politikwissenschaft: Eine Einführung: Eine Einführung, 8. Auflage, Paderborn 2016, S. 194. Zweitens geht es hier nur um eine einleitende Begriffsklärung, die es ermöglichen soll, Ausschüsse des Bundestages und des Bundesrates unter einem gemeinsamen Terminus zusammenzufassen.

51 Siehe für die parlamentarischen Fachausschüsse unten D. II. 1. b), 2. b), 3.

52 Mit dieser grundsätzlichen Erwägung hat das Bundesverfassungsgericht bereits 15 Jahre vor dem Erlass einer entsprechenden gesetzlichen Ermächtigung (§ 1 Abs. 3 BVerfGG) eine Geschäftsordnungsautonomie für sich in Anspruch genommen, vgl. Schlaich/Korioth, Das Bundesverfassungsgericht: Stellung, Verfahren, Entscheidungen, 10. Auflage, München 2015, Rn. 28, die der ungeschriebenen Geschäftsordnungsautonomie von Verfassungsorganen gleichwohl kritisch gegenüberstehen; siehe ferner K.F. Arndt, S. 60; *Klein*, in: Maunz/Dürig, Bd. IV, Art. 40 Rn. 2; *Kretschmer*, in: Schneider/Zeh, Parlamentsrecht, § 9 Rn. 35; Leibholz, Bericht des Berichterstatters an das Plenum des Bundesverfassungsgerichts zur „Status"-Frage (1957), in: Häberle (Hrsg.), Verfassungsgerichtsbarkeit, Darmstadt 1976, S. 224, 250; vgl. auch Bernau, Die verfassungsrechtliche Bedeutung von Geschäftsordnungen oberster Bundesorgane, Göttingen 1955, S. 4, 202.

Teile ihrer Besetzungsregeln eigenständig in einer eigenen Geschäftsordnung regeln können; andererseits wäre dann angesichts ihres verfassungsrechtlichen Gewichts denkbar, dass die übrigen Teile ihrer Besetzungsregeln zumindest eine „Vorprägung" in der Verfassung erfahren würden.

Einige zentrale Begriffe (Ausschuss*bildung*, *-errichtung* und *-einrichtung*) und eine grundlegende Systematisierung der Besetzungsregeln (*1.–3. Stufe*) werden in der nachfolgenden Auseinandersetzung mit der Rechtsnatur der parlamentarischen Fachausschüsse in diese Arbeit eingeführt. Aus diesem Grund nimmt diese Auseinandersetzung einen breiteren Raum ein, als es angesichts der weitgehend fehlenden Kontroverse um die Rechtsnatur der parlamentarischen Fachausschüsse auf den ersten Blick erforderlich zu sein scheint.

a) Die Fachausschüsse als Unterorgane der Parlamente

Anders als bezüglich des Vermittlungsausschusses,[53] finden sich hinsichtlich der parlamentarischen Fachausschüsse keine Stimmen in Rechtsprechung oder Literatur, die diese als Verfassungsorgane qualifizieren wollen, so dass sie über eine autonome Geschäftsordnungskompetenz verfügen würden. Ganz im Gegenteil, sprechen einzelne Autoren den Parlamentsausschüssen bereits grundlegend die Organqualität im Sinne der von *Hanns J. Wolff* begründeten Organtheorie[54] ab.[55] Demgegenüber schreibt die herrschende Meinung in der Literatur[56]

53 Siehe insofern unten C. II. 2. c).

54 Siehe dazu grundlegend Wolff, Organschaft und juristische Person: Untersuchungen zur Rechtstheorie und zum öffentlichen Recht, Zweiter Band: Theorie der Vertretung (Stellvertretung, Organschaft und Repräsentation als soziale und juristische Vertretungsformen), Berlin 1934, § 11; Wolff/Bachof, Verwaltungsrecht II, 4. Auflage, § 71–78.

55 Ritzel/Bücker/Schreiner, Handbuch für die parlamentarische Praxis, Teil 2, Vorbem. 2 zu § 54 GOBT; Troßmann, Der Bundestag: Verfassungsrecht und Verfassungswirklichkeit, JöR 28 (1979), 1, 232; Wolff/Bachof, Verwaltungsrecht II, 4. Auflage, § 74 I f 10.

56 Kasten, Ausschußorganisation und Ausschußrückruf: Ein Beitrag zum freien Mandat in den Parlamenten und kommunalen Vertretungskörperschaften der Bundesrepublik Deutschland, Berlin 1983, S. 25 ff. mit ausführlicher Darstellung des Streitstands und entsprechenden Nachweisen; siehe auch Achterberg, Die ständigen Ausschüsse, in: Madlener (Hrsg.), Deutsche öffentlich-rechtliche Landesberichte, S. 133, 145 ff.; ders., Parlamentsrecht, S. 135 f.; Dechamps, S. 94; Frost, AöR 95 (1970), 38, 82; Hatschek, S. 240 ff.; F. Schäfer, Der Bundestag: eine Darstellung seiner Aufgaben und seiner Arbeitsweise, 4. Auflage, Opladen 1982, S. 108; so nunmehr wohl auch, und damit in Abkehr zu einer der Vorauflagen (siehe oben Fn. 55), Wolff/Bachof/Stober/Kluth, Verwaltungsrecht II, 7. Auflage, § 82 Rn. 136, 145, 166; vgl. auch Loewenberg, Parlamentarismus im politischen System der Bundesrepublik Deutschland, Tübingen 1969, S. 183, 185.

und wohl auch das Bundesverfassungsgericht[57] den Fachausschüssen zutreffenderweise Organqualität zu.

Denn Letztere können sich zunächst auf den Wortlaut der GOBT in ihrer bis zum 1. Oktober 1980 geltenden Fassung[58] sowie einige landesrechtliche Reglungen bzw. Regelungswerke stützen.[59] § 60 Abs. 1 S. 1 GOBT a.F. lautete nämlich: „Die Ausschüsse sind Organe des Bundestages." Und in § 60 Abs. 2 S. 2 GOBT a.F. wurden näher präzisiert, dass die Ausschüsse „vorbereitende Beschlussorgane" des Bundestages sind. Bei der Neufassung der GOBT in den Jahren 1979/1980 wurde § 60 Abs. 1 S. 1 GOBT a.F. ersatzlos gestrichen, während sich § 60 Abs. 2 S. 2 GOBT a.F. inhaltsgleich in § 62 Abs. 1 S. 2 GOBT n.F. wiederfand. Aus den Gesetzgebungsmaterialien lässt sich nicht ansatzweise erkennen, dass der Bundestag als Geschäftsordnungsgeber mit der Streichung von § 60 Abs. 1 S. 1 GOBT eine Aussage zu der Rechtsnatur seiner Fachausschüsse treffen wollte.[60] Anderslautende Spekulationen[61] entbehren somit einer tauglichen Grundlage.

Von den vorgenannten landesrechtlichen Regelungen sticht zunächst § 37 S. 4 des Gesetzes über den Landtag des Saarlandes,[62] das einzige neben einer Landtagsgeschäftsordnung existierende Landes*gesetz*,[63] ins Auge. Dies Vorschrift lautet nämlich: „Die Ausschüsse sind Organe des Landtags." Des Weiteren enthalten einige Geschäftsordnungen von Länderparlamenten, ebenso wie § 62 Abs. 1 S. 2 GOBT n.F., eine Definition von Fachausschüssen als „vorbereitende Beschluss*organe*."[64]

Schließlich streitet die Systematik der Geschäftsordnung des Landtages Hessen für die Organqualität der Fachausschüsse, da diese dort im „2. Teil: Das Parlament und seine Organe, 8. Abschnitt: Die Ausschüsse" ihre Regelung erfahren.[65]

Innerhalb der herrschenden Ansicht besteht wiederum Uneinigkeit darüber, ob die Ausschüsse – ungeachtet der ihr grundsätzlich zugeschriebenen Organqualität – als

---

57 BVerfG, Urteil vom 6. März 1952 – 2 BvE 1/51, BVerfGE 1, 144, 152: „Die Ausschüsse sind zwar nur *Organe*, die vom Plenum eingesetzt werden, damit sie seine Beschlüsse vorbereiten."

58 In der Fassung der Bekanntmachung vom 22. Mai 1970, BGBl. 1970 I, S. 628, zuletzt geändert durch Beschluss vom 19. Juni 1975 – Bekanntmachung vom 24. Juni 1975, BGBl. 1975 I, S. 1848.

59 Kasten, aaO.

60 Vgl. die Begründung zum Entwurf der GOBT des Ausschusses für Wahlprüfung, Immunität und Geschäftsordnung vom 3. Dezember 1979, BT-Drucks. 8/3460, S. 93.

61 Kasten, Ausschußorganisation, S. 26.

62 Gesetz Nr. 970 über den Landtag des Saarlandes (GLT-Saarl), zuletzt geändert durch Gesetz vom 9. Mai 2012.

63 Kasten, Ausschußorganisation, S. 38.

64 § 76 Abs. 1 S. 2 GOLT-Rh-Pfl; § 14 Abs. 1 S. 1 GOLT-Saarl; § 21 Abs. 1 S. 2 GOLT-Sachs und § 74 Abs. 1 S. 2 GOLT-Thür.

65 Keine eindeutigen Rückschlüsse können hingegen aus der GOLT-Bay gezogen werden, in welcher die Überschriften „Teil II: Mitglieder des Landtags, Organe und Gremien, 7. Abschnitt: Ausschüsse" lauten, weshalb die Fachausschüsse sowohl Organe als auch, insofern neutraler, Gremien des Landtages sein könnten.

Organe ihrer jeweiligen Parlamente (und somit als Unterorgane des Staates),[66] als deren Unterorgane,[67] als deren Hilfsorgane,[68] oder gar als deren Organteile[69] zu qualifizieren sind. Angemessen und zutreffend ist die Klassifizierung der parlamentarischen Fachausschüsse als Unterorgane der Parlamente, weil zwischen ihnen ein unverkennbares Subordinationsverhältnis besteht. Dieses Subordinationsverhältnis hat seinen Ursprung in einigen spezifischen Vorschriften des Grundgesetzes bzw. der Landesverfassungen.

Das Grundgesetz verlangt die Existenz von Bundestags- und Bundesratsfachausschüssen nicht explizit,[70] mit Ausnahme der in Art. 45, 45a und 45c GG genannten Bundestagsausschüsse.[71] Gleichwohl finden Fachausschüsse im Allgemeinen in einigen Vorschriften des Grundgesetzes Erwähnung (siehe Art. 42 Abs. 3, 43 Abs. 2 S. 1, 46 Abs. 1 S. 1 GG bzw. Art. 52 Abs. 4, 53 S. 1 GG). Hieraus lässt sich die Erwartung erkennen, dass Bundestag und Bundesrat – über die in Art. 45, 45a und 45c GG erwähnten Ausschüsse hinaus – Fachausschüsse *bilden* und *errichten*[72].[73]

In den Verfassungen der Bundesländer lassen sich unterschiedliche Regelungsmodelle finden. Mit Ausnahme Bayerns, Hessens und Niedersachsens sehen alle Landesverfassungen ausdrücklich die Existenz bestimmter Fachausschüsse vor.[74] Über die benannten Ausschüsse hinausgehend, ist in insgesamt zehn Landesverfassungen

---

66 So Achterberg, Die ständigen Ausschüsse, in: Madlener (Hrsg.), Deutsche öffentlichrechtliche Landesberichte, S. 133, 146; ders., Parlamentsrecht, S. 136; Dechamps, S. 94; Kasten, Ausschußorganisation, S. 28; vgl. auch F. Schäfer, aaO.

67 So Frost, AöR 95 (1970), 38, 83; H. Schäfer, Der Bundesrat, Köln/Berlin 1955, S. 43; Wolff/Bachof/Stober/Kluth, Verwaltungsrecht II, 7. Auflage, § 82 Rn. 166.

68 So Borgs-Maciejewski/Drescher, Parlamentsorganisation: Institutionen des Bundestages und ihre Aufgaben, 4. Auflage, Heidelberg 1993; S. 73; Kewenig, S. 12; *Maunz*, in: Maunz/Dürig, Bd. IV, Art. 52 Rn. 9; unklar insofern: Hasselsweiler, S. 39: „Parlamentsausschüsse sind Hilfs- und Unterorgane der Legislative."

69 So Steiger, Organisatorische Grundlagen des parlamentarischen Regierungssystems: Eine Untersuchung zur rechtlichen Stellung des Deutschen Bundestages, Berlin 1973, S. 146 f.

70 Kasten, Ausschußorganisation, S. 35.

71 Namentlich der EU-, der Auswärtige, der Verteidigungs-, sowie der Petitionsausschuss.

72 Für den Unterschied zwischen *Bildung* und *Errichtung* der Ausschüsse siehe sogleich.

73 Siehe nur Frost, AöR 95 (1970), 38, 83 zu Bundestagsausschüssen.

74 So schreiben elf Landesverfassungen die Existenz eines Petitions- bzw. Eingabenausschusses vor, siehe Art. 35a Abs. 1 S. 1 LVerfBa-Wü; Art. 46 Abs. 1 S. 1 LVerfBerl; Art. 71 Abs. 1 LVerfBrandb; Art. 105 Abs. 5 S. 1 LVerfFHB; Art. 28 Abs. 1 LVerfFHH; Art. 35 Abs. 1 S. 1 LVerfMeck-Vorp; Art. 90a Abs. 1 S. 1 LVerfRh-Pfl; Art. 53 Abs. 1 LVerfSachs; Art. 61 Abs. 1 LVerfSachs-Anh; Art. 19 Abs. 1 S. 1 LVerfSchl-Holst; Art. 65 Abs. 1 S. 1 LVerfThü; in Art. 41a LVerfNRW und Art. 78 Abs. 1 LVerfSaarl wird die Existenz eines Petitions- bzw. Eingabenausschusses gewissermaßen vorausgesetzt. Aus Art. 26 LVerfNds wird hingegen lediglich erkennbar, dass der niedersächsische Landtag einen solchen Ausschuss in seiner Geschäftsordnung verankern soll; und in

die ausdrückliche Aufforderung an das jeweilige Landesparlament verankert, Fachausschüsse zur Vorbereitung politischer Sachentscheidungen zu *bilden* und *einzurichten*.[75] Die übrigen sechs Landesverfassungen begnügen sich, analog zum Grundgesetz, mit einer pauschalen Erwähnung parlamentarischer Fachausschüsse.[76]

b) Die Bildung, Errichtung *und* Einrichtung *der Fachausschüsse als Ausdruck des Subordinationsverhältnisses*

Seine konkrete Ausprägung findet das Subordinationsverhältnis zwischen den Parlamenten und ihren Fachausschüssen in der Geschäftsordnungskompetenz der betreffenden Parlamente. Dies soll zunächst anhand der *Bildung* der Fachausschüsse,

den Landesverfassungen Bayerns und Hessens wird ein Petitions- bzw. Eingabenausschuss überhaupt nicht erwähnt.
Weitere von den Landesverfassungen geforderte Parlamentsausschüsse finden sich in Art. 46a S. 1 (Verfassungsschutzausschuss) LVerfBerl; Art. 105 Abs. 1 S. 1 (Geschäftsordnungs-, Haushalts- und Finanzausschuss), Abs. 6 (Hafenausschuss) LVerfFHB; Art. 80 S. 1 (Grubensicherheitsausschuss) LVerfSaarl; Art. 20 Abs. 1 (Parlamentarischer Einigungsausschuss) LVerfSchl-Holst.
Die in Art. 36 Abs. 1 S. 1 (Ständiger Ausschuss), 62 Abs. 1 (Notparlament-Ausschuss) LVerfBa-Wü; Art. 26 Abs. 1 S. 1 (Zwischenausschuss) LVerfBay; Art. 93 S. 1 (Ständiger Ausschuss bzw. Hauptausschuss) LVerfHes; Art. 40 S. 1 (Ständiger Ausschuss bzw. Hauptausschuss) LVerfNRW; Art. 92 S. 1 (Zwischenausschuss) LVerfRh-Pfl genannten Ausschüsse stellen hingegen keine Fachausschüsse nach der hier verwandten Begriffsdefinition dar, weil sie allesamt *an die Stelle* des jeweiligen Parlamentes treten, siehe dazu eingehend Kasten, Ausschußorganisation, S. 24.

75 Art. 44 Abs. 1 S. 1 LVerfBerl: „Das Abgeordnetenhaus setzt nach Bedarf Ausschüsse aus seiner Mitte ein."; Art. 70 Abs. 1 LVerfBrandb: „Der Landtag bildet Ausschüsse aus seiner Mitte."; Art. 105 Abs. 1 S. 1 LVerfFHB: „Die Bürgerschaft wählt [...] für die verschiedenen Zweige ihrer Aufgaben ständige und nichtständige Ausschüsse."; Art. 33 Abs. 1 LVerfMeck-Vorp: „Zur Vorbereitung seiner Verhandlungen und Beschlüsse setzt der Landtag Ausschüsse ein, [...]"; Art. 20 Abs. 1 LVerfNds: „Zur Vorbereitung seiner Beschlüsse setzt der Landtag Ausschüsse ein."; Art. 77 Abs. 1 S. 1 LVerfSaarl: „Der Landtag bildet nach Bedarf Ausschüsse."; Art. 52 Abs. 1 S. 1 LVerfSachs: „Der Landtag bildet ständige Ausschüsse."; Art. 46 Abs. 2 LVerfSachs-Anh: „Zur Vorbereitung seiner Beratungen und Beschlüsse bildet der Landtag Ausschüsse."; Art. 17 Abs. 1 LVerfSchl-Holst: „Zur Vorbereitung seiner Verhandlungen und Beschlüsse setzt der Landtag Ausschüsse ein."; Art. 62 Abs. 1 S. 1 LVerfThü: „Zur Vorbereitung seiner Verhandlungen und Beschlüsse setzt der Landtag Ausschüsse ein."

76 Art. 33 Abs. 3, 34 Abs. 1, 2 S. 1, 2 LVerfBa-Wü; Art. 22 Abs. 2, 24 Abs. 1, Abs. 2 S. 1 LVerfBay; Art. 14 Abs. 1, 23 Abs. 1 S. 1 Hs. 1, S. 3, 4, Abs. 3, 30 LVerfFHH; Art. 90, 91 S. 1, 2 LVerfHes; Art. 43, 45 Abs. 1 S. 1, Abs. 2 LVerfNRW; Art. 87, 89 Abs. 1, 89a Abs. 2 LVerfRh-Pfl.

d.h. deren abstrakte Schaffung durch organisatorische Rechtssätze,[77] aufgezeigt werden.

Die in Art. 45, 45a und 45c GG genannten Ausschüsse werden unmittelbar durch eben diese Vorschriften *gebildet.*[78] Gleiches gilt für die in den Landesverfassungen explizit aufgeführten Ausschüsse[79].[80]

Auf Bundesebene werden darüber hinaus keine Fachausschüsse durch Gesetze oder die parlamentarischen Geschäftsordnungen (GOBT und GOBR) unmittelbar *gebildet.*[81] Für die *Bildung* der übrigen Fachausschüsse findet sich die verfassungsrechtliche Ermächtigungsgrundlage nach einhelliger Meinung folglich in den Vorschriften, die dem Bundestag und dem Bundesrat ihre Geschäftsordnungskompetenz zusichern, d.h. in Art. 40 Abs. 1 S. 2 GG[82] bzw. Art. 52 Abs. 3 S. 2 GG[83].[84] So enthalten dann auch die Geschäftsordnungen des Bundestages und des Bundesrates fundamentale Regelungen zur Ausschuss*bildung* (§ 54 Abs. 1 GOBT bzw. § 11 Abs. 1 GOBR). Deren Anwendung, d.h. die Fassung entsprechender Parlamentsbeschlüsse, führt dann zur *Bildung* der Ausschüsse.[85] Nach alledem beruht die *Bildung* der Fachausschüsse auf der Geschäftsordnungskompetenz von Bundestag und Bundesrat.

---

77 Achterberg, Die ständigen Ausschüsse, in: Madlener (Hrsg.), Deutsche öffentlichrechtliche Landesberichte, S. 133, 160; ders., Parlamentsrecht, S. 146 f.; Kasten, Ausschußorganisation, S. 34; Wolff/Bachof/Stober/Kluth, Verwaltungsrecht II, 7. Auflage, § 82 Rn. 168.

78 Vgl. Kasten, Ausschußorganisation, S. 35 f.; Steiger, S. 120.

79 Siehe die oben in C. I. 2. Fn. 74 aufgeführten Ausschüsse, ausgenommen der in Art. 41a LVerfNRW und Art. 78 Abs. 1 LVerfSaarl erwähnten Petitions- bzw. Eingabenausschüsse, deren Existenz lediglich vorausgesetzt und nicht angeordnet wird.

80 Vgl. Kasten, Ausschußorganisation, S. 36.

81 Die Erwähnung des Bundestagshaushaltsausschusses in den jährlichen Bundeshaushaltsgesetzen (vgl. z.B. §§ 2 Abs. 8, 3 Abs. 6–8, 4 Abs. 1 S. 2, Abs. 2, S. 5, Abs. 3, 6 Abs. 5 S. 1, 3, 15 Abs. 1 S. 1, 22 Abs. 2 HaushaltsG 2013) und in den §§ 94 ff. GOBT bewirkt ebenso wenig dessen Bildung wie die Nennung des Bundestagsausschusses für Wahlprüfung, Immunität und Geschäftsordnung in den §§ 107 Abs. 1, 127, 128 GOBT; gleichwohl wird die Existenz dieser beiden Ausschüsse durch die genannten Vorschriften vorausgesetzt, vgl. F. Schäfer, S. 109; Vetter, Die Parlamentsausschüsse im Verfassungssystem der Bundesrepublik Deutschland, Frankfurt a.M. [u.a.] 1986, S. 39.

82 K. F. Arndt, Parlamentarische Geschäftsordnungsautonomie und autonomes Parlamentsrecht, Berlin 1966, S. 67 f.; Berg, Zur Übertragung von Aufgaben des Bundestages auf Ausschüsse, Der Staat 9 (1970), 21, 23; Frost, AöR 95 (1970), 38, 48; Kasten, Ausschußorganisation, S. 36; Schwerin, Der Deutsche Bundestag als Geschäftsordnungsgeber: Reichweite, Form und Funktion des Selbstorganisationsrechts nach Art. 40 Abs. 1 S. 2 GG, Berlin 1998, S. 157; Steiger, S. 120.

83 *Maunz*, in: Maunz/Dürig, Bd. IV, Art. 52 Rn. 1 ff.

84 Allgemein zu der Gestaltungsmöglichkeit von Parlamenten, Ausschüsse kraft ihrer Geschäftsordnungskompetenz zu *bilden*, siehe Haug, Bindungsprobleme und Rechtsnatur parlamentarischer Geschäftsordnungen, Berlin 1994, S. 68.

85 Kasten, Ausschußorganisation, S. 38 f.

Somit kann eine Dimension der Geschäftsordnungskompetenz identifiziert werden, die sich als *Bildungs*kompetenz bezeichnen lässt. Bundestag und Bundesrat sind die *Bildungsorgan*e ihrer nicht durch das Grundgesetz *gebildeten* Fachausschüsse.

Auf Ländereben stellt sich die Regelungssituation teilweise anders dar. Zunächst werden durch die §§ 61 ff. GLT-Saarl der Eingaben-, Wahlprüfungs-, Verfassungsschutz- und Datenschutzausschuss unmittelbar *gebildet.*[86] Einen weiteren Sonderfall der Ausschuss*bildung* durch Landesgesetz hält Bremen parat: Durch § 35 S. 1 des Bremischen Datenschutzgesetzes[87] erfolgt die unmittelbare *Bildung* eines Datenschutzausschusses.

Des Weiteren werden zurzeit in sieben Länderparlamenten einzelne Fachausschüsse unmittelbar mittels enumerativer Aufzählung in den jeweiligen Geschäftsordnungen *gebildet*;[88] die Geschäftsordnungen können gleichwohl jederzeit von den Parlamenten geändert werden. In den übrigen Bundesländern erfolgt die *Bildung ausschließlich* in Anwendung von Vorschriften, die § 54 Abs. 1 GOBT und § 11 Abs. 1 GOBR entsprechen.[89]

Die verfassungsrechtlichen Grundlagen der Ausschuss*bildung* durch enumerative Aufzählungen sowie durch die Anwendung von § 54 Abs. 1 GOBT und § 11 Abs. 1 GOBR entsprechenden Vorschriften variieren dabei: in den Bundesländern, deren Verfassungen Normen mit der ausdrücklichen Aufforderung an das jeweilige Landesparlament enthalten, Fachausschüsse zur Vorbereitung politischer Sachentscheidungen zu *bilden* und *einzurichten*,[90] sind es eben jene Normen. In den übrigen Bundesländern bestehen die verfassungsrechtlichen Grundlagen der

---

86 Der Grubensicherheitsausschuss wird hingegen unmittelbar durch die LVerfSaarl *gebildet*, siehe oben C. I. 2. Fn. 74.

87 Bremisches Datenschutzgesetz (BremDSG) vom 4. März 2003 (Brem. GBl. S. 85).

88 § 23 Abs. 1 GOLT-Bay; § 50 Abs. 1 GOLT-Hes; § 10 Abs. 1 GOLT-Nds; § 71 Abs. 1 GOLT-Rh-Pfl; § 12 Abs. 1 GOLT-Saarl; § 11 Abs. 1 GOLT-Sachs-Anh; § 9 Abs. 1 GOLT-Schl-Holst; eingehend zu der Ausschuss*bildung* durch parlamentarische Geschäftsordnungen Kasten, Ausschußorganisation, S. 39.

89 § 18 Abs. 1 GOLT-Ba-Wü; § 20 Abs. 1 GOAbg-Berl; § 73 Abs. 1 GOLT-Brandb; § 63 Abs. 1 S. 1 GOBürg-FHB; § 52 Abs. 1 S. 1 GOBürg-FHH; § 9 Abs. 1 S. 1 GOLT-Meck-Vorp; § 48 Abs. 1 S. 1 GOLT-NRW; § 19 Abs. 1 S. 1 GOLT-Sachs; § 70 Abs. 1 S. 1 GOLT-Thü. Auch die in Fn. 88 genannten Geschäftsordnungen enthalten mehrheitlich Vorschriften, die, über die enumerative Aufzählung einzelner Parlamentsausschüsse hinausgehend, in ihrem Regelungsgehalt § 54 Abs. 1 GOBT und § 11 Abs. 1 GOBR entsprechen, siehe § 23 Abs. 2 GOLT-Bay; § 10 Abs. 2 GOLT-Nds; § 12 Abs. 2 GOLT-Saarl; § 11 Abs. 2 GOLT-Sachs-Anh; Art. 9 Abs. 2 GOLT-Schl-Holst; einzig die GOLT-Hes und die GOLT-Rh-Pfl weichen insofern von den vorgenannten Geschäftsordnungen ab, als dass sie in § 51 bzw. § 71 Abs. 3 lediglich die Möglichkeit, Sonderausschüsse für die Beratung bestimmter Vorlagen bzw. besondere Ausschüsse für einzelne Angelegenheiten einzusetzen, vorsehen.

90 Siehe die oben in C. I. 2. Fn. 75 aufgeführten Vorschriften.

Ausschuss*bildung* in den Vorschriften der Landesverfassungen, die den Länderparlamenten ihre Geschäftsordnungskompetenz vermitteln.[91]

Auf Länderebene finden sich demnach unterschiedliche Regelungskonzepte. Gleichwohl lässt sich auch hier feststellen, dass die Parlamente im Verhältnis zu den Fachausschüssen, die nicht bereits durch die jeweiligen Landesverfassungen oder ausnahmsweise durch einzelne Landesgesetze *gebildet* werden, über eine *Bildungs*kompetenz verfügen.

Neben der abstrakten *Bildung* bedürfen Ausschüsse zu ihrer Existenz noch der konkreten *Errichtung*, d.h. der Bestimmung ihrer Zuständigkeitsbereiche, der Regelung ihrer inneren Organisation und der Gewinnung ihrer Mitglieder.[92] Für die Zwecke dieser Arbeit, d.h. die Frage nach der möglichst exakten Abbildung politischer Mehrheiten, sind von den genannten *Errichtungs*regeln u.a. diejenigen zur Ausschussbesetzung relevant. Die Regeln zur Ausschussbesetzung, die zugleich *Errichtungs*regeln sind, unterteilen sich wiederum in die Festlegung der *Mitgliederzahl* und die Regelung der *anteiligen Sitzverteilung*. Im weiteren Verlauf dieser Arbeit wird die Festlegung der *Mitgliederzahl* auch als *1. Stufe der Besetzungsregeln*, die Regelung der *anteiligen Sitzverteilung* auch als deren *2. Stufe* bezeichnet werden.

Die *Errichtung* von Bundestags- und Bundesratsfachausschüssen liegt größtenteils in den Händen der beiden Plenen, die folglich gegenüber den Fachausschüssen über eine *Errichtungs*kompetenz verfügen und somit deren *Errichtungsorgane* sind.

Die Zuständigkeitsbereiche der durch Art. 45, 45a und 45c GG *gebildeten* Bundestagsausschüsse werden in diesen Normen bestimmt. Folglich werden die genannten Ausschüsse zu einem kleinen Teil auch durch jene Vorschriften *errichtet*.[93] Die Zuständigkeitsbereiche aller übrigen Bundestags- und Bundesratsfachausschüsse, die

91 Art. 32 Abs. 1 S. 2 LVerfBa-Wü, Art. 20 Abs. 3 LVerfBay, Art. 18 Abs. 1 S. 2 LVerfFHH, Art. 99 LVerfHes, Art. 38 Abs. 1 S. 2 NRW, Art. 85 Abs. 1 Rh-Pfl.

92 Vgl. Achterberg, Die ständigen Ausschüsse, in: Madlener (Hrsg.), Deutsche öffentlich-rechtliche Landesberichte, S. 133, 160 f.; ders., Parlamentsrecht, S. 146 f.; Kasten, Ausschußorganisation, S. 34; Wolff/Bachof/Stober/Kluth, Verwaltungsrecht II, 7. Auflage, § 82 Rn. 170.

93 Dieses verkennen Achterberg, Die ständigen Ausschüsse, in: Madlener (Hrsg.), Deutsche öffentlich-rechtliche Landesberichte, S. 133, 161 sowie Parlamentsrecht, S. 147 und Kasten, Ausschußorganisation, S. 36, 48 f. wenn sie behaupten, die *Errichtung* von Bundestagsausschüssen würde *ausschließlich*, mithin auch die Bestimmung ihrer Zuständigkeitsbereiche, durch entsprechende Parlamentsbeschlüsse erfolgen. Diese Aussage ist insofern nicht haltbar, als dass sich die Umschreibung der Zuständigkeitsbereiche der in Art. 45, 45a und 45c GG genannten Ausschüsse in den Parlamentsbeschlüssen mit dem Wortlaut dieser Vorschriften deckt, vgl. den interfraktionellen Antrag der Fraktionen von CDU/CSU, SPD, DIE LINKE. und BÜNDNIS 90/DIE GRÜNEN vom 19. Dezember 2013, BT-Drucks. 18/211 sowie die entsprechende Aussprache und Abstimmung im Bundestag am gleichen Tag, BT-Drucks. 18/212, S. 282 (B) ff.

sich überwiegend mit denjenigen der Bundesministerien decken,[94] werden hingegen durch entsprechende Plenarbeschlüsse bestimmt.[95]

Auch über die Regeln zur inneren Organisation ihrer Fachausschüsse (unter Einschluss der in Art. 45, 45a und 45c GG genannten Ausschüsse) und der Gewinnung der jeweiligen Mitglieder entscheiden Bundestag und Bundesrat, und nicht etwa die Ausschüsse selber.[96] Die entsprechenden Regeln finden sich in den §§ 12, 54–74 GOBT bzw. in den §§ 11, 12, 36–45 GOBR, in deren Ausfüllung Bundestag und Bundesrat u.a. das für die *anteilige Sitzverteilung* anzuwendende mathematische Zählverfahren[97] per Plenarbeschluss festlegen. Darauf, den Fachausschüssen eigene Geschäftsordnungen zu geben, verzichten Bundestag und Bundesrat.[98] Der Bundestag bindet seine Fachausschüsse in diesem Zusammenhang insoweit enger an das Plenum an, als dass er die Verfahrensregeln des Plenums für in den Ausschüssen entsprechend anwendbar erklärt, sofern in den §§ 54–73 GOBT keine abweichende Regelungen zu finden sind (vgl. § 74 GOBT).

Auf Länderebene vollzieht sich die *Errichtung* der Fachausschüsse einmal mehr nach unterschiedlichen Regelungskonzepten. Die Zuständigkeitsbereiche werden zum Teil in den Landesverfassungen[99] oder, sofern die Ausschuss*bildung* durch enumerative Aufzählung in den Geschäftsordnungen der Länderparlamente erfolgt, in eben diesen[100] bestimmt. Im Übrigen werden die Zuständigkeitsbereiche der Fachausschüsse, die sich regelmäßig mit denjenigen der Landesministerien bzw. -senate decken,[101] ebenfalls per Beschluss festgelegt.[102]

Hinsichtlich der für die Zwecke dieser Arbeit besonders relevanten *Errichtungs*regeln schlagen die Bundesländer wiederum größtenteils einen anderen Weg ein als

---

94 Achterberg, Die ständigen Ausschüsse, in: Madlener (Hrsg.), Deutsche öffentlich-rechtliche Landesberichte, S. 133, 151 f.; ders., Parlamentsrecht, S. 139 f.; Frost, AöR 95 (1970), 38, 53; Lohmann, Der Deutsche Bundestag, Frankfurt a.M./Bonn 1967, S. 73; F. Schäfer, S. 117; Vetter, S. 8.

95 Insoweit ist Achterberg, Die ständigen Ausschüsse, in: Madlener (Hrsg.), Deutsche öffentlich-rechtliche Landesberichte, S. 133, 160 sowie Parlamentsrecht, S. 147 und Kasten, Ausschußorganisation, S. 36 zuzustimmen.

96 Vgl. Achterberg, Die ständigen Ausschüsse, in: Madlener (Hrsg.), Deutsche öffentlich-rechtliche Landesberichte, S. 133, 160; ders., Parlamentsrecht, S. 146; Hasselsweiler, S. 40.

97 Siehe zu den verschiedenen mathematischen Zählverfahren, die im Rahmen der Ausschussbesetzung regelmäßig zur Anwendung kommen, unten D. I.

98 Vgl. Frost, AöR 95 (1970), 38, 59.

99 So für die oben in C. I. 2. Fn. 74 aufgeführten Ausschüsse. A.A. wiederum Kasten, Ausschußorganisation, S. 36.

100 So für die Fachausschüsse, die in den oben in C. I. 2. b) Fn. 89 genannten Vorschriften aufgeführt sind.

101 § 20 Abs. 1 S. 1 GOAbg-Berl fordert diese Deckungsgleichheit explizit, was dennoch nicht bedeutet, dass die Zuständigkeitsbereiche der Fachausschüsse unmittelbar durch diese Vorschrift bestimmt werden.

102 Vgl. Kasten, Ausschußorganisation, S. 36, 48 ff.

Bundestag und Bundesrat: das anzuwendende mathematische Zählverfahren wird nämlich in mehreren Geschäftsordnungen der Länderparlamente und in einem Fall sogar in der Landesverfassung festgelegt.[103] Vereinzelt finden sich auch Regeln zur inneren Organisation in den Landesverfassungen.[104] Ungeachtet dessen können auch Gemeinsamkeiten mit der Regelungslage auf Bundesebene ausgemacht werden: sofern und soweit sich keine Organisationsregeln in den Landesverfassungen finden, werden diese von den Länderparlamenten in den jeweiligen Geschäftsordnungen festgelegt, die sich dabei häufig für die Kodifizierung von § 74 GOBT entsprechenden Vorschriften entschieden haben.[105]

Somit besitzen auch die Länderparlamente eine *Errichtungs*kompetenz gegenüber ihren Fachausschüssen und sind zumindest teilweise deren *Errichtungsorgane.*

Bevor Parlamentsausschüsse ihre Arbeit aufnehmen können, bedürfen sie nach der *Bildung* und *Errichtung* noch der *Einrichtung*. Nach der *Wolff*'schen Organtheorie versteht man hierunter die „Zuweisung von konkreten Menschen, die als Organwalter die Organfunktion tatsächlich wahrnehmen."[106] In Bezug auf die Parlamentsausschüsse handelt es sich bei den Organwaltern um die Ausschussmitglieder, so dass die *Einrichtung* demnach deren *Entsendung* in die Ausschüsse umfasst. Die Regelung der Mitgliederentsendung in die Ausschüsse bildet die *3. Stufe der Besetzungsregeln.*

Abgesehen von einer Ausnahme,[107] wird die *Entsendung* von Ausschussmitgliedern sowohl auf Bundes-[108] als auch auf Länderebene durchweg in den jeweiligen Geschäftsordnungen geregelt. Dabei kommt den Fraktionen bzw. Bundesländern eine zentrale Rolle zu, da diese ihre Vertreter per Benennung in die Ausschüsse *entsenden.*[109] Hieran schließt sich vereinzelt noch die Bestätigung der Benennung durch eine entsprechende Plenarwahl an.[110]

---

103 Für Details siehe unten D. II. 3.

104 Art. 44 Abs. 1 S. 2 LVerfBerl; Art. 33 Abs. 3 LVerfMeck-Vorp; Art. 17 Abs. 3 S. 1 LVerfSchl-Holst; Art. 62 Abs. 2 LVerfThür: jeweils zur (Nicht-)Öffentlichkeit der Ausschusssitzungen.

105 § 20 GOLT-Ba-Wü; § 75 Abs. 4 GOLT-Brandb; § 58 Abs. 1 GOBürg-FHH; § 106 Abs. 2 GOLT-Hes; § 8 Abs. 2 GOLT-Meck-Vorp; § 96 GOLT-Nds; § 63 S. 1 GOLT-NRW; § 78 Abs. 2 S. 2 GOLT-Rh-Pfl; § 29 GOLT-Sachs; § 89 GOLT-Sachs-Anh; § 21 GOLT-Schl-Holst; § 76 Abs. 2 S. 2 GOLT-Thür.

106 Wolff/Bachof/Stober/Kluth, Verwaltungsrecht II, 7. Auflage, § 82 Rn. 172.

107 Art. 44 Abs. 2 S. 2 LVerfBerl (i.V.m. § 20 Abs. 3 S. 3 GOAbg-Berl).

108 Unter Einschluss der in Art. 45, 45a und 45c GG genannten Ausschüsse.

109 § 57 Abs. 2 S. 1 GOBT; § 11 Abs. 2, 3 GOBR; § 26 Abs. 1 GOLT-Bay; § 74 Abs. 2 S. 1 GOLT-Brandb; § 54 Abs. 2 GOBürg-FHH; § 52 Abs. 1 GOLT-Hes; § 11 Abs. 2 S. 1 GOLT-Meck-Vorp; § 11 Abs. 2 S. 1 i.V.m. § 3 Abs. 2 S. 1 GOLT-Nds; § 49 Abs. 2 S. 1 GOLT-NRW; § 74 Abs. 1 GOLT-Rh-Pfl; § 23 Abs. 2 S. 1 GOLT-Sachs; § 12 Abs. 2 S. 1 GOLT-Sachs-Anh; § 13 Abs. 5 S. 1 GOLT-Schl-Holst; § 72 Abs. 1 GOLT-Thür.

110 § 19 Abs. 2 S. 1 GOLT-Ba-Wü; wohl auch: § 13 Abs. 2 S. 1 GOLT-Saar: „Der Landtag *bestimmt* auf Vorschlag der Fraktionen die Ausschussmitglieder."

Die *Einrichtung* der Parlamentsausschüsse ist somit nahezu ausschließlich von der Geschäftsordnungskompetenz der jeweiligen Plenen gedeckt, so dass wiederum von einer *Einrichtungs*kompetenz der Parlamente als *Einrichtungsorganen* gesprochen werden kann.

2. Funktion und Bedeutung: Die Fachausschüsse als Wegbereiter von Plenarentscheidungen und Kontrolleur der Regierungsarbeit

Als weitere Wesensmerkmale der parlamentarischen Fachausschüsse soll deren Funktion und Bedeutung betrachtet werden. Denn u.a. aus diesen Wesensmerkmalen lässt sich später eine Antwort auf die Frage ableiten, ob politische Pattsituationen in diesen Gremien überhaupt aufgelöst werden *müssen* bzw. *wie drängend* eine Pattsituation aufgelöst werden *muss*, d.h. ob eine Änderung der Regelungssituation unabhängig von den vorherrschenden Mehrheitsverhältnisses vorzunehmen ist, oder ob die Bereithaltung einer *default rule* für anderenfalls drohende Pattsituationen ausreichend ist.[111]

Normativer Ausgangspunkt für die Beurteilung der Funktion und Bedeutung der Fachausschüsse sind die §§ 54, 62, 64 GOBT bzw. die §§ 11, 36, 39 BOBR sowie die entsprechenden Vorschriften in den Landesverfassungen und den Geschäftsordnungen der Länderparlamente. Die § 54 Abs. 1 GOBT, § 39 Abs. 1 GOBR sowie die korrespondierenden Regelungen in den Bundesländern[112] tragen den Ausschüssen auf, die Beratungen, Verhandlungen bzw. Beschlüsse des jeweiligen Plenums vorzubereiten. Um diesen Vorbereitungsauftrag zu erfüllen, werden den Ausschüssen Beratungsgegenstände von den Plenen überwiesen.[113] Mit der Überweisung begibt sich das jeweilige Plenum des Rechts der eigenen Erörterung an dem überwiesenen Beratungsgegenstand.[114] Allerdings kann der Beratungsauftrag an einen Ausschuss

111 Siehe unten D. V. 3. a) aa), b).

112 § 24 Abs. 1 S. 1 GOLT-Bay; § 21 Abs. 1 S. 1 GOAbg-Berl; § 52 Abs. 1 S. 1 GOBürg-FHH; § 50 Abs. 1 GOLT-Hes; Art. 20 Abs. 1 LVerfNds i.V.m. § 12 Abs. 1 GOLT-Nds; § 48 Abs. 1 S. 1 GOLT-NRW; § 37 S. 1 GLT-Saarl i.V.m. 14 Abs. 1 S. 1 GOLT-Saarl; § 19 Abs. 1 S. 1 GOLT-Sachs; Art. 46 Abs. 2 LVerfSachs-Anh i.V.m. 14 Abs. 1 S. 1 GOLT-Sachs-Anh; Art. 17 Abs. 1 LVerfSchl-Holst i.V.m. 9 Abs. 1 GOLT-Schl-Holst; Art. 62 Abs. 1 S. 1 LVerfThür.

113 §§ 62 Abs. 1 S. 1, 64 Abs. 1 GOBT; §§ 36 Abs. 1 S. 1, 39 Abs. 1 GOBR; § 26 Abs. 1 S. 1 GOLT-Ba-Wü; § 21 Abs. 1 S. 1 GOAbg-Berl; Art. 70 Abs. 3 S. 1 LVerfBrandb = § 75 Abs. 1 S. 1 GOLT-Brandb; § 63b Abs. 1 S. 1 GOBürg-FHB; § 53 Abs. 1 S. 1 GOBürg-FHH; Art. 33 Abs. 2 S. 1 LVerfMeck-Vorp = § 12 Abs. 1 S. 1 GOLT-Meck-Vorp; § 12 Abs. 1 GOLT-Nds; § 51 Abs. 1 GOLT-NRW; § 76 Abs. 1 S. 1 GOLT-Rh-Pfl; § 37 S. 4 GLT-Saarl, § 14 Abs. 1 S. 1 GOLT-Saarl; § 21 Abs. 1 S. 1 GOLT-Sachs; § 14 Abs. 1 S. 2 GOLT-Sachs-Anh; Art. 17 Abs. 2 S. 1 LVerfSchl-Holst = § 14 Abs. 1 S. 1 GOLT-Schl-Holst; § 74 Abs. 1 S. 1 GOLT-Thür.

114 F. Schäfer, S. 114; Vetter, S. 128.

spiegelbildlich zu der Überweisung durch das Plenum zumindest dann wieder zurückgenommen werden, wenn dieser seine Beratungen in verfassungswidriger Weise verzögert.[115]

Über die vom jeweiligen Plenum überwiesenen Beratungsgegenstände hinaus können sich die Bundestags- sowie die meisten Landtagsfachausschüsse mit weiteren Fragen aus ihrem Geschäftsbereich befassen (sog. Selbstbefassungsrecht).[116] Das Selbstbefassungsrecht der Bundestags- und der meisten Landtagsausschüsse ist dabei allerdings relativ wirkungslos, da keine Beschlussempfehlungen an das jeweilige Plenum ausgesprochen werden dürfen.[117] Die Beratungen im Zuge der Selbstbefassung dienen in diesen Fällen ausschließlich der Meinungsbildung innerhalb der Ausschüsse und dürfen allenfalls dokumentiert werden.[118] Einige Landtagsausschüsse besitzen allerdings ein Recht zur Beschlussempfehlung gegenüber den Plenen.[119]

Im Gegensatz zu den Bundestags- und den meisten Landtagsfachausschüssen verfügen die Bundesratsausschüsse über kein Selbstbefassungsrecht (vgl. § 36 Abs. 1 S. 1 GOBR).

Mitunter wird die beschriebene Vorbereitungsarbeit der Fachausschüsse für die Plenen als (eindeutig) zu weitgehend empfunden.[120] So werde in „den Ausschüssen

---

115 Vgl. dazu eingehend BVerfG, Urteil vom 6. März 1952 – 2 BvE 1/51, BVerfGE 1, 154 f.; Troßmann, JöR 28 (1979), 1, 234; Vetter, S. 129; zu pauschal hingegen die Aussage von Hasselsweiler, S. 40, der den Plenen ein bedingungsloses Rücknahmerecht zubilligt.

116 §§ 62 Abs. 1 S. 3 Hs. 1, 64 Abs. 1 GOBT; § 26 Abs. 3 S. 1 GOLT-Ba-Wü; § 21 Abs. 3 S. 1 GOAbg-Berl; Art. 70 Abs. 3 S. 2 LVerfBrandb = § 75 Abs. 1 S. 2 GOLT-Brandb; § 63b Abs. 1 S. 2 GOBürg-FHB; § 53 Abs. 2 S. 1 GOBürg-FHH; Art. 33 Abs. 2 S. 2 LVerfMeck-Vorp = § 12 Abs. 1 S. 2 GOLT-Meck-Vorp; § 12 Abs. 2 S. 1 GOLT-Nds; § 51 Abs. 2 S. 1 GOLT-NRW; § 76 Abs. 2 S. 1 GOLT-Rh-Pfl; § 14 Abs. 1 S. 2 GOLT-Saarl; § 21 Abs. 1 S. 3 GOLT-Sachs; § 14 Abs. 3 S. 1 GOLT-Sachs-Anh; Art. 17 Abs. 2 S. 2 LVerfSchl-Holst = § 14 Abs. 1 S. 2 GOLT-Schl-Holst; § 74 Abs. 2 S. 1 GOLT-Thür. In den Landtagen von Bayern und Hessen verfügen die Fachausschüsse über kein Selbstbefassungsrecht.

117 So ausdrücklich § 62 Abs. 2 S. 2 GOBT; 26 Abs. 4 S. 1 GOLT-Ba-Wü; § 76 Abs. 1 S. 2 GOLT-Rh-Pfl; § 14 Abs. 1 S. 1 GOLT-Saarl; § 21 Abs. 1 S. 2 GOLT-Sachs; § 14 Abs. 3 S. 5 GOLT-Sachs-Anh; § 74 Abs. 1 S. 2 GOLT-Thür.

118 Vgl. *Geis*, in: HStR III, 3. Auflage, § 54 Rn. 3; Roll, GOBT, § 62 Rn. 4.

119 § 21 Abs. 3 S. 5 GOAbg-Berl; Art. 70 Abs. 3 S. 2 i.V.m. § 75 Abs. 1 S. 2, 3 GOLT-Brandb; Art. 33 Abs. 2 S. 2 LVerfMeck-Vorp = § 12 Abs. 1 S. 2 GOLT-Meck-Vorp; § 51 Abs. 2 S. 1 GOLT-NRW; Art. 17 Abs. 2 S. 2 LVerfSchl-Holst = § 14 Abs. 1 S. 2 GOLT-Schl-Holst.

120 Eine ausführliche Analyse und Diskussion dieses Problemkomplexes findet sich bei Kasten, Plenarvorbehalt und Ausschußfunktion – Grenzen der Übertragung parlamentarischer Aufgaben auf Ausschüsse, DÖV 1985, 222 ff.

[...] die maßgebliche Sacharbeit des Parlaments geleistet",[121] weshalb die Plenarbeschlüsse lediglich die Beratung und Entscheidung in den Ausschüssen nachzeichnen würden.[122] Diese parlamentarische Praxis sieht sich zum einen in Anbetracht des „Gewaltenteilungsprinzips" grundlegenden verfassungsrechtlichen Bedenken ausgesetzt,[123] die allerdings nicht durchgreifend sind.[124] Zum anderen wird eine Beschneidung der Befugnisse und Kompetenzen des Plenums, der Fraktionen sowie letztlich auch der einzelnen Abgeordneten moniert.[125]

Aber die Parlamentsausschüsse sehen sich nicht nur ob ihrer Vorbereitungsarbeit einiger Kritik ausgesetzt, sondern auch angesichts ihrer zweiten Hauptfunktion, die zumindest im funktionalen Zusammenhang mit dem Selbstbefassungsrecht der Fachausschüsse des Bundestages und der Länderparlamente[126] steht: die Kontrolle der Regierungsarbeit.[127] Vor dem Hintergrund der regelmäßig spiegelbildlich zum Ressortzuschnitt erfolgenden Ausschussbildung[128] wird diese Kontrolle als sachdienlich und zielführend empfunden.[129] Vereinzelt interpretieren die Fachausschüsse ihren Kontrollauftrag allerdings sehr großzügig, indem sie ihre Zustimmung oder Ablehnung zum Regierungshandeln öffentlich artikulieren.[130] Ob ihr Kontrollauftrag ein derartiges Gebaren noch deckt, ist umstritten.[131]

---

121 Stein, NVwZ 2003, 557, 560, die in diesem Zusammenhang u.a. auf BVerfGE 70, 324, 363 verweist; ähnlich Hennis, in: FS Arndt, S. 147, 149; Lohmann, S. 76 und Scheuner, in: FS Arndt, S. 385, 400.

122 Dreier, Regelungsform und Regelungsinhalt des autonomen Parlamentsrechts, JZ 1990, 310, 318.

123 Siehe v.a. die Ausführungen bei Kewenig, S. 12 ff., 45 ff.

124 Siehe die überzeugende Replik auf die Ausführungen von Kewenig bei Achterberg, Die ständigen Ausschüsse, in: Madlener (Hrsg.), Deutsche öffentlich-rechtliche Landesberichte, S. 133, 182 ff. sowie Parlamentsrecht, S. 680 f.

125 Magiera, Parlament und Staatsleitung in der Verfassungsordnung des Grundgesetzes: Eine Untersuchung zu den Grundlagen der Stellung und Aufgaben des Deutschen Bundestages, Berlin 1979, S. 136; vgl. auch Berg, Der Staat 9 (1970), 22; Kölble, Vorschläge zur Parlamentsreform: Einige Bemerkungen zur Schrift von F. Schäfer, Der Bundestag, DÖV 1969, 189 f.; Partsch, Parlament und Regierung im modernen Staat, VVDStRL 16 (1958), 74, 79 f.; Steiger, S. 130, der ausführt, dass das Machtübergewicht der Ausschüsse von den Fraktionen korrigiert werde, allerdings nicht zugunsten des Plenums, sondern zu ihren eigenen Gunsten.

126 Vgl. Scheuner, Das parlamentarische Verfahren im Bundestag, in: Lehmbruch/von Beyme/Fetscher (Hrsg.), Demokratisches System und politische Praxis der Bundesrepublik: Für Theodor Eschenburg, München 1971, S. 143, 154.

127 Dazu eingehend Vetter, S. 106 ff.

128 Siehe oben C. I. 1. b).

129 Vgl. eingehend F. Schäfer, S. 115 f.

130 Borgs-Maciejewski/Drescher, S. 74.

131 Näher dazu Borgs-Maciejewski/Drescher, S. 74 f.; Steiger, S. 133 f.; vgl. auch Dechamps, S. 104; Kewenig, S. 11 ff., 39 ff.

Die Kritik an der Verlagerung der Parlamentsarbeit in die Ausschüsse sowie an der Reichweite ihrer Kontrollfunktion kann und soll hier nicht weiter erörtert werden. Ungeachtet derer bleibt nämlich jedenfalls festzuhalten, dass den Ausschüssen als „eigentliche[n] Arbeitsgremien des Parlaments“[132] bzw. als „Herzstück der parlamentarischen Tätigkeit“[133] eine nicht zu unterschätzende Bedeutung im Organisationsgefüge der Parlamente zuzumessen ist. Dieser Befund rührt vor allem angesichts der beschriebenen Vorbereitungsfunktion daher, dass in den Ausschüssen Detailarbeit leichter bewerkstelligt werden kann als im vergleichsweise schwerfälligen Plenum,[134] und dass der Sachverstand der Ausschussmitglieder gegenüber den partei- oder fraktionspolitischen Leitlinien zumindest teilweise überwiegt.[135]

II. Der Vermittlungsausschuss nach Art. 77 Abs. 2 GG

Der mit Inkrafttreten des Grundgesetzes am 23. Mai 1949 eingeführte Vermittlungsausschuss nach Art. 77 Abs. 2 GG[136] unterscheidet sich in vielerlei Hinsicht von

---

132 Kleffmann, Die Rechtsstellung parteiloser Kandidaten und Mandatsträger, Frankfurt a.M. [u.a.] 1982, S. 132; Tschermak von Seysenegg, Die Fraktionen im deutschen Bundestag und ihre verfassungsrechtliche Stellung, Freiburg (Breisgau) 1971, S. 18; ähnlich Vetter, S. 83: „eigentliche parlamentarische Arbeitsgremien“.

133 Böhm, Der Arbeitsstil des Bundestages: Gedanken und Anregungen zur Tätigkeit der Ausschüsse, DNG 1964, 347.

134 Vgl. BVerfGE 44, 308, 317.

135 Partsch, VVDStRL 16 (1958), 74, 79; Vetter, S. 122 ff.

136 Mit dem Vermittlungsausschuss wurde allerdings keine gänzlich neuartige Institution im Jahre 1949 in die deutsche Verfassungslandschaft eingeführt, so wie Achterberg, Parlamentsrecht, S. 367; Bauer, Der Vermittlungsausschuß: Politik zwischen Konkurrenz und Konsens, Bremen 1999, S. 39; Dehm, Der Vermittlungsausschuß, in: Sekretariat des Bundesrates (Hrsg.), Der Bundesrat 1949–1969: Beiträge zum zwanzigjährigen Bestehen der zweiten gesetzgebenden Körperschaft der Bundesrepublik, Bonn 1969, S. 15; ders., Verfassungsrechtliche Stellung, Aufgaben und Verfahren des Vermittlungsausschusses, in: Burhenne (Hrsg.), Recht und Organisation der Parlamente, Bd. 2, Berlin, Stand: Ergänzungslieferung 2/16, Juni 2016, S. 0908 11; Geck, Die Conference-Committees im Kongreß der Vereinigten Staaten, ihr Verfahren und ihre Bedeutung, ZaöRV 14 (1951/52), 294, 295; Lechner/Hülshoff, Parlament und Regierung: Textsammlung des Verfassungs-, Verfahrens- und Geschäftsordnungsrechts der obersten Bundesorgane: mit Anmerkungen, Erläuterungen, Hinweisen und Sachregister, 3. Auflage, München 1971, S. 300; Pieper, Die staatsrechtliche Bedeutung des Vermittlungsausschusses gemäß Artikel 77 des Grundgesetzes, o. O. 1954, S. 52; Schleh, Die ‘Conference Committees‘ des Kongresses der Vereinigten Staaten von Nordamerika: Einigungsausschüsse anderer Staatslegislaturen des Zweikammer-Systems und der Vermittlungsausschuss nach Artikel 77 des Bonner Grundgesetzes, Köln 1964, S. 1; von der Heide, Der Vermittlungsausschuß. Praxis und Bewährung, DÖV 1953, 129; Wessel, Der Vermittlungsausschuß nach Artikel 77 des Grundgesetzes, AöR 77 (1951/52), 283, 284 und O. V., Vermittlungsausschuß hat sich bewährt: Einigungsvorschläge verhinderten

Scheitern zahlreicher Gesetze, Das Parlament 1953, Nr. 31, S. 6 behaupten, da die deutschen Einzelstaatsverfassungen durchaus Gremien vorgesehen hatten, die dem Vermittlungsausschuss ähnlich waren, wie Hasselsweiler, S. 4 f., 7, 9 ff., insbesondere S. 15, wo die Schlussfolgerung formuliert wird, dass vor dem Hintergrund der Einzelstaatsverfassungen „die These von der Neuartigkeit der Verfassungseinrichtung Vermittlungsausschuß eindrucksvoll [widerlegt]" sei; Reinert, Vermittlungsausschuß und Conference Committees: Ein Beitrag zur Vergleichenden Lehre der Herrschaftssysteme, Heidelberg 1966, S. 28 ff. und – aus dem jüngeren Schrifttum – Bergkemper, S. 17 ff., 40 ff. jeweils nach einer eingehenden Analyse von Bundes-, Reichs- und Einzelstaatsverfassungen dargelegt haben.

Vielmehr als die historischen Vorläufer in den deutschen Einzelstaatsverfassungen dienten jedoch die parlamentarischen Vermittlungsausschüsse in den USA; die sog. Conference Committees, mit denen sich eine beträchtliche Anzahl an Autoren eingehend auseinandergesetzt hat (Bardenhewer, S. 221 ff.; Bergkemper, S. 53 ff.; Ensslin, Der Ausgleich zwischen der ersten und der zweiten Kammer im Gesetzgebungsverfahren der Bundesrepublik Deutschland, Frankreichs, Großbritanniens, der Vereinigten Staaten von Amerika und der Schweiz, Stuttgart 1962, S. 91 f., 97 ff., 102 ff., 106 ff.; Geck, ZaöRV 14 (1951/52), 294 ff.; Hasselsweiler, S. 19 ff.; Reinert, S. 18 ff., 81 ff.; Pieper, S. 53 ff.; Schleh, S. 31 ff.), offenkundig als Vorbild bei der Schaffung des Vermittlungsausschusses gemäß Art. 77 Abs. 2 GG, siehe Büro der Ministerpräsidenten des amerikanischen, britischen und französischen Besatzungsgebietes (Hrsg.), Empfehlungen des Juristischen Ausschusses der Ministerpräsidenten, 1949, Anlage 4, Nr. 2, abgedruckt bei Dästner, GOVermA, S. 32, 33 f.; kritisch wird diese Aussage zu der vermeintlichen Vorbildfunktion von Reinert, S. 112 betrachtet, weil sie seines Erachtens ohne entsprechenden Nachweis behauptet wurde; siehe auch Hasselsweiler, S. 18 f.

Neben den Conference Committees in den USA existieren bzw. existierten auch in anderen Ländern parlamentarische Vermittlungsausschüsse, siehe Bergkemper, S. 71 ff. zu Großbritannien und der Schweiz, mit vereinzelten Ausführungen zur jeweiligen Historie; Ensslin, S. 89 ff., ebenfalls mit derartigen Ausführungen, zu Frankreich, Großbritannien bzw. England und der Schweiz; *Kluth*, in: HStR III, 3. Auflage, § 60 Rn. 1 verweist u.a. auf eine parallele Einrichtung in Belgien; *Kokott*, in: Bonner Kommentar zum Grundgesetz, Ordner 11, Art. 77, Rn. 6 Fn. 14 nennt Vermittlungsausschüsse in Frankreich, Belgien, Russland, Südafrika, Madagaskar, Thailand und dem Kongo; Pieper, S. 52 f. beobachtete Parallelen zu Italien, Frankreich, Island, Japan, Dänemark und der damaligen Föderativen Volksrepublik Jugoslawien; Reinert, S. 13 ff., S. 42 ff., ebenfalls mit vereinzelten Ausführungen zur Historie, zu Großbritannien bzw. England, Dänemark, Frankreich, Japan, Schweiz, Italien, Portugal, Spanien, Chile, Haiti, Nikaragua, Afghanistan, Iran und den damaligen „[k]ommunistische[n] Staaten".

Der deutsche Vermittlungsausschuss diente seinerseits zumindest in Teilen als Vorlage für den europäischen Vermittlungsausschuss gemäß Art. 249 Abs. 10 AEUV, siehe Bergkemper, S. 105; *Kokott*, in: Bonner Kommentar zum Grundgesetz, Ordner 11, Art. 77, Rn. 11 ff.; Rutschmann, Der Europäische Vermittlungsausschuss: Eine organisationsrechtliche Untersuchung der interinstitutionellen Vermittlungseinheit im Rechtssetzungsverfahren nach Artikel 251 des EG-Vertrages, Berlin 2002,

den parlamentarischen Fachausschüssen, wie die nachfolgende Darstellung seiner Wesensmerkmale zeigen wird. Anders als bei den parlamentarischen Fachausschüssen erfolgt die Auseinandersetzung mit der Funktion und den Kompetenzen des Vermittlungsausschusses dabei innerhalb der Erörterung von dessen Rechtsnatur, da erstere letztere maßgeblich determinieren.

1. Die Geschäftsordnung des Vermittlungsausschusses (GOVermA)

Der Vermittlungsausschuss unterscheidet sich von den parlamentarischen Fachausschüssen unter anderem dadurch, dass er über eine eigene Geschäftsordnung verfügt. Die GOVermA basiert auf Art. 77 Abs. 2 S. 2 GG und trat erstmalig im April 1950 – obschon zunächst in Form einer „vorläufigen Geschäftsordnung" – in Kraft.[137]

In der GOVermA, die gemäß Art. 77 Abs. 2 S. 2 GG vom Bundestag beschlossen wird und der anschließenden Zustimmung durch den Bundesrat bedarf, werden Verfahren und Arbeitsweise des Vermittlungsausschusses geregelt. Einige wesentliche Charakteristika und zentrale Regelungsaspekte der GOVermA gelten bereits unverändert seit der Einführung der vorläufigen GOVermA. Zu diesen gehören u.a. die in der GOVermA niedergelegten Aspekte der Organisationsregeln, auf die noch im fortgeschrittenen Teil dieser Arbeit vertieft eingegangen werden wird.[138] Andere Charakteristika und Regelungsaspekte werden bereits vor jener Vertiefung relevant sein und sollen deshalb an dieser Stelle überblicksartig dargestellt werden.

Zunächst sind ein Charakteristikum der Entstehung der GOVermA und einer ihrer Regelungsaspekte gemeinsam zu nennen: Art. 77 Abs. 2 S. 2 GG sieht die Entstehung der GOVermA durch Beschluss des Bundestages und die anschließende Zustimmung des Bundesrates vor. Seine Zustimmung erteilt der Bundesrat nach einer Abstimmung, die gemäß Art. 51 Abs. 2, 3 GG, 52 Abs. 3 S. 1 GG, § 27 GOBR nach dem sog. *gewichteten Mehrheitsprinzip* durchgeführt wird, d.h., dass einzelne Länder über mehr Stimmen verfügen als andere.[139] Nach § 1 der auf diese Weise

S. 32 f.; Opfermann, Der europäische Vermittlungsausschuß, in: Grawert/Schlink/Wahl/Wieland (Hrsg.), Offene Staatlichkeit: Festschrift für Ernst-Wolfgang Böckenförde, Berlin 1995, S. 177 ff.

137 Zur Entstehungsgeschichte der vorläufigen GOVermA unter Würdigung aller Vorlagen und Entwürfe sowie zu ihrer Fortentwicklung zur „endgültigen" GOVermA, die mit einigen Änderungen seit April 1951 in Kraft ist, siehe Dästner, GOVermA, S. 31 ff.; Hasselsweiler, S. 106 f.; Reinert, S. 112 ff. und Wessel, AöR 77 (1951/52), 283, 284 f. Letztmalig hat der Bundesrat einem Änderungsbeschluss des Bundestages vom 17. Oktober 2002 (Neufassung von § 7 Abs. 2 GOVermA) am 8. November 2002 zugestimmt, siehe BR-Drucks. 792/02, woraufhin die Bekanntmachung der Änderung am 30. April 2003 erfolgte, siehe BGBl. 2003 I, S. 677.

138 Siehe unten D. III. 1. a), a) bb) (2), b).

139 Siehe zur Abstimmung nach dem *gewichteten Mehrheitsprinzip* noch ausführlich unten D. II. 2. a) aa).

entstandenen GOVermA verfügen Bundestag und Bundesrat über jeweils 16 Mitglieder im Vermittlungsausschuss (sog. *paritätische Besetzung*),[140] für die gemäß § 3 S. 1 GOVermA eine entsprechende Anzahl an Stellvertretern bestellt werden muss. In Anwendung von § 1 GOVermA delegiert jedes Bundesland ein Mitglied auf die Bundesratsbank im Vermittlungsausschuss, d.h. dort kommt das sog. *Staatenprinzip* zum Ausdruck.[141] Es besteht also eine *Prinzipiendiskrepanz* zwischen dem angewandten Abstimmungsprinzip im Bundesrat bei der Entstehung bzw. Änderung der GOVermA (*gewichtetes Mehrheitsprinzip*) und den Folgen des Beschlussinhalts (*Staatenprinzip*).[142] Diese Prinzipiendiskrepanz wird im weiteren Verlauf dieser Arbeit noch häufiger eine Rolle spielen.[143]

Ein weiteres Charakteristikum, das Beachtung verdient, ist die Schlankheit der GOVermA. Die vorläufige GOVermA enthielt gerade einmal elf Normen, die endgültige GOVermA aus dem Jahre 1951 zwölf Normen, und die derzeitige Fassung der GOVermA besteht nunmehr aus dreizehn Normen. Von diesen stehen all jene zur Disposition der Vermittlungsausschussmitglieder, die das „innere Verfahren im Vermittlungsausschuss betreffen" und „nicht die verfassungsrechtliche Stellung des Ausschusses und seiner Mitglieder nach Art. 77 Abs. 2 GG regeln."[144] Aus diesem Grund wird die GOVermA als „kleine Geschäftsordnung"[145] bzw. „kurze

---

140 Zu der Frage, ob die *paritätische Besetzung* des Vermittlungsausschuss verfassungsrechtlich zwingend ist, siehe unten D. III. 2.

141 Zu den Problemen, die sich aus dem Fehlen einer expliziten normativen Grundlage für die Besetzung der Bundesratsbank nach dem *Staatenprinzip* ergeben, siehe unten D. III. 1. a) bb), 3. c) bb), cc); zu der Frage, ob die Geltung des *Staatenprinzips* in diesem Zusammenhang materiell-verfassungsrechtlich zwingend ist, siehe unten D. III. 4. c).

142 Der Begriff *Prinzipiendiskrepanz* wird deshalb verwendet, weil andere Begriffe, deren Verwendung für die Beschreibung des Verhältnisses zwischen dem angewandten Abstimmungsprinzip (gewichtetes Mehrheitsprinzip) und den Folgen des Beschlussinhalts (Staatenprinzip) nach natürlichem Sprachverständnis hätte naheliegen können, bereits mit einer rechtlichen Konnotation belegt sind, die vorliegend unzutreffend gewesen wäre, wie z.B. *Prinzipiengegensatz*, siehe dazu Canaris, Systemdenken und Systembegriff in der Jurisprudenz: entwickelt am Beispiel des deutschen Privatrechts, 2. Auflage, Berlin 1983, S. 115 f.; *Prinzipienwiderspruch*, siehe dazu Canaris, S. 112 f., 116; Haack, Widersprüchliche Regelungskonzeptionen im Bundesstaat, Berlin 2002, S: 124 f sowie *Wertungswiderspruch*, siehe dazu Bumke, Relative Rechtswidrigkeit: Systembildung und Binnendifferenzierung im Öffentlichen Recht, Tübingen 2004, S. 51 ff.; Canaris, aaO; Haack, S: 124 ff.; Larenz, Methodenlehre der Rechtswissenschaft, 6. Auflage, Berlin [u.a.] 1991, S: 334 ff.

143 Siehe unten D. III. 1. a) bb), 3. c) aa); die gleiche Prinzipiendiskrepanz besteht auch im Zusammenhang mit der Besetzung der Fachausschüsse des Bundesrates, siehe unten D. II. 2. a) aa).

144 Hasselsweiler, S. 133 f., demzufolge diese Qualifizierung auf die meisten Vorschriften der GOVermA zutrifft, sowie S. 163 ff.

145 Hasselsweiler, S. 108; ihm folgend Dästner, GOVermA, S. 132.

Geschäftsordnung“[146] bezeichnet, die den Mitgliedern des Vermittlungsausschusses einen weitreichenden Gestaltungsspielraum zugesteht.[147] Auf diese Weise soll der Zweck des Vermittlungsverfahrens, nämlich die Findung eines politischen Kompromisses, gefördert werden.[148]

Schließlich ist das Augenmerk noch auf § 13 GOVermA (ehemals § 11 der vorläufigen GOVermA bzw. der endgültigen GOVermA von 1951) zu lenken. Dieser bestimmt, dass die GOVermA sechs Monate nach einem Aufhebungsbeschluss des Bundestages *oder* des Bundesrates außer Kraft tritt. Zu Recht ist deshalb treffend formuliert worden, dass § 13 GOVermA faktisch ein „einseitiges Kündigungsrecht“ vermittelt,[149] dessen Wirkungsmöglichkeiten nicht unterschätzt werden dürfen.[150]

2. Rechtsnatur

Auch im Rahmen der Auseinandersetzung mit den Organisationsregeln des Vermittlungsausschusses wird der Frage nachzugehen sein, auf welcher Regelungsebene die Besetzungsregeln statuiert werden müssen: im Grundgesetz oder in einer Geschäftsordnung, wie z.B. der GOVermA?[151] Aus den bereits genannten Gründen[152] bedarf es dafür einer Bestimmung der Rechtsnatur des Vermittlungsausschusses.

Zwar ist die Rechtsnatur des Vermittlungsausschusses in der Literatur bereits vielfach und teilweise sehr ausführlich diskutiert wurden.[153] Gleichwohl ist sie nach wie vor umstritten. Soweit ersichtlich, herrscht Einigkeit nur insofern, als dass die grundsätzliche Organqualität des Vermittlungsausschusses im Sinne der *Wolff*'schen Organtheorie nicht in Frage gestellt wird.[154]

Aufbauend auf dieser Erkenntnis können einige einleitende Feststellungen zur *Bildung*, *Errichtung* und *Einrichtung*[155] des Vermittlungsausschusses getroffen werden,

146 Niemann, Die bundesstaatliche Bedeutung des Bundesrates unter besonderer Berücksichtigung der Funktion des Vermittlungsausschusses, Göttingen 1978, S. 158.
147 Auf diesen Gestaltungsspielraum wird unter C. II. d) aa) eingegangen werden.
148 Hasselsweiler, aaO.
149 Niemann, S. 158; Wessel, AöR 77 (1951/52), 283, 313; das „einseitige Kündigungsrecht“ wird jeweils unter C. II. 2. a) aa) und D. III. 2. a) aufgegriffen werden.
150 Vgl. Jekewitz, Der Vermittlungsausschuß: Verfassungsauftrag und Verfassungswirklichkeit, Recht und Politik 1982, 70, 75, der dieses „Kündigungsrecht“ als „Drohmittel“ bezeichnet.
151 Siehe unten D. III. 3.
152 Siehe oben C. I. 1.
153 Siehe z.B. die Ausführungen bei Hasselsweiler, S. 39 ff.
154 Vgl. Wolff/Bachof, Verwaltungsrecht II, 4. Auflage, § 74 I f 10, wonach „Organe [...] auch die durch formelles Gesetz, Rechtsverordnungen oder Satzung geschaffenen *Ausschüsse* [sind], sofern ihre Beschlüsse nicht rechtlich als Äußerung desjenigen Organs gelten, bei dem sie gebildet sind.“ Wie sich teilweise aus den nachfolgenden Ausführungen ergeben wird, erfüllt der Vermittlungsausschuss diese Voraussetzungen.
155 Zu den Begriffsbedeutungen siehe oben C. I. 1. b).

die zur Erhellung der Diskussion um dessen Rechtsnatur beitragen:[156] Die *Bildung* des Vermittlungsausschusses als Organ erfolgt unmittelbar durch Art. 77 Abs. 2 GG. Seine *Errichtung* vollzieht sich hingegen dreigeteilt: Der Zuständigkeitsbereich des Vermittlungsausschusses ergibt sich direkt aus Art. 77 Abs. 2–3 GG. Die Festlegung seine *Mitgliederzahl* (1. Stufe der Besetzungsregeln) und die Regelung seiner inneren Organisation erfolgen in der GOVermA, welche in der folgenden Darstellung und Erörterung der Diskussion um die Rechtsnatur des Vermittlungsausschusses eine zentrale Rolle einnehmen wird. Die Regelung der *anteiligen Sitzverteilung* (2. Stufe der Besetzungsregeln) wird schließlich getrennt nach Bundestags- und Bundesratsbank in der GOBT und der GOBR vorgenommen.[157] Die *Einrichtung* des Vermittlungsausschusses, d.h. die *Entsendung* seiner Mitglieder (3. Stufe der Besetzungsregeln), erfolgt ebenfalls getrennt nach Bundestags- und Bundesratsbank. Die Vertreter des Bundestages werden von diesem selber nach einer entsprechenden Wahl im Plenum in den Vermittlungsausschuss entsandt (§§ 54 Abs. 2, 57 Abs. 1 S. 1, 12 S. 2[158] GOBT).[159] Die Vertreter des Bundesrates werden hingegen nicht von diesem, sondern unmittelbar von den Bundesländern durch Benennung in den Vermittlungsausschuss entsandt, § 11 Abs. 4 S. 1, Abs. 3 S. 1 GOBR[160].[161]

In der Diskussion um die Rechtsnatur des Vermittlungsausschusses finden sich mannigfaltige Vorschläge zu dessen rechtlicher Klassifizierung, die bisweilen durch sprachlich fantasievolle Bezeichnungen gekennzeichnet werden.[162] Neben der begrifflichen Vielfalt lassen sich überdies zahlreiche rechtliche Kategorien finden, in welche der Vermittlungsausschuss möglicherweise eingeordnet werden könnte. Bedauerlicherweise lässt sich weder hinsichtlich der Anzahl noch bezüglich der Bezeichnungen der Kategorien eine einheitliche Handhabung durch die verschiedenen Autoren beobachten.[163] Die nachfolgende Darstellung und Erörterung stellt

---

156 Vgl. unten C. II. 2. d).

157 Siehe zu der Dreiteilung der *Errichtungs*regeln auch noch unten D. III. 3. a) aa).

158 § 12 S. 1 GOBT ist hier nicht einschlägig, da nur § 12 S. 2 GOBT die Wahl von Gremienmitglieder regelt.

159 Siehe z.B. die Wahlvorschläge für die Bundestagsvertreter im Vermittlungsausschuss in der 18. Wahlperiode, BT-Drucks. 18/371 sowie Plenarprotokoll 18/11 zur Bundestagssitzung vom 30. Januar 2014, Stenografischer Bericht, S. 722 (D) für deren Wahl.

160 Hasselsweiler, S. 138; Reuter, Praxishandbuch Bundesrat: Verfassungsrechtliche Grundlagen, Kommentar zur Geschäftsordnung, Praxis des Bundesrates, 2. Auflage, Heidelberg, 2007, § 11 GOBR Rn. 13. Bis zur 6. Legislaturperiode wurden die Bundesratsmitglieder des Vermittlungsausschusses vom Bundesratsplenum gewählt, siehe Bergkemper, S. 155; Dästner, GOVermA, S. 65.

161 Siehe zu den Besetzungsregeln des Vermittlungsausschusses noch ausführlich unten D. III. 1. a).

162 Sehr pointiert bringt dies Axer, S. 59 Fn. 53 zum Ausdruck, indem er von „Begriffsungetüme[n]“ spricht.

163 So bezeichnen einige Autoren den Vermittlungsausschuss z.B. als „Organ sui generis“, schreiben ihm aber gleichzeitig Eigenschaften zu, die für ein Hilfs- oder Unterorgan prägend sind, siehe unten C. II. 2. b).

deshalb den Versuch dar, mit solchen Kategorien zu operieren, die sich am ehesten mit überkommenen staatsrechtlichen Kategorien decken.

a) *Unterorgan*

Innerhalb der (wohl) herrschenden Meinung in Rechtsprechung und Schrifttum herrscht Einigkeit hinsichtlich des Ausgangspunkts für die Klassifizierung des Vermittlungsausschusses: Dieser sei ein Hilfs- bzw. Unterorgan.[164] Diese grundsätzliche Einordnung überzeugt aus mehreren Gründen. So legt es der Wortlaut des Art. 77 Abs. 2 GG nahe, den Vermittlungsausschuss auf der gleichen verfassungshierarchischen Ebene wie die parlamentarischen Fachausschüsse anzusiedeln und ihn als Ausschuss im staatsrechtlichen Sinne zu qualifizieren.[165] Als solcher ist der Vermittlungsausschuss, wie alle Ausschüsse im staatsrechtlichen Sinne, ein parlamentarisches Hilfsorgan bzw. Unterorgan.[166] Für diese grundlegende Einordnung spricht auch die fehlende Geschäftsordnungsautonomie des Vermittlungsausschusses.[167]

Dessen ungeachtet kann die Qualifikation des Vermittlungsausschusses als Hilfs- bzw. Unterorgan nicht gleichbedeutend sein mit einer Gleichstellung des Vermittlungsausschusses mit den pauschal in Art. 42 Abs. 3, 43 Abs. 2 S. 1, 46 Abs. 1 S. 1 GG bzw. Art. 52 Abs. 4, 53 S. 1 GG erwähnten Fachausschüssen[168] des Bundestages und des Bundesrates[169].[170] So unterscheiden sich die Strukturmerkmale des Vermittlungsausschusses und der parlamentarischen Fachausschüssen insofern, als dass ersterer über eine eigene Geschäftsordnung verfügt.

Im Zusammenhang mit diesem Aspekt steht auch die umfängliche *Bildungs-*, *Errichtungs-* und *Einrichtungs*kompetenz, die Bundestag und Bundesrat jeweils und alleinig bezüglich ihrer Fachausschüsse innehaben.[171] Hinsichtlich des

---

164 BVerfGE 112, 118, 137; Bernau, S. 5; Dästner, GOVermA, S. 27; Hasselsweiler, S. 71; *Hömig*, in: Hömig/Wolff, Art. 77 Rn. 8; *Kersten*, in: Maunz/Dürig, Bd. V, Art. 77 Rn. 33; *Mann*, in: Sachs, Grundgesetz, Art. 77 Rn. 29; Niemann, S. 156; *Rubel*, in: Umbach/Clemens, Art. 77 Rn. 41; *Sannwald*, in: Schmidt-Bleibtreu/Hofmann/Henneke, Art. 77 Rn. 17; *Brosius-Gersdorf*, in: Dreier, Bd. II, Art. 77 Rn. 31.

165 Hasselsweiler, S. 39.

166 Vgl. nur Dästner, GOVermA, S. 26. Dass Parlamentsausschüsse als Hilfs- bzw. Unterorgane bezeichnet werden können, wurde oben unter C. I. 1. a) dargelegt.

167 Vgl. *Kersten*, aaO; zu der fehlenden Geschäftsordnungsautonomie siehe noch unten C. II. 2. c).

168 Für einen Vergleich zwischen den grundgesetzlich festgeschriebenen Parlamentsausschüssen (Art. 45, 45a und 45c GG) und dem Vermittlungsausschuss siehe noch unten C. II. 2. d).

169 Da es sich bei dem Vermittlungsausschuss um ein Bundesorgan handelt, wird im Folgenden ausschließlich ein Vergleich mit Parlamentsausschüssen des Bundestages und des Bundesrates vorgenommen.

170 Für die Bundestagsausschüsse ähnlich Hasselsweiler, S. 40.

171 Siehe oben C. I. 1. b).

Vermittlungsausschusses besitzen sie hingegen keine *Bildungs*kompetenz, da dessen *Bildung* unmittelbar durch Art. 77 Abs. 2 GG erfolgt.[172]

Und auch die *Errichtungs*kompetenz ist bezüglich des Vermittlungsausschusses in zweierlei Hinsicht eingeschränkt. Erstens wird der Zuständigkeitsbereich des Vermittlungsausschusses direkt von Art. 77 Abs. 2–3 GG festgelegt.[173] Zweitens können Bundestag und Bundesrat nicht jeweils alleinig über die innere Organisation des Vermittlungsausschusses befinden, sondern müssen sich hierüber bei der Verabschiedung der GOVermA gemäß Art. 77 Abs. 2 S. 2 GG einigen.

Schließlich scheint sich die *Einrichtung* des Vermittlungsausschusses zunächst auf die gleiche Weise zu vollziehen wie die der Parlamentsausschüsse, da die *Entsendung* der Vermittlungsausschussmitglieder jeweils eigenverantwortlich in den Händen von Bundestag und Bundesrat liegt.[174] Die Mitglieder der Parlamentsausschüsse werden von den Fraktionen bzw. Bundesländern benannt,[175] was dem Wesen der Fachausschüsse als aus der Parlamentsmitte heraus formierten Gremien[176] entspricht. Für die Bundesratsvertreter im Vermittlungsausschuss gilt das Gleiche: auch sie werden unmittelbar durch die Benennung durch die Bundesländer in den Vermittlungsausschuss entsandt (§ 11 Abs. 4 S. 1, Abs. 3 S. 1 GOBR).[177] Die *Entsendung* der Bundestagsvertreter in den Vermittlungsausschuss erfolgt hingegen nach einem anderen Regelungsmuster. Sie werden erst nach der Durchführung einer entsprechenden Plenarwahl vom Bundestag selber in den Vermittlungsausschuss delegiert.[178] Dieser Unterschied in der *Einrichtung* kann ebenfalls gegen eine Gleichstellung des Vermittlungsausschusses mit den Parlamentsausschüssen ins Feld geführt werden.

aa) Gemeinsames Unterorgan von Bundestag und Bundesrat

Basierend auf der grundlegenden Klassifizierung des Vermittlungsausschusses könnte man den Gedanken formulieren, dass der Vermittlungsausschuss als *parlamentarisches* Unterorgan zwingend *einem Parlament* zugeordnet werden müsste, mithin nur Unterorgan des Bundestages *oder* des Bundesrates sein könnte.[179] So ließe sich anführen, dass der Vermittlungsausschuss ein Unterorgan des Bundestages sei. Schließlich stünde dieser bei formeller Betrachtung dem Vermittlungsausschuss

172 Siehe oben C. II. 2.

173 Siehe oben C. II. 2.

174 Siehe oben C. I. 1. b) für die Parlamentsausschüsse und C. II. 2 für den Vermittlungsausschuss.

175 Siehe oben C. I. 1. b).

176 Grundlegend Frost, AöR 95 (1970) 38, 40 f., 53; siehe auch den Wortlaut u.a. von Art. 44 Abs. 1 S. 1 LVerfBerl; Art. 70 Abs. 1 LVerfBrandb; § 73 Abs. 1 GOLT-Brandb; § 11 Abs. 1 GOLT-Sachs-Anh.

177 Siehe oben C. II. 2.

178 Siehe oben C. II. 2.

179 Vgl. Niemann, S. 150.

insofern näher als der Bundesrat, als dass der Bundestag die GOVermA beschließt, wohingegen der Bundesrat diesbezüglich nur über eine Zustimmungskompetenz verfügt (Art. 77 Abs. 2 S. 2 GG). Solchen Überlegungen muss jedoch mit Blick auf den Wortlaut des Art. 77 Abs. 2 S. 1 GG („... aus Mitgliedern des Bundestages und des Bundesrates ... gemeinsame Beratung ...") eine klare Absage erteilt werden: Der Vermittlungsausschuss ist kein Unterorgan des Bundestages *oder* des Bundesrates.[180] Vielmehr kann er, wenn überhaupt, nur ein *gemeinsames* Unterorgan von Bundestag und Bundesrat sein.[181] Hierfür spricht neben dem eindeutigen Wortlaut des Art. 77 Abs. 2 S. 1 GG auch das „einseitige Kündigungsrecht" gemäß § 13 GOVermA,[182] das die eingeschränkte Mitwirkungskompetenz des Bundesrates bei der Ausarbeitung der GOVermA auszugleichen vermag.

bb) Qualifikation aufgrund der Funktion und Kompetenzen des Vermittlungsausschusses

Mit der bloßen Klassifizierung des Vermittlungsausschusses als gemeinsamem Hilfs- bzw. Unterorgan von Bundestag und Bundesrat scheint sich jedoch, soweit ersichtlich, niemand zu begnügen. Vielmehr wird die Rechtsnatur des Vermittlungsausschusses von denjenigen, die ihn grundsätzlich als Hilfs- bzw. Unterorgan klassifizieren, in Anbetracht von dessen Funktion und Kompetenzen genauer definiert.

(1) Funktion

Der Vermittlungsausschuss erfüllt eine Scharnierfunktion zwischen Bundestag und Bundesrat, wenn das Gesetzgebungsverfahren in eine Sackgasse zu geraten droht.[183] Eine solche Sackgassen-Situation kann entstehen, wenn zwischen Bundestag und

---

180 So auch bereits Kratzer, Zustimmungsgesetze, AöR 77 (1951/52), 266, 279 und Pieper, S. 11; vgl. auch *Masing*, in: von Mangold/Klein/Starck, Art. 77 Rn. 65.

181 BVerfGE 112, 118, 137; *Hömig*, in: Hömig/Wolff, Art. 77 Rn. 8; *Kersten*, aaO; Niemann, S. 156; Pollmann, Repräsentation und Organschaft – Eine Untersuchung zur verfassungsrechtlichen Stellung des Bundesrates der Bundesrepublik Deutschland, Berlin 1969, S. 126; *Sannwald*, in: Schmidt-Bleibtreu/Hofmann/Henneke, Art. 77 Rn. 17; H. Schäfer, Der Vermittlungsausschuß, in: Bundesrat (Hrsg.), Der Bundesrat als Verfassungsorgan und politische Kraft: Beiträge zum fünfundzwanzigjährigen Bestehen des Bundesrates der Bundesrepublik Deutschland, Bad Honnef/Darmstadt 1974, S. 277, 280; *Brosius-Gersdorf*, in: Dreier, Bd. II, Art. 77 Rn. 31; Voß, Zur Systematik der Aufgaben des Bundesrates. Zugleich ein Beitrag zur Interpretation des Art. 50 GG, DVBl. 1965, 102, 141, 145; vgl. auch C. Arndt, Zum Begriff der Partei im Organstreitverfahren vor dem Bundesverfassungsgericht, AöR (87) 1962, 197, 231.

182 Siehe dazu oben C. II. 1.

183 Dietlein, Zulässigkeitsfragen bei der Anrufung des Vermittlungsausschusses, AöR 106 (1981), 525; Vogel, Der Vermittlungsausschuß, in: Bundesrat (Hrsg.), Vierzig Jahre Bundesrat: Tagungsband zum wissenschaftlichen Symposium in der Evangelischen Akademie Tutzing vom 11. Bis 14. April 1989, Baden-Baden 1989, S. 203, 214.

Bundesrat föderale oder – bei entsprechenden Mehrheitsverhältnissen – „lager-" bzw. parteipolitische Streitpunkte bestehen.[184]

In einem derartigen Fall kann einerseits der Bundesrat die Einberufung des Vermittlungsausschusses verlangen (Art. 77 Abs. 2 S. 1 GG); andererseits steht dem Bundestag (und der Bundesregierung) dieses Recht in Fällen von Zustimmungsgesetzen zu (Art. 77 Abs. 2 S. 4 GG).

Nach seiner Einberufung wird der Vermittlungsausschuss als Mittler im Gesetzgebungsverfahren tätig. In Ausübung seiner „Mittlerrolle"[185] ist es seine Aufgabe, einen Kompromissvorschlag zu erarbeiten (Art. 77 Abs. 2 S. 5 GG).[186] Diesen kann der Bundestag bei seiner anschließenden Beschlussfassung gemäß Art. 77 Abs. 2 S. 5 GG nicht mehr inhaltlich ändern, sondern nur annehmen oder ablehnen.[187] Hierin liegt ein weiterer wesentlicher Unterschied zu den parlamentarischen Fachausschüssen, deren Tätigkeit lediglich der Vorberatung bzw. Vorbereitung von Plenarbeschlüssen dient.[188]

Bezieht sich der Kompromissvorschlag des Vermittlungsausschusses auf ein sog. Zustimmungsgesetz und hat der Bundestag diesen angenommen, kann der Bundesrat dagegen nochmals Einspruch einlegen (Art. 77 Abs. 3 S. 1 GG). Wenngleich der Bundestag diesen Einspruch zurückweisen kann (Art. 77 Abs. 4 GG), muss der Kompromissvorschlag nicht nur über die Partei- bzw. „Lagergrenzen", sondern auch über die Kammergrenzen hinweg mehrheitsfähig sein. Anderenfalls würden die Bundesratsvertreter im Vermittlungsausschuss wohl kaum an seiner Entstehung mitwirken. Um diese multiple Mehrheitsfähigkeit zu gewährleisten, werden häufig politische „Schwergewichte" in den Vermittlungsausschuss entsandt.[189] Dies ist ein Grund dafür, dass vom Vermittlungsausschuss als „personengeprägtem" Gremium gesprochen werden kann.

Nach alledem ist zu konstatieren, dass der Vermittlungsausschuss, sofern er einberufen wird, eine nicht unerhebliche Rolle im Gesetzgebungsverfahren spielt, die er eigenständig zu erfüllen hat. Hierin liegt ein evidenter funktioneller Unterschied zu den parlamentarischen Fachausschüssen.

(2) Kompetenzen

Aus der in Art. 77 Abs. 2 S. 5 GG angelegten Aufgabe des Vermittlungsausschusses, einen Kompromissvorschlag in einem „notleidenden"[190] Gesetzgebungsverfahren zu

---

184 Bauer, S. 72.

185 Dietlein, aaO; siehe auch Bismark, Grenzen des Vermittlungsausschusses, DÖV 1983, 269, 270, der dem Vermittlungsausschuss eine „Scharnierfunktion" zuschreibt.

186 *Kersten*, in: Maunz/Dürig, Bd. V, Art. 77 Rn. 32 m.w.N.

187 *Sannwald*, in: Schmidt-Bleibtreu/Hofmann/Henneke, Art. 77 Rn. 17.

188 Siehe oben C. I. 2.

189 Vgl. Bergkemper, S. 148 f.; Hasselsweiler, S. 37; von der Heide, DÖV 1953, 129 f.

190 Zu der Frage, ob ein notleidendes Gesetzgebungsverfahren eine Krisensituation indiziert, siehe einerseits *Kluth*, in: HStR III, 3. Auflage, § 60 Rn. 3 sowie andererseits

erarbeiten, folgt nach herrschender Meinung, dass die Kompetenzen des Vermittlungsausschusses nach der Konzeption des Grundgesetzes in mehrerlei Hinsicht beschränkt sind.[191]

Zunächst ist die Tätigkeit des Vermittlungsausschusses auf die Mitwirkung am Gesetzgebungsverfahren begrenzt.[192] Des Weiteren verfügt der Vermittlungsausschuss im Gesetzgebungsverfahren über kein Initiativrecht,[193] da er nicht von sich aus tätig werden kann, sondern es hierfür nach Art. 77 Abs. 2 S. 1, 4 einer Einberufung durch den Bundesrat, den Bundestag oder die Bundesregierung bedarf.[194] Schließlich folgt aus dem Recht des Vermittlungsausschusses, Änderungsvorschläge[195] zu unterbreiten, über die dann der Bundestag zu beschließen hat (Art. 77 Abs. 2 S. 5 GG), dass er im Gesetzgebungsverfahren kein Entscheidungs- oder Vetorecht hat.[196] Sämtliche dieser Beschränkungsaspekte sprechen dagegen, den Vermittlungsausschuss als Verfassungsorgan zu qualifizieren.[197]

Neben den Beschränkungsaspekten sind auch diejenigen Gesichtspunkte zu berücksichtigen, die dem Vermittlungsausschuss im Vergleich zu den parlamentarischen Fachausschüssen eine verhältnismäßig starke Position vermitteln. So droht den Fachausschüssen bei verfassungswidriger Verzögerung der Ausschussberatung eine Rücknahme des Beratungsauftrags durch das Plenum.[198] Demgegenüber kann ein einmal in Gang gesetztes Vermittlungsverfahren nicht ohne Weiteres vom Bundestag oder Bundesrat abgebrochen werden, was zu einer „erheblichen Verselbständigung" des Vermittlungsausschusses gegenüber dem Bundestag und dem

---

Schenke, Die verfassungsrechtlichen Grenzen der Tätigkeit des Vermittlungsausschusses – Dargestellt am Beispiel des 2. Haushaltsstrukturgesetzes, Berlin 1984, S. 22.

191 Für eine ausführliche Analyse der Kompetenz des Vermittlungsausschuss siehe vor allem Axer, S. 146 ff. und Hasselsweiler, S. 44 ff.

192 Vgl. statt vieler nur *Kluth*, in: HStR III, 3. Auflage, § 60 Rn. 3.

193 Cornils, Politikgestaltung durch den Vermittlungsausschuss, DVBl. 2002, 497, 500; *Sannwald*, in: Schmidt-Bleibtreu/Hofmann/Henneke, Art. 77 Rn. 38.

194 *Dietlein*, in: BeckOK-GG, Art. 77 Rn. 26; *Kersten*, in: Maunz/Dürig, Bd. V, Art. 77 Rn. 33; Schenke, S. 25.

195 Die Beschränkung der Kompetenzen des Vermittlungsausschusses, die sich daraus ergeben, dass er lediglich *Änderungs*vorschläge unterbreiten kann, beschreibt Cornils, DVBl. 2002, 497, 501 sehr treffend damit, dass der Vermittlungsausschuss ein „Findungs-, nicht Erfindungsrecht" habe.

196 BVerfG, Beschluss vom 13. Mai 1986 – 1 BvR 99, 461/85, BVerfGE 72, 175, 188; *Dietlein*, aaO; Pieper, S. 12, der davon spricht, dass der Vermittlungsausschuss kein „schiedsrichterliches Entscheidungsrecht" hat; zu der Kontroverse um die Grenzen der Kompetenzen des Vermittlungsausschusses und deren Überschreitung in zurückliegenden Gesetzgebungsverfahren siehe die Ausführungen bei Axer, S. 146 ff.; Cornils, DVBl. 2002, 497 ff. und Schenke, S. 20 ff.

197 Siehe dazu noch ausführlich unten C. II. 2. c).

198 Siehe oben C. I. 2.

Bundesrat führt.[199] Diese spricht wiederum gegen eine Gleichstellung des Vermittlungsausschusses mit den Parlamentsausschüssen.

Gleiches gilt zu guter Letzt auch für den weitreichenden Gestaltungsspielraum, den die Mitglieder des Vermittlungsausschusses hinsichtlich des Vermittlungsverfahrens besitzen.[200] Die Parlamentsausschüsse bzw. ihre Mitglieder verfügen nämlich über keinen vergleichbaren Gestaltungsspielraum hinsichtlich des internen Ausschussverfahrens.

(3) (Vorläufig) zutreffender Begriff der herrschenden Ansicht

Die Konsequenzen, welche von den meisten Autoren aus der Funktion und den Kompetenzen für die rechtliche Qualifizierung des Vermittlungsausschusses gezogen werden, variieren zwar begrifflich, decken sich inhaltlich jedoch weitestgehend. So wird aus der nicht unerheblichen, eigenständigen Rolle des Vermittlungsausschusses im Gesetzgebungsverfahrens einerseits, und seinen begrenzten Kompetenzen andererseits, von *Hasselsweiler* gefolgert, dass es sich bei dem Vermittlungsausschuss um „ein sektoral verselbständigtes Unterorgan von Bundestag und Bundesrat [handelt], auf das deren Kompetenzen teilweise übertragen werden."[201]

Diese Bezeichnung vermag die grundsätzlich zutreffende vorherrschende Ansicht zur Rechtsnatur des Vermittlungsausschusses, die auf unterschiedlichste Art und Weise formuliert wird,[202] wohl am besten zum Ausdruck zu bringen. Allerdings bedarf die Bezeichnung der herrschenden Ansicht einer notwendigen Ergänzung, wie noch gezeigt werden wird.[203]

b) Organ sui generis

Auf den ersten Blick scheinen einige Autoren einen gänzlich anderen Ansatz hinsichtlich der Klassifizierung des Vermittlungsausschusses zu verfolgen, indem sie diesen als „Organ sui generis" bezeichnen.[204]

Zwar wird teilweise betont, dass der Vermittlungsausschuss zu gleichen Teilen von Bundestag und Bundesrat gebildet wird und deshalb eine „gemeinsame ständige Einrichtung" dieser beiden Verfassungsorgane sei.[205] Insofern bestehen

---

199 *Masing*, in: von Mangold/Klein/Starck, Bd. 2, Art. 77 Rn. 65.

200 Siehe dazu oben C. II. 1.

201 Hasselsweiler, S. 71; dessen Bezeichnung u.a. von Dästner, GOVermA, S. 27 übernommen wird; zustimmend auch Bergkemper, S. 144.

202 Vgl. die Nachweise bei *Kersten*, in: Maunz/Dürig, Bd. V, Art. 77 Rn. 33 Fn. 1.

203 Siehe unten C. II. 2. d).

204 Achterberg, Parlamentsrecht, S. 368; *Dietlein*, in: Schneider/Zeh, Parlamentsrecht, § 57 Rn. 9; Stern, Staatsrecht, Bd. II, S. 100; *Kokott*, in: Bonner Kommentar zum Grundgesetz, Ordner 11, Art. 77, Rn. 91; ähnlich wohl Kämmerer, NJW 2003, 1166, der den Vermittlungsausschuss als „Zwitterorgan" bezeichnet.

205 Stern, Staatsrecht, Bd. II, S. 100, insb. Fn. 297; vgl. auch Achterberg, Parlamentsrecht, aaO.

offenkundige Überschneidungen mit der zuvor genannten Einordnung des Vermittlungsausschusses als gemeinsamem Hilfs- bzw. Unterorgan von Bundestag und Bundesrat. Demgegenüber wird allerdings die Qualifizierung des Vermittlungsausschusses als Hilfs- oder Unterorgan von Bundestag und Bundesrat vereinzelt explizit abgelehnt.[206] Zur Begründung werden die bereits skizzierte Selbständigkeit und Unabhängigkeit des Vermittlungsausschusses im Vermittlungsverfahren angeführt.

Bei einem Vergleich der hier geschilderten Ansicht mit der vorgenannten herrschenden Meinung ergibt sich folgendes Bild: einerseits erkennen beide (weitestgehend) die Abhängigkeit des Vermittlungsausschusses vom Bundestag und Bundesrat in Hinblick auf seine Zusammensetzung; andererseits betonen sie gleichermaßen die Selbständigkeit und Unabhängigkeit des Vermittlungsausschusses im Vermittlungsverfahren. Aus diesem Grund hat es den Anschein, dass der Begriff „Organ sui generis" mehr der äußerlichen Kennzeichnung dient, als dass ihm ein substanzieller Erklärungswert zuteilwird.[207]

c) Verfassungsorgan[208]

Eine nicht unbeachtliche Anzahl an Autoren wagt den großen Wurf und klassifiziert den Vermittlungsausschuss als Verfassungsorgan.[209] Erstaunlicherweise geschieht dies teilweise ohne nähere Begründung.[210]

---

206 *Dietlein*, aaO.

207 Vgl. auch *Dietlein*, aaO.

208 Zur grundlegenden Kritik am Begriff „Verfassungsorgan" siehe *Voßkuhle*, in von Mangoldt/Klein/Starck, Bd. 3, Art. 93 Rn. 28; vgl. auch *Bethge*, in: Maunz/Schmidt-Bleibtreu/Klein/Bethge, Bd. 1, § 13 Nr. 5 Rn. 13 sowie *ders.*, in: Maunz/Schmidt-Bleibtreu/Klein/Bethge, Bd. 2, § 63 Rn. 14 ff.

209 BVerfGE 106, 253, 274 – abweichende Meinung des Bundesverfassungsrichters Broß; Axer, S. 58; *Dietlein*, in: BeckOK-GG, Art. 77 Rn. 26.1; Franßen, Der Vermittlungsausschuß – politischer Schlichter zwischen Bundestag und Bundesrat? Bemerkungen zur Stellung des Vermittlungsausschusses im Gesetzgebungsverfahren, in: Vogel/Simon/Podlech (Hrsg.), Die Freiheit des Anderen: Festschrift für Martin Hirsch, Baden-Baden 1981, S. 273, 279; *Jekewitz*, in: AK-GG, Bd. 2, Art. 77 Rn. 22; Lohmann, S. 114; Möller, Vermittlungsausschuß kein „Überparlament": Schlichtungsstelle um Interessenausgleich bemüht, in: Pressestelle des Bundesrates (Hrsg.), 30 Jahre Bundesrat: 1949–1979, Bonn 1979, S. 51; Opfermann, Einigung durch Vermittlung – Die Rolle des Vermittlungsausschusses in der 7. Legislaturperiode, ZRP 1976, 206; Posser, Der Vermittlungsausschuß, in: Bundesrat (Hrsg.), Vierzig Jahre Bundesrat: Tagungsband zum wissenschaftlichen Symposium in der Evangelischen Akademie Tutzing vom 11. Bis 14. April 1989, Baden-Baden 1989, S. 203, 211; Troßmann, Parlamentsrecht des Deutschen Bundestages: Kommentar zur Geschäftsordnung des Deutschen Bundestages unter Berücksichtigung des Verfassungsrechts, München 1977, § 67 Rn. 12; ders., Bundestag und Vermittlungsausschuss, JZ 1983, 6, 7 ff.

210 BVerfGE 106, 253, 274 – abweichende Meinung des Bundesverfassungsrichters Broß; *Dietlein*, aaO; Franßen, aaO; Lohmann, aaO; Möller, aaO; Opfermann, aaO;

Dort, wo sich Begründungen finden lassen, wird für die Einordnung des Vermittlungsausschusses als Verfassungsorgan zunächst dessen bereits erwähnte Eigenständigkeit im Gesetzgebungsverfahren nach einer erfolgten Einberufung (Art. 77 Abs. 2 S. 1, 4 GG)[211] angeführt.[212] Darüber hinaus wird argumentiert, dass die Kompetenz des Vermittlungsausschusses, einem in die Sackgasse geratenen Gesetzgebungsverfahren durch die Erarbeitung eines Änderungsvorschlags (Art. 77 Abs. 2 S. 5 GG) doch noch zu einem Abschluss zu verhelfen, über eine Hilfstätigkeit zugunsten von Bundestag und Bundesrat hinausginge und somit verfassungsrechtlich von großer Wichtigkeit sei.[213] Ferner sei die fehlende Geschäftsordnungsautonomie des Vermittlungsausschusses für die Klassifizierung als Verfassungsorgan nicht hinderlich. Dies zeige ein Vergleich mit der Bundesregierung: Diese sei zweifelsfrei als Verfassungsorgan einzustufen und verfüge auch über keine vollkommene Geschäftsordnungsautonomie, da die von ihr beschlossene Geschäftsordnung gemäß Art. 65 S. 4 GG vom Bundespräsidenten genehmigt werden muss.[214]

Sämtliche Begründungsversuche für die Klassifizierung des Vermittlungsausschusses als Verfassungsorgan überzeugen nicht, so dass ihr ebenso entgegenzutreten ist, wie einer Gleichstellung mit parlamentarischen Fachausschüssen. So zeichnen sich Verfassungsorgane nach der Rechtsprechung des Bundesverfassungsgerichts insbesondere durch ihre Selbständigkeit und Unabhängigkeit von anderen Verfassungsorganen aus.[215] An dieser Selbständigkeit und Unabhängigkeit fehlt es dem Vermittlungsausschuss aus mehreren Gründen. Zunächst darf man mit verfassungsprozessualen Erwägungen und mit Blick auf das Organstreitverfahren (Art. 93 Abs. 1 Nr. 1 GG, §§ 13 Nr. 5, 63 ff. BVerfGG) an der Selbständigkeit des Vermittlungsausschusses zweifeln. In Art. 93 Abs. 1 Nr. 1 GG, § 13 Nr. 5 BVerfGG wird das Organstreitverfahren als Verfahren zwischen „obersten Bundesorgan[en] oder andere[n] Beteiligte[n], die durch das Grundgesetz oder in der Geschäftsordnung eines obersten Bundesorgans mit eigenen Rechten ausgestattet sind" definiert. Der Kreis der tauglichen Parteien eines Organstreitverfahrens wird dann in § 63 BVerfGG zum einen durch die abschließende Aufzählung einiger „obersten Bundesorgane" im Sinne der Art. 93 Abs. 1 Nr. 1 GG, § 13 Nr. 5 BVerfGG (Bundespräsident, Bundestag, Bundesrat und Bundesregierung) konkretisiert. Zum anderen stellt die Vorschrift klar, dass

---

Posser, aaO; wenig aussagekräftig ist auch die Begründung von Troßmann, Parlamentsrecht, § 67 Rn. 12, demzufolge der Vermittlungsausschuss „nach der Aufgabenstellung ein Verfassungsorgan" ist.

211 Siehe oben C. II. 2. a) bb) (1).

212 Axer, S. 56 ff., der diese Eigenständigkeit sehr ausführlich erörtert; *Jekewitz*, aaO; siehe auch Troßmann, JZ 1983, 6, 8, der vor allem auch die in Art. 77 Abs. 2 S. 3 GG verankerte Eigenständigkeit der Mitglieder des Vermittlungsausschusses gegenüber den Organen Bundestag und Bundesrat betont.

213 Troßmann, aaO.

214 *Kluth*, in: HStR III, 3. Auflage, § 60 Rn. 5; Troßmann, aaO.

215 BVerfG, Urteil vom 27. April 1959 – 2 BvF 2/58, BVerfGE 9, 268, 281 f.; so auch Niemann, S. 151.

„andere Beteiligte" im Sinne der Art. 93 Abs. 1 Nr. 1 GG, § 13 Nr. 5 BVerfGG, zu denen der Vermittlungsausschuss nach herrschender Meinung zählt,[216] nur „Teile dieser [d.h. der zuvor genannten] Organe" sein können. Aus dem Zusammenspiel von Art. 93 Abs. 1 Nr. 1 GG, § 13 Nr. 5 BVerfGG und § 63 BVerfGG kann demnach nur folgen, dass der Verfassungsprozessrechtsgeber den Vermittlungsausschuss als Teil des Bundestages und des Bundesrates angesehen hat. Aus diesem Grund kann dem Vermittlungsausschuss die Selbständigkeit und Unabhängigkeit von anderen Verfassungsorganen, und damit gleichsam die Verfassungsorganqualität, abgesprochen werden.[217]

Die fehlende Selbständigkeit und Unabhängigkeit des Vermittlungsausschusses von anderen Verfassungsorganen kommt auch bei näherer Betrachtung seiner Zusammensetzung und seinem Tätigwerden zum Ausdruck. So setzt er sich gemäß § 1 GOVermA aus Mitgliedern zusammen, die vorher durch den Bundestag und den Bundesrat (bzw. die Bundesländer) entsandt werden müssen. Und für sein Tätigwerden bedarf es einer vorherigen Anrufung durch den Bundestag, den Bundesrat oder die Bundesregierung (Art. 77 Abs. 2 S. 1, 4 GG).

Ein weiteres Argument gegen die Klassifizierung des Vermittlungsausschusses als Verfassungsorgan ist seine fehlende Geschäftsordnungsautonomie,[218] die ebenfalls Ausdruck der fehlenden Unabhängigkeit von anderen Verfassungsorganen ist. Diesem Argument wird teilweise entgegenhalten, dass auch die – zweifelsfrei als Verfassungsorgan einzustufende – Bundesregierung keine vollkommene Geschäftsordnungsautonomie besitzen würde; schließlich müsse die von ihr beschlossene Geschäftsordnung gemäß Art. 65 S. 4 GG vom Bundespräsidenten genehmigt werden.[219] Aus dieser Genehmigungspflicht wird, wie erwähnt, teilweise gefolgert, dass die Bundesregierung keine Geschäftsordnungsautonomie besitze,[220] weshalb diese kein zwingendes Merkmal eines Verfassungsorgans sein könne.[221] Folglich könne der Vermittlungsausschuss ebenfalls trotz fehlender Geschäftsordnungsautonomie Verfassungsorgan sein.[222] Diese Beurteilung ist unangemessen undifferenziert.

---

216 C. Arndt, AöR 87 (1962), 197, 231; Bardenhewer, Die Entstehung und Auflösung von Meinungsverschiedenheiten zwischen den Gesetzgebungsorganen: Der Ausschuß nach Art. 77 Grundgesetz und die Stellung des Bundesrats im Gesetzgebungsverfahren, S. 213 Fn. 3; Benda/Klein, Rn. 1014; *Bethge*, in: Maunz/Schmidt-Bleibtreu/Klein/Bethge, Bd. 2, § 63 Rn. 40; *Löwer*, in: HStR III, 3. Auflage, § 70 Rn. 17; *Umbach*, in: Umbach/Clemens/Dollinger, §§ 63, 64 Rn. 127.

217 So im Ergebnis auch Niemann, S. 152.

218 Vgl. *Kersten*, in: Maunz/Dürig, Bd. V, Art. 77 Rn. 33; siehe auch Niemann, aaO, der die fehlende Geschäftsordnungsautonomie darauf stützt, dass sowohl der Bundestag als auch der Bundesrat die Aufhebung der Geschäftsordnung des Vermittlungsausschusses gemäß § 13 GOVermA eigenständig beschließen kann.

219 *Kluth*, in: HStR III, 3. Auflage, § 60 Rn. 5; Troßmann, JZ 1983, 6, 8.

220 Troßmann, aaO.

221 *Kluth*, aaO.

222 *Kluth*, aaO; Troßmann, aaO.

Richtig ist hingegen vielmehr, dass die Bundesregierung als Beschlussorgan ihrer Geschäftsordnung über keine vollständige, sondern über eine *unvollständige* Geschäftsordnungsautonomie verfügt.[223] Dieses jedoch mit der *in Gänze fehlenden* Geschäftsordnungsautonomie des Vermittlungsausschusses auf eine Stufe zu stellen, überzeugt nicht. Vielmehr verdeutlicht der Vergleich der gänzlich fehlenden Geschäftsordnungsautonomie des Vermittlungsausschusses mit der existenten – wenn auch teilweise unvollständigen – Geschäftsordnungsautonomie der Verfassungsorgane einmal mehr die Sonderstellung des Vermittlungsausschusses im deutschen Verfassungsgefüge.

Schlussendlich lassen sich auch aus einem Vergleich des Vermittlungsausschusses mit den Parlamentsausschüssen hinsichtlich der derzeit geltenden Geschäftsordnungen keine Argumente für die Klassifizierung des Vermittlungsausschusses als Verfassungsorgan gewinnen. Man könnte anführen, dass der Vermittlungsausschuss anders (und somit gegebenenfalls als Verfassungsorgan) zu qualifizieren sei als die Fachausschüsse, da ersterer überhaupt eine eigene Geschäftsordnung hat, während für letztere lediglich die Geschäftsordnung des Bundestages gilt (vgl. § 74 GOBT sowie die Verfahrensregeln in §§ 54 ff. GOBT).[224] Dieser Umstand spricht mitnichten für die erforderliche Selbständigkeit und Unabhängigkeit des Vermittlungsausschusses gegenüber den übrigen Verfassungsorganen (hier: Bundestag und Bundesrat), da seine Geschäftsordnung ja gerade von diesen gemäß Art. 77 Abs. 2 S. 2 GG festgelegt wird.

d) *Notwendige Ergänzung der herrschenden Ansicht:* Gebildetes, *aber gemeinschaftlich teilweise zu* errichtendes *und* einzurichtendes *Unterorgan*

Nach alledem ist der grundlegenden Klassifizierung des Vermittlungsausschusses als gemeinsamen Hilfs- bzw. Unterorgan von Bundestag und Bundesrat beizupflichten. Allerdings bedarf diese Klassifizierung aufgrund der speziellen Funktion und Kompetenzen des Vermittlungsausschusses[225] einer weiteren Ergänzung, die sich aus einem Vergleich mit den in Art. 45, 45a und 45c GG genannten Parlamentsausschüssen ergibt.

---

223 So interessanterweise auch *Kluth*, aaO, den allerdings der Unterschied zwischen komplett fehlender Geschäftsordnungsautonomie (des Vermittlungsausschusses) und lediglich unvollständiger Geschäftsordnungsautonomie (der Bundesregierung) offenkundig nicht anficht.

224 Vgl. Hasselsweiler, S. 40 f., der lediglich den Schluss zieht, dass der Vermittlungsausschuss aufgrund dieses Umstands nicht auf eine Stufe mit den Parlamentsausschüssen gestellt werden kann; eine Verfassungsorganqualität des Vermittlungsausschusses leitet er hieraus allerdings nicht ab.

225 Vgl. auch die Aussage von Pieper, S. 12, dass der Vermittlungsausschuss „mehr als ein gewöhnlicher staatsrechtlicher Ausschuss, aber weniger als ein Verfassungsorgan" sei.

Dabei können zunächst einige Gemeinsamkeiten identifiziert werden. Sowohl die *Bildung* als auch die Bestimmung des Zuständigkeitsbereiches (als Bestandteil der *Errichtung*) erfolgt nämlich jeweils unmittelbar durch die entsprechenden Vorschriften des Grundgesetzes.[226]

Daneben bestehen allerdings auch gravierende Unterschiede. So werden die Regeln zur inneren Organisation (als Bestandteil der *Errichtung*) für die Ausschüsse nach Art. 45, 45a und 45c GG von einem Organ alleinig, nämlich dem Bundestag, in seiner Geschäftsordnung festgelegt. Für den Vermittlungsausschuss bedarf es hingegen dem gemeinschaftlichen Wirken von Bundestag und Bundesrat bei der Regelung der inneren Organisation in der GOVermA (Art. 77 Abs. 2 S. 2 GG). Einzige Ausnahme bilden in dieser Hinsicht die Regelungen zur *anteiligen Sitzverteilung* auf den beiden Bänken des Vermittlungsausschusses, über die Bundestag und Bundesrat jeweils autonom entscheiden.[227]

Darüber hinaus bestehen bezüglich der *Einrichtung* die gleichen Unterschiede zwischen dem Vermittlungsausschuss und den Ausschüssen nach Art. 45, 45a und 45c GG wie zwischen erstgenanntem und den übrigen Parlamentsausschüssen des Bundestages und des Bundesrates.[228]

Gleiches gilt für die Funktion und Bedeutung angesichts der Rolle des Vermittlungsausschusses im Gesetzgebungsverfahren[229] und seiner „erheblichen Verselbständigung" gegenüber Bundestag und Bundesrat[230].

In Anlehnung an die bereits erwähnte Klassifizierung von *Hasselsweiler*[231] ist der Vermittlungsausschuss nach alledem wie folgt zu qualifizieren: Es handelt sich um ein sektoral verselbständigtes Unterorgan von Bundestag und Bundesrat, auf das deren Kompetenzen teilweise übertragen werden; *gebildet* und zu einem Teil *errichtet* wird es von der Verfassung, zum anderen Teil *errichtet* und *eingerichtet* wird es von Bundestag und Bundesrat.

Diese Qualifizierung vermag zugegebenermaßen keinen Beitrag zur sprachlichen Vereinfachung zu leisten. Aufgrund der Relevanz der Rechtsnatur für die Bestimmung der adäquaten Regelungsebene für die Organisationsregeln ist sie gleichwohl für den weiteren Verlauf und das Ziel dieser Arbeit unerlässlich.[232]

---

226 Siehe oben C. I. 1. b) für die in Art. 45, 45a und 45c GG genannten Ausschüsse sowie C. II. 2. für den Vermittlungsausschuss.

227 Siehe dazu noch ausführlich unten D. III. 1. a).

228 Siehe oben C. II. 2. a) aa).

229 Siehe oben C. II. 2. a) bb) (1).

230 Siehe oben C. II. 2. a) bb) (2).

231 Siehe oben C. II. 2. a) bb) (3).

232 Vgl. unten D. III. 3. a) aa), d).

D. Die Organisationsregeln repräsentativer Gremien

Um eine möglichst exakte Abbildung der politischen Mehrheitsverhältnisse des Plenums in einem repräsentativen Gremium zu erreichen, bedarf es Regeln, die dieses sicherstellen. Als möglicher Regeltypus kommen dafür einzig die Besetzungs- und Abstimmungsregeln als Teil der Organisationsregeln in Betracht. Denn die politischen Mehrheitsverhältnisse bestimmen sich danach, wie viele Vertreter eines politischen Lagers mit welchem Stimmgewicht in ein repräsentatives Gremium entsandt werden, was durch die Besetzungs- und Abstimmungsregeln festgelegt wird. Diese Regeln sollen deshalb nun in den Blick genommen werden.

Die Besetzungsregeln unterteilen sich in die Festlegung der *Mitgliederzahl* der jeweiligen Ausschüsse (1. Stufe), die Regeln zur *anteiligen Sitzverteilung* in den Ausschüssen, d.h. in concreto die Entscheidung über das anzuwendende mathematische Zählverfahren (2. Stufe), und die *Entsendung* der Mitglieder (3. Stufe).[233]

Von den Abstimmungsregeln sind für die Frage der Abbildung der politischen Mehrheitsverhältnisse in den repräsentativen Gremien nur diejenigen zu dem Stimmgewicht, zu den Mehrheitserfordernissen und zu dem Umgang mit Stimmenthaltungen von Relevanz. Regeln, die das Abstimmungsprozedere betreffen (namentliche oder geheime Abstimmung, Abstimmung per Handzeichen oder per Stimmzettel, etc.), sind hingegen irrelevant.

Für den weiteren Verlauf der Arbeit bedeutet dies: Dem Oberbegriff der Organisationsregeln unterfallen stets die Besetzungsregeln sowie der relevante Teil der Abstimmungsregeln – nicht mehr, und auch nicht weniger. Wenn von „Besetzungsregeln" die Rede ist, werden hiervon alle drei Stufen umfasst, sofern keine anderweitige Kennzeichnung erfolgt. Und sobald „Abstimmungsregeln" Erwähnung finden, sind die Regelung des Stimmgewichts, der Mehrheitserfordernisse und des Umgang mit Stimmenthaltungen gemeint, solange nicht explizit etwas Abweichendes erklärt wird.

Der Einstieg in dieses Kapitel erfolgt mit der Darstellung der herkömmlichen mathematischen Zählverfahren, die anlässlich der *anteiligen Sitzverteilung* zur Anwendung kommen. Hiernach werden die Organisationsregeln der parlamentarischen Fachausschüsse und des Vermittlungsausschusses getrennt voneinander betrachtet werden. Nach einer Analyse der praktischen Handhabung der Organisationsregeln im Vermittlungsausschuss wird abschließend ein Regelungsvorschlag für die Auflösung politischer Pattsituationen in repräsentativen Gremien erläutert werden.

233 Siehe zu der Einteilung in die drei Stufen bereits oben C. I. 1. b).

I. Die mathematischen Zählverfahren für die *anteilige Sitzverteilung* in repräsentativen Gremien

Nach vorherigen Ausführungen spielen die mathematischen Zählverfahren erst auf der 2. Stufe der Besetzungsregelungen, d.h. im Rahmen der Regelung der *anteiligen Sitzverteilung* in den jeweiligen Ausschüssen eine Rolle. Allerdings kommen die Zählverfahren bei der Besetzung *sämtlicher* repräsentativer Organe potentiell zur Anwendung und sind somit von grundlegender Bedeutung. Deshalb werden sie einleitend bereits an dieser Stelle dargestellt. Dabei beschränkt sich die Darstellung auf die drei Zählverfahren, die in Deutschland bei der *anteiligen Sitzverteilung* in repräsentativen Gremien bis dato ausschließlich angewandt wurden,[234] sowie zwei Gegenentwürfe zu diesen Zählverfahren: die Verfahren *d'Hondt*,[235] *Hare/Niemeyer* und *Sainte-Laguë/Schepers* sowie die Gegenentwürfe von *Bomsdorf* und *Schneider*. Angesichts der vielfältigen Beiträge, in denen die drei „herkömmlichen" Zählverfahren aus unterschiedlicher Perspektive beleuchtet wurden,[236] erfolgt deren

---

234 Vgl. Edinger, S. 325; Nohlen, Wahlrecht und Parteiensysteme: Zur Theorie und Empirie der Wahlsysteme, 7. Auflage, Opladen & Toronto 2014, S. 130; Schindler, Datenhandbuch zur Geschichte des Deutschen Bundestages 1949–1999: Gesamtausgabe in drei Bänden: Eine Veröffentlichung der Wissenschaftlichen Dienste des Deutschen Bundestages, Band II, Baden-Baden 1999, S. 2081.

235 Die bekannteste Abwandlung des *d'Hondt*'schen Verfahrens ist das Verfahren *Hagenbach-Bischoff*, das nach dem Schweizer Physiker Eduard Hagenbach-Bischoff benannt ist. Auf eine Darstellung dieses Verfahrens wird verzichtet, da es zu ähnlichen Ergebnissen führt wie das Verfahren *d'Hondt*, siehe dazu z.B. Cahn, Das Verhältniswahlsystem in den modernen Kulturstaaten: Eine staatsrechtlich-politische Abhandlung, Berlin 1909, S. 317 ff.

236 Mit rechtswissenschaftlichem Akzent siehe z.B. Achterberg, Parlamentsrecht, S. 194 f.; Edinger, S. 191 ff., 325 ff.; Kretschmer, Fraktionen: Parteien im Parlament, 2. Auflage, Heidelberg 1992, S. 57; Pestalozza, Die Wahl der Mitglieder der Berliner Bezirksämter: D'Hondt, das Los und der Verfassungsgerichtshof des Landes Berlin, NVwZ 1993, 1067; Rauber, Das Ende der Höchstzahlen? Zuteilungsmethodik für Parlaments- und Ausschusssitze auf dem verfassungsrechtlichen Prüfstand, NVwZ 2014, 626; Ritzel/Bücker/Schreiner, Handbuch für die parlamentarische Praxis, Teil 2, Anh. zu § 12 S. 3 ff.; H.-P. Schneider, Hare contra d'Hondt? Kritische Notizen zur Einführung der mathematischen Proportion bei der Besetzung von Bundestagsausschüssen, ZParl 1970, 442; Stein, NVwZ 2003, 557, 558 f. Fn. 26 ff.; mit politikwissenschaftlichem Schwerpunkt z.B. Nohlen, S. 123 ff.; Schindler, Datenhandbuch Bundestag, Bd. II, S. 2081 ff.; für eine mathematikwissenschaftliche Aufbereitung der Zählverfahren siehe z.B. Bomsdorf, Ein neues Verfahren zur Umsetzung von Wählerstimmen in Mandate, ZParl 1987, 221; Pukelsheim, Erfolgswertgleichheit der Wählerstimmen zwischen Anspruch und Wirklichkeit, DÖV 2004, 405; ders., Bundeswahlgesetz – Nächste Etappe, DVBl. 2008, 889; ders./Maier, Eine schonende Mehrheitsklausel für die Zuteilung von Ausschusssitzen, ZParl 2005, 761; dies., Parlamentsvergrößerung als Problemlösung für Überhangmandate, Pattsituationen und Mehrheitsklauseln, ZParl 2008, 312; allen Beiträgen zu den Zählverfahren ist

Darstellung in der gebotenen Kürze. Auf die Wiedergabe von Berechnungsbeispielen aus vergangenen Legislaturperioden, die der Veranschaulichung dient, wird dennoch nicht verzichtet.

1. Das Verfahren nach *d'Hondt*

Benannt wurde dieses Verfahren nach Viktor d'Hondt, einem belgischen Professor für Zivil- und Steuerrecht, der das Verfahren 1882 veröffentlichte.[237] Mitunter wird es auch als Höchstzahlverfahren[238] oder Divisor-[239] bzw. Divisorenverfahren[240] bezeichnet.

Bei Anwendung des Verfahrens *d'Hondt* richtet sich die *anteilige Sitzverteilung* in den repräsentativen Gremien danach, wie viele sog. Höchstzahlen auf die einzelnen Fraktionen entfallen. Die Höchstzahlen werden durch die fortlaufende Division der Mitgliederzahl der Fraktionen durch 1, 2, 3, etc. errechnet. Sobald so viele Höchstzahlen vorliegen, wie Ausschusssitze zu verteilen sind, wird die Rechnung abgebrochen.[241]

Der Vorteil des Verfahrens *d'Hondt* liegt vor allem in dessen Einfachheit.[242] Sein Nachteil besteht darin, dass es größere Fraktionen begünstigt.[243] Dies hat wiederum

---

gemein, dass sie niemals ausschließlich aus der Perspektive eines der drei relevanten Fachgebiete (Rechts-, Politik- und Mathematikwissenschaften) verfasst wurden, was z.B. an den Titeln der Monographien von Cahn (siehe oben Fn. 235) sowie von Genssler, Das d'Hondtsche und andere Sitzverteilungsverfahren aus mathematischer und verfassungsrechtlicher Sicht, Nürnberg 1984, deutlich wird.

237 Cahn, S. 314; Genssler, S. 53; Nohlen, S. 123.

238 Kretschmer, aaO; Lovens, Die Besetzung der Bundestagsbank des Vermittlungsausschusses, ZParl 2003, 33; Nohlen, aaO; Rauber, NVwZ 2014, 626; Schindler, Datenhandbuch Bundestag, Bd. II, S. 2081, 2083; H.-P. Schneider, ZParl 1970, 442, 443; vgl. auch Pestalozza NVwZ 1993, 1067, 1068.

239 Rauber, aaO.

240 Nohlen, aaO.

241 Zum Ganzen Achterberg, S. 194; Edinger, S. 194; Kretschmer, aaO; Rauber, aaO; Ritzel/Bücker/Schreiner, Handbuch für die parlamentarische Praxis, Teil 2, Anh. zu § 12 S. 3; Schindler, Datenhandbuch Bundestag, Bd. II, S. 2083; vgl. auch Cahn, S. 316 f.; Genssler, S. 53 f.; Meyer, Wahlsystem und Verfassungsordnung: Bedeutung und Grenzen wahlsystematischer Gestaltung nach dem Grundgesetz, Frankfurt a.M. 1973, S. 100 Fn. 56; Nohlen, aaO sowie die Übersicht bei Stein, NVwZ 2003, 557, 558 Fn. 28.

242 Cahn, S. 317; Nohlen, S. 126; Rauber, aaO.

243 Lovens, aaO; Nohlen, S. 125, 130; Pestalozza, NVwZ 1993, 1067, 1069, der in Fn. 21 darauf hinweist, dass sich die Begünstigung stets als „relativ" erweist, weil sie aus einem Vergleich mit den anderen Zählverfahren resultiert; Rauber, aaO; Ritzel/Bücker/Schreiner, Handbuch für die parlamentarische Praxis, Teil 2, Anh. zu § 12 S. 7; H.-P. Schneider, aaO; vgl. auch Achterberg, aaO; Bomsdorf, ZParl 1987, 221, 226; Edinger, aaO; Genssler, S. 55.

zur Folge, dass sich regelmäßig die Plenarmehrheit, nicht jedoch zwangsläufig die Regierungsmehrheit,[244] auch in den repräsentativen Gremien wiederfindet.[245]

Dies verdeutlicht folgendes Rechenbeispiel für die *anteilige Sitzverteilung* in einem Bundestagsausschuss mit 17 Mitgliedern auf Grundlage der Mandatsverteilung im Bundestag in der laufenden 6. Wahlperiode (Stand vom 4. November 1970: CDU/CSU: 253 Abgeordnete, SPD: 237 Abgeordnete, FDP: 28 Abgeordnete), d.h. nach dem Übertritt einiger Abgeordneter der FDP-Fraktion zu der CDU/CSU-Fraktion[246]:[247]

CDU/CSU		SPD		FDP	
	Höchstzahl		Höchstzahl		Höchstzahl
253 : 1 =	253,00 (1)	237 : 1 =	237,00 (2)	*28 : 1 =*	*28,00 (18)*
: 2 =	126,50 (3)	: 2 =	118,50 (4)		
: 3 =	84,33 (5)	: 3 =	79,00 (6)		
: 4 =	63,25 (7)	: 4 =	59,25 (8)		
: 5 =	50,60 (9)	: 5 =	47,40 (10)		
: 6 =	42,16 (11)	: 6 =	39,50 (12)		
: 7 =	36,14 (13)	: 7 =	33,85 (14)		
: 8 =	31,62 (15)	: 8 =	29,62 (16)		
: 9 =	28,11 (17)	*: 9 =*	*26,33 (19)*		
: 10 =	*25,30 (20)*				

Bei Anwendung des Verfahrens *d'Hondt* wären in einem Ausschuss mit 17 Mitgliedern somit 9 Sitze auf die CDU/CSU-Fraktion und 8 Sitze auf die SPD-Fraktion entfallen, während die FDP-Fraktion gänzlich leer ausgegangen wäre. Die seinerzeit regierenden Fraktionen von SPD und FDP hätten sich also trotz einer Mehrheit im Bundestagsplenum gar in der Unterzahl befunden! Ein anschaulicheres Beispiel für die Schwächen des *d'Hondt*'schen Verfahrens kann man sich kaum vorstellen.

---

244 Dazu, dass sich bei Anwendung des Verfahrens d'Hondt die Regierungsmehrheit nicht in den parlamentarischen Gremien wiederfindet, kann es logischerweise kommen, wenn die größte Parlamentsfraktion nicht an der Regierung beteiligt ist, Ritzel/Bücker/Schreiner, aaO.

245 Pukelsheim/Maier, ZParl 2008, 312, 318; Rauber, NVwZ 2014, 626, 628 f.

246 Auf diese Konstellation wird noch einzugehen sein, siehe unten D. II. 1. a) aa).

247 Schindler, Datenhandbuch Bundestag, Bd. II, S. 2083.

2. Das Verfahren nach *Hare/Niemeyer*

Das zweite darzustellende Zählverfahren verdankt seinen Namen dem Engländer Thomas Hare und dem deutschen Mathematiker Horst O. Niemeyer.[248] Teilweise wird es auch Proportionsverfahren,[249] Proportionalverfahren[250] oder Verfahren der größten absoluten Reste[251] genannt.

Die *anteilige Sitzverteilung* in den repräsentativen Gremien vollzieht sich bei Anwendung des Verfahrens *Hare/Niemeyer* wie folgt: zunächst werden die Mitgliederzahlen der Fraktionen durch die Gesamtzahl der Abgeordneten dividiert. Die daraus resultierenden Quotientenwerte werden anschließend mit der Anzahl der vorhandenen Ausschusssitze multipliziert.[252] Die ganzen Zahlen des Produkts dieser Multiplikationen sind dann gleichbedeutend mit der Anzahl der Ausschusssitze der einzelnen Fraktionen; etwaig verbleibende Ausschusssitze werden nach Rangfolge der Nachkommaziffern der Produkte verteilt.[253] Die einschlägige Formel lautet demnach:[254]

$$\frac{\textit{Fraktionsstärke}}{\textit{Gesamtzahl der Abgeordneten}} \times \textit{Ausschussmitglieder} = \textit{Ausschussitze}$$

Im Vergleich mit dem Verfahren *d'Hondt* führt das Verfahren *Hare/Niemeyer* zu einer Begünstigung der kleineren Fraktionen,[255] was als Vorteil des Verfahrens angesehen werden kann. Gleichzeitig kann hierin auch ein Nachteil erblickt werden, weil es folgerichtig dazu führen kann, dass sich die Plenarmehrheit nicht in den repräsentativen Gremien widerspiegelt.[256] Ein weiterer Nachteil des Verfahrens *Hare/Niemeyer*

---

248 Edinger, S. 201 f.; Nohlen, S. 126, 131; Schindler, S. Datenhandbuch Bundestag, 2084.

249 Kretschmer, aaO; Schindler, Datenhandbuch Bundestag, Bd. II, S. 2081, 2084; vgl. auch H.-P. Schneider, aaO.

250 Lovens, aaO; dieser Begriff sollte wegen der Verwechselungsgefahr mit dem Verfahren *Sainte-Laguë/Schepers* (vgl. sogleich unten D. I. 3. Fn. 261) vermieden werden.

251 Bomsdorf, ZParl 1987, 221, 224 f., 227, der diesen Begriff vor allem deshalb verwendet, um das von ihm vorgeschlagene sog. *Verfahren der größten relativen Reste* gegenüber dem Verfahren *Hare/Niemeyer* abzugrenzen; siehe zu erstgenanntem Verfahren unten D. I. 4. a).

252 Edinger, S. 193; Kretschmer, aaO; Ritzel/Bücker/Schreiner, Handbuch für die parlamentarische Praxis, Teil 2, Anh. zu § 12 S. 6; Schindler, Datenhandbuch Bundestag, Bd. II, S. 2084; H.-P. Schneider, aaO; vgl. auch Bromsdorf, ZParl 1987, 221.

253 Achterberg, aaO; Edinger, aaO; Ritzel/Bücker/Schreiner, aaO; Schindler, aaO; H.-P. Schneider, ZParl 1970, 442, 443 f.; vgl. auch Bomsdorf, aaO; Nohlen, S. 131; Stein, NVwZ 2003, 557, 559 Fn. 27.

254 Schindler, aaO.

255 Lovens, aaO; Nohlen, S. 131 f.; Pestalozza, aaO.

256 Ritzel/Bücker/Schreiner, Handbuch für die parlamentarische Praxis, Teil 2, Anh. zu § 12 S. 7.

ist das Auftreten „unlogischer Sprünge“: der Anstieg der Gesamtmitgliederzahl der Gremien kann zu einem Abzug an Sitzen für einzelne Fraktionen führen![257]

Vor allem die Unterschiede zwischen dem Verfahren *d'Hondt* und dem Verfahren *Hare/Niemeyer* lassen sich an einem Rechenbeispiel unter den oben genannten Bedingungen veranschaulichen:[258]

$$\text{CDU/CSU}: \frac{253}{518} \times 17 = 8{,}303 \; \textit{Sitze}$$

$$\text{SPD}: \frac{237}{518} \times 17 = 7{,}778 \; \textit{Sitze}$$

$$\text{FDP}: \frac{28}{518} \times 17 = 0{,}919 \; \textit{Sitze}$$

Der CDU/CSU-Fraktion wären zunächst 8 Sitze, der SPD-Fraktion danach 7 Sitze zugeteilt worden. Die zwei übrigen Sitze wären anschließend aufgrund der höheren Nachkommaziffern auf die FDP-Fraktion und die SPD-Fraktion entfallen.

3. Das Verfahren nach *Sainte-Laguë/Schepers*

Das letzte zu nennende Zählverfahren ist nach dem französischen Mathematik-Professor André Sainte-Laguë und dem deutschen Physiker Hans Schepers vom Wissenschaftlichen Dienst des Deutschen Bundestages benannt.[259] Es wird auch

---

257 Dieses Schicksal hätte die Fraktionen von FDP und BÜNDNIS 90/DIE GRÜNEN in der 10. und/oder 11. Wahlperiode ereilt: in der 10. Wahlperiode hätte die FDP-Fraktion in Gremien mit 21 Mitgliedern zwei Sitze, in solchen mit 22 Mitgliedern aber nur einen Sitz gehabt; die GRÜNEN-Fraktion hätte in Gremien mit 11 Mitgliedern einen Vertreter, in Gremien mit 12 Mitgliedern hingegen keinen Vertreter entsandt und in Gremien mit 29 Mitgliedern hätte sie über zwei Sitze, in solchen mit 30 Sitzen wiederum nur über einen Sitz verfügt; in der 11. Wahlperiode wäre die FDP-Faktion in Gremien mit 25 Mitgliedern von drei Abgeordneten, in Gremien mit 26 Mitgliedern jedoch nur von zwei Abgeordneten vertreten worden, siehe zu alledem Schindler, Datenhandbuch Bundestag, Bd. II, S. 2084, 2086 f.; vgl. auch Bomsdorf, ZParl 1987, 221, 222, 226; Edinger, S. 203, 327.

258 Schindler, S. 2084.

259 Nohlen, S. 124, 131; Schindler, Datenhandbuch Bundestag, Bd. II, S. 2085.

Rangmaßzahlverfahren,[260] Proportionalverfahren[261] oder Divisormethode mit Standardabrundung[262] genannt.

Wendet man das Verfahren *Sainte-Laguë/Schepers* für die *anteilige Sitzverteilung* in den repräsentativen Gremien an, so wird zunächst die Gesamtzahl der Abgeordneten durch die jeweiligen Mitgliederzahlen der Fraktionen dividiert. Danach werden die daraus resultierenden Quotientenwerte fortlaufend mit 0,5, 1,5, 2,5, etc. multipliziert. Schließlich werden die Produkte dieser Multiplikationen ihrer Rangfolge nach absteigend sortiert. Der Abbruch der Rechnung erfolgt dann, wenn so viele Rangmaßzahlen vorliegen, wie es Ausschusssitze gibt.[263] Die Formel für die Rangmaßzahlen (R) lautet:[264]

$$R_N = \frac{\textit{Gesamtzahl der Abgeordneten}}{\textit{Fraktionsstärke}} \times (N - 0{,}5)$$

(N durchläuft die Zahlen 1, 2, 3, ...)

Die Vorteile des Verfahrens *Sainte-Laguë/Schepers* werden in seiner Einfachheit,[265] in der exaktesten Umwandlung von mathematischen Bruchteilen in Sitze[266] und in der relativen Begünstigung kleinerer Fraktionen[267] gesehen. Tatsächlich kann letzteres jedoch, wie bereits im Zusammenhang mit dem Verfahren *Hare/Niemeyer* festgestellt wurde, Vor- und Nachteil zugleich sein.

Der Veranschaulichung des Verfahrens *Sainte-Laguë/Schepers* soll folgendes Rechenbeispiel für die *anteilige Sitzverteilung* in einem Bundestagsausschuss mit 13 Mitgliedern auf Grundlage der Mandatsverteilung im Bundestag zu Beginn der 11. Wahlperiode (Stand vom Februar 1987: CDU/CSU: 234 Abgeordnete, SPD: 193 Abgeordnete, FDP: 48 Abgeordnete, BÜNDNIS 90/DIE GRÜNEN: 44 Abgeordnete) dienen:[268]

---

260 Edinger, S. 203; Kretschmer, aaO; Ritzel/Bücker/Schreiner, Handbuch für die parlamentarische Praxis, Teil 2, Anh. zu § 12 S. 8; vgl. auch Achterberg, S. 195; Bomsdorf, ZParl 1987, 221, 223.

261 Edinger, S. 203 Fn. 220; Schindler, Datenhandbuch Bundestag, Bd. II, S. 2081, 2085; dieser Begriff sollte wegen der Verwechselungsgefahr mit dem Verfahren *Hare/Niemeyer* (vgl. soeben oben D. I. 2. Fn. 250) vermieden werden.

262 Pukelsheim, DÖV 2004, 405; ders., DVBl. 2008, 889; ders./Maier, ZParl 2005, 761, 764; dies., ZParl 2008, 312, 313.

263 Zum Ganzen Edinger, S. 203; Kretschmer, aaO; Ritzel/Bücker/Schreiner, aaO; Schindler, Datenhandbuch Bundestag, Bd. II, S. 2085; vgl. auch Nohlen, S. 133.

264 Schindler, aaO.

265 Pukelsheim, DVBl. 2008, 889, 890.

266 Lovens, aaO.

267 Vgl. dazu die sehr anschaulichen Ausführungen und Darstellungen bei Schindler, Datenhandbuch Bundestag, Bd. II, S. 2083 ff.

268 Schindler, Datenhandbuch Bundestag, Bd. II, S. 2085.

N	CDU/CSU	Rang	SPD	Rang	FDP	Rang	GRÜNE	Rang
1	1,109	(1)	1,345	(2)	5,406	(5)	5,898	(7)
2	3,327	(3)	4,034	(4)	*16,219*	*(16)*	*17,693*	*(19)*
3	5,545	(6)	6,723	(8)				
4	7,763	(9)	9,412	(10)				
5	9,981	(11)	12,101	(12)				
6	12,199	(13)	*14,790*	*(15)*				
7	*14,417*	*(14)*						

Die CDU/CSU-Fraktion hätte demnach in einem Ausschuss mit 13 Mitgliedern 6 Abgeordnete, die SPD-Fraktion 5 Abgeordnete und die FDP- sowie die GRÜNEN-Fraktion jeweils einen Abgeordneten entsandt.

4. Gegenentwürfe zu den „herkömmlichen" Zählverfahren

Zu den drei „herkömmlichen" Zählverfahren wurden zwei abweichende Gegenentwürfe bzw. Ansätze entwickelt.

a) *Das „mathematische"* Verfahren der größten relativen Reste *nach* Bomsdorf

Einen solchen Gegenentwurf, das sog. *Verfahren der größten relativen Reste*, präsentierte der Mathematiker Eckart Bomsdorf.[269] Er legte die Maßgabe zugrunde, dass alle Fraktionen mit mindestens einem Abgeordneten in den Ausschüssen vertreten sein sollen und dass sich die Mehrheitsverhältnisse des Plenums in den Ausschüssen widerspiegeln müssen.[270] Dabei verstand *Bomsdorf* unter der „Widerspiegelung der *Mehrheitsverhältnisse*" nicht die „Widerspiegelung der *Regierungsmehrheit*", sondern die „Widerspiegelung *aller denkbaren Mehrheitskoalitionen*": in der 10. Legislaturperiode „erreicht jede Koalition der CDU/CSU[-Fraktion] mit (mindestens) einer anderen der drei Fraktionen die absolute Mehrheit [im Plenum], keine Fraktion besitzt diese Mehrheit allein. Ohne die CDU/CSU[-Fraktion] erreicht nur eine Koalition aller drei übrigen Fraktionen die absolute Mehrheit. Diese Mehrheitsverhältnisse sollen durch die Sitzverteilung in den Ausschüssen wiedergegeben werden."[271]

269 Bomsdorf, ZParl 1987, 221, 222 ff.
270 Bomsdorf, ZParl 1987, 221, 223.
271 Bomsdorf, ZParl 1987, 221, 226; das *Bomsdorf*sche Verständnis von der Widerspiegelung der Mehrheitsverhältnisse erachtet Edinger, S. 325 „[a]ngesichts der Tatsache, daß Mehrheits- und Regierungswechsel im Bundestag bislang stets Folge eines Koalitionswechsels waren, [...] als sinnvoll und geeignet [...]." Diese

Bei dem von *Bomsdorf* zur Erreichung dieser Zwecke vorgeschlagenen Verfahren *der größten relativen Reste* wird zunächst wie beim Verfahren *Hare/Niemeyer* unter Anwendung der Formel

$$\frac{\textit{Fraktionsstärke}}{\textit{Gesamtzahl der Abgeordneten}} \times \textit{Ausschussmitglieder} = \textit{Ausschussitze}$$

verfahren. Die Ziffer(n) des Ergebnisses vor dem Komma ist bzw. sind gleichbedeutend mit der Anzahl der Ausschusssitze.[272] Bei der Verteilung der verbleibenden Ausschusssitze wird dann jedoch unterschiedlich verfahren: während das Verfahren *Hare/Niemeyer* eine Verteilung anhand der größten Nachkommaziffern, d.h. dem sog. größten absoluten Rest, vorsieht, schlägt *Bomsdorf* die Ermittlung eines relativen Restes vor.[273] Dieser wird durch die Division des absoluten Rests durch das Ergebnis der Ausgangsrechnung gewonnen.[274] Die entsprechende Formel lautet:[275]

$$\frac{\textit{Absoluter Rest}}{\textit{Ausschussitze (inkl. Nachkommaziffern)}} = \textit{Relativer Rest}$$

Das folgende fiktive Rechenbeispiel soll das *Verfahren der größten relativen Reste* und seine Unterschiede zu dem Verfahren *Hare/Niemeyer* verdeutlichen:[276] In einem Parlament mit 160 Abgeordneten ist ein Ausschuss mit 16 Mitgliedern zu besetzen. Im Plenum verfügt die Fraktion A über 71 Abgeordnete, die Fraktion B über 66 Abgeordnete und die Fraktion C über 23 Abgeordnete. Bei Anwendung des Verfahrens *Hare/Niemeyer* würde sich folgendes Bild ergeben:

	Fraktion A	**Fraktion B**	**Fraktion C**
$\frac{\textit{Fraktionsstärke}}{\textit{Gesamtzahl der Abgeordneten}} \times 16$	$\frac{71}{160} \times 16 = 7{,}1$	$\frac{66}{160} \times 16 = 6{,}6$	$\frac{23}{160} \times 16 = 2{,}3$
Sitzzahl 1. Schritt	7	6	2
(absoluter) Rest	0,1	0,6	0,3
Sitzzahl 2. Schritt (noch ein Sitz ist zu vergeben)	-	1	-
Sitzzahl gesamt	7	7	2

Argumentation vermag seit dem Regierungswechsel infolge der Bundestagswahl im Jahre 1998 von „Schwarz-Gelb" zu „Rot-Grün" nicht mehr zu überzeugen.

272 Vgl. Bomsdorf, ZParl 1987, 221, 222.

273 Bomsdorf, aaO.

274 Vgl. Bomsdorf, ZParl 1987, 221, 223.

275 Vgl. Bomsdorf, aaO.

276 Vgl. Bomsdorf, ZParl 1987, 221, 222 f.

Bei Anwendung des *Verfahrens der größten relativen Reste* würde die *anteilige Sitzverteilung* hingegen wie folgt aussehen:

	Fraktion A	**Fraktion B**	**Fraktion C**
$\frac{\textit{Fraktionsstärke}}{\textit{Gesamtzahl der Abgeordneten}} \times 16$	$\frac{71}{160} \times 16 = 7{,}1$	$\frac{66}{160} \times 16 = 6{,}6$	$\frac{23}{160} \times 16 = 2{,}3$
Sitzzahl 1. Schritt	7	6	2
absoluter Rest	0,1	0,6	0,3
relativer Rest	$\frac{0{,}1}{7{,}1} = 0{,}014$	$\frac{0{,}6}{6{,}6} = 0{,}091$	$\frac{0{,}3}{2{,}3} = 0{,}130$
Sitzzahl 2. Schritt	-	-	1
Sitzzahl gesamt	7	6	3

Wie *Bomsdorf* nachweist, besteht ein Vorteil seines Verfahrens darin, dass es zu keiner Übervorteilung großer Fraktionen führt.[277] Der zweite nachgewiesene – und nach *Bomsdorfs* offenkundiger Überzeugung gleichzeitig größte – Vorteil ist darin zu sehen, dass durch das *Verfahren der größten relativen Sinne* die Mehrheitsverhältnisse des Plenums am häufigsten in den Ausschüssen abgebildet werden.[278] Dabei muss daran erinnert werden, dass Bomsdorf unter „Mehrheitsverhältnissen" *alle denkbaren Mehrheitskoalitionen* verstand. Der gravierende Schwachpunkt seines Verfahrens liegt im Vergleich mit den herkömmlichen Zählverfahren folgerichtig darin, dass sich die *Regierungsmehrheit* am häufigsten *nicht* in den Ausschüssen widerspiegelt.[279]

In der Folge griff der Mathematiker Erhard Fengler das Verfahren von *Bomsdorf* auf, führte es mit dem Verfahren *Sainte-Laguë/Schepers* zusammen und entwickelte daraus ein eigenes Verfahren zur *anteiligen Sitzverteilung* in repräsentativen Gremien.[280] Ein Wesensmerkmal des *Fengler*-Verfahrens war das Grundmandat, das jeder Fraktion in repräsentativen Gremien zustehen sollte.[281] Das Verfahren kam allerdings

277 Bomsdorf, ZParl 1987, 221, 226 f.

278 Bomsdorf, aaO mit entsprechenden Rechenbeispielen auf Grundlage der Sitzverteilung im Bundestag zu Beginn der 10. Legislaturperiode für sein Verfahren sowie die Verfahren *d'Hondt* und *Hare/Niemeyer.*

279 Siehe die Übersichten über die erwähnten Rechenbeispiele bei Bomsdorf, ZParl 1987, 221, 225, 227.

280 Fengler, Ein Verfahren der möglichst geringen Verfälschung des Wählerwillens bei der Zuweisung der Parlamentsmandate, ZParl 1988, 561 sowie ders., Ausschuß-Variante des Fengler-Verfahrens, ZParl 1990, 531.

281 Fengler, ZParl 1990, 531.

niemals zur Anwendung und wurde in der Literatur auch nicht erörtert.[282] Aus diesen Gründen wird auf eine weitergehende Darstellung des *Fengler*-Verfahrens verzichtet.

b) Der „realpolitische" Ansatz von Schneider

Einen weiteren Gegenentwurf, der für eine Ausschussbesetzung nach getrennten „Lagern" (Regierung versus Opposition) sorgen sollte, kündigte *Schneider* an: „Eine funktionsgerechte, dauerhafte und zudem politisch zweckmäßige Lösung des Problems der Ausschußbesetzung muß vielmehr der Tatsache Rechnung tragen, daß sich im normalen Parlamentsbetrieb vor allem die Regierungskoalition auf der einen und die Opposition auf der anderen Seite gegenüberstehen. Nicht für die gleichmäßig proportionale Vertretung aller Fraktionen wäre also zu sorgen, sondern für eine Zusammensetzung der Ausschüsse im Verhältnis von regierender Mehrheit zur oppositionellen Minderheit."[283] Die dafür notwendige „Strukturreform" wollte *Schneider* in einer später erscheinenden Monographie erläutern.[284] Im ersten der geplanten zwei Bände dieser Monographie kündigte *Schneider* konkrete Reformvorschläge für die GOBT an, die seinem Grundgedanken von der Ausschussbesetzung nach politischen Lagern Rechnung tragen sollte.[285] Bedauerlicherweise ist der genannte zweite Band nie veröffentlicht worden.[286]

Was von *Schneiders* Ankündigung bleibt, ist der grundlegende Ansatz, dass die Organisation parlamentarischer Gremien auf Grundlage der „realpolitischen" Trennung von Regierung und Opposition erfolgen sollte.

5. Vergleich und Zwischenfazit

Ein Vergleich der drei herkömmlichen Zählverfahren und des Gegenentwurfs von *Bomsdorf*[287] zeigt zunächst, dass sie über unterschiedliche Vor- und Nachteile, vor allem in Bezug auf die Begünstigung von großen oder kleinen Fraktionen, verfügen. Eines haben sie jedoch alle gemein: Nur unter kaum vorstellbaren Umständen, namentlich der vollständigen Kongruenz der Sitzproporze im Plenum und in den

---

282 Ersteres stellt Edinger, S. 325 Fn. 212 auch für das Verfahren nach *Bomsdorf* fest, setzt sich mit diesem aber, anders als mit dem *Fengler*-Verfahren, anschließend eingehend auseinander.

283 H.-P. Schneider, ZParl 1970, 442, 447.

284 H.-P. Schneider, ZParl 1970, 442, 447 Fn. 18.

285 H.-P. Schneider, Die parlamentarische Opposition im Verfassungsrecht, S. 243 Fn. 293.

286 Vgl. die Angaben auf der Homepage des Deutschen Instituts für Föderalismusforschung e.V., dessen geschäftsführender Direktor *Hans-Peter Schneider* ist, http://dif-serv.dif.uni-hannover.de/~dif/dif-hps-schriften-800%20Publikationen.html, zuletzt abgerufen am 23. November 2014.

287 Da der Ansatz von *Hans-Peter Schneider* nicht über das Stadium der Ankündigung hinausgekommen ist, kann er für einen wertenden Vergleich nicht herangezogen werden.

Ausschüssen,[288] vermögen sie die Mehrheitsverhältnisse des Plenums in den repräsentativen Gremien exakt abzubilden.[289]

II. Parlamentarische Fachausschüsse

Die Auseinandersetzung mit den Organisationsregeln der parlamentarischen Fachausschüsse erfolgt, in Einklang mit dem hiesigen Begriffsverständnis, getrennt nach Bundestags- und Bundesratsfachausschüssen. Innerhalb der getrennten Auseinandersetzungen erfolgt dann eine binnenunterteilte Darstellung nach Besetzungs- und Abstimmungsregeln, die insoweit mit der grundlegenden Unterteilung der Organisationsregeln übereinstimmt.

1. Bundestagsausschüsse

Zunächst werden die Genese und der Status quo der Organisationsregeln der Bundestagsfachausschüsse in den Blick genommen. Danach erfolgt eine Erörterung der formellen Anforderungen, d.h. der Frage nach der adäquaten Regelungsebene der Organisationsregeln, bevor abschließend deren materiellen Anforderungen in den Fokus rücken.

a) Genese und Status quo

Die Darstellung der Genese und des Status quo der Organisationsregeln der Bundestagsfachausschüsse orientieren sich an der angekündigten Unterteilung in Besetzungs- und Abstimmungsregeln.

aa) Besetzungsregeln

Wie einleitend dargelegt wurde, verteilen sich die Besetzungsregeln der parlamentarischen Fachausschüsse, mithin auch die der Bundestagsausschüsse, auf drei Ebenen.

Die Festlegung der *Mitgliederzahl* der Parlamentsausschüsse des Bundestages erfolgt gemäß § 57 Abs. 1 S. 1 GOBT durch das Bundestagsplenum per Beschluss mit einfacher Mehrheit (Art. 42 Abs. 2 S. 1 GG).

Über die *anteilige Sitzverteilung* in den Bundestagsausschüssen, d.h. über das in diesem Rahmen anzuwendende Zählverfahren, entscheidet der Bundestag nach §§ 57 Abs. 1 S. 1, 12 S. 1 GOBT ebenfalls mit einfacher Mehrheit (Art. 42 Abs. 2 S. 1 GG). Zwischen den frei vorgenannten Zählverfahren *d'Hondt*, *Hare/Niemeyer*

---

288 Eine solche Kongruenz wäre z.B. gegeben, wenn vier Fraktionen über einen Sitzanteil im Plenum von 40%, 30%, 20% und 10% verfügen würden und die Sitze in einem Ausschuss mit 10 Mitgliedern besetzt werden müssen, was zu einer *anteiligen Sitzverteilung* von 4, 3, 2 und 1 Abgeordneten(m) führen würde.

289 Vgl. dazu auch Edinger, S. 323, 325; Rauber, NVwZ 2014, 626, 627 f.

und *Sainte-Laguë/Schepers* hat der Bundestag dabei mehrfach, in einem Fall sogar während einer laufenden Legislaturperiode, gewechselt.

Vom Beginn der 1. Legislaturperiode bis in die 6. Legislaturperiode hinein wurde für die *anteilige Sitzverteilung* das Zählverfahren *d'Hondt* angewandt.[290] Im Laufe der 6. Legislaturperiode erfolgte dann ein Wechsel zum Zählverfahren *Hare/Niemeyer*;[291] wäre das Zählverfahren *d'Hondt* zu diesem Zeitpunkt weiterhin angewandt worden, wären die Ausschussvertreter der Regierungsmehrheit von SPD und FDP nach den Übertritten von drei FDP-Abgeordneten zur CDU/CSU-Fraktion teilweise in der Minderheit gewesen.[292] Bemerkenswerterweise wurde der Wechsel des Zählverfahrens damals auch von der dadurch benachteiligten CDU/CSU-Fraktion unterstützt.[293] Das Zählverfahren *Hare/Niemeyer* fand alsdann bis zum Ende der 8. Legislaturperiode Anwendung, ehe es mit Beginn der 9. Legislaturperiode vom Zählverfahren *Sainte-Laguë/Schepers* abgelöst wurde.[294]

Seitdem ist die Anwendung des Zählverfahrens *Sainte-Laguë/Schepers* beibehalten worden. Ab der 14. Legislaturperiode werden die entsprechenden Anträge und Beschlüsse allerdings stets um den Zusatz ergänzt, dass das Zählverfahren *d'Hondt* angewandt werden solle, falls die Anwendung von *Sainte-Laguë/Schepers* nicht zur Abbildung der parlamentarischen Mehrheiten führen würde[295].[296]

---

290 Schindler, Datenhandbuch Bundestag, Bd. II, S. 2081 f.

291 Siehe BT-Drucks. 6/1354 für den entsprechenden Antrag sowie das Plenarprotokoll zur Bundestagssitzung vom 4. November 1970, S. 4132 (B) ff.; aus dem Sitzungsprotokoll geht auch hervor, dass das Verfahren *Hare/Niemeyer* seine Bezeichnung der Beratung des Bundestages durch den Mathematikprofessors Horst Niemeyer bei der Antragserstellung bzw. Beschlussfassung verdankt.

292 Siehe oben D. I. 1., 2. für die entsprechenden Rechenbeispiele.

293 Vgl. BT-Drucks. 6/1354 sowie Sitzungsprotokoll vom 4. November 1970, S. 4132 (B) ff.; Drucksache und Sitzungsprotokoll legen allerdings die Vermutung nahe, dass die CDU/CSU-Fraktion den Antrag deshalb unterstützte, weil Veränderungen der Fraktionsstärke jeweils erst nach Ablauf eines Jahres für die *anteilige Sitzverteilung* in den Ausschüssen berücksichtigt werden sollten.

294 Dazu eingehend, insbesondere auch zu den Einzelheiten rund um die Bezeichnung „*Schepers*" bzw. „*Sainte-Laguë/Schepers*", Schindler, Datenhandbuch Bundestag, Bd. II, S. 2081 ff.

295 Vgl. die BT-Drucks. 14/21; 15/17; 16/75; 17/4; 18/212 und die Plenarprotokolle 14/4 zur Bundestagssitzung vom 11. November 1998, Stenografischer Bericht, S. 131 (C); 15/5 zur Bundestagssitzung vom 30. Oktober 2002, Stenografischer Bericht, S. 173 (B); 16/3 zur Bundestagssitzung vom 22. November 2005, Stenografischer Bericht, S. 69 (D); 17/2 zur Bundestagssitzung vom 28. Oktober 2009, Stenografischer Bericht, S. 23 (A) und 18/6 zur Bundestagssitzung vom 19. Dezember 2013, Stenografischer Bericht, S. 288 (A).

296 Auf den Streit, der zu Beginn der 15. Legislaturperiode um das anzuwendende Zählverfahren entbrannte, wird unten, D. III. 1. a) aa) (2), 4. b) dd) im Zusammenhang mit der Besetzung der Bundestagsbank im Vermittlungsausschuss eingegangen.

Die Anträge und Beschlüsse zur *anteiligen Sitzverteilung* in den Parlamentsausschüssen waren dabei zwischen Regierungs- und Oppositionsfraktionen stets unumstritten. Dies war bzw. ist vor allem auch dem Umstand zu verdanken, dass der Bundestag über die Festlegung der *Mitgliederzahl* in den Fachausschüssen frei entscheiden und somit bei knappen Mehrheitsverhältnissen drohende Pattsituationen verhindern kann.[297]

Auf die Festlegung der *Mitgliederzahl* und die Regelung der *anteiligen Sitzverteilung* folgt schließlich die *Einrichtung* der Ausschüsse (= *Entsendung* der Ausschussmitglieder)[298] durch Benennung durch die Fraktionen gemäß § 57 Abs. 2 S. 1 GOBT.[299]

bb) Abstimmungsregeln

In den Bundestagsausschüssen gelten folgende Regeln zum Stimmgewicht und zu den Mehrheitserfordernissen:

Jedes Ausschussmitglied verfügt über eine Stimme.[300] Offensichtlich ist dies derartig selbstverständlich, dass eine entsprechende Regelung in der GOBT fehlt.[301]

Die Abstimmung erfolgt mit einfacher Mehrheit, wobei Stimmengleichheit zur Ablehnung des entsprechenden Antrags führt (§ 74 GOBT i.V.m. § 48 Abs. 2 GOBT). Enthaltungen werden bei der Ermittlung des Stimmergebnisses nicht mitgezählt, was allerdings auch nicht explizit in der GOBT geregelt ist.[302]

---

297 Siehe zur insoweit gegebenen Geschäftsordnungsautonomie des Bundestages sogleich unten D. II. 1. b); im Unterschied zu drohenden Pattsituation in den Parlamentsausschüssen können solche auf der Bundestagsbank im Vermittlungsausschuss nicht ohne Weiteres durch die Erhöhung der Mitgliederzahl verhindert werden, siehe dazu unten D. III. 1. a) aa) (2).

298 Siehe oben C. I. 1. b).

299 Den Unterschied, der darin besteht, dass die Ausschussmitglieder der Parlamentsausschüsse in diese durch ihre Fraktionen entsandt werden, während die Mitglieder anderer repräsentativer Organe, z.B. die des Vermittlungsausschusses gewählt werden, betont Roll, GOBT, § 57 Rn. 1; vgl. auch Dästner, GOVermA, S. 63; Lang, Spiegelbildlichkeit versus Mehrheitsprinzip?, NJW 2005, 189. Praktische Unterschiede ergeben sich daraus jedoch nicht.

300 Zur Ausnahme bzgl. der fraktionslosen Abgeordneten als beratende Ausschussmitglieder gemäß § 57 Abs. 2 S. 2 GOBT siehe unten D. II. 1. c) cc) (2) (b).

301 Vgl. nur die Angaben in der Infografik auf der Homepage des Deutschen Bundestages: http://bundestag.de/7_bundespraesident/183754?view=asDatasource, zuletzt abgerufen am 3. September 2014.

302 Vgl. Roll, GOBT, § 48 Rn. 2.

b) Formelle Anforderungen (Regelungsebene)

Die Frage danach, ob die Organisationsregeln der Parlamentsausschüsse des Bundestages von diesem kraft seiner Geschäftsordnungsautonomie festgelegt werden können, wird einhellig bejaht.

Nach Ansicht des Bundesverfassungsgerichts und der allgemeinen Meinung in der Literatur fällt bereits die Entscheidung darüber, welche Parlamentsausschüsse – mit Ausnahme der vom Grundgesetz vorgesehenen Ausschüsse – überhaupt eingesetzt werden sollen, in die Geschäftsordnungsautonomie des Bundestages (sog. *Bildungs*kompetenz).[303] Gleiches gilt für die Festlegung der *Mitgliederzahl* der Parlamentsausschüsse[304] sowie für die Entscheidung über das anzuwendende Zählverfahren für die *anteilige Sitzverteilung* in den Fachausschüssen,[305] welche insofern von der *Errichtungs*kompetenz[306] umfasst werden.

So hat das Bundesverfassungsgericht deutlich gemacht, dass die *Mitgliederzahl* parlamentarischer Fachausschüsse auch dann vom Bundestag eigenverantwortlich festgelegt werden kann, wenn bei der nachfolgenden *anteiligen Sitzverteilung* unter Anwendung eines gängigen Zählverfahrens eine Fraktion oder eine parlamentarische Gruppe (§ 10 Abs. 4 S. 1 GOBT) in einzelnen Fachausschüssen überhaupt nicht vertreten ist.[307]

Des Weiteren lässt sich aus einem Beschluss des Bundesverfassungsgerichts zum anzuwendenden Zählverfahren für die *anteilige Sitzverteilung* auf der Bundestagsbank im Vermittlungsausschuss eine insofern weitreichende Geschäftsordnungsbefugnis ableiten. In diesem Zusammenhang hatte das Bundesverfassungsgericht festgestellt, dass der „Wechsel des Zählsystems mit dem Ziel, die Mehrheitsverhältnisse des Plenums in der Bundestagsbank des Vermittlungsausschusses wiederzugeben, [...] verfassungsrechtlich unbedenklich [ist]“.[308] Wenn der Wechsel des Zählverfahrens zur Vermeidung eines Patts zwischen Regierung und Opposition in einem grundgesetzlich vorgesehenen Gremium bzw. in dessen Teilen von der Geschäftsordnungsautonomie des Bundestages gedeckt ist, muss dieses *erst recht* hinsichtlich der Parlamentsausschüsse gelten.

---

303 Siehe oben C. I. 1. b).

304 BVerfGE 70, 324, 364; Beschluss vom 17. September 1997 – 2 BvE 4/95, BVerfGE 96, 264, 281.

305 Vgl. BVerfGE 96, 264, 282 f.

306 Siehe dazu oben C. I. 1. b).

307 BVerfGE 70, 324, 364; 96, 264, 281; vgl. auch BVerfG, Urteil vom 13. Juni 1989 – 2 BvE 1/88, BVerfGE 80, 188, 219; die hier erwähnte *formelle* Frage, ob der Bundestag die Mitgliederzahl seiner Ausschüsse unter den genannten Umständen eigenverantwortlich festlegen kann, ist von der *materiellen* Frage, ob der Ausschluss einer Fraktion oder Gruppe von der Ausschussarbeit gegen den Spiegelbildlichkeitsgrundsatz verstößt (dazu sogleich unten D. II. 1. c) aa)), zu trennen.

308 BVerfGE 96, 264, 283.

Dass die Regeln über die *Entsendung* der Ausschussmitglieder sowie die Abstimmungsregeln von der Geschäftsordnungsautonomie des Bundestages umfasst werden, wird, soweit ersichtlich, ebenfalls von niemandem in Zweifel gezogen.

c) Materielle Anforderungen

Die Organisationsregeln parlamentarischer Fachausschüsse müssen im Einklang mit diversen materiellen Verfassungsprinzipien stehen, die im Folgenden dargestellt werden sollen.

aa) Spiegelbildlichkeitsgrundsatz

An erster Stelle ist der sog. Spiegelbildlichkeitsgrundsatz zu nennen, der dann gewahrt ist, wenn die Parlamentsausschüsse in ihrer Zusammensetzung einem verkleinerten Abbild des Plenums entsprechen[309] und somit die politische Gewichtung des Plenums widerspiegeln.[310]

Seine verfassungsrechtliche Grundlage hat der Spiegelbildlichkeitsgrundsatz vornehmlich in dem Demokratieprinzip (Art. 20 Abs. 1, 2 GG)[311] und der damit verbundenen Wahlrechtsgleichheit (Art. 38 Abs. 1 GG)[312].[313] Aus diesen beiden Prinzipien folgt zunächst einmal, dass alle Wählerstimmen bei der Repräsentation des Volkes durch das Parlament formal gleichmäßig berücksichtigt werden müssen.[314] Wenn die Repräsentation vom Plenum in die Ausschüsse vorverlagert wird,[315] verlangen Demokratieprinzip und Wahlrechtsgleichheit, dass der Wählerwille dort ebenfalls möglichst exakt abgebildet wird.[316] Mit anderen Worten: die Erfolgswertgleichheit der Wählerstimmen[317] muss auch bei der Ausschussbesetzung gewahrt werden.

---

309 Grundlegend BVerfGE 80, 188, 222; 84, 304, 323, wo der Begriff „Grundsatz der Spiegelbildlichkeit“ erstmalig explizit vom Gericht erwähnt wird; 96, 264, 282; 112, 118, 133; siehe aus der Literatur statt vieler nur *Geis*, in: HStR III, 3. Auflage, § 54 Rn. 42.

310 BVerfGE 80, 188, 222; 112, 118, 133; H.-P. Schneider, in: FS 50 Jahre BVerfG, S. 625, 652 spricht von „wirklichkeitsnaher Reproduktion“, anstatt von „Spiegelbildlichkeit“.

311 Vgl. BVerfGE 70, 324, 363.

312 Ernst/Johnsen, ZParl 2005, 748, 749; vgl. auch *Kluth*, in: HStR III, 3. Auflage, § 60 Rn. 20; Möllers, Vermittlungsausschuss und Vermittlungsverfahren, JURA 2010, 401, 403.

313 In seinem Urteil BVerfGE 112, 118, 133 hat das Bundesverfassungsgericht den Spiegelbildlichkeitsgrundsatz aus „der in Art. 38 [Abs. 1] GG festgelegten Freiheit und Gleichheit des Abgeordnetenmandats“ hergeleitet; diese Herleitung haben Pfeil, S. 139 sowie Lang, NJW 2005, 189 übernommen.

314 Vgl. Birk, Gleichheit im Parlament, NJW 1988, 2521; 2523; Ernst/Johnsen, aaO; *Geis*, in: HStR III, 3. Auflage, § 54 Rn. 42.

315 BVerfGE 44, 308, 319; 70, 324, 363; 80, 188, 222; 84, 304, 323; siehe auch oben C. I. 2.

316 Ernst/Johnsen, ZParl 2005, 748, 761.

317 Vgl. dazu die sehr pointierten Ausführungen bei Pukelsheim, DÖV 2004, 405, 407.

Das Bundesverfassungsgericht hat den Spiegelbildlichkeitsgrundsatz zwar in mehreren Urteilen begründet bzw. gestärkt,[318] ihm gleichzeitig aber auch einige Grenzen gesetzt. So hat das Gericht in Fällen, in denen die entsprechenden Ausschussgrößen sowie das angewandte Zählverfahren zu einer Nichtberücksichtigung einzelner Fraktionen oder Gruppen (§ 10 Abs. 4 S. 1 GOBT) bei der Ausschussbesetzung führte, keine Verletzung des Spiegelbildlichkeitsgrundsatzes gesehen.[319] Zwei Verfassungsrichter haben diese Einschränkung des Spiegelbildlichkeitsgrundsatzes in ihren Sondervoten ebenso als verfassungswidrige Beschneidung der parlamentarischen Mitwirkungsrechte der Abgeordneten kritisiert wie einige Autoren.[320]

Neben dem Bundesverfassungsgericht hatte sich auch das Bundesverwaltungsgericht in einigen Entscheidungen mit dem Spiegelbildlichkeitsgrundsatz auseinanderzusetzen.[321] Dabei hatte es u.a. darüber zu befinden, ob ein Verstoß gegen den Spiegelbildlichkeitsgrundsatz vorliegt, wenn sich mehrere Fraktionen auf ein Verfahren bei der Ausschussbesetzung verständigen, das zu einer Unterrepräsentation einer anderen Fraktion in den Ausschüssen führt.[322] Das Bundesverwaltungsgericht hat einen Verstoß bejaht und damit deutlich gemacht, dass der Spiegelbildlichkeitsgrundsatz nicht zur Disposition der Fraktionen steht. Insofern kann davon gesprochen werden, dass auch das Bundesverwaltungsgericht den Spiegelbildlichkeitsgrundsatz gestärkt hat.[323]

Abschließend sei an dieser Stelle noch erwähnt, dass der Begriff „Spiegelbildlichkeit“ verschiedentlich als unzutreffend kritisiert wurde: eine „Spiegelbildlichkeit“ sei nämlich nur gegeben, wenn die Sitzverteilung im Plenum originalgetreu

318 Siehe die Nachweise in Fn. 309.

319 BVerfGE 70, 324, 364; 96, 264, 281.

320 Sondervoten der Verfassungsrichter *Mahrenholz* und *Böckenförde*, BVerfGE 70, 324, 366, 370 f., 380, 382 ff.; Dreier, JZ 1990, 310, 318 ff.; Edinger, S. 281, 286 f.; *Geis*, in: HStR III, 3. Auflage, § 54 Rn. 43; vermittelnd Tschermak von Seysenegg, S. 196, der einen Ausschusssitz mit lediglich beratender Stimme für die betreffende Fraktion bzw. Gruppe fordert; vgl. auch Birk, NJW 1988, 2521, 2524 f.; *Morlok*, in: Dreier, Bd. II, Art. 38 Rn. 171.

321 Z.B. BVerwG, Urteil vom 27. März 1992 – 7 C 20.91, BVerwGE 90, 104; Urteil vom 10. Dezember 2003 – 8 C 18.03, NWVBl. 2004, 184.

322 NWVBl. 2004, 184 ff.: Die Fraktionen von CDU, SPD, BÜNDNIS 90/DIE GRÜNEN und FDP hatten gemeinsame Wahlvorschläge für die Besetzung von Gemeinderatsausschüssen eingereicht, was bei Anwendung des *gesetzlich vorgesehen* Verfahrens nach *d'Hondt* dazu geführt hatte, dass den vier Fraktionen zehn der jeweils elf Sitze in den Ausschüssen zuteilwurden. Den jeweiligen elften Sitz hätte die fünfte im Gemeinderat vertretene Fraktion, bestehend aus den Vertretern einer Wählergemeinschaft und einem Einzelbewerber, erlangt. Ohne Einreichung eines gemeinsamen Wahlvorschlags hätte die Anwendung des *gesetzlich vorgesehenen d'Hondt*'schen Verfahrens dazu geführt, dass auf die vier genannten Fraktionen zusammen nur neun Sitze, auf die fünfte Fraktion hingegen zwei Sitze entfallen wären, wobei die FDP-Fraktion gar keinen Sitz erlangt hätte.

323 Zur Kritik an dem Urteil siehe Krüper, NWVBl. 2005, 97 ff.

in den Ausschüssen abgebildet werden würde. Dies sei jedoch nur möglich, wenn im Plenum und in den Ausschüssen die gleiche Anzahl an Sitzen zur Verfügung stehen würde. Da dies niemals der Fall sei, könne auch nie eine Spiegelbildlichkeit erreicht werden.[324] Auch wenn diese Kritik in ihrem Kern nachvollziehbar ist, wird der Begriff „Spiegelbildlichkeit" im Folgenden aufgrund seines höheren Wiedererkennungswertes verwandt werden.

bb) Mehrheitsprinzip

Ebenfalls von zentraler Bedeutung bei der Ausschussorganisation ist das Mehrheitsprinzip,[325] das seinen normativen Ausgangspunkt in Art. 42 Abs. 2 S. 1 GG hat. Diesem Prinzip zufolge muss sich die parlamentarische Regierungsmehrheit in den Ausschüssen wiederfinden, so dass sie sich auch bei dortigen Sachentscheidungen durchsetzen kann.[326] Dadurch können gleichgelagerte Beschlüsse in den Ausschüssen und im Plenum gefasst werden, was der Effektivität der Parlamentsarbeit dient.[327]

Um die Verwirklichung des Mehrheitsprinzips sicherzustellen und ein politisches Patt zwischen Regierung und Opposition zu vermeiden, verfügt der Bundestag über mehrere Handlungsalternativen. So kann er im Zweifelsfall die Anzahl der Ausschusssitze erhöhen.[328] Darüber hinaus kann dem Mehrheitsprinzip aber auch durch einen Wechsel des Zählverfahrens bei der Ausschussbesetzung Geltung verschafft werden. Letzteres folgt zumindest aus einem weiteren *Erst-recht-Schluss* zu dem Wechsel des Zählverfahrens bei der Besetzung der Bundestagsbank des Vermittlungsausschusses:[329] Wie bereits erwähnt, hatte das Bundesverfassungsgericht diesen Wechsel als „verfassungsrechtlich unbedenklich"[330], d.h. als auch den materiellen Anforderungen genügend, eingestuft. Wenn diese Maßgabe für den Vermittlungsausschuss als gemeinsames Unterorgan bzw. für einen Teil davon gilt,

---

324 So der Mathematiker Friedrich Pukelsheim während der öffentlichen Anhörung vor dem Bundestagsausschuss für Wahlprüfung, Immunität und Geschäftsordnung am 17. Februar 2005, siehe das entsprechende Wortprotokoll G 32, S. 28; vgl. auch Axer, S. 83; Kämmerer, NJW 2003, 1166, 1167, der aus diesem Grund vorschlägt, von „Ebenbildlichkeit" anstatt von „Spiegelbildlichkeit" zu sprechen; Meyer, Judex non calculat. Der Zweite Senat und die Besetzung des Vermittlungsausschusses, in: Kiesow/Ogorek/Simitis (Hrsg.), Summa: Dieter Simon zum 70. Geburtstag, Frankfurt am Main 2005, 405, 425 Fn. 73; Stein, NVwZ 2003, 557, 561.

325 Heun, Das Mehrheitsprinzip in der Demokratie: Grundlagen – Struktur – Begrenzungen, Berlin 1983, S. 148 f.; Vetter, S. 181 f.

326 Vgl. BVerfGE 112, 118, 140 f.; Magsaam, Mehrheit entscheidet: Ausgestaltung und Anwendung des Majoritätsprinzips im Verfassungsrecht des Bundes und der Länder, Berlin 2014, S. 223; Vetter, S. 52.

327 Vgl. Pfeil, S. 140; Stein, NVwZ 2003, 557, 561.

328 *Kluth*, in: HStR III, 3. Auflage, § 60 Rn. 20.

329 Siehe zu dem *Erst-recht-Schluss* auf *formeller Ebene* oben D. II. 1. b).

330 BVerfGE 96, 264, 283.

muss sie *erst recht* für die Bundestagausschüsse gelten, die alleinig dem Bundestagsplenum untergeordnet sind.

cc) Gleichbehandlungsgebot

Das letzte materielle Verfassungsprinzip, das bei der Ausschussorganisation beachtet werden muss, ist das Gleichbehandlungsgebot. Für den später zu erläuternden Reformvorschlag für die Organisationsregeln, der eine möglichst exakte Abbildung politischer Mehrheitsverhältnisse in repräsentativen Gremien ermöglichen soll, wird dieses Verfassungsprinzip von zentraler Bedeutung sein, denn vordergründig könnte man dem Reformvorschlag eine Verletzung des Gleichbehandlungsgebotes entgegenhalten.[331] Um später aufzeigen zu können, dass eine derartige Kritik nicht durchgreift, müssen Grundlagen und Reichweite des Gleichbehandlungsgebotes bei der Ausschussorganisation einer ausführlichen Betrachtung unterzogen werden.

(1) Die Gleichbehandlung aller Abgeordneten

Am Anfang dieser Betrachtung steht die wenig überraschende Erkenntnis, dass allen Mitgliedern des Bundestages aus Art. 38 Abs. 1 S. 2 GG grundsätzlich die gleichen Rechte und Pflichten zustehen.[332] Das Bundesverfassungsgericht begründete die Wichtigkeit der gleichen Mitwirkungsbefugnis aller Abgeordneten in den wenigen Entscheidungen, in denen es sich bis zum sog. *Wüppesahl*-Urteil[333] mit den Gleichheitsrechten der Abgeordneten auseinandergesetzt hatte, damit, dass sie Voraussetzung für die Repräsentation des Volkes durch das Parlament als Ganzem sei.[334]

(2) Das Spannungsverhältnis zu den Rechten der Fraktionen und Gruppen

Ungeachtet der grundsätzlich gleichen Mitwirkungsbefugnisse aller Abgeordneter war lange Zeit umstritten, in welchem Verhältnis die aus dem Gleichbehandlungsgebot

---

331 Siehe dazu unten D. V. 2. b).

332 BVerfGE 40, 296, 317 f.; Beschluss vom 10. Mai 1977 – 2 BvR 705/75, BVerfGE 44, 308, 316; Beschluss vom 24. März 1981 – 2 BvR 215/81, BVerfGE 56, 396, 405; BVerfGE 80, 188, 218; BVerfG, Urteil vom 16. Juli 1991 – 2 BvE 1/91, BVerfGE 84, 304; BVerfGE 96, 264, 278; grundlegend zum Gebot der Gleichbehandlung der Abgeordneten, insbesondere zur Herleitung seiner Rechtsgrundlage, welche nach h.M. in Art. 38 Abs. 1 S. 2 GG zu sehen ist: Abmeier, Die parlamentarischen Befugnisse des Abgeordneten des Deutschen Bundestages nach dem Grundgesetz, Berlin 1984, S. 219 ff.; siehe auch Häberle, Freiheit, Gleichheit und Öffentlichkeit des Abgeordnetenstatus, NJW 1976, 537, 538 f.; Hölscheidt, Die Ausschußmitgliedschaft fraktionsloser Bundestagsabgeordneter, DVBl. 1989, 291, 292; vgl. auch Kürschner, Die Statusrechte des fraktionslosen Abgeordneten, Berlin 1984, S. 136 f.

333 BVerfGE 80, 188.

334 BVerfGE 44, 308, 316; 56, 396, 405.

fließenden Beteiligungsrechte der Abgeordneten zu den Mitwirkungs- und Gestaltungsrechte der Fraktionen stehen.[335]

Die diesbezügliche Diskussion entzündete sich vor allem an der Frage, ob jeder einzelne Abgeordneten über einen Anspruch auf Mitgliedschaft in einem parlamentarischen Ausschuss verfüge, und, falls dies der Fall sein sollte, in welchem Umfang (Rede-, Antrags-, und/oder Stimmrecht) dieser bestünde. Eine Antwort auf diese Frage lässt sich jedenfalls – wie im Folgenden gezeigt werden wird – nur durch eine Abwägung der Abgeordnetenrechte mit den Fraktions- bzw. Gruppenrechten finden.

(a) Der Streitstand bis zur *Wüppesahl*-Entscheidung

Bis zur bereits erwähnten *Wüppesahl*-Entscheidung fanden sich einige Stimmen in der Literatur, die Art. 38 Abs. 1 S. 2 GG das Recht aller, d.h. auch fraktionsloser, Abgeordneten auf Mitwirkung in einem parlamentarischen Ausschuss entnehmen wollten. Dabei wurde teilweise auf das in Art. 38 Abs. 1 S. 2 GG wurzelnde Gebot der Gleichbehandlung aller Abgeordneten abgestellt, welches ein solches Recht vermitteln sollte.[336]

Im Zusammenhang mit dem Gleichbehandlungsgebot wurden weitere, funktionale und systematische, Argumente für ein Mitwirkungsrecht aller Abgeordneten in den Ausschüssen angeführt. So wurde aus der Funktion des Parlaments mitsamt seinen Abgeordneten gefolgert, dass die Mitwirkung in einem parlamentarischen Ausschuss die notwendige Grundlage dafür sei, dass der Abgeordnete seine verfassungsrechtlichen Kompetenzen vollumfänglich ausüben könne.[337] Dieses funktionale Argument konnte vor allem mit der Beobachtung, dass die eigentliche Parlamentsarbeit eine „Vorverlagerung“ in die Ausschüsse erfahren habe,[338] gestützt werden.

335 Eingehend zu der Abwägung zwischen Abgeordneten- und Fraktionsrechten Abmeier, S. 227 ff.

336 Hölscheidt, Der Haushaltsausschuß des Deutschen Bundestages, Rheinbreitbach 1988, S. 26 sowie DVBl. 1989 291, 292; Magiera, S. 146 f.; vgl. auch Morlok, Parlamentarisches Geschäftsordnungsrecht zwischen Abgeordnetenrechten und politischer Praxis – Zu-gleich zum Urteil des BVerfG vom 13.6.1989 – 2 BvE 1/88 –, JZ 1989, 1035, 1041; *ders.*, in: Dreier, Bd. II, Art. 38 Rn. 170, der auch nach dem Erlass der *Wüppesahl*-Entscheidung an seiner Forderung nach Mitwirkung von fraktionslosen Abgeordneten aufgrund des Gleichbehandlungsgebots festhält.

337 Steiger, S. 79, 125 f.; ob dieses funktionale Argument von Steiger aus einer – mangels Aussagekraft des Wortlauts – teleologischen Auslegung von Art. 38 Abs. 1 S. 2 GG gewonnen wurde (so die Bewertung von Schulze-Fielitz, Der Fraktionslose im Bundestag: Einer gegen alle?, DÖV 1989, 829, 830) oder unmittelbar den Statusrechten der Abgeordneten zu entnehmen ist (so die Einschätzung von Abmeier, S. 168), ist insbesondere in Anbetracht der Verankerung dieser Statusrechte in Art. 38 Abs. 1 S. 2 GG irrelevant.

338 Birk, NJW 1988, 2521, 2523; Hölscheidt, Haushaltsausschuß, S. 17 sowie DVBl. 1989, 291; jeweils unter Verweis auf BVerfGE 44, 308, 319 und BVerfGE 70, 324,

Für die Anerkennung eines Anspruchs des einzelnen Abgeordneten auf Mitwirkung in einem Parlamentsausschuss wurde ferner ein systematisches Argument ins Feld geführt: Aus § 10 Abs. 1 S. 1 GOBT ergebe sich, dass die Fraktionen vornehmlich ein freiwilliger Zusammenschluss einzelner Abgeordneter seien.[339] Das Recht der Fraktionen auf Chancengleichheit gegenüber anderen Fraktionen lasse sich daher dogmatisch aus den Gleichheitsrechten der Fraktionsmitglieder bzw. der Abgeordneten ableiten.[340] Folglich seien die Fraktionsrechte stets durch die Abgeordnetenrechte begrenzt.[341] Lege man eine derartige Abgrenzung der Abgeordnetenrechte zu den Fraktionsrechten zugrunde, so verfüge der einzelne Abgeordnete unabhängig von den Beteiligungs- und Gestaltungsrechten der Fraktionen über einen Anspruch auf Mitwirkung in einem Parlamentsausschuss.[342]

Infolge der Abgrenzung zu den Rechten „ihrer" Fraktion sollten die Rechte der Abgeordneten außerdem davor geschützt sein, nach ihrer Entsendung in einen Parlamentsausschuss (§ 57 Abs. 2 S. 1 GOBT) aus diesem gegen ihren Willen zurückgerufen zu werden.[343] Zur Begründung dieser Rückruffeindlichkeit wurde u.a. angeführt, dass ein Abgeordneter, der über keine Ausschussmitgliedschaft verfügt, innerhalb der eigenen Fraktion ein sehr geringes Gewicht besitzen würde, was es zur Verteidigung seiner Position gegenüber der Machtfülle der Fraktion bzw. der Partei zu verhindern gelte.[344]

Ungeachtet der unterschiedlichen Begründungen lässt sich festhalten, dass von einigen Autoren gefordert wurde, allen, d.h. auch fraktionslosen, Abgeordneten ein (rückruffeindliches) Mitwirkungsrecht in einem Parlamentsausschuss zuzusprechen. Vereinzelt wurde diese Forderung sogar dahingehend konkretisiert, dass

---

363; Kürschner, S. 116; vgl. auch Vetter, S. 83; *Grimm*, in: Schneider/Zeh, Parlamentsrecht, § 6 Rn. 31 f.

339 Hölscheidt, Haushaltsausschuß, S. 23 sowie DVBl. 1989, 291, 293; Kasten, Ausschußorganisation, S. 143 f.

340 Scherer, Fraktionsgleichheit und Geschäftsordnungskompetenz des Bundestages, AöR 112 (1987), 189, 201.

341 Hölscheidt, jeweils aaO.; Scherer, aaO.

342 Vgl. Hölscheidt, jeweils aaO; siehe zur Unabhängigkeit der Abgeordnetenrechte von den Fraktionsrechten auch schon die Ausführungen bei Hauenschild, Wesen und Rechtsnatur der parlamentarischen Fraktionen, Berlin 1968, S. 111, der ein „Mindestmaß an Mitwirkungsmöglichkeiten" für fraktionslose Abgeordnete im Parlament fordert.

343 Hölscheidt, Haushaltsausschuß, S. 27 ff. sowie DVBl. 1989, 291, 294 f.; Kasten, Ausschußorganisation, S. 185; Klein, Zur Rechtsstellung des Bundestagsabgeordneten als Ausschußmitglied, DÖV 1972, 329, 330; Kürschner, S. 138 mit vorheriger ausführlicher Darstellung des Streitstands über das Abberufungsrecht der Fraktionen ab S. 84 ff.; einschränkend Vetter, S. 88, der einen „Rückruf zum Zwecke der politischen Disziplinierung" für unzulässig hält, im Übrigen einen Rückruf aber bei Vorliegen eines sachlichen Grundes für möglich erachtet.

344 Klein, aaO; vgl. auch Friesenhahn, Parlament und Regierung im modernen Staat, VVDStRL 16 (1958), 9, 24.

dieses Mitwirkungsrecht in einer Ausschussmitarbeit mitsamt Stimmrecht bestehen sollte.[345]

Demgegenüber ging die herrschende Meinung davon aus, dass der komplette Ausschluss einzelner Abgeordneter von der Ausschussarbeit verfassungsrechtlich zulässig sei.[346] So sei ein Anspruch auf Mitwirkung in einem Ausschuss nicht aus dem Gleichbehandlungsgebot herzuleiten; dies könnte nur anders sein, wenn sich die Anzahl der Ausschusssitze mit der Anzahl der Abgeordnetensitze deckt.[347] Eine Ungleichbehandlung der Abgeordneten sei außerdem bereits dann gerechtfertigt, wenn sie der Sicherstellung der Funktionsfähigkeit und Effizienz des Parlaments diene.[348] Auch könne die Herleitung aus den Statusrechten der Abgeordneten (Art. 38 Abs. 1 S. 2 GG) nicht überzeugen: ein Anspruch auf Ausschussmitarbeit könne sich aus diesen Statusrechten nur dann ergeben, wenn eine Pflicht des Parlaments bestünde, die Ausschüsse so zuzuschneiden, dass insgesamt mindestens genauso viele Ausschuss- wie Parlamentssitze vorhanden sind.[349] Eine solche Pflicht lasse sich dem Grundgesetz jedoch nicht entnehmen.[350]

Der Minderheitenmeinung wurde außerdem entgegengehalten, dass die von ihr vorgenommene Abgrenzung der Abgeordnetenrechte gegenüber den Fraktionsrechten bereits in ihrem Ausgangspunkt unzutreffend sei. Die Fraktionen seien nämlich nur bei formeller Betrachtung ein *freiwilliger* Zusammenschluss von Abgeordneten. Tatsächlich folge die Fraktionszugehörigkeit der Parteizugehörigkeit nach, sodass die zukünftige Fraktionszugehörigkeit bereits vor einer Parlamentswahl feststehen würde.[351] Eine Beschränkung der Fraktionsrechte durch die Abgeordnetenrechte, so wie sie von der Minderheitenmeinung behauptet wurde, sei somit nicht begründbar.

---

345 So auch nach Erlass der *Wüppesahl*-Entscheidung Morlok, JZ 1989, 1035, 1041; *ders.*, in: Dreier, Bd. II, Art. 38 Rn. 170; aus der Zeit davor Kürschner, S. 139, der gleichwohl die Einschränkung macht, dass dem fraktionslosen Abgeordneten nur ein beratendes Stimmrecht im Ausschuss zuerkannt werden sollte, wenn dem uneingeschränkten Stimmrecht „erhebliche praktische Schwierigkeiten entgegenstünden, die zu einer Beeinträchtigung der Arbeits- und Funktionsfähigkeit des Parlaments führen würde."; Magiera, S. 147, der zwar die konkrete Forderung nach einem uneingeschränkten Stimmrecht aufstellt, sich aber paradoxerweise in der vorgelagerten Frage nach dem grundsätzlichen Bestehen eines Mitwirkungsrechts offensichtlich nicht eindeutig festlegen will (vgl. „[...] dürfte überhaupt unzulässig sein;").

346 Vgl. nur *Badura*, in: Schneider/Zeh, Parlamentsrecht, § 15 Rn. 57 und Schulze-Fielitz, DÖV 1989, 829, 831.

347 Abmeier, S. 168.

348 Kleffmann, S. 118.

349 Abmeier, S. 168 f.

350 Abmeier, S. 169.

351 Meyer, Das parlamentarische Regierungssystem des Grundgesetzes, Anlage – Erfahrungen – Zukunftseignung, VVDStRL 33 (1975), 69, 92, demzufolge die „Fraktionsgliederung [...] die Konsequenz der Parlamentswahl als Parteiwahl [ist]"; vgl. auch Kretschmer, S. 54; Schmidt, Chancengleichheit der Fraktionen unter dem Grundgesetz, Der Staat 9 (1970), 481, 495, der die Fraktion als „Partei im Parlament"

Des Weiteren folge aus einer Abgrenzung von Abgeordneten- und Fraktionsrechten kein Abberufungsverbot.[352] Vielmehr benannten die Fraktionen gemäß § 57 Abs. 2 S. 1 GOBT die Ausschussmitglieder. Spiegelbildlich dazu, gewissermaßen als *actus contrarius* zur Benennung, könnten sie die Ausschussmitglieder dann auch wieder abberufen.[353] Das Abberufungsrecht der Fraktionen folge zum einen daraus, dass die in einen Ausschuss entsandten Abgeordneten – entsprechend ihrer Eigenschaft als „Abgeordnete von Parteignaden"[354] – einer uneingeschränkten Loyalitätspflicht gegenüber ihren Fraktionen unterliegen würden.[355] Zum anderen hätten die Abgeordneten nach herrschender Ansicht keinen Anspruch auf Entsendung in einen *bestimmten* Parlamentsausschuss,[356] so dass sie konsequenterweise auch nicht über ein Recht auf Schutz vor Rückruf aus einem Ausschuss verfügten.[357]

Zusammenfassend lässt sich sagen, dass die Ausschussmitgliedschaft nach herrschender Ansicht einerseits zwangsläufig von der Zugehörigkeit zu einer Fraktion abhängig war, und andererseits in ihrem Bestand im Belieben der jeweiligen Fraktion stand.[358]

(b) Das *Wüppesahl*-Urteil

Eine verfassungsgerichtliche Klärung der skizzierten Auseinandersetzung in der Literatur erfolgte durch das vielbeachtete *Wüppesahl*-Urteil. Diesem lag ein Organstreitverfahren zwischen dem Bundestagsabgeordneten Thomas Wüppesahl und mehreren Antragsgegnern, u.a. dem Bundestag und der Fraktion DIE GRÜNEN,

---

bezeichnet; a.A. Linck, Fraktionsstatus und Ausübung parlamentarischer Rechte. Zur individuellen und kollektiven Gestaltung parlamentarischer Tätigkeit, DÖV 1975, 689, 692, der die Meinung vertritt, Partei und Fraktion seien aus *verfassungsrechtlichen* Gründen strikt voneinander zu trennen.

352 Meyer, VVDStRL 1975, 69, 93, 112; Sendler, Abhängigkeiten der unabhängigen Abgeordneten, NJW 1985, 1425, 1429; Stern, Staatsrecht, Bd. II, S. 103; Troßmann, JöR 28 (1979), 1, 96 f., 115; Weiler, Ausschußrückzug als verschleiertes imperatives Mandat?, Anmerkungen zu Hans H. Klein, DÖV 1972, 329 ff., DÖV 1973, 231, 232 f.; vgl. auch die Darstellung bei Kürschner, S. 87 ff.

353 Kretschmer, S. 64; Morlok, JZ 1989, 1035, 1042; *ders.*, in: Dreier, Bd. II, Art. 38 Rn. 194; Stern, aaO; vgl. auch Troßmann, Parlamentsrecht, § 68 Rn. 6; für eine umfassende Auseinandersetzung mit dem möglichen Ausschussrückruf durch die Fraktionen als *actus contrarius* zur Entsendung in den Ausschuss siehe Kasten, Ausschußorganisation, S. 167 ff., insb. S. 185, 188, der ebenso wie Hölscheidt, Haushaltsausschuß, S. 29 f. sowie DVBl. 1989, 291, 295 und Klein, DÖV 1972, 329, 330 einen Rückruf des Abgeordneten gegen dessen Willen allerdings nur nach dessen Ausschluss oder Austritt aus der Fraktion für zulässig hält.

354 Meyer, VVDStRL 33 (1975), 69, 93.

355 Troßmann, JöR 28 (1979), 1, 96 f.; vgl. auch Frost, AöR 95 (1970), 38, 58.

356 Kasten, Ausschußorganisation, S. 173.

357 Dazu eingehend Weiler, aaO.

358 Vgl. F. Schäfer, S. 110.

zugrunde. Der Abgeordnete Wüppesahl war aus der Fraktion DIE GRÜNEN ausgeschlossen und anschließend von dieser aus denjenigen Bundestagsausschüssen abberufen worden, in denen er Mitglied gewesen war. Im Organstreitverfahren begehrte er u.a. die verfassungsgerichtliche Feststellung, dass die Vorschriften der §§ 12, 57 Abs. 1, 2 GOBT, gemäß derer sich die Anzahl der Ausschussmitglieder nach der Stärke der Fraktionen richtet und diese die Mitglieder in die Ausschüsse entsenden, gegen Art. 38 Abs. 1 S. 2 GG sowie den strengen Gleichheitssatz verstoßen.[359] Die gleiche Feststellung begehrte er in Bezug auf seine Abberufung aus den Bundestagsausschüssen.[360]

In seiner Entscheidung hat das Gericht zunächst ebenfalls die Bedeutung der Gleichbehandlung aller Abgeordneten betont.[361] Sodann unterstrich das Gericht die Wichtigkeit parlamentarischer Ausschüsse für den parlamentarischen Entscheidungsprozess.[362]

Die nachfolgende verfassungsrechtliche Überprüfung der angegriffenen Regelungen der §§ 12, 57 Abs. 1, 2 GOBT führte zu differenzierten Ergebnissen. Die Regelung des § 12 S. 1 GOBT, welche die proportionale Ausschussbesetzung nach Fraktionsstärken anordnet, diente nach Dafürhalten des Gerichts der Verwirklichung des Spiegelbildlichkeitsgrundsatzes und wurde somit als mit Art. 38 Abs. 1 S. 2 GG vereinbar angesehen.[363] Das in § 57 Abs. 2 verankerte exklusive Benennungsrecht der Fraktionen bei der Ausschussbesetzung wurde jedoch – bei gleichzeitiger Betonung der Bedeutung der Fraktionen für den parlamentarischen Willensbildungsprozess – teilweise für verfassungswidrig erklärt.[364] Durch die Vorschrift würden fraktionslose Abgeordnete faktisch[365] komplett von der Ausschussmitarbeit ausgeschlossen werden. Dieser Ausschluss sei jedenfalls dann verfassungswidrig, wenn genügend Ausschusssitze für alle Abgeordneten zur Verfügung stünden.[366] Demnach forderte das Bundesverfassungsgericht ein generelles Mitwirkungsrecht aller Abgeordneten

359 Siehe oben D. II. 1. c) cc) (1) Fn. 332 zur Herleitung von Art. 38 Abs. 1 S. 2 GG als Rechtsgrundlage des strengen Gleichheitssatzes in Bezug auf Abgeordnete, weshalb die Rüge der Verletzung von Art. 38 Abs. 1 S. 2 GG *und* des strengen Gleichheitssatzes bei Zugrundelegung der herrschenden Ansicht unter dogmatischen Gesichtspunkten eine Redundanz darstellt.

360 Zu den Einzelheiten der Anträge siehe BVerfGE 80, 188, 190 ff.

361 BVerfGE 80, 188, 218.

362 BVerfGE 80, 188, 221 f.

363 BVerfGE 80, 188, 222.

364 BVerfGE 80, 188, 223.

365 Das Bundesverfassungsgericht, aaO, führt zwar an, dass die Fraktionen gemäß § 57 Abs. 2 GOBT einen fraktionslosen Abgeordneten benennen können, räumt sogleich aber ein, dass sie sich in aller Regel durch ihnen angehörende Abgeordnete vertreten lassen wollen.

366 Was vorliegend der Fall war: 519 Abgeordneten standen 582 Ausschusssitze zur Verfügung, siehe BVerfGE, 80, 188, 223 f.

in einem Parlamentsausschuss und befand sich so in Einklang mit der bisherigen Minderheitenmeinung in der Literatur.

Dieses Mitwirkungsrecht konturierte das Bundesverfassungsgericht in seiner Entscheidung dergestalt, dass es fraktionslosen Abgeordneten zwar ein Antrags- und Rederecht, aber kein Stimmrecht im Ausschuss einräumte.[367] Zur Begründung führte das Gericht an, dass ein Stimmrecht eines fraktionslosen Abgeordneten stets überproportional wirken würde.[368] Die damit einhergehende Verletzung des Spiegelbildlichkeitsgrundsatzes könnte dann jedoch nur durch eine Änderung der Ausschusszusammensetzung verhindert werden, worauf „der Bundestag nicht von Verfassungs wegen verwiesen sein [kann]".[369] Außerdem stellte das Bundesverfassungsgericht klar, dass das Mitwirkungsrecht eines fraktionslosen Abgeordneten im Ausschuss nicht die freie Wahl des konkreten Ausschusses umfasst.[370] Diese Entscheidung habe vielmehr der Bundestag oder eines seiner Organe, wie z.B. das Präsidium oder der Ältestenrat, – unter angemessener Berücksichtigung der Interessen und Qualifikationen des Abgeordneten – zu treffen.[371]

Als Ergebnis der *Wüppesahl*-Entscheidung kann also festgehalten werden: jedem Abgeordneten muss ein Mitgliedschafts-, Rede- und Antragsrecht in einem Parlamentsausschuss zugestanden werden, sofern ausreichend Ausschusssitze für alle Abgeordneten vorhanden sind. Ein Stimmrecht ist hingegen – jedenfalls für fraktionslose Abgeordnete – nicht erforderlich.[372] In Umsetzung dieser Vorgaben bestimmt nunmehr auch § 57 Abs. 2 S. 2 GOBT, dass fraktionslose Abgeordnete vom Bundestagspräsidenten als beratende Ausschussmitglieder benannt werden.[373]

(c) Die Fortführung von *Wüppesahl*: *PDS I* und *PDS II*

Einige zentrale Aussagen des *Wüppesahl*-Urteils wurden vom Bundesverfassungsgericht in zwei weiteren Entscheidungen, die jeweils die Abgeordneten der PDS

367 BVerfGE 80, 188, 224 ff.; kritisch dazu Morlok, JZ 1989, 1035, 1041.

368 BVerfGE 80, 188, 224.

369 BVerfGE 80, 188, 225.

370 BVerfGE 80, 188, 226.

371 BVerfGE, aaO.

372 So bereits Steiger, S. 79, 126 Fn. 82; siehe jedoch auch die Sondervoten des Richters Mahrenholz, BVerfGE 80, 188, 235 ff., der die Einräumung eines Stimmrechts für verfassungsrechtlich geboten hält sowie des Richters Kruis, BVerfGE 80, 188, 241 ff., der im Gegensatz dazu bereits ein Mitgliedschaftsrecht für entbehrlich erachtet. Eine weitergehende Auseinandersetzung mit dem *Wüppesahl*-Urteil und der Frage nach seinem Einklang mit verfassungsrechtlichen Vorgaben soll an dieser Stelle nicht erfolgen; vgl. dazu nur Schulze-Fielitz, DÖV 1989, 829 ff.; siehe aber unten D. V. für den Vorschlag zur Reformierung der Besetzungs- und Abstimmungsregeln in repräsentativen Organen, der u.a. auch den Problemkomplex um die Mitwirkungsrechte fraktionsloser Abgeordneter in Parlamentsausschüssen einer Lösung zuführt.

373 Roll, GOBT, § 57 Rn. 1.

betrafen, fortgeführt und präzisiert. In den sogenannten *PDS-I-*[374] und *PDS-II-*[375]Entscheidungen musste das Gericht abermals die Rechte parlamentarischer Kollektive verfassungsrechtlich konturieren. Dabei wurden diverse Grundsätze der *Wüppesahl*-Rechtsprechung auf parlamentarische Gruppen im Sinne des § 10 Abs. 4 GOBT ausgedehnt.

So betonte das Bundesverfassungsgericht im Ausgangspunkt zunächst die Bedeutung der Gleichbehandlung aller Abgeordneten[376] und die Rolle der Fraktionen für die Arbeitsweise des Bundestages.[377]

Anschließend traf das Gericht eine Klarstellung, die im Kern eine Gleichstellung der parlamentarischen Gruppen (§ 10 Abs. 4 GOBT) mit den Fraktionen bei der Ausschussbesetzung bedeutet. Die wesentlichen Feststellungen des Bundesverfassungsgerichts waren die Folgenden:

Abgeordnete mit Gruppenzugehörigkeit (§ 10 Abs. 4 GOBT) müssen bei der Vergabe der Ausschusssitze berücksichtigt werden, sofern bei gegebenen Ausschussgrößen und dem angewandten Zählverfahren Ausschusssitze auf sie entfallen würden.[378] Soweit Abgeordneten mit Gruppenzugehörigkeit nach dieser Maßgabe ein Ausschusssitz zuteilwird, haben sie im Ausschuss die gleichen Rechte wie Abgeordnete mit Fraktionszugehörigkeit, nämlich volles Rede-, Antrags- und Stimmrecht.[379]

Diese Klarstellungen bedeuteten zunächst eine Erweiterung der Rechte parlamentarischer Gruppen im Sinne des § 10 Abs. 4 GOBT. Das Bundesverfassungsgericht legte aber zugleich auch die Grenzen der Rechte parlamentarischer Gruppen bei der Ausschussorganisation fest. So führte das Gericht einmal mehr aus, dass das parlamentarische Gleichbehandlungsgebot nur innerhalb der Grenzen gelten könne, die vom Spiegelbildlichkeitsgrundsatz und vom Mehrheitsprinzip vorgegeben würden. Demnach sei es in „sachlich begründeten Fällen [...] dem Bundestag unbenommen [...]“, Ausschussgrößen und anzuwendendes Zählverfahren festzulegen, die dazu führten, dass eine Fraktion oder eine parlamentarische Gruppe bei der Ausschussbesetzung gänzlich unberücksichtigt bliebe.[380] Mit dieser Grenzziehung erteilte das Bundesverfassungsgericht all jenen Stimmen in der Literatur eine klare Absage, die jedenfalls für Fraktionen ein Grundmandat in allen Ausschüssen gefordert hatten.[381]

374 BVerfGE 84, 304 ff.; auf eine Wiedergabe des zugrundeliegenden Sachverhalts und der Anträge wird hier, ebenso wie beim *PDS-II*-Urteil, verzichtet.

375 BVerfGE 96, 264 ff.

376 BVerfGE 84, 304, 321; 96, 264, 278.

377 BVerfGE 84, 304, 322.

378 BVerfGE 84, 304, 323 f.

379 BVerfGE 84, 304, 324.

380 BVerfGE 96, 264, 281 mit Verweis auf BVerfGE 70, 324, 364.

381 So z.B. Dreier, JZ 1990, 310, 318 ff.; Edinger, S. 281, 286 f.; *Geis*, in: HStR III, 3. Auflage, § 54 Rn. 43; Hölscheidt, Das Recht der Parlamentsfraktionen, Rheinbreitbach 2001, S. 345; *Meyer*, in: Schneider/Zeh, Parlamentsrecht, § 4 Rn. 109; Schmidt, Der Staat 9 (1970), 481, 496; Steiger, S. 125 f.; siehe auch die Sondervoten der Verfassungsrichter *Mahrenholz* und *Böckenförde*, BVerfGE 70, 324, 366, 370 f., 380,

(d) Zwischenergebnis

Alle Abgeordneten sind gleich, aber die Fraktionen und parlamentarischen Gruppen sind gleicher!

Mit diesem Ausspruch lassen sich die zentralen Aussagen des Bundesverfassungsgerichts in den *Wüppesahl-*, *PDS-I* und *PDS-II*-Entscheidungen[382] wohl am deutlichsten zusammenfassen. Das Gericht hat deutlich gemacht, dass die aus dem Gleichheitssatz fließenden Rechte parlamentarischer Kollektive bei der Besetzung parlamentarischer Ausschüsse von größerer Bedeutung sind als die Gleichbehandlung der einzelnen Abgeordneten.

Es darf jedoch nicht verkannt werden, dass eine gänzliche Nichtberücksichtigung einzelner parlamentarischer Kollektive bei der Ausschussbesetzung nach der Rechtsprechung des Bundesverfassungsgerichtes zulässig ist. Abgesehen davon, dass für eine solche Nichtberücksichtigung das Vorliegen eines sachlich begründeten Falles vorausgesetzt wird, kann sie eigenmächtig vom Parlament bzw. der Parlamentsmehrheit herbeigeführt werden. Die Gefahr, nicht in einem Ausschuss vertreten zu sein, ist umso größer, je weniger Mitglieder eine Fraktion oder parlamentarische Gruppe hat und je kleiner ein zu besetzender Ausschuss ist. Aufgrund ihrer geringeren Mitgliederzahl sind parlamentarische Gruppen dieser Gefahr naturgemäß eher ausgesetzt als Fraktionen.

Folglich kann nach alledem von einer „Gleichbehandlungshierarchie" bei der Besetzung parlamentarischer Ausschüsse gesprochen werden: An der Spitze stehen die Fraktionen, deren Mitwirkung in parlamentarischen Ausschüssen vom Bundesverfassungsgericht oberste Priorität eingeräumt wird. Dahinter folgen die parlamentarischen Gruppen, die sich nach der verfassungsgerichtlichen Rechtsprechung stärker als Fraktionen mit der Gefahr konfrontiert sehen, bei der Ausschussbesetzung unberücksichtigt zu bleiben. Zu guter Letzt reihen sich die einzelnen Abgeordneten in die Hierarchie ein, da ihnen zwar ein grundsätzliches Mitwirkungsrecht in parlamentarischen Ausschüssen zugestanden wird, dieses allerdings vor allem mit Blick auf den Stimmrechtsausschluss eingeschränkt ist.

d) Funktionelle Anforderungen

Neben den formellen und materiellen Anforderungen, die allesamt juristischer Natur sind, müssen die Organisationsregeln der Bundestagsausschüsse auch noch

---

382 ff.; vermittelnd Tschermak von Seysenegg, S. 196, der einen Ausschusssitz mit lediglich beratender Stimme für die betreffende Fraktion bzw. Gruppe fordert; vgl. auch *Morlok*, in: Dreier, Bd. II, Art. 38 Rn. 171.

382 Da in den genannten Entscheidungen die Diskussion um die Reichweite der Abgeordnetenrechte in Abgrenzung zu den Fraktions- und Gruppenrechten bei der Ausschussbesetzung verfassungsgerichtlich geklärt wurde, müssen die vor diesen Urteilen abgegebenen Stellungnahmen in der Literatur zu diesem Problemkomplex, wie etwa von Abmeier, S. 219 ff.; Hauenschild, S. 111; Magiera, S. 147 und Steiger, S. 79, 125 f., als überholt angesehen werden.

funktionellen Anforderungen genügen. Die funktionellen Anforderungen sind politischer Natur. Dies steht ihrer Beachtung im Regelungsbereich des Parlamentsrechts aufgrund des hier vorherrschenden Zusammenspiels von rechtlichen Vorgaben und politischer Praxis[383] jedoch nicht entgegen.

Die Anforderungen an die Organisationsregeln, welche die Funktionsfähigkeit der Ausschüsse gewährleisten sollen und deshalb in diesem Zusammenhang genannt werden müssen, sind das Gebot der Übersichtlichkeit und Verständlichkeit.[384] Die Besetzungs- und Abstimmungsregeln dürfen demnach keine übermäßig komplexen Bestimmungen enthalten, die eine Entscheidungsfindung innerhalb der Ausschüsse erschweren oder gar unmöglich machen. Letztlich stellt das Gebot der Übersichtlichkeit und Verständlichkeit dadurch einerseits die Effektivität *der Ausschussarbeit* sicher.[385] Andererseits trägt es dafür Sorge, dass Besetzungs- und Abstimmungsprocedere innerhalb der Ausschüsse auf nachvollziehbare Weise vonstattengehen.

Als funktionelle Anforderung, die an die Organisationsregeln *der Ausschüsse* zu stellen ist, darf das Gebot der Übersichtlichkeit und Verständlichkeit *innerhalb der Ausschüsse* nicht mit der Effektivität *der Plenararbeit* verwechselt werden. Letztere wird mit Blick auf die Organisationsregeln vielmehr dadurch gefördert, dass das Mehrheitsprinzip bei der Ausschussorganisation angemessen berücksichtigt wird, so dass sich die Parlamentsmehrheit bereits bei der sachlichen Vorbereitung der Plenarbeschlüsse durchsetzen kann.[386]

Im Übrigen spielen das Mehrheitsprinzip und die anderen materiellen Anforderungen im Vergleich mit den funktionellen Anforderungen eine gewichtigere Rolle, weil letztere gegenüber ersteren als „stärker vernachlässigbar" angesehen werden.[387]

2. Bundesratsausschüsse

Ebenso wie bezüglich der Bundestagsausschüsse sollen auch für die Bundesratsausschüsse zunächst Genese und Status quo ihrer Organisationsregeln und anschließend die an diese zu stellenden formellen und materiellen Anforderungen erörtert werden. Dabei wird deutlich werden, dass sich die Organisationsregeln der Bundesrats*ausschüsse* signifikant von den korrespondierenden Regeln im Bundesrats*plenum* unterscheiden.

a) Genese und Status quo

Es werden auch für die Bundesratsausschüsse zunächst Genese und Status quo der Besetzungs- und anschließend die der Abstimmungsregeln dargestellt.

383 Siehe dazu oben B.
384 Vgl. Ernst/Johnsen, ZParl 2005, 748, 761.
385 Vgl. Achterberg, Parlamentsrecht, S. 142; Vetter, S. 174 f.
386 Siehe oben D. II. 1. c) bb).
387 Ernst/Johnsen, ZParl 2005, 748, 761.

aa) Besetzungsregeln

Die unterschiedliche Regelungslage zwischen Plenum und Ausschüssen zeigt sich zunächst bei den Besetzungsregeln, die wiederum drei Stufen umfassen.

Die Festlegung der *Mitgliederzahl* und der *anteiligen Sitzverteilung* im Bundesrats*plenum* erfolgt gemäß Art. 51 Abs. 3 S. 1 GG in Abhängigkeit von den auf die Bundesländer entfallenden Stimmen. Somit folgen die ersten beiden Stufen der Besetzungsregeln den Regeln zum Stimmgewicht erstaunlicherweise nach.[388] Die Stimmenanzahl der einzelnen Bundesländer im Bundesrats*plenum* bemisst sich wiederum gemäß Art. 51 Abs. 2 GG nach den Einwohnerzahlen. Sie reicht von drei bis sechs Stimmen pro Bundesland, was derzeit zu einer Gesamtstimmen- bzw. -Mitgliederzahl von 69 führt.[389] Im Bundesrats*plenum* gilt demnach eine *gewichtete Sitzverteilung* bzw. ein *gewichtetes Mehrheitsprinzip* bei den Abstimmungen, was in Einklang mit der deutschen Verfassungstradition steht.[390] Dadurch soll ein Ausgleich zwischen „der „föderativen" Forderung nach Gleichbehandlung der Länder und dem „demokratischen" Ideal einer arithmetisch exakten Repräsentation der Bevölkerung" geschaffen werden.[391]

Seine Ausschüsse *bildet* der Bundesrat gemäß § 11 Abs. 1 GOBR durch Plenarbeschluss,[392] für den das erwähnte gewichtete Mehrheitsprinzip (Art. 51 Abs. 2, 3 GG, 52 Abs. 3 S. 1 GG, § 27 GOBR) gilt.[393] Gleiches gilt mangels anderslautender Bestimmung im Grundgesetz[394] oder in der GOBR auch für die Abstimmungen über die Festsetzung der *Mitgliederzahl* der Bundesratsausschüsse (1. Stufe der Besetzungsregeln) und über die dortige *anteilige Sitzverteilung* (2. Stufe), die beide Bestandteile der *Errichtungs*regeln sind.[395] Der Bundesrat hat kraft seiner *Errichtungs*kompetenz in § 11 Abs. 2 GOBR festgelegt, dass sowohl die Festlegung der *Mitgliederzahl* als auch die *anteilige Sitzverteilung* – im Kontrast zu den Regeln für

---

388 Vgl. Reuter, Art. 51 GG Rn. 32.

389 http://www.bundesrat.de/DE/bundesrat/verteilung/verteilung-node.html, zuletzt abgerufen am 30. September 2015.

390 Reuter, Art. 51 GG Rn. 33; vgl. auch Scholl, Der Bundesrat in der deutschen Verfassungsentwicklung: Reichsverfassung von 1871 und Grundgesetz, Berlin 1982, S. 45 ff.

391 Reuter, aaO.

392 Siehe oben C. I. 1. b).

393 Lechner/Hülshoff, S. 277.

394 Art. 51 Abs. 2, 3 GG gilt nicht für die Bundesratsausschüsse, vgl. Deecke, Verfassungsrechtliche Anforderungen an die Stimmenverteilung im Bundesrat, Berlin 1998, S. 26.

395 Letztmalig wurde eine Änderung der GOBR (u.a. Reduzierung der Anzahl an Bundesratsvizepräsidenten von drei auf zwei) gemäß Art. 52 Abs. 3 S. 2 GG am 8. Juni 2007 beschlossen, Stenografischer Bericht der 834. Sitzung des Bundesrates, S. 177 sowie BR-Drucks. 310/07; bekanntgemacht wurde die geänderte GOBR am 14. Juni 2007 im BGBl. 2007 I, S. 1057.

das Bundesrats*plenum*[396] – dem *Staatenprinzip* gehorchen: jedes Bundesland verfügt über einen Vertreter in den Bundesratsausschüssen, welche dann jeweils über 16 Mitglieder verfügen.

Dies führt zu einer Prinzipiendiskrepanz zwischen *Abstimmungsprinzip* und *Beschlussinhalt.* Auf der einen Seite findet sich das bei der Abstimmung angewandte *gewichtete Mehrheitsprinzip* (Art. 51 Abs. 2, 3 GG, 52 Abs. 3 S. 1 GG, § 27 GOBR), auf der anderen Seite das per Beschluss für die Ausschussbesetzung in § 11 Abs. 2 GOBR festgelegte *Staatenprinzip.*

Die Prinzipiendiskrepanz zwischen dem *gewichteten Mehrheitsprinzip* im Rahmen der Abstimmung und dem *Staatenprinzip* bei der Besetzung der Bundesratsausschüsse kann gleichwohl problemlos hingenommen werden. Schließlich könnte der Bundesrat jederzeit kraft seiner Geschäftsordnungskompetenz das *Abstimmungsprinzip* dem *Beschlussinhalt* anpassen. Dafür müsste er einfach bestimmen, dass bei der Abstimmung über die Besetzungsregeln das Staatenprinzip anstelle des gewichteten Mehrheitsprinzips Anwendung findet.[397] Umgekehrt könnte er ebenso den *Beschlussinhalt* dem *Abstimmungsprinzip* anpassen, indem er § 11 Abs. 2 GOBR dahingehend ändert, dass die Fachausschüsse unter Anwendung des gewichteten Mehrheitsprinzips, und nicht des Staatenprinzips, besetzt werden.[398]

Die abschließende *Einrichtung* der Ausschüsse erfolgt unmittelbar qua Berufung der Ausschussmitglieder durch die Bundesländer (vgl. § 11 Abs. 2, 3 GOBR).

bb) Abstimmungsregeln

In den Bundesratsausschüssen gelten folgende Abstimmungsregeln:

Jedes Mitglied bzw. Bundesland verfügt gemäß § 42 Abs. 2 GOBR über eine Stimme. Im Unterschied zu den Bundestagsausschüssen ist das Stimmgewicht demnach explizit geregelt. Dies ist vor allem deshalb plausibel, weil im Bundesrats*plenum* das gewichtete Mehrheitsprinzip (Art. 51 Abs. 2, 3 GG, 52 Abs. 3 S. 1 GG, § 27 GOBR) gilt.

Die Abstimmung erfolgt gemäß § 42 Abs. 3 GOBR mit einfacher Mehrheit. Es findet sich zwar keine Aussage in der GOBR dazu, ob Stimmengleichheit zur Ablehnung des entsprechenden Antrags führt. Allerdings ist dieses denknotwendigerweise anzunehmen, da anderenfalls gerade keine Mehrheit im Sinne des § 42 Abs. 3 GOBR vorliegt.[399]

Ob Enthaltungen bei der Ermittlung des Stimmergebnisses mitgezählt werden oder nicht, ist ebenfalls nicht explizit in der GOBT geregelt. Dessen ungeachtet entspricht

---

396 Diesen Umstand betont H. Schäfer, Der Bundesrat, S. 56.

397 Siehe grundlegend zur Festlegung der Regelung zur inneren Organisation von Parlamentsausschüssen kraft Geschäftsordnungskompetenz' oben C. I. 1. b).

398 Die Besetzung der Ausschüsse nach dem gewichteten Mehrheitsprinzip erscheint allerdings fernliegend, da dies auf eine Besetzung mit sämtlichen Mitgliedern des Bundesrates hinausliefe.

399 Reuter, § 42 GOBR Rn. 9.

es auch in den Bundesratsausschüssen der gängigen Praxis, Stimmenthaltungen – in Einklang mit dem „herkömmlichen deutschen Staatsrecht" – nicht mitzuzählen.[400]

b) Formelle Anforderungen

Genauso wie die Festlegung der Besetzungsregeln der Ausschüsse des Bundestages von dessen *Errichtungs*kompetenz abgedeckt wird, gilt dies auch für den Bundesrat und seine Ausschüsse (vgl. § 11 Abs. 2 GOBR). Hieran kann kein Zweifel bestehen.

c) Materielle Anforderungen

Grundsätzlich muss man an die Organisationsregeln der Bundesratsausschüsse die gleichen materiellen Anforderungen stellen wie an die der Bundestagsausschüsse, da es sich in beiden Fällen nach hiesigem Begriffsverständnis um parlamentarische Fachausschüsse handelt.[401] Die derzeit geltenden Organisationsregeln der Bundesratsausschüsse verhindern allerdings, dass Spiegelbildlichkeitsgrundsatz, Mehrheitsprinzip und Gleichbehandlungsgebot in den Ausschüssen verwirklicht werden können. Dies liegt daran, dass die Organisationsregeln des Bundesrats*plenums* dem gewichteten Mehrheitsprinzip (Art. 51 Abs. 2, 3 GG, 52 Abs. 3 S. 1 GG, § 27 GOBR) gehorchen, während in den Bundesrats*ausschüssen* das Staatenprinzip (§§ 11 Abs. 2, 42 Abs. 2 GOBR) gilt.[402]

Die Kräfteverhältnisse im Plenum werden auf diese Weise nicht *spiegelbildlich* in den Ausschüssen abgebildet.[403] Die fehlende Umsetzung des Spiegelbildlichkeitsgrundsatzes ist umso misslicher, als dass dieser der u.a. Wahrung der Wahlrechtsgleichheit dient.[404] Bereits im Plenum des Bundesrates haben die in den Landtagswahlen abgegebenen Wählerstimmen aufgrund der „groben" Stimmrechts- und Sitzabstufung gemäß Art. 51 Abs. 2, 3 GG, 52 Abs. 3 S. 1 GG, § 27 GOBR ein unterschiedliches Gewicht. Die dadurch hervorgerufene Missachtung der Wahlrechtsgleichheit wird dann durch die fehlende Spiegelbildlichkeit in den Ausschüssen noch zusätzlich verstärkt.

Des Weiteren finden sich die politischen *Mehrheitsverhältnisse* des Plenums nicht zwangsläufig in den Ausschüssen wieder. Vielmehr ist dies in aller Regel nur dann der Fall, wenn ein politisches „Lager" sowohl die relative Mehrheit, d.h. die Mehrheit der Stimmen nach dem gewichteten Mehrheitsprinzip, als auch die absolute Mehrheit, d.h. die Mehrheit der Stimmen nach dem Staatenprinzip, auf sich vereinigen kann.[405] Schließlich führt das Staatenprinzip in den Ausschüssen zwar zu einer

400 Reuter, aaO.
401 Siehe dazu oben C. I.
402 Siehe soeben oben D. II. 2. a).
403 So auch Reuter, § 42 GOBR Rn. 8.
404 Siehe dazu oben D. II. 1. c) aa).
405 Zum abgestimmten Gruppenverhalten entlang der politischen Lager im Bundesrat siehe unten D. IV. 1. a).

Gleichbehandlung der Ländervertreter *innerhalb* der Ausschüsse. Vergleicht man jedoch die Situation im Bundesratsplenum mit derjenigen in den Bundesratsausschüssen, werden die Länder, die gemäß Art. 51 Abs. 2, 3 GG, 52 Abs. 3 S. 1 GG, § 27 GOBR über relativ wenig Mitglieder und Stimmen im Plenum verfügen, gegenüber den vergleichsweise mitglieder- und stimmenstarken Länder übervorteilt. Insofern kann von einer Gleichbehandlung keine Rede sein.

Vor allem mit Blick auf die fehlende Spiegelbildlichkeit finden sich dann auch Forderungen, diesem vermeintlichen Missstand durch eine Übertragung der Abstimmungsregeln des Plenums auf die Ausschüsse unter gleichzeitiger Beibehaltung der Besetzungsregeln zu begegnen.[406] In diesem Fall würde jedes Bundesland nach wie vor einen Vertreter in jeden Ausschuss entsenden (§ 11 Abs. 2 GOBR), wo die Ländervertreter über die aus Art. 51 Abs. 2, 3 GG, 52 Abs. 3 S. 1 GG, § 27 GOBR folgende Stimmenanzahl verfügen würde. Dies würde zwar zu einer Ungleichbehandlung der Ländervertreter *innerhalb* der Ausschüsse führen. Allerdings würde bei einem Vergleich der Regelungssituation im Plenum mit derjenigen in den Ausschüssen kein Land gegenüber einem anderen übervorteilt bzw. benachteiligt. Unter diesem Gesichtspunkt wäre eine Gleichbehandlung der Länder ebenso gewährleistet wie die Transformation der Mehrheitsverhältnisse des Plenums in die Ausschüsse.

d) Funktionelle Anforderungen

Hinsichtlich der funktionellen Anforderungen, die an die Organisationsregeln der Bundesratsausschüsse gestellt werden müssen, gilt das Gleiche wie für die Organisationsregeln der Bundestagsausschüsse:[407] Sie müssen dem Gebot der Übersichtlichkeit und Verständlichkeit entsprechen, wodurch die Effektivität *der Ausschussarbeit* (nicht: *der Plenararbeit*) gewährleistet werden soll; und sie sind gegenüber den materiellen Anforderungen nachrangig.

3. Landtagsausschüsse

Die Organisationsregeln der Landtagsausschüsse sind im Unterschied zu denen der Bundestags- und Bundesratsausschüsse in weiten Teilen kodifiziert.

So ist die *Mitgliederzahl* der Ausschüsse derzeit in vier Bundesländern in der jeweiligen Landesparlamentsgeschäftsordnung festgeschrieben.[408] Im Übrigen wird

---

406 Laufer, Das föderative System der Bundesrepublik Deutschland, Bonn 1992, S. 229 f.; vgl. auch Deecke, S. 27.

407 Siehe dazu oben D. II. 1. d).

408 § 11 Abs. 1 GOLT-Nds; § 72 Abs. 1 S. 1, 2 GOLT-Rh-Pfl; § 12 Abs. 1 S. 1 GOLT-Sachs-Anh; § 13 Abs. 1 GOLT-Schl-Holst.

die *Mitgliederzahl* durch die Parlamente per Plenarbeschluss kraft ihrer Geschäftsordnungskompetenz festgelegt.[409]

Auch hinsichtlich der *anteiligen Sitzverteilung* ist die Regelungsdichte in den Länderverfassungen bzw. den Geschäftsordnungen der Länderparlamente höher. Auffällig ist in diesem Zusammenhang zunächst, dass in der Hälfte der Landesparlamente ein Grundmandat für jede Fraktion in den Ausschüssen vorgesehen ist.[410] Ungeachtet dessen wird der Grundsatz, dass die *anteilige Sitzverteilung* nach der Stärke der Fraktionen zu erfolgen hat, überall umgesetzt. Mitunter basiert diese Umsetzung (lediglich) auf § 12 S. 1 GOBT entsprechenden Vorschriften, die sich vereinzelt auch in den Länderverfassungen finden.[411] Bemerkenswerterweise wird der Grundsatz der *anteiligen Sitzverteilung* nach der Fraktionsstärke in vielen Bundesländern dadurch konkretisiert, dass das anzuwendende Zählverfahren in den Länderparlamentsgeschäftsordnungen bzw. in Berlin sogar in der Landesverfassung festgeschrieben ist.[412]

Die *Entsendung* der Ausschussmitglieder (= *Einrichtung*) erfolgt schließlich, abgesehen von zwei Ausnahmen,[413] per Benennung durch die Fraktionen.

---

409 So ausdrücklich § 19 Abs. 1 GOLT-Ba-Wü; § 25 Abs. 1 GOLT-Bay; § 74 Abs. 1 GOLT-Brandb; § 50 Abs. 3 S. 1 GOLT-Hes; §10 Abs. 2 GOLT-Meck-Vorp; § 13 Abs. 1 GOLT-Saarl; § 23 Abs. 1 Hs. 1 GOLT-Sachs.

410 Art. 70 Abs. 2 S. 2 LVerfBrandb = § 10 Abs. 1 S. 2 GOLT-Brandb; § 50 Abs. 3 S. 2 GOLT-Hes; § 72 Abs. 2 GOLT-Rh-Pfl; § 23 Abs. 3 S. 1 GOLT-Sachs; § 13 Abs. 3 S. 1 GOLT-Schl-Holst; § 9 Abs. 3 GOLT-Thür; in Bayern folgt das Grundmandat aus einem Umkehrschluss zu § 25 Abs. 2 S. 2 GOLT-Bay; in den Ausschüssen der Hamburgischen Bürgerschaft „soll" jede Fraktion gemäß § 52 Abs. 1 S. 3 GOBürg-FHH ein Grundmandat erhalten.

411 § 50 Abs. 3 S. 2 GOLT-Hes; Art. 33 Abs. 1 LVerfMeck-Vorp i.V.m. § 10 Abs. 1 GOLT-Meck-Vorp (mit ausdrücklicher Ermächtigung des Landtages, über das anzuwendende Zählsystem zu entscheiden in Abs. 2); Art. 77 Abs. 1 S. 2 LVerfSaarl.

412 Das Zählverfahren *d'Hondt* ist in folgenden Vorschriften festgeschrieben: Art. 44 Abs. 2 S. 1 i.V.m. Art. 41 Abs. 2 S. 4 LVerfBerl, weshalb § 20 Abs. 3 S. 2 GOAbg-Berl eigentlich überflüssig ist; § 23 Abs. 3 S. 1 i.V.m. § 15 Abs. 2 GOLT-Sachs; § 9 Abs. 2 S. 1 GOLT-Thür.
Hare/Niemeyer: §10 Abs. 1 S. 1 GOLT-Brandb; § 63 Abs. 1 S. 1 i.V.m. § 57a GOBürg-FHB; § 54 Abs. 1 i.V.m. § 8 Abs. 1 GOBürg-FHH; § 13 S. 1 GOLT-NRW.
Sainte-Laguë/Schepers: § 17a Abs. 1 S. 1 GOLT-Ba-Wü (bei Nachbesetzung: *d'Hondt*); § 25 Abs. 2 S. 1 Hs. 1 GOLT-Bay; § 72 Abs. 2 GOLT-Rh-Pfl; nur auf den ersten Blick undeutlich ist die Vorschrift des § 12 Abs. 2 S. 2 GOLT-Sachs-Anh, da mit „Rangmaßzahlenverfahren" nur das Zählverfahren Sainte-Laguë/Schepers gemeint sein kann, vgl. Nohlen, S. 131.
Undeutlich hingegen sind die Regelungen in § 11 Abs. 2 S. 1 i.V.m. § 3 Abs. 2 S. 2 GOLT-Nds und § 13 Abs. 2 S. 1 GOLT-Schl-Holst, da mit dem dort festgeschriebenen „Höchstzahlverfahren" sowohl das Zählverfahren nach *d'Hondt* als auch das nach *Sainte-Laguë/Schepers* gemeint sein kann, vgl. Nohlen, aaO.

413 § 19 Abs. 2 S. 1 GOLT-Ba-Wü; wohl auch: § 13 Abs. 2 S. 1 GOLT-Saarl: „Der Landtag *bestimmt* auf Vorschlag der Fraktionen die Ausschussmitglieder."

Bezüglich der Ausschussmitgliedschaft bzw. –mitarbeit *fraktionsloser Abgeordneter* finden sich auf Länderebene die unterschiedlichsten Regelungen. Teilweise sind diese dabei durch die jeweilige Landesverfassung „vorgeprägt". Dort, wo sich entsprechende Vorschriften finden,[414] reichen sie von § 57 Abs. 2 S. 2 GOBT entsprechenden[415] bzw. ähnelnden[416] Vorschriften, über das Recht des Fraktionslosen, den Ausschuss bzw. die Ausschüsse zu wählen, in dem bzw. in denen er als beratendes Mitglied mitarbeiten will,[417] bis hin zur Mitarbeit mitsamt Stimmrecht.[418]

In diesem Zusammenhang lohnt auch ein Blick auf die Regelung des sog. Rückrufsrechts der Fraktionen. Dieses war bis zur *Wüppesahl*-Entscheidung Gegenstand der Auseinandersetzung um die Mitwirkungsrechte fraktionsloser Abgeordneter in den Ausschüssen.[419] In zwei Bundesländern ist das Rückrufrecht der Fraktionen bemerkenswerterweise ausdrücklich in den jeweiligen Geschäftsordnungen verankert.[420] Daneben existieren in fünf Bundesländern Vorschriften, welche den Fraktionen die Pflicht auferlegen, dem Landtagspräsidenten jeden Wechsel ihrer Ausschussmitglieder mitzuteilen.[421] Diese Vorschriften lassen die Existenz eines Rückrufrechts nicht unwahrscheinlich erscheinen, ohne jedoch ein solches explizit

---

414 Keine Regelungen zu der Ausschussmitgliedschaft fraktionsloser Abgeordneter finden sich in den GOLT-Ba-Wü, GOLT-Bay, GOBürg-FHB, GOLT-Hes, GOLT-NRW, GOLT-Rh-Pfl, GOLT-Saarl, GOLT-Sachs-Anh, GOLT-Schl-Holst und GOLT-Thür bzw. den korrespondierenden Landesverfassungen.

415 § 23 Abs. 3 S. 2 GOLT-Sachs.

416 Art. 33 Abs. 1 LVerfMeck-Vorp i.V.m. § 11 Abs. 3 S. 1 GOLT-Meck-Vorp, wo der Unterschied zu § 57 Abs. 2 S. 2 GOBT darin besteht, dass der Wunsch des Abgeordneten, in welchem Ausschuss er beratend mitarbeiten will, gemäß § 11 Abs. 3 S. 2 GOLT-Meck-Vorp regelmäßig berücksichtigt wird; Art. 20 Abs. 2 S. 2 LVerfNds i.V.m. § 11 Abs. 2 S. 5 GOLT-Nds, wo der Unterschied zu § 57 Abs. 2 S. 2 GOBT darin besteht, dass die Entscheidung über den entsprechenden Ausschuss dem Ältestenrat, und nicht dem Präsidenten obliegt.

417 § 54 Abs. 6 GOBürg-FHH, wobei gemäß § 54 Abs. 6 S. 1 GOBürg-FHH die Anzahl der Ausschüsse, in der ein Fraktionsloser mitarbeiten darf, auf zwei begrenzt ist; wohl auch Art. 44 Abs. 2 S. 3 LVerfBerl i.V.m. § 20 Abs. 4 S. 2 GOAbg-Berl, wobei die Anzahl der Ausschüsse nach dem Wortlaut der Norm nicht begrenzt ist.

418 Art. 70 Abs. 2 S. 3 LVerfBrandb i.V.m. § 74 Abs. 8 GOLT-Brandb, wobei die Zuweisung des entsprechenden Ausschusses durch das Landtagspräsidium nach vorheriger Anhörung des Fraktionslosen erfolgt.

419 Siehe oben D. II. 1. c) cc) (2) (a).

420 § 26 Abs. 1 GOLT-Bay; § 54 Abs. 4 S. 1 GOBürg-FHH.

421 § 74 Abs. 2 S. 2 GOLT-Brandb; § 49 Abs. 2 S. 2 GOLT-NRW: „Die Fraktionen haben der Präsidentin bzw. dem Präsidenten jede Änderung in der Besetzung mitzuteilen."; § 74 Abs. 3 GOLT-Rh-Pfl: „Die Fraktionen haben den Wechsel von Ausschussmitgliedern dem Präsidenten schriftlich mitzuteilen."; § 23 Abs. 4 GOLT-Sachs: „Die Benennung wird mit Bekanntgabe der erstmals benannten Mitglieder und der späteren Änderungen durch den Präsidenten, die unverzüglich zu erfolgen hat, wirksam."; § 72 Abs. 3 GOLT-Thür: „Jede Fraktion hat den Wechsel von Ausschussmitgliedern dem Präsidenten schriftlich mitzuteilen."

zu statuieren. In den verbleibenden neun Bundesländern finden sich keine Regelungen zum Ausschussrückruf.

Die Regeln zu dem Stimmgewicht und zu den Mehrheitserfordernissen in den Landtagsausschüssen entsprechen denen auf Bundesebene und sind in allen Bundesländern gleich: jedes Ausschussmitglied verfügt über eine[422] Stimme,[423] die Abstimmung erfolgt mit der Mehrheit der abgegebenen Stimmen, Stimmenthaltungen werden für die Ermittlung des Abstimmungsergebnisses nicht mitgezählt, und bei Stimmengleichheit gilt der jeweilige Antrag als abgelehnt.[424] Für die meisten Landtagsausschüsse erfolgt die Regelung dabei dadurch, dass die Bestimmungen über Stimmgewicht und Mehrheitserfordernisse im Plenum für entsprechend anwendbar erklärt werden.[425] Einzig in Bayern und Berlin finden sich ausdrücklich eigene, gleichwohl im Vergleich mit dem Plenum und den Ausschüssen der anderen Länderparlamente gleichlautende Regeln für die Ausschüsse.[426] Unklarheit über die Regelungslage besteht in Bremen und im Saarland, wo sich weder eigene Regeln noch entsprechende Verweisungsnormen finden.[427]

Bezüglich der materiellen und funktionellen Anforderungen an die Organisationsregeln gilt für die Landtagsausschüsse das Gleiche wie für die Bundestagsausschüsse, weshalb auf die dortigen Ausführungen verwiesen werden kann.[428]

III. Der Vermittlungsausschuss

Die Organisationsregeln des Vermittlungsausschusses gehorchen einem vielschichtigen Regelungssystem. So wird im Folgenden u.a. aufgezeigt werden, dass sich

---

422 Auch auf Länderebene findet sich diesbezüglich keine explizite Regelung.

423 Zur Ausnahme bzgl. der fraktionslosen Abgeordneten als beratende Ausschussmitglieder ohne Stimmrecht siehe soeben oben im Text.

424 Nicht alle Geschäftsordnungen der Länderparlamente enthalten Regelungen zu jedem einzelnen der genannten Aspekte.

425 § 20 i.V.m. § 97 Abs. 2, 3 GOLT-Ba-Wü; § 75 Abs. 4 i.V.m. § 66 Abs. 1 S. 2, 4 GOLT-Brandb; § 58 Abs. 1 i.V.m. § 34 Abs. 2 GOBürg-FHH; § 106 Abs. 2 i.V.m. § 83 Abs. 2 GOLT-Hes; § 8 Abs. 2 i.V.m. § 90 Abs. 1 GOLT-Meck-Vorp; § 96 i.V.m. § 82 GOLT-Nds; § 63 S. 1 i.V.m. § 43 Abs. 4 GOLT-NRW; § 78 Abs. 2 S. 2 i.V.m. § 43 Abs. 2 GOLT-Rh-Pfl; § 29 i.V.m. § 103 Abs. 2–4 GOLT-Sachs; § 89 i.V.m. § 73 GOLT-Sachs-Anh; § 21 i.V.m. § 60 Abs. 1 GOLT-Schl-Holst; § 76 Abs. 2 S. 2 i.V.m. § 41 Abs. 2 GOLT-Thür.

426 § 166 Abs. 6 GOLT-Bay; § 26 Abs. 2 S. 2, 3 GOAbg-Berl.

427 In Bremen existiert weder in der Landesverfassung noch in der GOBürg-FHB eine Anwendbarkeitserklärung und § 54 Abs. 1 GOBürg-FHB gilt nur für das Plenum der Bürgerschaft; im Saarland gilt Art. 74 Abs. 2 S. 1 LVerfSaarl nur für die Beschlüsse des Landtagsplenums und die GOLT-Saarl hält keine weitere Regelung bereit, weshalb § 26 GOLT-Saarl (entsprechende Anwendung der Vorschriften für das Plenum in den Ausschüssen) nicht weiterhilft.

428 Siehe oben D. II. 1. c), d).

sowohl die *Errichtungsregeln* des Vermittlungsausschusses in ihrer Gesamtheit[429] als auch die Besetzungsregeln[430] jeweils auf drei Ebenen verteilen.

1. Genese und Status quo

Die erwähnte Vielschichtigkeit der Organisationsregeln des Vermittlungsausschusses wird bereits bei der Darstellung von deren Genese und Status quo evident werden.

a) Besetzungsregeln

Die Besetzungsregeln repräsentativer Organe unterteilen sich, wie dargelegt, in die Festlegung der *Mitgliederzahl*, die Regelung der *anteiligen Sitzverteilung* in den Ausschüssen sowie der *Entsendung* der Ausschussmitglieder.[431]

In Einklang mit dieser Unterteilung bestimmt Art. 77 Abs. 2 S. 2 GG, dass die GOVermA, die vom Bundestag zu beschließen ist und anschließend der Zustimmung des Bundesrates bedarf, die „Zusammensetzung" des Vermittlungsausschusses regeln muss. In § 1 GOVermA sind dann die *Mitgliederzahl* und mit ihr die paritätische Besetzung des Vermittlungsausschusses festgelegt. Über die *anteilige Sitzverteilung* auf der Bundestags- und Bundesratsbank im Vermittlungsausschuss entscheiden schließlich die beiden Staatsorgane getrennt voneinander, d.h. sie verfügen insofern über eine autonome *Regelungsprärogative*.[432] Gleiches gilt für die *Entsendung* der Mitglieder des Vermittlungsausschusses.[433] Der *actus contrarius* zur *Mitgliederentsendung*, nämlich die Abberufung,[434] wird wiederum durch die GOVermA eingeschränkt: gemäß § 4 GOVermA ist der Wechsel eines ordentlichen Mitgliedes oder seines Stellvertreters im Wege der Abberufung *insgesamt* nur viermal pro Bundestagswahlperiode zulässig.[435] Diese Regelung unterstreicht abermals den „personengeprägten" Charakter des Vermittlungsausschusses[436].[437]

---

429 Siehe dazu unten D. III. 3. a) aa).

430 Siehe dazu sogleich unten D. III. 1. a).

431 Siehe oben C. I. 1. b), D.

432 Zu der getrennten Besetzung von Bundestags- und Bundesratsbank und der insoweit fehlenden expliziten normativen Grundlage siehe sogleich unten D. III. 1. a) aa) (1), bb) (1).

433 Siehe oben C. II. 2.

434 Siehe dazu oben D. II. 1. c) cc) (2) (a).

435 Dästner, GOVermA, S. 80; Hasselsweiler, S. 144; jeweils mit Verweis auf einen entsprechenden Beschluss des Vermittlungsausschusses vom 3. Juni 1964 (vollständig abgedruckt bei Dästner, GOVermA, S. 80 f.); a.A., jedoch vor der Fassung des erwähnten Vermittlungsausschuss-Beschlusses, von der Heide, DÖV 1953, 129, 130.

436 Siehe dazu bereits oben C. II. 2. a) bb) (1).

437 Vgl. von der Heide, aaO.

Die Besetzungsregeln des Vermittlungsausschusses verteilen sich also auf drei verschiedene Regelungsebenen: Art. 77 Abs. 2 S. 2 GG, GOVermA und GOBT bzw. GOBR.

Bis zu der Festschreibung der Besetzungsregelungen bzw. ihrer Verteilung auf drei Regelungsebenen durch die Bekanntmachung der endgültigen GOVermA im Frühjahr 1951 waren verschiedene Entwürfe in diversen (Unter-)Ausschüssen beraten und der Vermittlungsausschuss vom 14. April 1950 bis zum 31. März 1951 mit einer vorläufigen Geschäftsordnung ausgestattet worden.[438] Im Zuge der Beratungen über die endgültige Fassung der GOVermA wurde stets betont, dass eine möglichst geringe Mitgliederzahl festzulegen sei, da die Funktionsfähigkeit des Vermittlungsausschusses[439] vor allem durch seine geringe Größe gesichert werden sollte.[440]

Gleichwohl hielt man es letztendlich für notwendig, dass auf der Bundesratsbank jedes Bundesland durch einen Abgesandten vertreten wird, mithin das *Staatenprinzip* gilt.[441] In Kombination von Staatenprinzip und paritätischer Besetzung des Vermittlungsausschusses[442] wurde folglich in § 1 GOVermA bestimmt, dass „Bundestag und Bundesrat [...] je 12 Mitglieder [entsenden]." Im Laufe der Jahre wurde § 1 GOVermA bzw. die darin festgelegte Mitgliederzahl verändert,[443] bis seit der Wiedervereinigung Deutschlands dort schließlich geregelt wird, dass „Bundestag und Bundesrat [...] je 16 Mitglieder [entsenden]."

Die Statuierung des *Staatenprinzips* auf der 1. Stufe der Besetzungsregeln führte aus Sicht des Bundesrates zu einer Prinzipiendiskrepanz. Diese Prinzipiendiskrepanz wurde bereits anlässlich der Darstellung der Besetzungsregeln seiner Fachausschüsse erörtert[444] und wird u.a. im Zusammenhang mit der *anteiligen Sitzverteilung* auf der Bundesratsbank im Vermittlungsausschuss (2. Stufe der Besetzungsregeln) nochmals kursorisch dargestellt werden:[445] Wie bei allen Abstimmungen im Bundesrat, erfolgten auch jene über die Zustimmung zur GOVermA nach dem *gewichteten*

---

438 Zur Entstehungsgeschichte der GOVermA siehe oben C. II. 1. Fn. 137.

439 Siehe zur Funktion des Vermittlungsausschusses als „Mittler" im Gesetzgebungsverfahren oben C. II. 2. a) bb) (1).

440 Vgl. Dästner, GOVermA, S. 34 f.; Reinert, S. 114; Stern, Staatsrecht, Bd. II, S. 100.

441 Vgl. Dästner, GOVermA, S. 48 ff. sowie Reinert, aaO, jeweils m.w.N.; zu der Frage, ob die *anteilige Sitzverteilung* auf der Bundesratsbank im Vermittlungsausschuss zwingend nach dem Staatenprinzip erfolgen muss, ober ob dieses in § 1 GOVermA nicht hinreichend verankert ist, so dass auch eine freie Wahl unter allen Mitgliedern des Bundesrates vorgenommen werden kann, siehe sogleich unten D. III. 1. a) bb) (1).

442 Zur Diskussion um das verfassungsrechtliche Gebot der paritätischen Besetzung des Vermittlungsausschusses siehe unten D. III. 2.

443 Nach der Bildung des Bundeslandes Baden-Württemberg entsandten Bundestag und Bundesrat je 10 Mitglieder, nach der Wiedereingliederung des Saarlandes je 11 Mitglieder, vgl. Dästner, GOVermA, S. 56 f.

444 Siehe oben D. II. 2. a) aa).

445 Siehe unten D. III. 1. a) bb).

Mehrheitsprinzip (Art. 51 Abs. 2, 3 GG, 52 Abs. 3 S. 1 GG, § 27 GOBR).[446] Mit seinen Abstimmungsbeschlüssen erklärte der Bundesrat seine Zustimmung zu der Festlegung der *Mitgliederzahl* des Vermittlungsausschusses und zugleich auch zu der Kodifizierung des *Staatenprinzips*. Zwischen dem angewandten Abstimmungsprinzip (*gewichtetes Mehrheitsprinzip*) und dem Beschlussinhalt (*Staatenprinzip*) besteht somit eine Prinzipiendiskrepanz. Die Auswirkungen dieser Prinzipiendiskrepanz werden schließlich bei der Frage nach den formellen Anforderungen für die Organisationsregeln des Vermittlungsausschusses Bedeutung erlangen.[447]

Festzuhalten bleibt an dieser Stelle jedenfalls Folgendes: Die *Mitgliederzahl* des Vermittlungsausschusses wird auf geschäftsordnungsrechtlicher Ebene durch § 1 GOVermA festgelegt.

Auf welcher normativen Grundlage und unter Anwendung welches Zählverfahrens bzw. welches Prinzips Bundestag und Bundesrat die *anteilige Sitzverteilung* auf ihren jeweiligen Bänken im Vermittlungsausschuss kraft ihrer *Regelungsprärogative* vornehmen, soll im Folgenden dargestellt werden. Dabei wird unter anderem zu zeigen sein, dass die *Regelungsprärogative* bezüglich der *anteiligen Sitzverteilung* sowohl eine (potentielle) Änderung der normativen Grundlage als auch – jedenfalls für den Bundestag – die Wahl des angewandten Zählverfahrens umfasst.

aa) Bundestagsbank

Von den Besetzungsregeln für die Bundestagsbank ist nur die Regelung der *anteiligen Sitzverteilung* von Relevanz. Diese hatte über viele Jahrzehnte weitestgehend im Verborgenen stattgefunden. Nur einmal war sie Gegenstand eines verfassungsgerichtlichen Verfahrens geworden.[448]

Spätestens seit dem Urteil des Bundesverfassungsgerichts vom 8. Dezember 2004[449] wird jedoch eine Diskussion unter dem Schlagwort „Besetzung (der Bundestagsbank) des Vermittlungsausschusses“[450] geführt, in der es vornehmlich um eben jene *anteilige Sitzverteilung* auf der Bundestagsbank geht.

---

446 Dem jüngsten Änderungsbeschluss des Bundestages zur GOVermA hat der Bundesrat am 8. November 2002 zugestimmt, BR-Drucks. 792/02; die Bekanntmachung der Änderung erfolgte erst am 30. April 2003, siehe oben C. II. 1.

447 Siehe unten D. III. 3. c) aa).

448 BVerfGE 96, 264, 283, wo das Bundesverfassungsgericht feststellte, dass der Wechsel des angewandten Zählverfahrens für die anteilige Sitzverteilung auf der Bundestagsbank im Vermittlungsausschuss von einer Legislaturperiode zur anderen „verfassungsrechtlich unbedenklich“ sei; siehe dazu bereits oben D. II. 1. a) aa) sowie noch unten D. III. 4. b) dd) (2) (b), V. 1.

449 BVerfGE 112, 118.

450 Vgl. die Titel der Beiträge von Ernst/Johnsen, ZParl 2005, 748; Kämmerer, NJW 2003, 1166; Meyer, in: FS Dieter Simon, S. 405 und Stein, NVwZ 2003, 557.

(1) Normative Grundlage

Bereits über die Regelungsgrundlage herrscht Uneinigkeit. Letztlich führen die unterschiedlichen Meinungen aber zu identischen Ergebnissen.

Die §§ 57 Abs. 1 S. 1, 12 S. 1 GOBT gelten nach ihrem Wortlaut und ihrer systematischen Stellung unmittelbar nur für die *anteilige Sitzverteilung* in den Parlamentsausschüssen des Bundestages.[451] Zu diesen gehört der Vermittlungsausschuss nicht.[452]

Gleichwohl scheinen das Bundesverfassungsgericht und mit ihm einige Autoren davon auszugehen, dass die §§ 57 Abs. 1 S. 1, 12[453] GOBT – zumindest in entsprechender Anwendung – die Regelungsgrundlage für die *anteilige Sitzverteilung* auf der Bundestagsbank im Vermittlungsausschuss darstellen.[454]

Die mehrheitlichen Stimmen in der Literatur erblicken in § 54 Abs. 2 GOBT[455] die zentrale Verweisnorm, über die letztlich ebenfalls §§ 57 Abs. 1 S. 1, 12[456] GOBT als einschlägige normative Grundlage zur Anwendung kommt.[457]

Die zweitgenannte Ansicht ist überzeugender. Sowohl aufgrund seines Wortlautes als auch seiner systematischen Stellung wird man § 54 Abs. 2 GOBT als notwendige Verweisnorm ansehen müssen. In der Sache bleibt es gleichwohl beim

---

451 Siehe dazu oben D. II. 1. a) aa).

452 Vgl. oben C. II. 2. a) aa), d).

453 Allerdings erwähnen das Bundesverfassungsgericht und die betreffenden Autoren pauschal § 12 GOBT, ohne sich der Frage anzunehmen, ob § 12 S. 1 GOBT oder § 12 S. 2 GOBT einschlägig ist.

454 BVerfGE 112, 118, 119, 133, 145, 147 f. sowie Hasselsweiler, S. 139, deren Ausführungen den Anschein erwecken, als würden sie *contra legem* eine unmittelbaren Anwendbarkeit von §§ 57 Abs. 1 S. 1, 12 S. 1 GOBT auf die *anteilige Sitzverteilung* auf der Bundesratsbank annehmen; von einer entsprechende Anwendung von §§ 57 Abs. 1 S. 1, 12 S. 1 GOBT scheint z.B. *Bryde*, in: von Münch/Kunig, Art. 77 Rn. 13 auszugehen.

455 § 54 Abs. 2 GOBT lautet: „Soweit das Grundgesetz oder Bundesgesetze die Einsetzung von Ausschüssen vorschreiben oder zulassen, richtet sich die Einsetzung und das Verfahren nach den Bestimmungen dieser Geschäftsordnung, es sei denn, daß im Grundgesetz, in den Bundesgesetzen oder in besonderen Geschäftsordnungen etwas anderes bestimmt ist."

456 Eine Festlegung, ob § 12 S. 1 GOBT oder § 12 S. 2 GOBT anwendbar ist, sucht man allerdings auch hier vergeblich.

457 Dästner, GOVermA, S. 63; *Dietlein*, in: Schneider/Zeh, Parlamentsrecht, § 57 Rn. 7; *Jekewitz*, in: AK-GG, Bd. 2, Art. 77 Rn. 21; *Kersten*, in: Maunz/Dürig, Bd. V, Art. 77 Rn. 37; Lang, NJW 2005, 189; Roll, GOBT, § 54 Rn. 5; *Sannwald*, in: Schmidt-Bleibtreu/Hofmann/Henneke, Art. 77 Rn. 22; Stein, NVwZ 2003, 557, 558. So findet sich auch in der vom Bundestag herausgegebenen Textausgabe der GOBT (Stand: Januar 2013) unterhalb von § 54 Abs. 2 GOBT eine Aufzählung diverser Ausschüsse und dazugehöriger Regelungswerke, auf die sich § 54 Abs. 2 GOBT offensichtlich beziehen soll; unter ihnen befinden sich „Vermittlungsausschuss: Art. 77 Abs. 2 GG und Geschäftsordnung des Vermittlungsausschusses."

Regelungsgehalt von §§ 57 Abs. 1 S. 1, 12 GOBT, der auch für die *anteilige Sitzverteilung* in den Parlamentsausschüssen des Bundestages gilt:[458] Die *anteilige Sitzverteilung* auf der Bundestagsbank des Vermittlungsausschusses muss unter Wahrung des Stärkeverhältnisses erfolgen.

Zur Klarstellung muss allerdings auf Folgendes hingewiesen werden: auf die *anteilige Sitzverteilung* (als Bestandteil der *Errichtung* des Vermittlungsausschusses) folgt die *Entsendung* der Bundestagsvertreter (als Bestandteil der *Einrichtung*). Letztere wird durch eine Wahl gemäß §§ 54 Abs. 2, 57 Abs. 1 S. 1, 12 S. *2* GOBT vollzogen.[459] Daher ist aus Gründen der Stringenz auch für die vorgelagerte *anteilige Sitzverteilung* §§ 54 Abs. 2, 57 Abs. 1 S. 1, 12 S. *2* GOBT als einschlägige Rechtsgrundlage heranzuziehen.

Nichtsdestotrotz könnte der Bundestag kraft seiner Geschäftsordnungsautonomie die Vorschriften der §§ 54 Abs. 2, 57 Abs. 1 S. 1, 12 S. 2 GOBT ändern, indem er beispielsweise das Erfordernis der *anteiligen Sitzverteilung* nach dem Stärkeverhältnis der Fraktionen abschafft. Die Folgen, die eine Änderung der normativen Grundlage für die *anteilige Sitzverteilung* auf der Bundestagsbank nach sich ziehen würde – ggf. in Form verfassungsgerichtlicher Verfahren, die von den Minderheitsfraktionen angestrengt werden würden – wären indes nicht absehbar. Vermutlich nicht zuletzt aus diesem Grund hat der Bundestag bisher davon Abstand genommen, den Regelungsgehalt der §§ 54 Abs. 2, 57 Abs. 1 S. 1, 12 S. 2 GOBT zur Disposition zu stellen – abgesehen von einer Ausnahme, die noch ausführlich zu thematisieren sein wird.[460]

(2) Angewandte Zählverfahren

In Konkretisierung des Regelungsgehalts der §§ 54 Abs. 2, 57 Abs. 1 S. 1, 12 S. 1 GOBT wurden vom Bundestag für die *anteilige Sitzverteilung* auf der Bundestagsbank im Vermittlungsausschuss in der Vergangenheit alle drei vorgenannten Zählverfahren[461] angewandt. Da der Bundestag bis dato stets das gleiche Zählverfahren für die Besetzung seiner Parlamentsausschüsse und die Besetzung seiner Bank im Vermittlungsausschuss gewählt hat, kann bezüglich der Wechsel zwischen den Zählverfahren und ihren jeweiligen Geltungsdauern zunächst auf die Ausführungen zu den Bundestagsausschüssen verwiesen werden.[462]

In Abweichung von dem Grundsatz, bei der *anteiligen Sitzverteilung* auf der Bundestagsbank das gleiche Zählverfahren anzuwenden wie in Bezug auf die Parlamentsausschüsse, hat der Bundestag in der Vergangenheit dreimal einen anderen Weg einschlagen.

---

458 Siehe dazu oben D. II. 1. a) aa).

459 Siehe oben C. II. 2.

460 Siehe sogleich unten D. III. 1. a) aa) (2) sowie D. III. 4. b) dd).

461 Siehe dazu oben D. I.

462 Siehe oben D. II. 1. a) aa); vgl. auch die Ausführungen bei Dästner, GOVermA, S. 64; Hasselsweiler, S. 139 ff.; Lang, NJW 2005, 189; Schindler, Datenhandbuch Bundestag, Bd. II, S. 2081 ff.; Stein, NVwZ 2003, 557, 558.

In der 6. Legislaturperiode stattete man alle im Bundestag vertretenen Fraktionen mit einem sog. Grundmandat auf der Bundestagsbank im Vermittlungsausschuss aus, um zu verhindern, dass die FDP dort nicht vertreten ist – ein Vorgehen, das seinerzeit von allen Fraktionen unterstützt wurde.[463]

In der 13. Legislaturperiode erfolgte die *anteilige Sitzverteilung* auf der Bundestagsbank unter Anwendung des Zählverfahrens *d'Hondt*,[464] obwohl für die *anteilige Sitzverteilung* in den Parlamentsausschüssen einmal mehr das Verfahren *Sainte-Laguë/Schepers* zum Zuge gekommen war.[465] Dieses differenzierende Vorgehen basierte nicht auf einem interfraktionellen Konsens.[466] Damit befand es sich im Gegensatz zu der Zuteilung eines Grundmandates für alle Bundestagsfraktionen auf der Bundestagsbank des Vermittlungsausschusses in der 6. Legislaturperiode und dem Wechsel des Zählverfahrens für die Parlamentsausschüsse während der laufenden 6. Legislaturperiode.[467] Angesichts der sich abzeichnenden Entwicklung, dass der Bundesrat und mit ihm der Vermittlungsausschuss zunehmend als „Blockadeinstrument" zur Durchsetzung parteipolitischer Ziele angesehen wurde,[468] vermochte der Streit zwischen Regierung und Opposition jedoch nicht zu überraschen.

Einen vorläufigen Höhepunkt erreichte der Streit über das anzuwendende Zählverfahren zwischen Regierungs- und Oppositionsfraktionen dann in der 15. Legislaturperiode. Die „rot-grüne" Bundesregierung verfügte seinerzeit über eine sehr knappe Mehrheit an Bundestagsmandaten.[469] Weder die Anwendung des Zählverfahrens *d'Hondt* noch die des Verfahrens *Sainte-Laguë/Schepers* oder des Verfahrens *Hare/Niemeyer* hätte eine Abbildung der Regierungsmehrheit in den Parlamentsausschüssen und auf der Bundestagsbank im Vermittlungsausschuss garantiert. Auf der Bundestagsbank im Vermittlungsausschuss hätte vielmehr die Anwendung jedes der drei gängigen Zählverfahren zu einer Patt-Situation (SPD: sieben Sitze, CDU: sieben Sitze, GRÜNE: ein Sitz, FDP: ein Sitz) geführt.[470] Anders als in den Fachausschüssen hätte die Abbildung der Regierungsmehrheit nicht durch eine entsprechende

463 BT-Drucks. 6/37 sowie Plenarprotokoll von der Bundestagssitzung vom 5. November 1969, Stenografischer Bericht, S. 260 (B) ff.

464 BT-Drucks. 13/542 mit dem entsprechenden Antrag der Regierungsfraktionen von CDU/CSU und der FDP sowie Plenarprotokoll 13/21 von der Bundestagssitzung vom 16. Februar 1995, Stenografischer Bericht, S. 1370 (D) ff.

465 Vgl. dazu oben D. II. 1. a) aa).

466 Siehe BT-Drucks. 13/547 für den entsprechenden Antrag der SPD-Fraktion sowie das Plenarprotokoll 13/21, Stenografischer Bericht, aaO für die Debatte über die gegenläufigen Anträge der Regierungsfraktionen und der SPD-Fraktion.

467 Siehe dazu oben D. II. 1. a) aa).

468 Siehe dazu noch ausführlich unten D. IV.

469 SPD: 251 Sitze; CDU/CSU: 248 Sitze; BÜNDNIS 90/DIE GRÜNEN: 55 Sitze; FDP: 47 Sitze; PDS: 2 Sitze, siehe http://www.bundeswahlleiter.de/de/bundestagswahlen/fruehere_bundestagswahlen/ btw2002.html, zuletzt abgerufen am 30. September 2015.

470 Siehe die anschauliche Übersicht bei Stein, NVwZ 2003, 557, 558 f. Fn. 26 ff.

Ausschussvergrößerung sichergestellt werden können.[471] Für die Bundestagsbank wäre ein solches Vorgehen nämlich bereits deshalb nicht ohne Weiteres möglich gewesen, weil deren *Mitgliederzahl* in § 1 GOVermA festgelegt wird, welche einer Änderung gemäß Art. 77 Abs. 2 S. 2 GG nur bei einer entsprechenden Zustimmung des Bundesrates zugänglich gewesen wäre.

Die „rot-grüne“ Regierungsmehrheit versuchte diesem Patt beizukommen, indem sie einen sog. Korrekturfaktor[472] einführte: Für die Besetzung der Bundestagsausschüsse und der Bundestagsbank im Vermittlungsausschuss sollte das Zählverfahren *Sainte-Laguë/Schepers* angewandt werden. Sofern sich die Regierungsmehrheit auf diese Weise nicht in den Ausschüssen bzw. auf der Bundestagsbank wiederfinden würde, sollte das Verfahren *d'Hondt* angewandt werden. Wenn auch das Verfahren *d'Hondt* nicht zu einer Wiedergabe der Regierungsmehrheit führte, sollte die Anzahl der verteilenden Sitze zunächst um einen reduziert und dieser Sitz vorab der stärksten Fraktion, mithin der SPD-Fraktion, zugeteilt werden. Die übrigen Sitze sollten dann wiederum unter Anwendung des Verfahrens *Sainte-Laguë/Schepers* verteilt werden.[473] Für die Besetzung der Bundestagsbank im Vermittlungsausschuss hätte dies bedeutet, dass auf die SPD-Fraktion acht Sitze, auf die CDU/CSU-Fraktion sechs Sitze und die auf GRÜNE- sowie die FPD-Fraktionen jeweils ein Sitz entfallen wären.[474]

Die „schwarz-gelbe“ Opposition war über dieses Ansinnen erwartungsgemäß entrüstet, schließlich lief es nach ihrem Dafürhalten dem Regelungsgedanken der §§ 54 Abs. 2, 57 Abs. 1 S. 1, 12 S. 1 GOBT, nämlich der *anteiligen Sitzverteilung* nach dem Stärkeverhältnis der Fraktionen, zuwider.[475] Die Fraktionen von CDU/CSU und FDP stellten dementsprechend den gegenläufigen Antrag, dass die *anteilige Sitzverteilung* in den Fachausschüssen und auf der Bundestagsbank im Vermittlungsausschuss unter ausschließlicher Anwendung des Zählverfahrens *Sainte-Laguë/Schepers* vorgenommen werden sollte.[476] Nach einer hitzigen Plenardebatte wurde

---

471 Vgl. zu der in Bezug auf die Größe der Fachausschüsse bestehenden Geschäftsordnungsautonomie des Bundestages oben D. II. 1. b).

472 Der Begriff „Korrekturfaktor“ wurde, soweit ersichtlich, erstmals vom Bundesverfassungsgericht in den noch zu erörternden Eil- und Hauptsacheverfahren (siehe unten D. III. 4. b) dd)), BVerfGE 106, 253, 254; 112, 118, 120 verwendet und anschließend von den Stimmen in der Literatur übernommen, siehe z.B. Ernst/Johnsen, ZParl 2005, 748, 749; Lang, NJW 2005, 189, 190.

473 Antrag der Fraktionen von SPD und BÜNDNIS 90/DIE GRÜNEN vom 29. Oktober 2002, BT-Drucks. 15/17.

474 Zu der gleichen *anteiligen Sitzverteilung* hätte die Verwendung einer sog. schonenden Mehrheitsklausel geführt, die sich mit Blick auf den Vermittlungsausschuss nur durch ihre Verallgemeinerungsfähigkeit von dem Korrekturfaktor unterscheidet, siehe Pukelsheim/Maier, ZParl 2005, 761, 765. Gleiches gilt für den Formulierungsvorschlag für den Besetzungsbeschluss von Lovens, ZParl 2003, 33, 40.

475 Vgl. Plenarprotokoll 15/5 zur Bundestagssitzung vom 30. Oktober 2002, Stenografischer Bericht, S. 174 (C) – 175 (B); 176 (B) – 177 (A).

476 Antrag der Fraktionen der CDU/CSU und FDP vom 28. Oktober 2002, BT.-Drucks. 15/18.

der Antrag der „rot-grünen" Regierungsfraktionen mit der Mehrheit ihrer Stimmen angenommen.[477] Wie bereits in der Plenardebatte angekündigt,[478] zog die CDU/CSU-Fraktion gegen diesen Beschluss vor das Bundesverfassungsgericht.

Dessen ungeachtet, wurden die Wahlen für die Bundestagsvertreter im Vermittlungsausschuss auf Grundlage der einzelnen Wahlvorschläge sämtlicher Fraktionen[479] durchgeführt.[480] Die CDU/CSU-Fraktion hatte dabei sieben Mitglieder sowie die entsprechende Anzahl an Stellvertretern aus ihren Reihen zur Wahl vorgeschlagen. Zur Begründung hatte sie angeführt, dass nach ihrer Auffassung nur die Anwendung eines der drei gängigen Zählverfahren verfassungskonform sei, welche ihr in jedem Fall sieben Sitze auf der Bundestagsbank beschert hätte. Um die Arbeitsfähigkeit des Vermittlungsausschusses nicht zu gefährden, modifizierte die CDU/CSU-Fraktion ihren Wahlvorschlag dahingehend, dass sie nur sechs Mitglieder und deren Stellvertreter zur Wahl stellen wollte, sofern es bei der vom Bundestag beschlossenen Anwendung des Korrekturfaktors bleiben sollte.[481] Wenig überraschend bestätigte der Bundestag mit der Mehrheit seiner Stimmen die Anwendung des sog. Korrekturfaktors bei der Wahl der Bundestagsvertreter im Vermittlungsausschuss.[482] Die SPD-Fraktion entsandte folglich acht Mitglieder, die CDU/CSU-Fraktion sechs Mitglieder und die GRÜNE- sowie die FDP-Fraktion jeweils ein Mitglied, so dass die Bundestagsbank *eingerichtet* war.

Kurz darauf wurde in dem angekündigten Organstreitverfahren vor dem Bundesverfassungsgericht der von der CDU-/CSU-Fraktion begehrte Erlass einer einstweiligen Anordnung, mit der die Anwendung des sog. Korrekturfaktors bis zur Entscheidung im Hauptsacheverfahren verhindert werden sollte, abgelehnt. Das vorausgegangene Eilverfahren wird ebenso wie das nachfolgende Hauptsacheverfahren im weiteren Verlauf dieser Arbeit noch einer ausführlichen Erörterung zugeführt werden.[483] An dieser Stelle sei lediglich angemerkt, dass sich das Bundesverfassungsgericht in seiner Hauptsacheentscheidung zu keiner eindeutigen Aussage über die Verfassungsmäßigkeit des sog. Korrekturfaktors durchringen konnte. Trotz oder

477 Plenarprotokoll 15/5 zur Bundestagssitzung vom 30. Oktober 2002, Stenografischer Bericht, S. 173 (B) ff.

478 Plenarprotokoll 15/5, Stenografischer Bericht, S. 175 (B).

479 Wahlvorschlag der Fraktion der SPD vom 13. November 2002, BT-Drucks. 15/51; Wahlvorschlag der Fraktion der CDU/CSU vom 12. November 2002, BT-Drucks. 15/52; Wahlvorschlag der Fraktion BÜNDNIS 90/DIE GRÜNEN vom 12. November 2002, BT-Drucks. 15/53; Wahlvorschlag der Fraktion der FDP vom 12. November 2002, BT-Drucks. 15/54.

480 Plenarprotokoll 15/10 zur Bundestagssitzung vom 14. November 2002, Stenografischer Bericht, S. 574 (C) f.

481 BT-Drucks. 15/52 sowie die Ausführungen des Abgeordneten Volker Kauder in der Bundestagssitzung vom 14. November 2002, Stenografischer Bericht, S. 573 (C) ff.

482 Plenarprotokoll 15/10 zur Bundestagssitzung vom 14. November 2002, Stenografischer Bericht, S. 574 (C) f.

483 Siehe unten D. III. 4. b) dd).

gerade wegen der daraus resultierenden Unsicherheit stellte die CDU-/CSU-Fraktion nach dem Abschluss des Hauptsacheverfahrens den Antrag, die Bundestagsbank im Vermittlungsausschuss mit jeweils sieben Mitglieder der CDU-/CSU-Fraktion und der SPD-Fraktion sowie jeweils einem Mitglied der Fraktion BÜNDNIS 90/DIE GRÜNEN und der FDP-Fraktion neu zu besetzen.[484] Erwartungsgemäß fand dieser Antrag im Bundestag nach einer abermals kontrovers geführten Debatte[485] keine Mehrheit. Stattdessen wurde die Frage nach der Neubesetzung der Bundestagsbank an den Ausschuss für Wahlprüfung, Immunität und Geschäftsordnung überwiesen.[486] Dieser Fachausschuss tagte in öffentlicher Sitzung am 17. Februar 2005 und hörte dabei mehrere Sachverständige zu der Frage der Neubesetzung der Bundestagsbank.[487] Zu einer entsprechenden Beschlussempfehlung des Ausschusses, geschweige denn zu einem Beschluss des Bundestages, kam es angesichts der Bundestagsauflösung am 21. Juli 2005 und den vorgezogenen Bundestagsneuwahlen am 18. September 2005 nicht mehr.[488]

bb) Bundesratsbank

Die *anteilige Sitzverteilung* auf der Bundesratsbank im Vermittlungsausschuss erfolgt seit jeher nach dem Staatenprinzip, d.h. jedes Bundesland wird durch ein Mitglied auf der Bundesratsbank vertreten. Die normative Grundlage dieser Besetzungspraxis ist ebenso beachtenswert wie die nachfolgende *Einrichtung* der Bundesratsbank, d.h. die Benennung der Ausschussmitglieder und ihrer Stellvertreter durch die Bundesländer.

(1) Normative Grundlage

Eine *explizite* gesetzliche Verankerung des Staatenprinzips für die Besetzung der Bundesratsbank sucht man in der GOBR vergeblich.[489] § 11 Abs. 2 GOBR bestimmt für die Fachausschüsse des Bundesrates, dass jedes Bundesland in diesen durch ein Bundesratsmitglied vertreten ist, mithin das Staatenprinzip gilt. Eine Anwendung von § 11 Abs. 2 GOBR bei der *anteiligen Sitzverteilung* auf der Bundesratsbank im Vermittlungsausschuss wird von der GOBR hingegen nicht angeordnet. § 11 Abs. 4

---

484 BT-Drucks. 15/4494.

485 Vgl. Plenarprotokoll 15/147 zur Bundestagssitzung vom 15. Dezember 2004, Stenografischer Bericht, S. 13721 (B) – 13727 (D).

486 Plenarprotokoll 15/147, Stenografischer Bericht, S. 13727 (D) – 13728 (A).

487 Wortprotokoll der 32. Sitzung des Ausschusses für Wahlprüfung, Immunität und Geschäftsordnung – Geschäftsordnungsangelegenheiten – am 17. Februar 2005, S. 6 ff.

488 Koggel, Die Tätigkeit des Vermittlungsausschusses in der fünfzehnten Wahlperiode des Deutschen Bundestages, S. 8.

489 Bergkemper, S. 145 verweist ebenfalls darauf, dass das Staatenprinzip in diesem Zusammenhang nicht kodifiziert sei. Allerdings bezieht sie sich nur auf das Grundgesetz und die GOVermA und lässt die GOBR außer Betracht.

S. 1 GOBR verweist für die *anteilige Sitzverteilung* auf der Bundesratsbank im Vermittlungsausschuss nämlich nur auf § 11 Abs. 3 S. 1 GOBR, woraus lediglich folgt, dass die Bundesratsvertreter, anders als die Bundestagsvertreter, nicht vom (Bundesrats-)Plenum gewählt, sondern vielmehr von den Bundesländern benannt werden.

Aufgrund dieser (scheinbaren) Regelungslücke wird mitunter die Schlussfolgerung gezogen, dass die *anteilige Sitzverteilung* auf der Bundesratsbank nach derzeitiger Regelungslage nicht zwangsläufig nach dem Staatenprinzip erfolgen müsste, sondern vielmehr eine Wahl unter allen Bundesratsmitgliedern möglich wäre.[490] Schließlich sei das Staatenprinzip ja gerade nicht in der GOBR festgeschrieben worden; auch lasse sich aus der „vorgelagerten“[491] Vorschrift des § 1 GOVermA lediglich die Erwartung erkennen, dass bei der *anteiligen Sitzverteilung* das Staatenprinzip gelten solle, welche jedoch nicht notwendigerweise erfüllt werden müsse.[492]

Eine derartige Argumentation ist als unzutreffend abzulehnen. Sie basiert auf einer oberflächlichen Lektüre der GOBR und lässt sich vor allem mit Blick auf deren Entstehungs- und Entwicklungsgeschichte nicht halten.

Zunächst lässt sich bereits aus der Binnensystematik des § 11 Abs. 2–4 GOBR erkennen, dass das Staatenprinzip bei der *anteiligen Sitzverteilung* auf der Bundesratsbank im Vermittlungsausschuss gelten soll. In § 11 Abs. 2 GOBR wird festgelegt, dass das Staatenprinzip für die *anteilige Sitzverteilung* in den Fachausschüssen gilt. § 11 Abs. 3 GOBR statuiert eine Pflicht der Bundesländer, dem Bundesratspräsidenten die Bestellungen und Abberufungen ihrer Fachausschussmitglieder mitzuteilen. In Anbetracht der Regelung in § 11 Abs. 2 GOBR kann diese Pflicht auch als Pflicht *aller* Bundesländer bezeichnet werden. Wenn § 11 Abs. 4 GOBR nun hinsichtlich der *anteiligen Sitzverteilung* auf der Bundesratsbank im Vermittlungsausschuss § 11 Abs. 3 GOBR für entsprechend anwendbar erklärt, kann auch hier von einer Mitteilungspflicht *aller* Bundesländer ausgegangen werden. Dieses setzt allerdings voraus, dass jedes Bundesland auf der Bundesratsbank im Vermittlungsausschuss vertreten ist, mithin im Lichte von § 1 GOVermA das Staatenprinzip gilt.

Für diese Sichtweise sprechen auch gesetzeshistorische Erwägungen. Die ursprüngliche Fassung der GOBR aus dem Jahre 1950 (GOBR 1950)[493] bestimmte nämlich in ihrem § 14 Abs. 2, dass jedes Bundesland in den Fachausschüssen des

490 Burghart, Die Zusammensetzung des Vermittlungsausschusses als Gegenstand einer Regelung der Geschäftsordnung (Art. 77 Abs. 2 S. 2 GG), DÖV 2005, 815, 817 f.; die Frage nach der notwendigen Geltung des Staatenprinzips nach *derzeitiger Regelungslage* darf nicht mit jener verwechselt werden, ob sich eine solche auch aus den noch zu erörternden materiellen Anforderungen an die Organisationsregeln des Vermittlungsausschusses ergibt, siehe dazu unten D. III. 4. c), V. 3. b) bb).

491 § 1 GOVermA ist gegenüber der Regelung der *anteiligen Sitzverteilung* (2. Stufe der Besetzungsregeln) insofern eine „vorgelagerte“ Vorschrift, als sie die *Mitgliederzahl* des Vermittlungsausschusses festlegt (1. Stufe).

492 Vgl. Burghart, aaO.

493 Geschäftsordnung für den Deutschen Bundesrat vom 8. November 1950, bekanntgemacht am 29. November 1950, BGBl. 1950 I, S. 768.

Bundesrates durch ein Bundesratsmitglied vertreten wird. In § 14 Abs. 4 GOBR 1950 wurde explizit angeordnet, dass das in § 14 Abs. 2 GOBR 1950 verankerte Staatenprinzip auch für die *anteilige Sitzverteilung* auf der Bundesratsbank des Vermittlungsausschusses zu gelten hatte.[494]

Es muss an dieser Stelle darauf hingewiesen werden, dass die Abstimmung über die GOBR 1950 in Einklang mit Art. 51 Abs. 2, 3 GG, 52 Abs. 3 S. 1 GG, § 27 GOBR erfolgte. Dadurch trat abermals eine Prinzipiendiskrepanz zwischen dem angewandten Abstimmungsprinzip (*gewichtetes Mehrheitsprinzip*) und dem Beschlussinhalt (Festlegung des *Staatenprinzips* für die *anteilige Sitzverteilung* auf der Bundesratsbank in § 14 Abs. 4 GOBR 1950) zu Tage.

Bei der Neufassung der GOBR im Jahr 1966 (GOBR 1966)[495] wurden die Besetzungsregeln für die Ausschüsse in § 11 GOBR 1966 verankert. Für die Fachausschüsse des Bundesrates wurde wiederum die Besetzung nach dem Staatenprinzip angeordnet (§ 11 Abs. 2 GOBR 1966). Eine entsprechende Geltung des Staatenprinzips für die *anteilige Sitzverteilung* auf der Bundesratsbank im Vermittlungsausschuss, so wie es zuvor durch den Verweis von § 14 Abs. 4 GOBR 1950 auf § 14 Abs. 2 GOBR 1950 angeordnet worden war, wurde hingegen nicht festgelegt. Aus dem entsprechenden Plenarprotokoll lässt sich jedoch keinesfalls erkennen, dass der Bundesrat das Staatenprinzip in diesem Regelungszusammenhang aufgeben wollte.[496] Der in § 11 Abs. 4 GOBR fehlende Verweis auf § 11 Abs. 2 GOBR kann insofern nur die Folge eines unbeachtlichen Redaktionsversehens sein. Deshalb steht einer Heranziehung bzw. einer entsprechenden Anwendung von § 11 Abs. 2 GOBR bei der *anteiligen Sitzverteilung* auf der Bundesratsbank im Vermittlungsausschuss nichts entgegen.[497]

Dass auch der Bundesrat offensichtlich keine Probleme im Zusammenhang mit der fehlenden (*expliziten*) Regelungsgrundlage ausgemacht hat, zeigt sich nicht zuletzt daran, dass er auch nach der Neufassung der GOBR im Jahre 1966 in ständiger Übung das Staatenprinzip angewandt hat. Ungeachtet der Diskussion um eine etwaig fehlende Regelungsgrundlage für die *anteilige Sitzverteilung* auf der Bundesratsbank, delegiert der Bundesrat in ständiger Anwendung des *Staatenprinzips* ein Bundesratsmitglied pro Bundesland in den Vermittlungsausschuss.

---

494 Die in der 5. Sitzung des Bundesrates am 20. Oktober 1949 beschlossene vorläufige Geschäftsordnung des Bundesrates, BR-Drucks. 50/49 vom 24. Oktober 1949, enthielt noch keine § 14 Abs. 4 GOBR 1950 entsprechende Regelung.

495 Beschlossen wurde die neugefasste GOBR in der 296. Sitzung des Bundesrates am 1. Juli 1966; die Bekanntmachung erfolgte am 27. Juli 1966, BGBl. 1966 I, S. 437.

496 Vgl. die Ausführungen des Berichterstatters für die Neufassung der Geschäftsordnung des Bundesrates, Staatsminister Dr. Heubl (Bayern), Stenographischer Bericht der 296. Sitzung des Bundesrates am 1. Juli 1966, S. 124, in denen sich keinerlei Hinweise darauf finden lassen, dass von dem bis dahin geltenden Staatenprinzip bei der anteiligen Sitzverteilung auf der Bundesratsbank im Vermittlungsausschuss (§ 14 Abs. 4 i.V.m. Abs. 3 GOBR 1950) durch die GOBR 1966 abgewichen werden sollte.

497 Ähnlich auch Hasselsweiler, S. 138.

Festzuhalten bleibt, dass in der GOBR eine *explizite* normative Grundlage für die *anteilige Sitzverteilung* auf der Bundesratsbank fehlt. Gleichwohl ist in der Vorschrift des § 11 Abs. 2 GOBR, die entsprechend angewandt werden kann, eine hinreichende Regelungsgrundlage zu erblicken. Alternativ ließe sich auch vertreten, dass sich jedenfalls aus der Gesamtschau der Besetzungsvorschriften für die Bundesratsbank, d.h. aus einer Kombination der Regeln zur *Mitgliederzahl* (§ 1 GOVermA) und denen zur *anteiligen Sitzverteilung* (§ 11 Abs. 2 GOBR analog) ergibt, dass die Besetzung nach dem Staatenprinzip erfolgen soll.

Daneben gilt es allerdings zu beachten, dass eine Prinzipiendiskrepanz zwischen dem *gewichteten Mehrheitsprinzip* als angewandtem Abstimmungsprinzip und dem Beschlussinhalt (Festlegung des *Staatenprinzips* für die *anteilige Sitzverteilung* auf der Bundesratsbank) jedenfalls bezüglich der Abstimmung über § 14 Abs. 4 GOBR 1950 bestand.

(2) Die Benennungspraxis der Bundesländer

Die *Einrichtung* der Bundesratsbank, d.h. die *Entsendung* ihrer Mitglieder, erfolgt qua Benennung durch die Bundesländer gemäß bzw. analog § 11 Abs. 2 i.V.m. Abs. 4 GOVermA.[498] Dabei benennen die Bundesländer auch die entsprechenden Stellvertreter (vgl. § 3 S. 1 GOVermA). Diese dürfen gemäß § 3 S. 3 GOVermA zwar nur dann an Sitzungen des Vermittlungsausschusses teilnehmen, „soweit eine Vertretung notwendig ist". Allerdings werden durch diese Vorschrift nach herrschender Meinung und gängiger Praxis im Vermittlungsausschuss keine erhöhten Anforderungen an den Grund für den Eintritt des Vertretungsfalles gestellt. Vielmehr genüge als solcher bereits die alleinige Abwesenheit des ordentlichen Mitglieds.[499] Dadurch wird den Landesregierungen die Möglichkeit einer häufigen Rochade ihrer Sitzungsteilnehmer eröffnet.

Diese Möglichkeit mag auf den ersten Blick recht banal erscheinen. Bei genauerem Hinsehen entpuppt sich der Gestaltungsspielraum, der den Landesregierungen dadurch erwächst, jedoch in zweierlei Hinsicht als sehr bedeutsam. Zum einen können die fachlichen Kompetenzen der Ländervertreter berücksichtigt werden,[500] indem in Abhängigkeit von dem im Vermittlungsausschuss zu verhandelnden Gegenstand das ordentliche Mitglied oder sein Stellvertreter an der Sitzung teilnimmt. Zum anderen kann den politischen Kräfteverhältnissen sowie der jeweiligen Koalitionskonstellation Rechnung getragen werden. So wird mitunter in

---

498 Siehe oben C. II. 2.

499 Dästner, GOVermA, S. 77 f.; H. Schäfer, Der Bundesrat, S. 77; von der Heide, DÖV 1953, 129, 130; Wessel, AöR 77 (1951/52), 283, 286; (wohl) a.A. Hasselsweiler, S. 135, der die „Verhinderung" des ordentlichen Mitglieds fordert, weil seines Erachtens nur dann eine „notwendige Stellvertretung" vorliegt.

500 Bauer, S. 128 ff. mit einer tabellarischen Übersicht zu den „Top-Vier" Fachressorts der Ländervertreter im Vermittlungsausschuss für den Zeitraum bis 1990; Dästner, GOVermA, S. 65.

Koalitionsvereinbarungen ausdrücklich festgehalten, dass der größere Koalitionspartner das ordentliche Mitglied, und der kleinere Koalitionspartner den Stellvertreter stellt.[501] Durch die abwechselnde Teilnahme von ordentlichem Mitglied und Stellvertreter an den Sitzungen des Vermittlungsausschusses kann dann sichergestellt werden, dass der kleinere Koalitionspartner stets am Vermittlungsverfahren beteiligt ist.[502]

b) Abstimmungsregeln

Die Abstimmungsregeln sind in der als „kleine Geschäftsordnung" ausgestalteten GOVermA[503] nur rudimentär geregelt. § 8 GOVermA bestimmt lediglich, dass der Vermittlungsausschuss „[...] seine Beschlüsse mit der Mehrheit der Stimmen seiner anwesenden Mitglieder [fasst]." Während der Ausarbeitung der GOVermA wurden Entwürfe diskutiert, die im Gegensatz dazu detailliertere Regelungen enthielten und u.a. ein Stichentscheidungsrecht des Ausschussvorsitzenden vorsahen, gegen welches sich aber letztlich entschieden wurde.[504] Im weiteren Verlauf wird gezeigt werden, dass aus diesem Grund mehrere Aspekte der Abstimmungsregeln ungeregelt bleiben bzw. sich Kritik ausgesetzt sehen.[505]

2. Anforderungsprolog: Die Diskussion um das verfassungsrechtliches Gebot der paritätischen Besetzung

§ 1 GOVermA sieht eine Besetzung des Vermittlungsausschusses mit je 16 Mitgliedern des Bundestages und des Bundesrates vor. Dieses paritätische Besetzungsprinzip war bereits im Vorschlag des Juristischen Ausschusses der Ministerpräsidenten aus dem Jahre 1949 enthalten[506] und wurde sowohl für die vorläufige GOVermA als auch für die endgültige GOVermA übernommen.[507]

Anders als § 1 GOVermA schweigt sich das Grundgesetz zur Besetzung des Vermittlungsausschusses aus. Aus diesem Grund herrscht Uneinigkeit darüber, ob eine paritätische Besetzung des Vermittlungsausschusses geboten ist, oder ob nicht auch

---

501 Bauer, S. 128; Dästner, aaO.

502 Bauer, S. 128, 320 ff., der für den Zeitraum bis 1990 festgestellt hat, dass diese Abwechslungspraxis dem Regelfall entsprach und seinen Befund auf eine übersichtlich dargestellte Analyse der Teilnehmerliste gründet.

503 Siehe dazu oben C. II. 1.

504 Dästner, GOVermA, S. 43, 49, 131.

505 Siehe unten D. III. 3. a) dd).

506 Büro der Ministerpräsidenten des amerikanischen, britischen und französischen Besatzungsgebietes (Hrsg.), Empfehlungen des Juristischen Ausschusses der Ministerpräsidenten, 1949, Anlage 4, Nr. 3, abgedruckt bei Dästner, GOVermA, S. 32, 34 f.

507 Zur Entstehungsgeschichte der GOVermA siehe oben C. II. 1. Fn. 137; vgl. zur Übernahme des Vorschlags des Juristischen Ausschusses der Ministerpräsidenten in der endgültigen GOVermA auch Wessel, AöR 77 (1951/1952), 283, 285.

eine disparitätische Besetzung denkbar wäre. Bevor dieser Frage nachgegangen werden kann, ist zunächst ihre praktische Relevanz zu klären.

Soweit ersichtlich, wird eine Abkehr von der paritätischen Besetzung des Vermittlungsausschusses bis dato ausschließlich zugunsten des Bundestages in Form der alleinigen Vergrößerung der Bundestagsbank im Vermittlungsausschuss diskutiert.[508] Da die paritätische Besetzung derzeit (nur) in § 1 GOVermA festgeschrieben ist, wäre eine Abkehr von ihr nur durch eine Änderung der GOVermA möglich, welche gemäß Art. 77 Abs. 2 S. 2 GG der Zustimmung des Bundesrates bedürfte. Es mag eher unwahrscheinlich erscheinen, dass der Bundesrat einer Änderung der GOVermA, die zu seinen Lasten gehen würde, zustimmen würde.[509] Aus diesem Grund könnte man der Diskussion um die Gebotenheit der paritätischen Besetzung bereits im Ansatz ihre praktische Relevanz absprechen bzw. diese zumindest in Frage stellen.

In diesem Fall würde jedoch verkannt, dass die Vergrößerung der Bundestagsbank im Vermittlungsausschuss bei entsprechend knappen Mehrheitsverhältnissen im Bundestag als attraktives Korrektiv zur Wahrung des Mehrheitsprinzips daherkommen kann.

Man stelle sich folgendes hypothetisches Szenario vor: Im Bundestag verfügen die Fraktionen von SPD und GRÜNE wie nach der Bundestagswahl im Jahre 2002 über eine derart knappe Mehrheit an Sitzen, dass es unter Anwendung aller gängigen Zählverfahren auf der Bundestagsbank im Vermittlungsausschuss zu einem Patt zwischen Regierungskoalition und Opposition kommt.[510] Acht Bundesländer werden von einer „rot-grünen" Landesregierung geführt, die übrigen acht Bundesländer sind „schwarz-gelb-" bzw. „blau-gelb-regiert." Die „rot-grünen" Bundesländer weisen dabei eine höhere Einwohnerzahl auf, was dazu führt, dass die „rot-grünen" Landesregierungen gemäß Art. 51 Abs. 2, 3 GG über mehr Sitze bzw. Stimmen im Bundesrat verfügen. Zusammengefasst: „Rot-Grün" verfügt zwar über eine Stimmenmehrheit im Bundestag und auch im Bundesrat, muss sich aber dennoch mit einem Patt im Vermittlungsausschuss zufrieden geben.

Unter diesen Umständen könnte „Rot-Grün" versucht sein, mittels ihrer Bundestagsmehrheit eine Änderung der GOVermA in Form der alleinigen Vergrößerung der Bundestagsbank im Vermittlungsausschuss zu beschließen (gemäß Art. 77 Abs. 2 S. 2, 42 Abs. 2 S. 1 GG genügt die einfache Stimmenmehrheit), welcher die „rot-grüne" Bundesratsmehrheit dann zustimmt (gemäß Art. 77 Abs. 2 S. 2, 52 Abs. 3 S. 1, 2 GG genügt ebenfalls die einfache Stimmenmehrheit[511]). Der Anreiz zur Sicherstellung

---

508 Siehe sogleich unten D. III. 2. a).

509 So Stellungnahme von Danwitz, S. 10, Wortprotokoll der 32. Sitzung des Ausschusses für Wahlprüfung, Immunität und Geschäftsordnung – Geschäftsordnungsangelegenheiten – am 17. Februar 2005.

510 Vgl. zu dem Szenario von 2002 die einleitenden Ausführungen oben unter A. sowie die ausführliche Darstellung unten unter D. III. 4. b) dd).

511 Zu der Prinzipiendiskrepanz, die bei der Abstimmung über die GOVermA im Bundesrat nach dem gewichteten Mehrheitsprinzip gemäß Art. 77 Abs. 2 S. 2 GG, 52 Abs. 3. S. 1, 2 GG entsteht, siehe sogleich unten D. III. 3. c) aa).

einer partei- bzw. lagerpolitischen Mehrheit im Vermittlungsausschuss könnte vor dem Hintergrund des bereits skizzierten *politischen Gruppenverhaltens*[512] umso größer sein, als dass dieses zur Folge hat, dass im Vermittlungsausschuss die Konfliktlinien zunehmend nicht mehr entlang der *Kammergrenzen*,[513] sondern vielmehr entlang der *Partei*-bzw. *Lagergrenzen*[514] verlaufen.[515]

Nachdem die praktische Relevanz der Frage nach der Gebotenheit der paritätischen Besetzung des Vermittlungsausschusses somit geklärt wurde, sollen im Folgenden die widerstreitenden Ansichten zu dieser Frage dargestellt und erörtert werden.

a) Gebotenheit der paritätischen Besetzung

Von der ganz überwiegenden Anzahl an Autoren wird eine paritätische Besetzung des Vermittlungsausschusses zu Recht für geboten erachtet. Unterschiede ergeben sich innerhalb dieser Gruppe an Befürwortern der paritätischen Besetzung lediglich insofern, als dass einige Autoren diese als verfassungsrechtlich zwingend erachten,[516] während andere die paritätische Besetzung aufgrund von Zweckmäßigkeits- oder Sachdienlichkeitserwägungen für geboten halten.[517] Ungeachtet dieser

512 Siehe oben B. I.

513 Bundestag versus Bundesrat.

514 Regierungsfraktion(en) mit parteipolitisch dazugehörigen Ländervertretern versus Oppositionsfraktion(en) mit parteipolitisch dazugehörigen Ländervertretern.

515 Ausführlich zu den Auswirkungen des politischen Gruppenverhaltens auf das Verfahren im Vermittlungsausschuss unten D. IV. 2.

516 Axer, S. 65; *Dietlein*, in: BeckOK-GG, Art. 77 Rn. 29.1; *ders.*, in: Schneider/Zeh, Parlamentsrecht, § 57 Rn. 3; *Masing*, in: von Mangoldt/Klein/Starck, Bd. 2, Art. 77 Rn. 67; Stellungnahme Badura, S. 7, Wortprotokoll der 32. Sitzung des Ausschusses für Wahlprüfung, Immunität und Geschäftsordnung – Geschäftsordnungsangelegenheiten – am 17. Februar 2005; Stellungnahme Robbers, S. 14, Wortprotokoll der 32. Sitzung des Ausschusses für Wahlprüfung, Immunität und Geschäftsordnung – Geschäftsordnungsangelegenheiten – am 17. Februar 2005, der zusätzlich auf den Sinn und Zweck (Aushandeln eines Kompromisses) verweist; Stellungnahme von Danwitz, S. 10, Wortprotokoll der 32. Sitzung des Ausschusses für Wahlprüfung, Immunität und Geschäftsordnung – Geschäftsordnungsangelegenheiten – am 17. Februar 2005.

517 *Jekewitz*, in: AK-GG, Bd. 2, Art. 77 Rn. 22; *Pieroth*, in: Jarass/Pieroth, Art. 77 Rn. 10; *Steiger*, in: Schneider/Zeh, Parlamentsrecht, § 26 Rn. 31. Unklarheit, ob ein verfassungsrechtlicher Zwang zur paritätischen Besetzung angenommen oder (nur) eine Beibehaltung aufgrund von Zweckmäßigkeits- oder Sachdienlichkeitserwägungen gefordert wird, besteht bei den Aussagen von *Bryde*, in: von Münch/Kunig, Art. 77 Rn. 12 („*Sinn* der Regelung *verlangt* Parität"), wo die Verwendung des Verbs „verlangen" für die Annahme eines entsprechenden verfassungsrechtlichen Zwangs spricht, was jedoch aufgrund des Abstellens auf den „Sinn" nicht eindeutig festgestellt werden kann; Meyer, in: FS Dieter Simon, S. 405, 406 und Opfermann, in: FS Böckenförde, S. 177, 189, welche die paritätische Besetzung aus der „Natur der Sache" herleiten sowie *Hömig*, in: Hömig/Wolff, Art. 77 Rn. 8, der

geringfügigen Unterschiede stützen sich sämtliche Befürworter auf die gleichen durchschlagenden Argumente.

Das Grundgesetz geht nämlich – in Konkretisierung des Gleichgewichts von Demokratie- und Bundesstaatsprinzip[518] – von einer Gleichrangigkeit von Bundestag und Bundesrat aus.[519] Eine disparitätische Besetzung des Vermittlungsausschusses würde aber einem der beiden Verfassungsorgane ein Übergewicht im Gesetzgebungsverfahren einräumen, was mit der genannten verfassungsrechtlichen Gleichrangigkeit nicht zu vereinbaren wäre.[520]

Des Weiteren liegt die Gebotenheit der paritätischen Besetzung in der Aufgabe bzw. Funktion des Vermittlungsausschusses, nämlich der Herbeiführung eines Ausgleiches zwischen Bundestag und Bundesrat,[521] begründet. Zu diesem Zweck legt Art. 77 Abs. 2 GG zwar nicht *„ausdrücklich"* eine paritätische Besetzung fest,[522] verlangt allerdings eine *gemeinsame* Beratung (Art. 77 Abs. 2 S. 1 GG).[523] Bei einer gemeinsamen Beratung, die, so wie das Vermittlungsverfahren, der Kompromissfindung zwischen zwei Parteien dienen soll,[524] müssen diese sich auf Augenhöhe befinden. Deshalb entspricht eine paritätische Besetzung des Vermittlungsausschusses dem Sinn und Zweck des Vermittlungsverfahrens[525] und ist zu befürworten.[526]

Zu guter Letzt wird das Schweigen des Grundgesetzes zu der Frage nach der paritätischen Besetzung vielfach so interpretiert, dass dem Verfassungsgeber diese

feststellt, dass der Vermittlungsausschuss „[e]ntsprechend [seiner] Funktion [...] paritätisch besetzt [ist]."

518 *Dietlein*, in: Schneider/Zeh, Parlamentsrecht, § 57 Rn. 3; Stellungnahme von Danwitz, S. 10, Wortprotokoll der 32. Sitzung des Ausschusses für Wahlprüfung, Immunität und Geschäftsordnung – Geschäftsordnungsangelegenheiten – am 17. Februar 2005.

519 Stellungnahme Robbers, S. 14, Wortprotokoll der 32. Sitzung des Ausschusses für Wahlprüfung, Immunität und Geschäftsordnung – Geschäftsordnungsangelegenheiten – am 17. Februar 2005, der zusätzlich auf den Sinn und Zweck (Aushandeln eines Kompromisses) verweist; vgl. auch Stellungnahme Wieland, S. 4, Wortprotokoll der 32. Sitzung des Ausschusses für Wahlprüfung, Immunität und Geschäftsordnung – Geschäftsordnungsangelegenheiten – am 17. Februar 2005; siehe zu der Gleichrangigkeit von Bundestag und Bundesrat auch noch sogleich unten D. III. 2. b).

520 Stellungnahme Robbers, aaO.

521 *Dietlein*, in: BeckOK-GG, Art. 77 Rn. 29.1; vgl. auch *Masing*, aaO.

522 Axer, S. 65.

523 Axer, aaO; Stellungnahme Badura, S. 7, Wortprotokoll der 32. Sitzung des Ausschusses für Wahlprüfung, Immunität und Geschäftsordnung – Geschäftsordnungsangelegenheiten – am 17. Februar 2005.

524 Siehe dazu oben C. II. 2. a) bb) (1).

525 Bergkemper, S. 145; *Pieroth*, aaO; vgl. auch *Jekewitz*, aaO.

526 Vgl. Axer, aaO; Stellungnahme Badura, aaO; *Dietlein*, aaO; *Masing*, aaO; ähnlich *Sannwald*, in: Schmidt-Bleibtreu/Hofmann/Henneke, Art. 77 Rn. 19, der eine paritätische Besetzung für „sachdienlich" hält.

offenkundig selbstverständlich erschien[527] und er sich deshalb mit einem entsprechenden Hinweis im Verfassungstext durch die Qualifizierung als *gemeinsamer* Ausschuss begnügt hat.[528]

b) Dispositivität der paritätischen Besetzung

Vereinzelte Stimmen in der Literatur halten eine zahlenmäßig ungleiche Besetzung der Bundestags- und Bundesratsbänke im Vermittlungsausschuss für problemlos möglich.

So wird aus der Tatsache, dass in Art. 77 Abs. 2 GG weder die paritätische Besetzung niedergelegt noch eine Aussage über die Mitgliederzahl des Vermittlungsausschusses getroffen wird, gefolgert, dass die Bundestagsbank vergrößert werden könnte, ohne dass gleiches mit der Bundesratsbank geschehen müsste.[529] Auch die Kompromisssuche als Zweck des Vermittlungsverfahrens tauge nicht als Begründung für die Gebotenheit einer paritätischen Besetzung.[530] Ein Kompromiss könne ebenso bei zahlenmäßig ungleicher Besetzung der Bundestags- und Bundesratsbänke gelingen, da die Mitglieder des Vermittlungsausschusses gemäß Art. 38 Abs. 1 S. 2, Art. 77 Abs. 2 S. 3 GG keinen Weisungen unterliegen würden.[531] Die Befürworter der Dispositivität der paritätischen Besetzung verkennen bei dieser Argumentation, dass ein genuiner Kompromiss nur dann zustande kommen kann, wenn beide an der Kompromissfindung beteiligten Parteien im gleichen Maße nachgeben müssen. Dies setzt voraus, dass sich die Parteien auf Augenhöhe befinden, was im Vermittlungsausschuss durch eine paritätische Besetzung sichergestellt werden kann. Im Übrigen kann der Hinweis auf die fehlende Weisungsabhängigkeit der Mitglieder des Vermittlungsausschusses in Anbetracht des bereits skizzierten *politischen Gruppenverhaltens*[532] nicht überzeugen.[533] Auch wird bei vorgenannter Argumentation die Bedeutung des Art. 77 Abs. 2 S. 1 GG insofern ignoriert, als dass dieser von einer *gemeinsamen* Beratung von Bundestag und Bundesrat spricht, was ebenfalls auf die Gebotenheit einer Gleichberechtigung im Vermittlungsausschuss hindeutet.

Des Weiteren wird die paritätische Besetzung für dispositiv gehalten, da sie nicht in Fortführung des verfassungsrechtlichen Institutionsgefüges, d.h. der Gleichberechtigung von Bundestag und Bundesrat, geboten sei. Die Verfassung ginge

---

527 Axer, S. 65; *Masing*, aaO; Stein, NVwZ 2003, 557, 558; vgl. auch Opfermann, in: FS Böckenförde, S. 177, 179.

528 *Kluth*, in: HStR III, 3. Auflage, § 60 Rn. 12.

529 *Kersten*, in: Maunz/Dürig, Bd. V, Art. 77 Rn. 35; Stellungnahme Jestaedt, S. 6, Wortprotokoll der 32. Sitzung des Ausschusses für Wahlprüfung, Immunität und Geschäftsordnung – Geschäftsordnungsangelegenheiten – am 17. Februar 2005.

530 *Kersten*, in: Maunz/Dürig, Bd. V, Art. 77 Rn. 35.

531 *Kersten*, aaO.

532 Siehe oben B. I.

533 Ausführlich zu den Auswirkungen des politischen Gruppenverhaltens auf das Verfahren im Vermittlungsausschuss unten D. IV. 2.

nämlich – insbesondere in Bezug auf das Gesetzgebungsverfahren – gerade nicht von einer solchen Gleichberechtigung aus.[534] Vielmehr würde das Grundgesetz in Art. 77 Abs. 1 S. 1 den Bundestag zum zentralen Gesetzgebungsorgan erklären, während es den Bundesländern gemäß Art. 50 Abs. 1 nur eine Mitwirkungsbefugnis an der Bundesgesetzgebung zugestehe.[535] Deshalb sei der Bundesrat „keine dem Bundestag gleichberechtigte ‚Zweite Kammer'".[536] Die daraus resultierende Präponderanz des Bundestages gegenüber dem Bundesrat finde seinen Niederschlag auch in Art. 77 Abs. 2 S. 2 GG, der hinsichtlich der GOVermA statuiert, dass diese vom Bundestag beschlossen wird und anschließend nur noch der Zustimmung durch den Bundesrat bedarf.[537] Es sei nach alledem von einer verfassungsrechtlichen Asymmetrie zwischen Bundestag und Bundesrat auszugehen, die eine ungleiche Besetzung der Bundestags- und Bundesratsbänke im Vermittlungsausschuss ohne Weiteres zulassen würde.[538]

Die vorgenannten Argumente zur Begründung der angeblich fehlenden Gleichberechtigung von Bundestag und Bundesrat sind allerdings nicht überzeugend. Die Befugnis des Bundestages, die GOVermA gemäß Art. 77 Abs. 2 S. 2 GG zu beschließen, steht einer Gleichrangigkeit von Bundestag und Bundesrat – jedenfalls bezüglich der Besetzung des Vermittlungsausschusses[539] – nicht entgegen. Zum einen erlaubt der Inhalt des Bundestagsbeschlusses, nämlich die vornehmlich als Binnenrecht wirkende[540] GOVermA, kaum Rückschlüsse auf grundlegende verfassungsrechtliche Wertungen. Zum anderen ist der Beschluss des Bundestages lediglich der erste Schritt bei der Kreation der GOVermA; ohne die Zustimmung des Bundesrates kann die GOVermA nicht wirksam entstehen (Art. 77 Abs. 2 S. 2 GG), was insofern für eine Gleichrangigkeit von Bundestag und Bundesrat im Kreationsprozedere rund um die GOVermA spricht. Darüber hinaus kann die Gleichrangigkeit auch aus dem „einseitigen Kündigungsrecht" beider Kammern in Bezug auf die GOVermA (§ 13 GOVermA)[541] gefolgert werden.

Die Gleichrangigkeit von Bundestag und Bundesrat hinsichtlich der Besetzung des Vermittlungsausschusses lässt sich auch nicht mit der Behauptung, dass der Bundestag gemäß Art. 77 Abs. 1 S. 1 GG zentrales Gesetzgebungsorgan sei, in Zweifel ziehen. Denn gemäß der Binnenstruktur von Art. 77 Abs. 2–4 GG kommt dem Vermittlungsausschuss nur bei Zustimmungsgesetzen eine wirklich tragende

534 *Kersten*, aaO.

535 *Kersten*, aaO.

536 *Kersten*, aaO.

537 *Kersten*, aaO.

538 *Kersten*, aaO.

539 Auf die Frage, ob Bundestag und Bundesrat nach der Konzeption des Grundgesetzes *schlechthin* gleichberechtigt sind, muss und soll an dieser Stelle nicht eingegangen werden.

540 Vgl. Achterberg, Parlamentsrecht, S. 59; ausführlich mit teilweise a.A. Schwerin, S. 75 ff.

541 Siehe dazu oben C. II. 1. sowie auch C. II. 2. a) aa).

Rolle zu. In Bezug auf die Zustimmungsgesetze sind Bundestag und Bundesrat jedoch unstreitig gleichberechtigte Akteure im Gesetzgebungsverfahren.[542] Konsequenterweise müssen Bundestag und Bundesrat auch im Vermittlungsverfahren gleichberechtigt sein, was durch die paritätische Besetzung des Vermittlungsausschusses sicherzustellen ist.

3. Formelle Anforderungen (Regelungsebene)

Die vorgelagerte materiell-rechtliche Frage zu der Organisation des Vermittlungsausschusses ist beantwortet worden: die paritätische Besetzung muss beibehalten werden. Es schließt sich nun zwangsläufig die Folgefrage an, *wo* die Organisationsregeln niedergeschrieben werden sollten.

Derzeit sind diese Regelungen auf drei Ebenen verteilt. In Art. 77 Abs. 2 S. 2 GG findet sich der Gestaltungsauftrag an die GOVermA, die „Zusammensetzung" zu regeln; in § 1 GOVermA werden *Mitgliederzahl* und paritätische Besetzung festgeschrieben; Bundestag und Bundesrat bestimmen kraft ihrer *Regelungsprärogative* über die *anteilige Sitzverteilung* auf den jeweiligen Bänken im Vermittlungsausschuss;[543] und ebenfalls in der GOVermA sind letztlich die Abstimmungsregeln niedergelegt (§ 8 GOVermA).

Angesichts der grundlegenden Verankerung des Vermittlungsausschusses in Art. 77 Abs. 2 GG erscheint es jedoch erwägenswert, die paritätische Besetzung und die *Mitgliederzahl* im Grundgesetz festzuschreiben. Ebenso könnte die *anteilige Sitzverteilung* auf den jeweiligen Bänken möglicherweise in der Verfassung geregelt bzw. zumindest der *Regelungsprärogative* des Bundestages und des Bunderates entzogen werden müssen. Auch die Abstimmungsregeln könnten, nicht zuletzt aufgrund ihrer möglichen Unvollkommenheit, von der GOVermA auf andere Regelungsebene verlagert werden müssen. Im Zusammenhang mit diesen Fragestellungen sind mehrere – weitestgehend ungeklärte – problembehaftete Aspekte zu berücksichtigen.

a) Allgemeine Probleme

Zunächst einmal lassen sich vier solcher Aspekte identifizieren, die insofern allgemeiner Natur sind, als dass sie im Zusammenhang mit den formellen Anforderungen an die Organisationsregeln für beide Bänke des Vermittlungsausschusses auftauchen.

---

542 Statt vieler siehe *Th. Puhl*, in: HStR III, 3. Auflage, § 48 Rn. 22; vgl. auch *Herzog*, in: HStR III, 3. Auflage, § 57 Rn. 30, § 58 Rn. 6 f. sowie Möllers, JURA 2010, 401 f.

543 Siehe zum Status quo der Besetzungsregeln des Vermittlungsausschusses bereits oben D. III. 1. a). Über die normativen Grundlagen der *anteiligen Sitzverteilung* auf der Bundestags- und Bundesratsbank besteht Uneinigkeit, siehe oben D. III. 1. a) aa), bb).

aa) Rechtsnatur und (fehlende) Geschäftsordnungsautonomie

Zunächst kann man sich der Frage nach der passenden Regelungsebene für die Organisationsregeln des Vermittlungsausschuss unter Betrachtung von dessen Rechtsnatur nähern. Diese Rechtsnatur ist bereits erörtert worden.[544] Dabei wurde aufgezeigt, dass die fehlende Geschäftsordnungsautonomie des Vermittlungsausschusses (vgl. Art. 77 Abs. 2 S. 2 GG) häufig als *Argument für oder wider* eine bestimmten Rechtsnatur ins Feld geführt wird.[545] Spiegelbildlich dazu lässt sich die fehlende Geschäftsordnungsautonomie allerdings auch als *Folge* der Rechtsnatur des Vermittlungsausschusses begreifen. Schließlich kommt es als verfassungsrechtliche Selbstverständlichkeit daher, dass sich Verfassungsorgane ihre Organisationsregeln selber geben können, mithin stets über eine Geschäftsordnungsautonomie verfügen.[546] Nach hier vertretener Ansicht zählt der Vermittlungsausschuss gerade nicht zu den Verfassungsorganen.[547] Es ist also ausgeschlossen, dass sich der Vermittlungsausschuss qua seiner Rechtsnatur selber eine Geschäftsordnung gibt, in welcher er seine eigene Organisation regelt.

Andererseits bestehen ebenfalls gravierende Unterschiede zwischen dem Vermittlungsausschuss und den Parlamentsausschüssen von Bundestag und Bundesrat.

Zunächst divergieren Funktion und Bedeutung des Vermittlungsausschusses einerseits und die der Parlamentsausschüsse andererseits.[548]

Außerdem müssen die pauschal in Art. 42 Abs. 3, 43 Abs. 2 S. 1, 46 Abs. 1 S. 1 GG bzw. Art. 52 Abs. 4, 53 S. 1 GG erwähnten Parlamentsausschüsse die *Bildungs-*, *Errichtungs-* und *Einrichtungs*kompetenz von Bundestag und Bundesrat als Bestandteil derer alleinigen Geschäftsordnungskompetenz erdulden.[549] Und auch die in Art. 45, 45a und 45c GG verankerten Ausschüsse unterfallen der alleinigen (teilweisen) *Errichtungs-* und *Einrichtungs*kompetenz des Bundestages.[550] Der Vermittlungsausschuss muss hingegen nur hinsichtlich der *anteiligen Sitzverteilung* eine alleinige *Errichtungs*kompetenz von Bundestag und Bundesrat erdulden.[551] Im Übrigen unterliegt er nur einer gemeinschaftlichen teilweisen *Errichtungs*kompetenz von Bundestag und Bundesrat sowie jeweils deren alleiniger *Einrichtungs*kompetenz.[552]

Die Parlamentsausschüsse müssen die Geschäftsordnungskompetenz der ihnen übergeordneten Organe folglich in einem stärkeren Maße ertragen als der Vermittlungsausschuss.[553] Die abgestufte Verteilung der Organisationsregeln des

544 Siehe oben C. II. 2.
545 Siehe dazu vor allem oben C. II. 2. a), c).
546 Siehe oben C. I. 1.
547 Siehe oben C. II. 2. c).
548 Siehe oben C. II. 2. a) bb) (1).
549 Siebe oben C. I. 1. b).
550 Siebe oben C. I. 1. b).
551 Siehe oben C. II. 2. d) cc), D. III. 1. a).
552 Siehe oben C. II. 2. d).
553 Für die grundsätzliche Unterscheidung zwischen parlamentarischen Geschäftsordnungen und den Geschäftsordnungen untergeordneter Organe siehe Bernau,

Vermittlungsausschusses ist eine Folge dessen und scheint mit der herausgehobenen Bedeutung des Vermittlungsausschusses gegenüber den Parlamentsausschüssen zunächst in Einklang zu stehen.

Allerdings bedeutet die abgestufte Verteilung der Organisationsregeln nicht nur, dass sie selber in ihrer Gesamtheit, sondern auch die *Errichtungs*regeln des Vermittlungsausschusses auf drei verschiedenen Regelungsebenen zu finden sind: die Bestimmung des Zuständigkeitsbereichs im Grundgesetz, die Festlegung der *Mitgliederzahl* (1. Stufe der Besetzungsregeln) sowie die Niederlegung der Abstimmungsregeln in der GOVermA und schließlich die Regelung der *anteiligen Sitzverteilung* (2. Stufe der Besetzungsregeln) in der GOBT bzw. der GOBR.

Diese in zweifacher Hinsicht abgestufte Regelverteilung ist letztlich eine Folge der fehlenden Geschäftsordnungsautonomie des Vermittlungsausschusses. Sie birgt nicht nur die Gefahr der Unübersichtlichkeit, sondern erzeugt in Anbetracht der Bedeutung und Selbständigkeit des Vermittlungsausschusses gegenüber dem Bundestag und dem Bundesrat ein gewisses „Störgefühl".

bb) Die paritätische Besetzung als Konkretisierung eines Verfassungsprinzipienausgleichs

Die Niederlegung der gebotenen paritätischen Besetzung des Vermittlungsausschusses[554] auf Verfassungsebene ließe sich mit der Erwägung, dass Bundestag und Bundesrat nach der Konzeption des Grundgesetzes *schlechthin* gleichberechtigt seien,[555] ablehnen. Die Gleichberechtigung würde nach dieser Lesart dem verfassungsrechtlich gebotenen Ausgleich von Demokratie- und Bundesstaatsprinzip (Art. 20 Abs. 1, 79 Abs. 3 GG) dienen und würde in der paritätischen Besetzung des Vermittlungsausschusses lediglich ihre Konkretisierung finden.[556] Vor diesem

S. 40 f., der die GOVermA bei seiner Untersuchung allerdings unberücksichtigt lässt, da er den Vermittlungsausschuss nicht als Verfassungsorgan begreift, S. 5.

554 Siehe oben D. III. 2.

555 *Korioth*, in: von Mangoldt/Klein/Starck, Bd. 2, Art. 50 Rn. 11; Leibholz/Hesselsberger, Die Stellung des Bundesrates und das demokratische Parteiensystem in der Bundesrepublik Deutschland, in: Bundesrat (Hrsg.), Der Bundesrat als Verfassungsorgan und politische Kraft: Beiträge zum fünfundzwanzigjährigen Bestehen des Bundesrates der Bundesrepublik Deutschland, Bad Honnef/Darmstadt 1974, S. 99, 103; vgl. auch Stellungnahme Robbers, S. 14, Wortprotokoll der 32. Sitzung des Ausschusses für Wahlprüfung, Immunität und Geschäftsordnung – Geschäftsordnungsangelegenheiten – am 17. Februar 2005, demzufolge die „Gleichrangigkeit der Institutionen [...] vom Grundgesetz vorgesehen [ist]"; a.A. bemerkenswerterweise *Robbers*, in: Sachs, Art. 50 Rn. 10, wonach dem Bundesrat der „zweite[...] Platz" hinter dem Bundestag zugewiesen sei.

556 Vgl. *Dietlein*, in: Schneider/Zeh, Parlamentsrecht, § 57 Rn. 3; Stellungnahme von Danwitz, S. 10, Wortprotokoll der 32. Sitzung des Ausschusses für Wahlprüfung, Immunität und Geschäftsordnung – Geschäftsordnungsangelegenheiten – am 17. Februar 2005.

Hintergrund erschiene sodann hinsichtlich der Frage nach der Regelungsebene für die Besetzungsregelungen des Vermittlungsausschusses folgende Argumentation denkbar: Als ungeschriebene Konkretisierung des Ausgleichs zweier Verfassungsprinzipien könnte die paritätische Besetzung, genauso wie ungeschriebene Verfassungsprinzipien an sich, geschriebenen Verfassungsnormen gleichstehen.[557] Die in § 1 GOVermA statuierte paritätische Besetzung würde also gewissermaßen einen verfassungsrechtlichen Bestandsschutz genießen, so dass sie nicht im Grundgesetz festgeschrieben werden müsste.

Eine solche Argumentation ließe sich aufgrund eines doppelten *Erst-recht-Schlusses* jedoch nicht halten. Bereits einfachgesetzliche Normen, die ein *Verfassungsprinzip an sich* konkretisieren, sind Änderungen grundsätzlich jederzeit zugänglich.[558] Wenn nun eine einfachgesetzliche Norm nur dem *Ausgleich zweier Verfassungsprinzipien* dient, muss diese Norm Änderungen *erst recht* zugänglich sein. Handelt es sich bei der „Ausgleichsnorm" nicht um eine einfachgesetzliche, sondern um eine geschäftsordnungsrechtliche Vorschrift, kann diese abermals *erst recht* geändert werden. Die paritätische Besetzung ist derzeit in § 1 GOVermA niedergelegt. Selbst wenn man diese Vorschrift nach oben genanntem Begründungsmuster als Konkretisierung des Ausgleichs zweier Verfassungsprinzipien begreift, so ist sie demnach als geschäftsordnungsrechtliche Norm Änderungen trotzdem jederzeit zugänglich.

Das Bedürfnis danach, die paritätische Besetzung des Vermittlungsausschusses im Grundgesetz festzuschreiben, lässt sich somit jedenfalls nicht mit der Erwägung, dass sie dem Ausgleich zweier Verfassungsprinzipien diene, verneinen.

cc) Die Besetzungsregeln des Vermittlungsausschusses als Regelungsgegenstand der GOVermA

Die vielschichtige Struktur der Organisationsregeln des Vermittlungsausschusses wird von den wenigen Autoren, die sich überhaupt mit ihr auseinandersetzen, ganz überwiegend nicht beanstandet.[559] Allerdings wird dabei insbesondere die autonome *Regelungsprärogative* des Bundestages und des Bundesrates für die *anteilige Sitzverteilung* auf ihren jeweiligen Bänken (2. Stufe der Besetzungsregeln) teilweise ohne nähere Begründung befürwortet.[560]

Vereinzelt wird diese *Regelungsprärogative* jedoch in Frage gestellt. Von den Autoren, auf die dieses zutrifft, wird zunächst die Festlegung der *Mitgliederzahl* (1. Stufe

557 Vgl. zur Gleichrangigkeit von ungeschriebenen Verfassungsprinzipien mit geschriebenen Verfassungsnormen Reimer, Verfassungsprinzipien: Ein Normtyp im Grundgesetz, Berlin 2001, S. 52 ff., 249 ff. sowie Wolff, Ungeschriebenes Verfassungsrecht unter dem Grundgesetz, Tübingen 2000, S. 4.

558 Reimer, S. 311.

559 Vgl. z.B. *Kersten*, in: Maunz/Dürig, Bd. V, Art. 77 Rn. 36; *Bryde*, in: von Münch/Kunig, Art. 77 Rn. 12.

560 Vgl. *Bryde*, aaO.

der Besetzungsregeln) in der GOVermA befürwortet, so wie es derzeit der Fall ist.[561] Obendrein wird von ihnen auch die Kodifizierung der *anteiligen Sitzverteilung* auf den beiden Bänken des Vermittlungsausschusses in der GOVermA gefordert,[562] was vom Bundesverfassungsgericht zumindest für möglich gehalten wird.[563] Diese Forderung wird jedoch auf verschiedene Erwägungen gestützt, die letztlich allesamt nicht überzeugen können.

(1) Wortlaut von Art. 77 Abs. 2 S. 2 GG

So sei der Begriff „Zusammensetzung“ (die gemäß Art. 77 Abs. 2 S. 2 GG von der GOVermA geregelt werden muss) sehr weit zu verstehen, weshalb auch die Modalitäten der *anteiligen Sitzverteilung* auf der Bundestags- und Bundesratsbank unter diesen Begriff fallen würden.[564] Bei der Anführung dieses Wortlautargumentes wird jedoch verkannt, dass dem Begriff „Zusammensetzung“ vor allem ein hohes Maß an Abstraktion inhärent ist, und somit gerade nicht die Regelung einer konkreten Sitzverteilung mit einschließt.[565]

(2) Systematischer Vergleich mit Art. 53a Abs. 1 GG

Des Weiteren spreche ein systematischer Vergleich von Art. 77 Abs. 2 S. 2 GG mit Art. 53a Abs. 1 GG für die Festlegung der *Mitgliederzahl* in der GOVermA.[566] So werde für den Gemeinsamen Ausschuss die *Mitgliederzahl* (Art. 53a Abs. 1 S. 1 i.V.m. S. 3 GG), das Stärkeverhältnis von Bundestag und Bundesrat zueinander (Art. 53a Abs. 1 S. 1 GG) sowie die *anteilige Sitzverteilung* auf die Bundestagsvertreter nach dem Stärkeverhältnis der Fraktionen (Art. 53a Abs. 1 S. 2 GG) von der Verfassung bestimmt.[567] In Einklang mit dieser hohen Regelungsdichte schreibe Art. 53a Abs. 1 S. 4 GG dann folgerichtig nur noch vor, dass die Geschäftsordnung des Gemeinsamen Ausschusses (GOGemA) die „Bildung“, nicht die „Zusammensetzung“, des Gemeinsamen Ausschusses regeln soll.[568] Hieraus sei für Art. 77 Abs. 2 S. 2 GG abzuleiten, dass der Begriff „Zusammensetzung“ und damit die GOVermA all jene Regelungsgegenstände umfassen müsse, die in Art. 53a Abs. 1 S. 1–3 GG ihren expliziten Niederschlag gefunden haben.[569] Diese Ableitung beruhe nicht auf der Berücksichtigung der Intentionen des historischen Verfassungsgebers, sondern sei einzig das Ergebnis objektiver (Verfassungs-)Textanalyse.[570]

561 Axer, S. 74 f.; Burghart, DÖV 2005, 815 ff.
562 Axer; aaO; Burghart, aaO.
563 BVerfGE 112, 118, 148.
564 Burghart, DÖV 2005, 815, 816.
565 Vgl., insofern bemerkenswert, auch Axer, S. 72 sowie Burghart, aaO.
566 Axer, S. 73; Burghart, DÖV 2005, 815, 816 f.
567 Vgl. Axer, aaO; Burghart, DÖV 2005, 815, 816 f.
568 Axer, aaO; Burghart, DÖV 2005, 815, 816.
569 Axer, aaO; Burghart, DÖV 2005, 815, 817.
570 Burghart, aaO.

Der skizzierte Vergleich von Art. 77 Abs. 2 S. 2 GG mit Art. 53a Abs. 1 GG enthält zwar einige verwertbare Beobachtungen, ist in seiner zentralen Schlussfolgerung jedoch gänzlich unzutreffend. Tatsächlich finden sich in §§ 1, 2 Abs. 1 S. 1 GOGemA Vorschriften, die in Anbetracht ihrer mit Art. 53a Abs. 1 S. 1, 3 GG deckungsgleichen Regelungsgehalte obsolet sind. Der Vergleich verkennt jedoch, dass Art. 53a GG im Wege der Notstandsgesetzgebung nachträglich, und dabei vor allem ohne Erörterung von Art. 77 Abs. 2 S. 2 GG im Gesetzgebungsverfahren, ins Grundgesetz eingefügt wurde.[571] Rückschlüsse dergestalt, dass der historische Verfassungsgeber bei der Gestaltung von Art. 77 Abs. 2 GG dem Begriff „Zusammensetzung" den gleichen Regelungsgehalt wie den Vorschriften in Art. 53a GG Abs. 1 S. 1–3 zuschreiben wollte, verbieten sich demnach.

Aus dem Vergleich von Art. 77 Abs. 2 S. 2 GG mit Art. 53a Abs. 1 GG lässt sich somit einzig die Folgerung ableiten, dass es dem Verfassungsgeber problemlos möglich wäre, zentrale Aspekte der Organisationsregeln des Vermittlungsausschusses im Grundgesetz zu verankern. Die Relevanz dieser Erkenntnis darf jedoch nicht unterschätzt werden.

(3) Sinn und Zweck des Vermittlungsverfahrens

Für eine Verankerung der Regelung der *anteiligen Sitzverteilung* in der GOVermA streitet nach vereinzelter Meinung ebenfalls der Sinn und Zweck des Vermittlungsverfahrens.[572] Dieser setze zwingend die Gleichberechtigung von Bundestag und Bundesrat voraus, weshalb bereits der Verdacht der Übervorteilung eines Organs gegenüber dem anderen ausgeschlossen werden müsse.[573] Aus diesem Grund sei eine gemeinsam gewollte GOVermA, welche auch die *anteilige Sitzverteilung* auf den jeweiligen Bänken regelt, zwingend erforderlich.[574] Derzeit sei dies bereits deshalb nicht der Fall, weil dem Bundestag von Art. 77 Abs. 2 S. 2 GG ein Beschlussrecht, dem Bundesrat hingegen nur ein Zustimmungsrecht bezüglich der GOVermA zugedacht werde.[575]

Hiergegen ist zunächst einzuwenden, dass die Gleichberechtigung von Bundestag und Bundesrat durch die in § 1 GOVermA vorgeschriebene paritätische Besetzung garantiert wird. Außerdem trägt die autonome *Regelungsprärogative* dem Prinzip der Gleichberechtigung von Bundestag und Bundesrat angemessen Rechnung. Wäre die *anteilige Sitzverteilung* auf den Bänken des Vermittlungsaus-

---

571 So auch Burghart, DÖV 2005, 815, 817 f., dessen Hinweis darauf, seine Schlussfolgerungen aus dem Vergleich von Art. 77 Abs. 2 S. 2 GG mit Art. 53a Abs. 1 GG seien das Ergebnis objektiver Textanalyse, und nicht jenes einer Erörterung der Intentionen des historischen Verfassungsgebers, vor diesem Hintergrund wie eine „Flucht nach vorne" erscheint.

572 Axer, S. 73; Burghart, DÖV 2005, 815, 817.

573 Burghart, aaO.

574 Burghart, aaO.

575 Burghart, aaO.

schusses in der GOVermA geregelt, könnte ein Organ in Anbetracht von Art. 77 Abs. 2 S. 2 GG etwaige, vom anderen Organ gewünschte Änderungen dieser Regelung blockieren. Dafür müsste es einfach einen Neubeschluss der GOVermA (der Bundestag) bzw. seine Zustimmung zum Neubeschluss (der Bundesrat) verweigern. Diese Blockademöglichkeit würde im Falle eines Änderungswunsches seitens des Bundestages oder des Bundesrates das jeweils andere Organ übervorteilen, was im Widerspruch zu dem Prinzip der Gleichbehandlung der beiden Organe stünde.

(4) Weitere Erwägungen

Im Übrigen lassen sich weitere im Verfassungs- bzw. Parlamentsrecht wurzelnde Argumente gegen die Kodifizierung der *anteiligen Sitzverteilung* auf der Bundestags- und Bundesratsbank in der GOVermA anführen.[576] Der Vermittlungsausschuss ist richtigerweise ein *Unterorgan* von Bundestag und Bundesrat.[577] Dass Bundestag und Bundesrat als hierarchisch übergeordnete Organe die *anteilige Sitzverteilung* auf ihren Bänken autonom regeln können, steht jedenfalls nicht im Widerspruch zu grundlegenden verfassungssystematischen Wertungen.

Gleiches gilt in Bezug auf den kaum mehr bestrittenen Grundsatz der Diskontinuität der Parlamentsgeschäftsordnungen, demzufolge eine Geschäftsordnung immer nur für die Existenzdauer des entsprechenden Parlaments gilt.[578] Dieser Grundsatz hindert ein „neues" Parlament gleichwohl nicht daran, die „alte" Geschäftsordnung stillschweigend zu übernehmen.[579]

Es ist vor dem Hintergrund dieses Grundsatzes am praktikabelsten, wenn beispielsweise die Verabschiedung einer „neuen" GOBT nach einer „neuen" Bundestagswahl mit einer „neuen" *anteiligen Sitzverteilung* auf der Bundestagsbank im Vermittlungsausschuss einhergeht. Auch diese Erwägung spricht für die Beibehaltung der autonomen *Regelungsprärogative* des Bundestages und des Bundesrates.

dd) Die unvollkommenen Abstimmungsregeln in § 8 GOVermA

Wie bereits erwähnt, sind die Abstimmungsregeln in § 8 GOVermA unvollkommen und sehen sich deshalb einiger Kritik ausgesetzt.[580] Diese Kritik soll im Folgenden analysiert und diskutiert werden. Dadurch ist es möglich, zu ergründen, ob die Abstimmungsregeln auf eine andere Regelungsebene verlagert werden sollten, oder ob eine etwaig erforderliche inhaltliche Reformierung ausreichend ist.

---

576 Mit diesen Argumenten haben sich Axer, S. 71 ff. und Burghart, DÖV 2005, 815 ff. jedoch nicht auseinandergesetzt.

577 Siehe oben C. II. 2. a), d).

578 H.M., siehe dazu ausführlich Bernau, S. 147 ff.; K.F. Arndt, K.F., S. 126 ff.; Achterberg, Parlamentsrecht, S. 329 f.; a.A. H. Schneider, in: FS Smend 1952, S. 303, 314.

579 Siehe nur Bernau, S. 163 f.

580 Siehe oben D. III. 1. b).

(1) Das Stimmgewicht der einzelnen Mitglieder

Parallel zur Regelungslage in den Bundestags-[581] und Landtagsausschüssen[582] fehlt auch in der GOVermA eine Vorschrift bezüglich des Stimmgewichts der einzelnen Mitglieder. Gleichwohl ist es auch im Vermittlungsausschuss selbstverständlich, dass jedes Mitglied über eine Stimme verfügt.

(2) Die Behandlung von Stimmenthaltungen

Seit jeher werden Stimmenthaltungen bei den Abstimmungen im Vermittlungsausschuss nicht mitgezählt,[583] wenngleich es diesbezüglich ebenfalls an einer expliziten Regelung fehlt.

Diese Abstimmungspraxis findet mehrheitlich Unterstützung in der Literatur. Die meisten Autoren interpretieren die in § 8 GOVermA geforderte „Mehrheit der Stimmen [der] *anwesenden Mitglieder*" als sog. *Abstimmungsmehrheit* bzw. *relative Stimmenmehrheit.*[584] Eine solche ist dann erreicht, wenn die „Ja"-Stimmen die „Nein-Stimmen" überwiegen.[585] Diese Interpretation von § 8 GOVermA wird u.a. damit begründet, dass sie in Einklang mit „der ständigen Staatspraxis zu dem allerdings nicht wortgleichen Art. 42 Abs. 2 S. 1 GG" steht.[586]

Die fehlende Wortgleichheit rührt daher, dass Art. 42 Abs. 2 S. 1 GG im Unterschied zu § 8 GOVermA von der „Mehrheit der *abgegebenen Stimmen*" spricht. Vor dem Hintergrund dieses Unterschieds wird die in § 8 GOVermA geforderte Mehrheit mitunter auch als sog. *Anwesenheitsmehrheit* bzw. *absolute Stimmenmehrheit* verstanden,[587] die nur dann erzielt wird, wenn die „Ja"-Stimmen die „Nein"-Stimmen und die Stimmenthaltungen überwiegen.[588] Neben dem Wortlautunterschied wird für diese Auslegung von § 8 GOVermA der Umstand angeführt, dass eine Art. 42

581 Siehe oben D. II. 1. a) bb).

582 Siehe oben D. II. 3.

583 Dästner, GOVermA, S. 137 f. mit diversen Abstimmungsbeispielen aus den Kurzprotokollen der Sitzungen des Vermittlungsausschusses; vgl. auch die Angaben auf der Homepage des Vermittlungsausschusses: http://www.vermittlungsausschuss.de/VA/DE/aufgaben-arbeitsweise/arbeitsweise/arbeitsweise-node.html#doc4785152bodyText6, zuletzt abgerufen am 30. September 2015.

584 *Bryde*, in: von Münch/Kunig, Art. 77 Rn. 14; Dehm, Der Vermittlungsausschuß, in: Der Bundesrat 1949–1969, S. 15, 16; Hasselsweiler, S. 69, 155, 163, 169; *Sannwald*, in: Schmidt-Bleibtreu/Hofmann/Henneke, Art. 77 Rn. 24; H. Schäfer, Der Vermittlungsausschuß, in: Bundesrat (Hrsg.), Der Bundesrat als Verfassungsorgan und politische Kraft: Beiträge zum fünfundzwanzigjährigen Bestehen des Bundesrates der Bundesrepublik Deutschland, Bad Honnef/Darmstadt 1974, S. 277, 292; Schleh, S. 244; Troßmann, JZ 1983, 6, 12; Wessel, AöR 77 (1951/52), 283, 302.

585 Achterberg, Parlamentsrecht, S. 587.

586 Dästner, GOVermA, S. 135; vgl. auch Axer, S. 107.

587 Axer, S. 107 f.; Lechner/Hülshoff, S. 302 f.

588 Achterberg, aaO.

Abs. 2 S. 1 GG entsprechende Regelung hätte eingeführt werden können, worauf jedoch verzichtet wurde.[589]

(3) Der Umgang mit Stimmengleichheit

Auch für den Fall einer Stimmengleichheit bei der Abstimmung über einen Antrag hält die GOVermA keine Regelung parat. Auf ein Stichentscheidungsrecht des Ausschussvorsitzenden wurde, wie gezeigt, bewusst verzichtet. Ungeachtet dieser Regelungslücke gilt der entsprechende Antrag im Vermittlungsausschuss in einem solchen Fall grundsätzlich als abgelehnt.[590] Allerdings können die Mitglieder des Vermittlungsausschusses von diesem Grundsatz kraft ihrer Dispositions- bzw. Regelungsbefugnis[591] abweichen.[592]

Nachdem während der 7. Legislaturperiode eine Kontroverse unter den Mitgliedern des Vermittlungsausschusses über den Umgang mit Stimmengleichheit entstanden war,[593] einigte man sich im Verlauf der 9. Legislaturperiode auf eine Abweichung von dem Grundsatz der Antragsablehnung bei Stimmengleichheit. Diese Abweichung sah sich als Bestandteil der sog. „Theorie vom weißen Blatt" einiger Kritik ausgesetzt.[594] Ausgangspunkt der „Theorie vom weißen Blatt" und der nachfolgenden Kritik war eine veränderte Formulierung bei der Anrufung des Vermittlungsausschusses durch die Bundesregierung: Hatte diese den Vermittlungsausschuss bis dato stets mit dem Ziel angerufen, dass das vom Bundestag beschlossene

---

589 Axer, S. 107, der darauf verweist, dass die Empfehlungen des Juristischen Ausschusses der Ministerpräsidenten noch eine „Mehrheit der abgegebenen Stimmen" vorgesehen hatten, siehe Büro der Ministerpräsidenten des amerikanischen, britischen und französischen Besatzungsgebietes (Hrsg.), Empfehlungen des Juristischen Ausschusses der Ministerpräsidenten, 1949, Anlage 4 Nr. 8, abgedruckt bei Dästner, GOVermA, S. 32, 37.

590 Dästner, GOVermA, S. 137; Schleh, aaO; vgl. auch die Angaben auf der Homepage des Vermittlungsausschusses: http://www.vermittlungsausschuss.de/VA/DE/aufgaben-arbeitsweise/arbeitsweise/arbeitsweise-node.html#doc4785152bodyText6, zuletzt abgerufen am 30. September 2015.

591 Siehe dazu oben C. II. 1.

592 Dästner, aaO.

593 Vgl. Protokoll Nr. 31 (7/1972), S. 3 ff.; Protokoll Nr. 33 (7/1972), S. 2, 7 ff.; Protokoll Nr. 36 (7/1972), S. 73 ff., jeweils in: Sekretariat des Bundesrates (Hrsg.), Protokolle des Vermittlungsausschusses des Deutschen Bundestages und des Bundesrates: Erste bis vierzehnte Wahlperiode (1949–2002), München 2007, Mikrofiche-Edition.

594 Instruktiv zur Herleitung der Theorie und mit eingehender Kritik Dietlein, Die „Theorie vom weißen Blatt" – ein Irrweg: Beitrag zur Auslegung der Art. 77 II und Art. 78 GG, ZRP 1987, 277 ff.; dagegen, vor allem mit politischen Erwägungen, Vogel, Zu den politischen und rechtlichen Grenzen der Kompetenzen des Vermittlungsausschusses, in: Diekwisch/Wolfgramm (Hrsg.), Recht und Pflicht: Von der Freiheit eines Rechtspolitikers – Beiträge zu 20 Jahren Rechtspolitik – Detlef Kleinert zum 60. Geburtstag, Ronnenberg 1992, S. 91 ff.

Gesetz „bestätigt" werden sollte,[595] so formulierte sie ihr Anrufungsziel in der 9. Legislaturperiode insofern um, als dass sie die „Wiederherstellung des Gesetzesbeschlusses" begehrte[596].[597]

Die Mitglieder des Vermittlungsausschusses nahmen dies zum Anlass, um u.a. ihre Anträge dergestalt umzuformulieren, dass separat über die Streichung einzelner Vorschriften des jeweiligen Gesetzentwurfes abgestimmt wurde.[598] In diesem Zusammenhang verständigten sich die Mitglieder des Vermittlungsausschusses auf eine Abweichung von der grundsätzlichen Ablehnung von Anträgen bei Stimmengleichheit. Sofern ein Antrag auf Streichung einer Vorschrift nur aufgrund von Stimmengleichheit abgelehnt wurde, sollte die entsprechende Vorschrift nicht in den Einigungsvorschlag des Vermittlungsausschusses aufgenommen werden.[599] Dies hatte letztlich in der Sache zur Folge, dass ein Änderungsantrag bei Stimmengleichheit angenommen wurde.[600]

(4) Die Abstimmung nach Köpfen

Gemäß § 8 GOVermA wird bei der Abstimmung nicht zwischen Bundestags- und Bundesratsvertretern differenziert. Die Abstimmungen im Vermittlungsausschuss erfolgen also nicht nach Bänken, sondern nach Köpfen.[601] Dies hat zur Folge, dass eine einfache Mehrheit genügt. Im Unterschied dazu wäre bei einer Abstimmung nach Bänken eine duale Mehrheit, d.h. eine Mehrheit sowohl auf der Bundestags- und der Bundesratsbank, die automatisch zu einer Mehrheit im Vermittlungsausschuss führen würde, erforderlich.[602]

Eine Abstimmung nach Bänken und mit ihr ein duales Mehrheitserfordernis findet sich in den Conference Committees der USA,[603] wodurch u.a. die Gleichberechtigung der beiden beteiligten Kammern, wie z.B. Repräsentantenhaus und Senat, sichergestellt werden soll.[604] Einige Autoren sehen in der Förderung der Gleichberechtigung

595 Siehe z.B. BT-Drucks. 8/2281.
596 BT-Drucks. 9/1624; 9/1841.
597 Dietlein, ZRP 1987, 277, 278.
598 Vgl. Dietlein, ZRP 1987, 277, 279.
599 Dästner, aaO.
600 Dästner, aaO.
601 Wessel, AöR 77 (1951/52), 283, 284 bezeichnet die Abstimmung nach Köpfen als „Abstimmung nicht nach Bänken, sondern insgesamt."
602 Vgl. Axer, S. 106.
603 Bardenhewer, S. 221; Büro der Ministerpräsidenten des amerikanischen, britischen und französischen Besatzungsgebietes (Hrsg.), Empfehlungen des Juristischen Ausschusses der Ministerpräsidenten, 1949, Anlage 4, Nr. 2, abgedruckt bei Dästner, S. 32, 33 f.; Ensslin, S. 98, 113; Geck, ZaöRV 14 (1951/52), 294, 304; Hasselsweiler, S. 25; Reinert, S. 83.
604 Vgl. Hasselsweiler, S. 25, der jedoch anmerkt, dass in der Praxis eine uneingeschränkte Gleichbehandlung von Repräsentantenhaus und Senat daran scheitere, dass letzterer ein leichtes Übergewicht habe, u.a. weil er in aller Regel im Anschluss

der beteiligten Kammern den zentralen Vorteil einer Abstimmung nach Bänken und fordern deshalb eine solche auch im deutschen Vermittlungsausschuss.[605] Vereinzelt wird erwogen, ob eine Abstimmung nach Bänken nicht auch deshalb sinnvoll sein könnte, weil die Vertreter von Bundestag und Bundesrat dann jeweils als Gruppe auftreten würden, was den beiden Gesetzgebungsorganen prinzipiell die Möglichkeit der Einflussnahme durch Weisungen und Direktionen geben würde.[606] Dadurch könnten möglicherweise die Erfolgsaussichten eines etwaigen Einigungsvorschlags des Vermittlungsausschusses erhöht werden.[607] Derartigen Überlegungen ist bereits mit Blick auf Art. 77 Abs. 2 S. 3 GG eine Absage zu erteilen, da diese Vorschrift die Weisungsfreiheit der Bundesratsmitglieder garantiert. Im Übrigen dürfte ein Weisungsrecht von Bundestag und Bundesrat den Mitgliedern des Vermittlungsausschusses die Flexibilität nehmen, die für ein erfolgreiches Vermittlungsverfahren erforderlich ist.[608]

Die Bewahrung eben jener politischen Flexibilität ist für andere Autoren ein entscheidender Grund dafür, die Beibehaltung der Abstimmung nach Köpfen gemäß § 8 GOVermA zu fordern.[609] Des Weiteren befürchten sie, dass eine Abstimmung nach Bänken die Gräben zwischen Bundestag und Bundesrat im Vermittlungsausschuss eher vertiefen als einebnen würde.[610]

Ob eine Abstimmung nach Bänken geeignet ist, um die Gleichberechtigung von Bundestag und Bundesrat im Vermittlungsausschuss zu sichern, ohne ihre Vertreter der notwendigen Flexibilität zu berauben, kann an dieser Stelle dahingestellt bleiben. In jedem Fall kann nämlich festgehalten werden, dass eine Abstimmung nach Bänken zumindest eine Kompromisssuche auf der Bundestagsbank einerseits und der Bundesratsbank andererseits fördern würde. Durch die Abstimmung nach

---

an die Conference Committees als Zweites über die Conference-Vorschläge abstimmen würde; vgl. auch Reinert, S. 186.

605 Bardenhewer, S. 222 f.; Reinert, S. 186, 201 f.; kritisch zu der Abstimmung nach Köpfen im Vermittlungsausschuss – wenngleich ohne explizite Forderung nach einer Abstimmung nach Bänken – auch Troßmann, JZ 1983, 6, 12, der verlangt, dass es „geschäftsordnungsmäßig nicht möglich sein [darf], dass die nicht geschlossen stimmende Mehrheit des Bundesrates mit Hilfe von Mitgliedern des Bundestages im Vermittlungsausschuss, deren Fraktion(en) gegen einen Gesetzesbeschluss gestimmt hatte(n), einen Mehrheitsbeschluss erreicht." Diesem Einwand tritt Dästner, GOVermA, S. 138 mit dem Hinweis auf die Gleichrangigkeit von Bundestag und Bundesrat im Vermittlungsausschuss entgegen.

606 Bardenhewer, S. 223, der einen Vergleich mit den Instruktionsmöglichkeiten des Repräsentantenhauses und des Senates in den USA zieht.

607 Bardenhewer, aaO.

608 So dann auch Bardenhewer, aaO, der zu folgendem Schluss kommt: „Was die Frage der Erteilung von Instruktionen angeht, lassen sich also für den deutschen Rechtszustand gewichtige Gründe anführen."

609 Dästner, aaO.

610 Dästner, aaO.

Köpfen gemäß § 8 GOVermA wird hingegen ein Abstimmungsverhalten über die Kammergrenzen hinweg, mithin entlang der politischen Lager, begünstigt.

(5) Schlussfolgerung: Zweckmäßigkeit einer Reformierung

Die Abstimmungsregeln des Vermittlungsausschusses weisen einige Regelungslücken auf bzw. sehen sich teilweise Kritik ausgesetzt. Eine inhaltliche Reformierung des § 8 GOVermA in seiner derzeitigen Form wäre deshalb wünschenswert.

In Bezug auf das Stimmgewicht der einzelnen Mitglieder sowie die Behandlung von Stimmenthaltungen und die damit verbundene Frage nach den Anforderungen an das Mehrheitserfordernis des § 8 GOVermA (*Abstimmungsmehrheit* versus *Anwesenheitsmehrheit*) würde eine Reformierung vor allem Klarstellungszwecken dienen.[611] Hinsichtlich des Umgangs mit Stimmengleichheit würde eine Reformierung darüber hinaus für mehr Rechtsklarheit und -sicherheit sorgen, indem unterbunden werden würde, dass Ablehnungen von Streichungsanträgen durch Stimmengleichheit die Annahme von Änderungsanträgen herbeiführen können. Zu guter Letzt würde durch die Einführung einer Abstimmung nach Bänken anstatt nach Köpfen die Begünstigung des politischen Lagerverhaltens im Vermittlungsausschuss eliminiert werden.[612]

Dass die Möglichkeit besteht, eine detailliertere Regelung als § 8 GOVermA in seiner derzeitigen Form einzuführen, zeigen die zumindest im Verhältnis zu dieser Vorschrift regelungsdichteren Abstimmungsregeln in der GOBT[613] und der GOBR[614].

Eine Verlagerung der Abstimmungsregeln auf eine andere Regelungsebene erscheint hingegen nicht notwendig. Als solche käme lediglich das Grundgesetz in Betracht, da eine Kodifizierung in der GOBT oder der GOBR sinn- und systemwidrig wäre. Das Grundgesetz ist einer Festschreibung der Abstimmungsregeln zwar grundsätzlich zugänglich, wie Art. 42 Abs. 2 S. 1 GG zeigt. Allerdings sind keine Gründe dafür ersichtlich, dass eine Verlagerung der Abstimmungsregeln auf die Ebene des Grundgesetzes das Erreichen der Zwecke stärker fördert, als dies bereits bei einer alleinigen inhaltlichen Änderung von § 8 GOVermA der Fall wäre.

b) Das parteitaktische Gezerre um die Ausfüllung von GOBT-Vorschriften als bundestagsspezifisches Problem

Neben den sog. allgemeinen Problemen der formellen Anforderungen an die Organisationsregeln tritt ein berücksichtigenswertes Phänomen nur im Zusammenhang mit der *anteiligen Sitzverteilung* auf der Bundestagsbank im Vermittlungsausschuss auf. So ist bereits dargelegt worden, dass diese *anteilige Sitzverteilung* bis zur

611 Bezüglich der Behandlung von Stimmenthaltungen fordert aus diesem Grund auch Axer, S. 108 eine Reformierung.

612 Dass dieses Ziel auch auf andere Weise erreicht werden kann, wir noch unter D. V. 3. b) gezeigt werden.

613 Vgl. oben D. II. 1. a) bb).

614 Vgl. oben D. II. 2. a) bb).

13. Legislaturperiode einmütig erfolgte, anschließend jedoch zweimal Gegenstand heftiger, parteipolitisch motivierter Kontroversen wurde.[615] In der Sache ging es dabei um die Frage, welches Zählverfahren zur Ausfüllung der Regelungen der §§ 54 Abs. 2, 57 Abs. 1 S. 1, 12 S. 1 GOBT angewandt werden sollte.[616]

Es ist offensichtlich, dass sich eine erneute Entstehung dieses bundestagsspezifischen Problems am einfachsten verhindern ließe, indem man die Entscheidung über die *anteilige Sitzverteilung* dem Regelungszugriff des Bundestages entziehen, und diese stattdessen auf einer „vorgelagerten" Regelungsebene, z.B. der GOVermA, treffen würde. Eine entsprechende Forderung ist allerdings mit gewichtigen Gründen abzulehnen.[617] Man würde somit bei unveränderter[618] Regelungslage auch zukünftig befürchten müssen, dass über die *anteilige Sitzverteilung* auf der Bundestagsbank zumindest bei knappen Mehrheitsverhältnissen im Bundestag ein parteipolitischer Streit entbrennt.

c) *Bundesratsspezifische Probleme*

Schließlich können noch drei Probleme ausgemacht werden, die ausschließlich die *anteilige Sitzverteilung* auf der Bundesratsbank betreffen.

aa) *Prinzipiendiskrepanz zwischen Abstimmungsprinzip und Beschlussinhalten im Bundesrat*

Das erste bundesratsspezifische Problem tritt auf beiden Stufen der Besetzungsregeln zu Tage und ist bereits an anderer Stelle eingehend dargelegt worden: die Prinzipiendiskrepanz zwischen dem angewandten Abstimmungsprinzip und dem Beschlussinhalt im Bundesrat. Hier seien deshalb nur die wesentlichen Ausprägungen dieser Diskrepanz in der gebotenen Kürze noch einmal dargelegt.

In § 1 GOVermA wird bekanntermaßen die *Mitgliederzahl* des Vermittlungsausschusses und mit ihr das Gebot der paritätischen Besetzung festgelegt. Außerdem lässt sich dieser Vorschrift nach richtiger Ansicht zumindest die Erwartung entnehmen, dass bei der Besetzung der Bundesratsbank das Staatenprinzip angewandt werden soll.[619]

Für die *anteilige Sitzverteilung* auf der Bundesratsbank im Vermittlungsausschuss wurde in § 14 Abs. 4 i.V.m. Abs. 2 GOBR 1950 die Anwendung des Staatenprinzips ausdrücklich niedergeschrieben; seit der GOBR 1966 fehlt diese explizite Regelung offenbar auf Grund eines Redaktionsversehens.[620] Für die Bundesratsfachausschüsse

---

615 Siehe dazu ausführlich oben D. III. 1. a) aa) (2).
616 Siehe dazu ebenfalls oben D. III. 1. a) aa) (2).
617 Siehe oben D. III. 3. a) cc).
618 Siehe für einen Reformvorschlag, der dieses potentielle Problem hinreichend berücksichtigt, noch unten D. V. 3. b).
619 Siehe oben D. III. 1. a) bb) (1).
620 Siehe oben D. III. 1. a) bb) (1).

wird mit der Festlegung der *Mitgliederzahl* gleichzeitig die *anteilige Sitzverteilung* geregelt und dabei die Anwendung des Staatenprinzips angeordnet (§ 11 Abs. 2 GOBR), was hier für einen wertenden Vergleich von Belang ist.

Sowohl die Zustimmungsbeschlüsse zur GOVermA als auch die jeweiligen Kreations- bzw. Fortgeltungsbeschlüsse zur GOBR wurden unter Anwendung des gewichteten Mehrheitsprinzips (Art. 51 Abs. 2, 3 GG, 52 Abs. 3 S. 1 GG, § 27 GOBR) gefasst. Hierdurch entstand jedes Mal eine Prinzipiendiskrepanz zwischen dem Abstimmungsprinzip (gewichtetes Mehrheitsprinzip) und dem Beschlussinhalt (Festlegung des Staatenprinzips).[621]

Im Rahmen der Besetzungsregeln der Bundesratsfachausschüsse kann die Prinzipiendiskrepanz hingenommen werden. Schließlich ist dort lediglich die Binnenorganisation des Bundesrates betroffen und dieser könnte Abstimmungsprinzip und Beschlussinhalt einander jederzeit durch eine entsprechende Änderung der GOBR angleichen.[622]

Für die Besetzungsregeln der Bundesratsbank im Vermittlungsausschuss ergibt sich hingegen ein anderes Bild. Die Prinzipiendiskrepanz zwischen Abstimmungsprinzip und Beschlussinhalt erzeugt hier ein nicht unerhebliches „Störgefühl", da er Konfliktpotential und Missbrauchsmöglichkeiten in sich birgt. Man stelle sich vor, dass der Bundestag mit den Stimmen der Regierungsfraktionen gemäß Art. 77 Abs. 2 S. 2 GG beschließt, § 1 GOVermA dergestalt zu ändern, dass die Anzahl der Bundesratsvertreter im Vermittlungsausschuss verringert wird. Sollte das „Regierungslager" im Bundesrat zeitgleich über eine („gewichtete") Stimmenmehrheit verfügen, so wäre die Zustimmung der Bundesratsmehrheit zum Änderungsbeschluss des Bundestages, mit dem Ziel, dem „Regierungslager" die Durchsetzung politischer Ziele im Vermittlungsausschuss zu ermöglichen, denkbar. Dies hätte zur Folge, dass das Staatenprinzip bei der Besetzung der Bundesratsbank nicht länger gelten könnte.

Daneben könnte das Staatenprinzip auch durch eine entsprechende, per Mehrheitsbeschluss gemäß Art. 51 Abs. 2, 3 GG, 52 Abs. 3 S. 1 GG, § 27 GOBR zu fassende Neuregelung der *anteiligen Sitzverteilung* in der GOBR eliminiert werden.[623]

bb) Die fehlende explizite Regelungsgrundlage für die anteilige Sitzverteilung *auf der Bundesratsbank*

Auf der 2. Stufe der Besetzungsregeln für die Bundesratsbank im Vermittlungsausschuss stellt sich ein weiteres Problem. Wenngleich es angebracht erscheint, die *Regelungsprärogative* des Bundesrates hinsichtlich der *anteiligen Sitzverteilung* auf der Bundesratsbank beizubehalten,[624] so fehlt es ihr nach derzeitigem Stand

621 Siehe dazu ausführlich oben D. III. 1. a) und D. III. 1. a) bb) (1).

622 Siehe dazu eingehend oben D. II. 2. a) aa).

623 Burghart, DÖV 2005, 515, 518, der als denkbare Neuregelungen „eine Wahl nach Vorschlagslisten oder eine Verteilung der Sitze nach Größe oder Stimmgewicht (Art. 51 Abs. 2 GG), so dass einige Länder leer ausgingen" nennt.

624 Siehe oben D. III. 3. a) cc).

an einer expliziten Regelungsgrundlage.[625] Auch wenn § 11 Abs. 2 GOBR wohl als hinreichende Rechtsgrundlage herangezogen werden kann,[626] so wäre eine entsprechende Klarstellung nicht zuletzt angesichts der zweifelnden Stimmen in der Literatur[627] wünschenswert.

cc) *Zwang zur Verwirklichung des Staatenprinzips bei der* anteiligen Sitzverteilung *auf der Bundesratsbank*

Mit der fehlenden expliziten Regelungsgrundlage für die *anteilige Sitzverteilung* auf der Bunderatsbank steht eine weitere Frage zumindest im mittelbaren Zusammenhang, die nicht einhellig beantwortet wird. Es ist die Frage danach, ob den derzeit geltenden Besetzungsregeln entnommen werden kann, dass die *anteilige Sitzverteilung* auf der Bundesratsbank zwingend unter Anwendung des Staatenprinzips zu erfolgen hat.[628] Letztlich geht es dabei auch um das Verhältnis der einzelnen Stufen der Besetzungsregeln zueinander. § 1 GOVermA, der insoweit „vorgelagert" ist, als dass er vor allem die *Mitgliederzahl* des Vermittlungsausschusses festlegt, könnte eine Erwartung zur Anwendung des Staatenprinzips zu entnehmen sein, die notwendigerweise umgesetzt werden muss.

Vereinzelt wird dies angesichts der fehlenden expliziten Regelungsgrundlage der *anteiligen Sitzverteilung* auf der Bundesratsbank in der GOVermA oder der GOBR verneint.[629] Auch wenn die besseren systematischen und gesetzeshistorischen Erwägungen für die Annahme eines Umsetzungszwangs sprechen,[630] so verdeutlicht die abermals bestehende Uneinigkeit das Bedürfnis nach einer entsprechenden gesetzlichen Klarstellung.

d) *Zwischenergebnis*

Die Frage nach der adäquaten Regelungsebene für die Organisationregeln des Vermittlungsausschusses lässt sich nicht nach einem „Schwarz-Weiß-Schema" beantworten. Eine alleinige Kodifizierung auf Grundgesetz- oder auf Geschäftsordnungsebene würde den tatsächlichen und potentiellen Problemen im Zusammenhang mit den formellen Anforderungen an die Organisationsregeln nicht gerecht werden. Gleiches gilt in Bezug auf die besonderen Charakteristika des Vermittlungsausschusses. Verfassungs- und Gesetzgeber haben dies bei der Ver-

625 Siehe oben D. III. 1. a) bb).
626 Siehe oben D. III. 1. a) bb).
627 Vgl. Burghart, DÖV 2005, 815, 817 f.
628 Siehe dazu bereits oben D. III. 1. a) bb) (1); diese Frage darf wiederum nicht mit jener verwechselt werden, ob sich auch aus den noch zu erörternden materiellen Anforderungen an die Besetzungsregeln des Vermittlungsausschusses das Erfordernis ergibt, das Staatenprinzip beizubehalten, siehe dazu unten D. III. 4. c), V. 3. b) bb).
629 Burghart, DÖV 2005, 815, 817 f.
630 Siehe oben D. III. 1. a) bb) (1).

teilung der Organisationsregeln auf die verschiedenen Regelungsebenen[631] offensichtlich erkannt und sich um eine ausdifferenzierte Konzeptionierung bemüht.

Das aktuelle Regelungssystem kann gleichwohl aus mehreren Gründen nicht als ausgewogen bezeichnet werden. Durch die Verankerung der *Mitgliederzahl*, der paritätischen Besetzung, der *anteiligen Sitzverteilung* (mitsamt Staatenprinzip für die Bundesratsbank) und der Abstimmungsregeln in der GOVermA sowie der GOBT bzw. der GOBR werden nämlich zu viele Aspekte der Organisationsregeln des Vermittlungsausschusses in das Belieben von Bundestag und Bundesrat gestellt. Dies wird der Rechtsnatur des Vermittlungsausschusses als *geborenem* Hilfsorgan von Bundestag und Bundesrat nicht gerecht. Als solches steht der Vermittlungsausschuss in verfassungshierarischer Hinsicht gewissermaßen zwischen den Verfassungsorganen und den *gekorenen* Hilfsorganen. Diese besondere Stellung des Vermittlungsausschusses wird nicht hinreichend geschützt, wenn die genannten Regelungsgegenstände in der GOVermA und der GOBT bzw. der GOBR ausschließlich der Regelungsprärogative von Bundestag und Bundesrat zugewiesen werden. Stattdessen sollten zumindest die zentralen Aspekte der Organisationsregeln des Vermittlungsausschusses im Grundgesetz geregelt werden bzw. dort zumindest eine gewisse „Vorprägung" erfahren. Dies würde die Position des Vermittlungsausschusses nämlich insofern schützen bzw. stärken, als dass die Organisationsregeln dann nur unter Einhaltung der strengeren Anforderungen des Art. 79 Abs. 2 GG (jeweils 2/3-Mehrheit im Bundestag und im Bundesrat) geändert werden könnten.

Aus der vorstehenden Erörterung der wesentlichen Probleme, die im Zusammenhang mit den formellen Anforderungen an die Organisationsregeln des Vermittlungsausschusses auftauchen (können), ergeben sich folgende Parameter für die Bestimmung der adäquaten Regelungsebene:

Die paritätische Besetzung im Vermittlungsausschuss, welche beibehalten werden muss,[632] ist nicht auf der Ebene des (ungeschriebenen) Verfassungsrechts verankert.[633]

Es ist dem Verfassungsgeber unbenommen, zentrale Aspekte der Besetzungsregeln des Vermittlungsausschusses im Grundgesetz niederzulegen; die *anteilige Sitzverteilung* auf der Bundestags- und Bundesratsbank sollte jedoch grundsätzlich weiterhin von der jeweils autonomen Regelungsprärogative der beiden Organe umfasst sein.[634]

Die *anteilige Sitzverteilung* auf der Bundestagsbank könnte aufgrund ihrer Verankerung in der GOBT auch in Zukunft zum Gegenstand „lager"- oder parteipolitisch motivierter Auseinandersetzungen werden.[635] Dieser Umstand spricht nachdrücklich

631 Vgl. dazu oben D. III. 1. a).
632 Siehe oben D. III. 2.
633 Siehe oben D. III. 3. a) bb).
634 Siehe oben D. III. 3. a) cc).
635 Siehe oben D. III. 3. b).

dagegen, *zu viele* Aspekte der Besetzungsregeln der gleichen Gefahr auszusetzen, indem man sie der *Regelungsprärogative* von Bundestag und Bundesrat unterwirft.

Für die Besetzung der Bundesratsbank stehen sämtliche beachtenswerte Parameter im Zusammenhang mit dem Staatenprinzip. Zwischen dieser und dem gewichteten Mehrheitsprinzip (Art. 51 Abs. 2, 3 GG, 52 Abs. 3 S. 1 GG, § 27 GOBR), das für die Abstimmungen über die GOVermA und die GOBR im Bundesrat angewandt wird, besteht zunächst eine Prinzipiendiskrepanz; mit Blick auf die Besetzungsregeln des Vermittlungsausschusses wäre die Abschaffung des derzeit geltenden Staatenprinzips durch die Bundestags- und Bundesratsmehrheit denkbare Folge dieser Prinzipiendiskrepanz.[636] Eine solche Abschaffung würde allerdings dem derzeitig geltenden Normengefüge (§ 1 GOVermA i.V.m. § 11 Abs. 2 GOBR analog) widersprechen, demzufolge das Staatenprinzip bei der *anteiligen Sitzverteilung* auf der Bundesratsbank zwingend angewandt werden muss.[637] Da das Staatenprinzip für die *anteilige Sitzverteilung* auf der Bundesratsbank zurzeit jedoch nicht explizit festgeschrieben ist, besteht das Bedürfnis nach einer entsprechenden gesetzlichen Klarstellung.[638]

Das gleiche Bedürfnis zeigt sich auch bezüglich der derzeit geltenden Abstimmungsregeln in § 8 GOVermA. Eine darüber hinausgehende Notwendigkeit für die Verlagerung der Abstimmungsregeln auf die einzig denkbare Regelungsebene des Grundgesetzes besteht hingegen nicht.[639]

Unter Beachtung der genannten Parameter und bei hinreichender Würdigung der vorangegangenen Erörterung der formellen Anforderungen an die Organisationsregeln erscheint folgende Regelungskonstruktion erstrebenswert:

Die derzeit in § 1 GOVermA vorgenommene Festlegung der *Mitgliederzahl* und der paritätischen Besetzung sollte in Art. 77 Abs. 2 GG erfolgen. §1 GOVermA könnte dann ersatzlos gestrichen werden.

Die Regelung der *anteiligen Sitzverteilung* auf der Bundestags- und der Bundesratsbank – für letztere mitsamt dem dort nach derzeitiger Regelungslage zwingenden Staatenprinzip – sollte weiterhin der Regelungsprärogative von Bundestag und Bundesrat unterfallen. Allerdings sollte dies, vor allem mit Blick auf die fehlende explizite Regelungsgrundlage für die *anteilige Sitzverteilung* auf der Bundesratsbank, in der GOBT und der GOBR unmissverständlich festgeschrieben werden.

---

636 Siehe oben D. III. 3. c) aa); eine Möglichkeit, wie die beschriebene Prinzipiendiskrepanz aufgelöst werden kann, wird unter D. V. 3. b) bb) vorgestellt werden.

637 Siehe oben D. III. 3. c) cc), mit dem insoweit wichtigen Hinweis in Fn. 628, dass die Frage danach, ob die Beibehaltung des Staatenprinzips auch den materiellen Anforderungen an die Besetzungsregeln des Vermittlungsausschusses entspricht, noch unter D. III. 4. c), V. 3. b) bb) erörtert werden wird.

638 Siehe oben D. III. 3. c) bb).

639 Siehe oben D. III. 3. a) dd).

Im Regelungsbereich der GOVermA sollten von den Organisationsregeln somit zumindest die – in Anbetracht des zu erörternden Änderungsvorschlags sehr bedeutsamen[640] – Abstimmungsregeln verbleiben.

4. Materielle Anforderungen

Die materiellen Anforderungen, die an die Organisationsregeln des Vermittlungsausschusses zu stellen sind, werden im Folgenden getrennt nach ihrer bankübergreifenden oder bankspezifischen Natur dargestellt.

a) Die Gleichbehandlung von Bundestag und Bundesrat als bankübergreifende Anforderung

Darauf, dass eine Gleichbehandlung von Bundestag und Bundesrat im Vermittlungsausschuss geboten ist, wurde insbesondere im Zusammenhang mit der Diskussion um die Notwendigkeit der paritätischen Besetzung hingewiesen.[641] Neben den bereits dort genannten Argumenten lässt sich auch das aus Art. 20 Abs. 1, 79 Abs. 3 GG folgende Gleichgewicht von Bundesstaatsprinzip und Demokratieprinzip für dieses Gebot ins Feld führen.[642]

Ungeachtet der unterschiedlichen Begründungsmöglichkeiten für das Gebot der Gleichbehandlung von Bundestag und Bundesrat ist es unzweifelhaft als bankübergreifende, materielle Anforderung an die Organisationsregeln des Vermittlungsausschuss anzusehen.

b) Bundestagsbank

An die Organisationsregeln, die alleinig für die Bundestagsbank gelten, sind grundsätzlich die gleichen materiellen Anforderungen zu stellen wie an die Organisationsregeln der Fachausschüsse des Bundestages.[643]

Aus diesem Grund kann die Darstellung des Spiegelbildlichkeitsgrundsatzes und des Mehrheitsprinzips mitsamt ihrer Geltung bei der Organisation der Bundestagsbank knapp ausfallen. Dabei werden die vereinzelten expliziten Aussagen in Rechtsprechung und Literatur zu der Organisation der Bundestagsbank selbstverständlich berücksichtigt.

Die Auseinandersetzung mit dem Gleichbehandlungsgebot muss hingegen etwas mehr Raum einnehmen. Denn dieses Verfassungsprinzip könnte hinsichtlich der Organisation der Bundestagsbank, ebenso wie bezüglich der Organisation der

640 Siehe dazu noch unten D. V. 3. b).

641 Siehe oben D. III. 2.

642 *Dietlein*, in: Schneider/Zeh, Parlamentsrecht, § 57 Rn. 3; vgl. auch Bauer, S. 117, der offenkundig versehentlich vom „Bundes*rats*prinzip" spricht.

643 Siehe dazu oben D. II. 1. c).

Bundestagsausschüsse[644], Anlass zur Kritik am noch zu erörternden Regelungsvorschlag geben.

aa) Spiegelbildlichkeitsgrundsatz

In seinem Urteil aus dem Jahre 2004 hat das Bundesverfassungsgericht betont, dass der „Grundsatz der Spiegelbildlichkeit [...] auch für die Wahl der Mitglieder des Bundestags im Vermittlungsausschuss [gilt]."[645] Folglich muss die Bundestagsbank im Vermittlungsausschuss in ihrer Zusammensetzung einem verkleinerten Abbild des Plenums entsprechen und somit die politische Gewichtung im Plenum widerspiegeln.[646]

bb) Mehrheitsprinzip

Auch das bereits im Zusammenhang mit den Parlamentsausschüssen beschriebene Mehrheitsprinzip,[647] muss bei der Besetzung der Bundestagsbank beachtet werden. Das Mehrheitsprinzip gebietet es, dass sich auf der Bundestagsbank im Vermittlungsausschuss die Regierungsmehrheit des Bundestagsplenums widerfindet.[648]

Dabei kann sich die Verwirklichung des Mehrheitsprinzips aufgrund der in § 1 GOVermA festgelegten, und beizubehaltenden,[649] paritätischen Besetzung als schwierig erweisen, da sie – im Unterschied zu den Bundestagsfachausschüssen – nicht einfach durch die Erhöhung der Sitzanzahl auf der Bundestagsbank sichergestellt werden kann.[650]

cc) Gleichbehandlungsgebot

Der noch zu erörternde Regelungsvorschlag für die Organisationsregeln repräsentativer Gremien könnte sich auch hinsichtlich der Besetzung der Bundestagsbank im Vermittlungsausschuss mit Blick auf das Gleichbehandlungsgebot Kritik ausgesetzt

---

644 Siehe dazu oben D. II. 1. c) cc) sowie unten D. V. 2. b).

645 BVerfGE 112, 118, 133.

646 Vgl. oben D. II. 1. c) aa); ausführlich zur Geltung des Spiegelbildlichkeitsgrundsatzes bei der Besetzung der Bundestagsbank Axer, S. 75 ff.; siehe auch Bergkemper, S. 158; Kämmerer, NJW 2003, 1166, 1167; Lang, NJW 2005, 189; Pfeil, S. 139; Stein, NVwZ 2003, 557, 560.

647 Siehe oben D. II. 1. c) bb).

648 BVerfGE 112, 118, 140 f.; Bergkemper, S. 159; vgl. auch Ernst/Johnsen, ZParl 2005, 748, 761 f.; Lang, NJW 2005, 189 f.; a.A. Axer, S. 81, demzufolge das Mehrheitsprinzip „[k]ein rechtsgedankliches Element, sondern lediglich möglicher Reflex der Verwirklichung des Spiegelbildlichkeitsprinzips ist [...]"; Kämmerer, NJW 2003, 1166, 1167, der das Mehrheitsprinzip ebenfalls nicht als materielle Anforderung an die Besetzung der Bundestagsbank ansieht, sondern lediglich als auf „ein Vorrecht auf Verfahrensbestimmung" reduziert.

649 Siehe dazu oben D. III. 2.

650 BVerfGE 112, 118, 137; Bergkemper, S. 158; *Kluth*, in: HStR III, 3. Auflage, § 60 Rn. 20.

sehen.[651] Um anlässlich der Erörterung des Regelungsvorschlags aufzeigen zu können, dass diese Kritik nicht durchgreift, muss die Reichweite dieses Verfassungsprinzips bei der Organisation der Bundestagsbank gründlich dargestellt werden.

Das Gleichbehandlungsgebot entfaltet seine Wirkung bei der Besetzung der Bundestagsbank nur nach einem abgestuften Konzept: An der Spitze der „Gleichbehandlungshierarchie" stehen die Bundestagsfraktionen, dahinter folgen die parlamentarischen Gruppen und zu guter Letzt reihen sich die einzelnen Abgeordneten in die Hierarchie ein. Insofern gilt das Gleiche wie bei der Besetzung der Parlamentsausschüsse.[652]

In seinem Urteil aus dem Jahre 2004, in dem es explizit um die Besetzung der Bundestagsbank im Vermittlungsausschuss ging, hat das Bundesverfassungsgericht zu verhindern versucht, dass der Eindruck einer „Gleichbehandlungshierarchie" entsteht. Dort heißt es zunächst:

> „[...] die Gleichheit der Abgeordneten [wird] durch die Anforderungen der in Fraktionen organisierten parlamentarischen Arbeit mit geprägt, ohne jedoch den Grundsatz der Gleichheit [...] des Mandats zu verdrängen. Im organisatorischen Zusammenschluss – hier zu Fraktionen – geht die [...] Gleichheit des Abgeordneten nicht verloren."[653]

Es hat also vorerst den Anschein, als wolle das Gericht die Stellung des Abgeordneten als Individuum gegenüber derjenigen der Fraktion als Kollektiv stärken. Dieser Anschein wird jedoch bereits mit Beginn des folgenden Satzes zerstört:

> „Sie [die Gleichheit des Abgeordneten] bleib[t] innerhalb der Fraktion bei Abstimmungen und bei einzelnen Abweichung von der Fraktionsdisziplin erhalten und setzt sich zudem im außengerichteten *Anspruch der Fraktion* auf proportionale Beteiligung an der parlamentarischen Willensbildung fort."[654]

Nach Ansicht des Bundesverfassungsgerichts ist die Außenwirkung der Gleichheitsrechte des einzelnen Abgeordneten somit an einen Anspruch seiner Fraktion gebunden. Dadurch wird eine Abhängigkeit des Abgeordneten von seiner Fraktion suggeriert, die zu einer Hierarchiebildung zugunsten der Fraktion führt. Dieser Eindruck verstärkt sich im Folgenden, als das Gericht fordert, es müsse sichergestellt werden,

> „dass der Parlamentsausschuss die Zusammensetzung des Plenums in seiner konkreten, *durch die Fraktionen geprägten* organisatorischen Gestalt verkleinernd abbildet (Grundsatz der Spiegelbildlichkeit). Sie ermöglicht eine *gleichheitsgerechte* Aufgabenerfüllung durch die Ausschüsse."[655]

651 Siehe dazu unten D. V. 2. b).
652 Siehe oben D. II. 1. c) cc) (2) (d).
653 BVerfGE 112, 118, 135.
654 BVerfGE, aaO.
655 BVerfGE 112, 118, 135 f.

Wird an dieser Stelle eine Abhängigkeitsfolge von Fraktionsrechten, Spiegelbildlichkeit und Abgeordnetenrechten nur vage angedeutet, so erfährt diese Andeutung wenig später eine Konkretisierung:

> „Ohne eine Gliederung des Bundestags in Fraktionen [...] wäre auch eine spiegelbildliche Abbildung der Stärkeverhältnisse des Plenums in verkleinerten, aber für den Bundestag als Ganzes handelnden Gremien [ausgeschlossen]. Denn wenn jeder Abgeordnete dauerhaft organisatorisch ungebunden wäre, könnten verkleinernde Stärkeverhältnisse in einer berechenbaren Weise nicht abgebildet werden."[656]

Vor allem der letzte Satz offenbart, dass das Verfassungsgericht von einer Abhängigkeitsfolge ausgeht, die vereinfacht wie folgt zusammengefasst werden könnte: Eine Gleichbehandlung der Abgeordneten setzt Spiegelbildlichkeit voraus. Spiegelbildlichkeit besteht nur, wenn die Fraktionen bei der Ausschussorganisation adäquat berücksichtigt werden.

Hatten die bisher dargestellten und erörterten Ausführungen des Gerichts keinen expliziten Bezug zu der Besetzung der Bundestagsbank des Vermittlungsausschusses, so wird abschließend deutlich, dass die genannte Abhängigkeitsfolge von Fraktionen, Spiegelbildlichkeit und Abgeordnetengleichbehandlung auch hierfür gilt:

> „Denn obwohl der Vermittlungsausschuss kein Ausschuss des Bundestages ist, gilt auch für die Besetzung der Bundestagsbank der Grundsatz verhältnismäßiger Berücksichtigung nach Fraktionsstärke."[657]

Insgesamt zeigt die Analyse der relevanten Passagen des jüngsten Urteils des Bundesverfassungsgerichts, dass auch bei der Besetzung der Bundestagsbank das Gleichbehandlungsgebot mit der Maßgabe gilt, dass eine Gleichbehandlung zwischen den Bundestagsfraktionen, nicht jedoch zwangsläufig zwischen den Bundestagsabgeordneten, herzustellen ist.[658]

In das Mittelfeld der somit entstehenden „Gleichbehandlungshierarchie" fügen sich dann noch die parlamentarischen Gruppen (§ 10 Abs. 4 S. 1 GOBT) ein. In seiner *PDS-II*-Entscheidung hat das Bundesverfassungsgericht entschieden, dass die Nichtberücksichtigung von Abgeordneten einer Gruppe bei der Bundestagsbankbesetzung, die durch einen Wechsel des Zählverfahrens bedingt wird, verfassungsmäßig ist.[659] Auch bezüglich der Gleichheitsrechte parlamentarischer Gruppen gilt somit das Gleiche gilt wie bei der Organisation von Bundestagsausschüssen: Aufgrund ihrer geringeren Mitgliederzahl sind sie der Gefahr einer (verfassungskonformen) Nichtberücksichtigung bei der Besetzung der Bundestagsbank eher ausgesetzt als Fraktionen.

---

656 BVerfGE 112, 118 136.
657 BVerfGE 112, 118, 137.
658 So auch implizit Stein, NVwZ 2003, 557, 560 f.
659 BVerfGE 96, 264, 282 f.

1. Fraktionen, 2. Gruppen, 3. Abgeordnete – diese „Gleichbehandlungshierarchie" gilt also auch bei der Besetzung der Bundestagsbank des Vermittlungsausschusses.

dd) Der Versuch eines schonenden Ausgleichs der divergierenden Anforderungen im Streit um die Organisation der Bundestagsbank im Jahre 2002

Der Streit zwischen Regierungs- und Oppositionsfraktionen um die *anteilige Sitzverteilung* auf der Bundestagsbank und die anschließende Wahl der Bundestagsvertreter im Vermittlungsausschuss ist bereits ausführlich dargestellt worden.[660] Zur Erinnerung: die Regierungsfraktionen von SPD und BÜNDNIS 90/DIE GRÜNEN hatten einen sog. Korrekturfaktor eingeführt. Dessen Anwendung hatte dazu geführt, dass eine Sitzverteilung von 7 (SPD): 7 (CDU/CSU): 1 (BÜNDNIS 90/DIE GRÜNEN): 1 (FPD) verhindert werden konnte und stattdessen 8:6:1:1 Sitze verteilt wurden. Hiergegen zog die CDU/CSU-Fraktion im Wege des Organstreitverfahrens vor das Bundesverfassungsgericht, welches die divergierenden materiellen Anforderungen an die Organisationsregeln, insbesondere den Spiegelbildlichkeitsgrundsatz und das Mehrheitsprinzip, gegeneinander abwägen musste.

Diejenigen Aspekte des verfassungsgerichtlichen Verfahrens, die für die Frage nach einer möglichst exakten Abbildung politischer Mehrheiten im Vermittlungsausschuss relevant sind, sollen im Folgenden dargestellt werden.

(1) Der Beschluss des Bundesverfassungsgerichts im Eilverfahren

Zunächst begehrte die CDU/CSU-Fraktion den Erlass einer einstweiligen Anordnung (§ 32 Abs. 1 BVerfGG), mit der die Anwendung des sog. Korrekturfaktors bis zur Entscheidung im Hauptsacheverfahren verhindert werden sollte.[661] Die Dringlichkeit ihres Antrags begründete sie damit, dass „dem Vermittlungsausschuss bis zur Hauptsacheentscheidung eine Vielzahl von Gesetzen zugeleitet und diese von ihm behandelt werden würden."[662] Inhaltlich machte die CDU/CSU-Fraktion geltend, dass durch den Korrekturfaktor ihr „Recht [...] auf verfassungsgemäße Vertretung auf der Bundestagsbank des Vermittlungsausschusses – und damit auch der Wählerwille – für einen längeren Zeitraum missachtet werden würde."[663] Zwar erkannte die Unionsfraktion, dass der Erlass einer einstweiligen Anordnung bei späterer Erfolglosigkeit in der Hauptsache einen Eingriff in die parlamentarische Gestaltungsfreiheit darstellte. Allerdings seien dessen Folgen verhältnismäßig gering, da zwar das Mehrheitsprinzip nicht gewahrt, dafür aber der Spiegelbildlichkeitsgrundsatz beachtet werden würde.[664] Schließlich trug die CDU/CSU-Fraktion vor, „dass die Wahl der sechs von ihr vorgeschlagenen Mitglieder auf die Bundestagsbank

---

660 Siehe oben D. III. 1. a) aa) (2).
661 BVerfGE 106, 253, 256.
662 BVerfGE 106, 253, 257.
663 BVerfGE, aaO.
664 BVerfGE, aaO.

des Vermittlungsausschusses nicht als Billigung der nach ihrer Auffassung verfassungswidrigen Verfahrensweise zu verstehen sei."[665] Auch habe sich der Antrag noch nicht erledigt, da der Vermittlungsausschuss noch nicht zusammengetreten sei.[666]

Der Antragsgegner der CDU/CSU-Fraktion im Organstreitverfahren, der Bundestag, vertreten durch den Präsidenten Wolfgang Thierse, machte hingegen geltend, dass sich der Antrag aufgrund der Wahl der Mitglieder der Bundestagsbank des Vermittlungsausschusses erledigt habe und somit unzulässig sei.[667] Ferner sei der Antrag aber auch aus zwei Gründen unbegründet: Erstens folge dies aus der offensichtlichen Unbegründetheit des Hauptsacheantrags, da der „Wechsel des Zählverfahrens, mit dem Ziel, die Mehrheitsverhältnisse im Plenum abzubilden, [...] nach der Rechtsprechung des Bundesverfassungsgerichts unbedenklich [sei]."[668] Zweitens wäre der „Erlass einer einstweiligen Anordnung [...] ein einschneidender Eingriff in die parlamentarische Gestaltungsfreiheit, der nicht geboten sei", so dass die im Rahmen des Eilverfahrens gebotene Folgenabwägung ebenfalls zur Unbegründetheit des Antrags führen müsse.[669] Ähnlich wie der von „rot-grün" dominierte Bundestag äußerte sich auch die „rot-grüne" Bundesregierung, der das Bundesverfassungsgericht die Gelegenheit zur Stellungnahme gegeben hatte.[670]

Der Beschluss des Zweiten Senats konnte mit Spannung erwartet werden. Denn auch auf der Bundesratsbank im Vermittlungsausschuss bestand zum Zeitpunkt der Antragsstellung *„[n]ach allgemeiner Überzeugung"* ein politisches Patt.[671] Der Erlass der gewünschten einstweiligen Anordnung hätte demnach zur Folge gehabt, dass im Vermittlungsausschuss insgesamt eine Pattsituation entstanden wäre. Zusätzliche Dringlichkeit wurde dem Eilverfahren dadurch verliehen, dass der Bundesrat den Vermittlungsausschuss in seiner Sitzung am 29. November 2002 angerufen hatte.[672] Dieser sollte folglich zu seiner ersten Sitzung der 15. Legislaturperiode am 5. Dezember 2002 zusammentreten.[673] Für genügend Brisanz war also gesorgt.

In seinem mit 7:1 Richterstimmen[674] ergangenen Beschluss erklärte der Zweite Senat den Antrag der CDU/CSU-Fraktion auf Erlass einer einstweiligen Anordnung zunächst für zulässig.[675] Er folgte somit nicht der Argumentation des Bundestags

---

665 BVerfGE, aaO.
666 BVerfGE, 106, 253, 258.
667 BVerfGE, aaO.
668 BVerfGE, aaO.
669 BVerfGE, 106, 253, 258 f.
670 Vgl. BVerfGE 106, 253, 259 f.
671 BVerfGE 106, 253, 255.
672 Unterrichtungen durch den Bundesrat vom 3. Dezember 2002, BT-Drucks. 15/132, 15/133.
673 BVerfGE 106, 253, 256.
674 Für die ausführlich begründete abweichende Meinung des Richters Broß, demzufolge dem Antrag der CDU/CSU-Fraktion hätte stattgegeben werden, siehe BVerfGE 106, 253, 265 ff.
675 Vgl. BVerfGE 106, 253, 260 f.

und der Bundesregierung, der Antrag habe sich durch die Wahl der Vermittlungsausschussmitglieder des Bundestags erledigt.

Allerdings hielt der Zweite Senat den Antrag auf Erlass einer einstweiligen Anordnung für unbegründet.[676] Dies folgte nach seinem Dafürhalten jedoch nicht aus einer offensichtlichen Unbegründetheit des Hauptsacheantrags.[677] Anders als vom Bundestag und von der Bundesregierung vorgebracht, sei der Hauptsacheantrag vor allem nicht deshalb offensichtlich unbegründet, weil der Wechsel des Zählverfahrens, mit dem Ziel, die Mehrheitsverhältnisse im Plenum abzubilden, nach der Rechtsprechung des Bundesverfassungsgerichts unbedenklich sei. Denn der eingeführte Korrekturfaktor habe „eine andere Qualität und ein anderes Gewicht als der Wechsel in den Verfahren zur Ermittlung mathematisch bestimmter Proportionalität."[678] Insofern müsse in der Hauptsache entschieden werden, ob dem Mehrheitsprinzip oder dem Spiegelbildlichkeitsgrundsatz der Vorrang einzuräumen sei.[679] Auch müsse geprüft werden, ob es rechtmäßig sei, dass durch den Korrekturfaktor der stärksten Fraktion, mithin der SPD-Fraktion, ein zusätzlicher Sitz auf der Bundestagsbank im Vermittlungsausschuss zugeschlagen wird; denkbar wäre es nämlich auch gewesen, den unter Anwendung des Korrekturfaktors entstehenden zusätzlichen Sitz der Fraktion BÜNDNIS 90/DIE GRÜNEN zuzuteilen, da dieser bei Anwendung aller drei gängigen Zählverfahren der höchste Restwert zugekommen wäre.[680]

Wurde keine offensichtliche Unbegründetheit des Hauptsacheantrags festgestellt, so führte die erforderliche Folgenabwägung dazu, dass der Antrag der CDU/CSU-Fraktion für unbegründet erklärt wurde.[681] Bei der Folgenabwägung legte der Zweite Senat den hypothetischen Erlass der begehrten einstweiligen Anordnung zugrunde und stellte dann die Nachteile durch die Beeinträchtigungen folgender Rechte und Interessen einander gegenüber: auf der einen Seite die autonome Entscheidungsbefugnis des Bundestags und den damit verbundenen *„möglicherweise bestehenden"* Anspruch auf Wahrung des Mehrheitsprinzips bei der Gremienbesetzung; auf der anderen Seite das *„möglicherweise bestehende"* Recht der CDU/CSU-Fraktion auf proportionale Beteiligung an den repräsentativen Gremien.[682] Unter diesen Bedingungen würde das Interesse der CDU/CSU-Fraktion an dem Erlass einer einstweiligen Anordnung die entgegenstehenden Interessen des Bundestages

676 BVerfGE 106, 253, 261.

677 BVerfGE 106, 253, 262.

678 BVerfGE 106, 253, 263.

679 Vgl. BVerfGE, 106, 253, 262 f.

680 BVerfGE, 106, 253, 263; diesen Umstand betont auch der Richter Broß in seiner abweichenden Meinung, BVerfGE 106, 253, 269; vgl. auch die Übersicht bei Stein, NVwZ 2003, 557, 558 f. Fn. 26 ff.

681 BVerfGE, aaO.

682 BVerfGE 106, 253, 264; durch die Formulierung „möglicherweise bestehend" brachte der Zweite Senat zum Ausdruck, dass über das Bestehen bzw. den Umfang von Rechten, die aus dem Mehrheitsprinzip einerseits und dem Spiegelbildlichkeitsgrundsatz andererseits fließen, erst im Hauptsacheverfahren entschieden werden würde.

nicht überwiegen.[683] Zur Begründung führte der Zweite Senat unter anderem an, dass die CDU/CSU-Fraktion nicht „hinreichend dargelegt [hat], dass ihre um einen Sitz verringerte Vertretung im Vermittlungsausschuss die politischen Mehrheiten in diesem Gremium bis zur Entscheidung in der Hauptsache unvertretbar verzerre. [Denn] [e]ine solche Sichtweise setzte voraus, dass sich auch die Mitglieder der Bundesratsbank eindeutig entweder der Regierungsmehrheit oder der Opposition zuordnen lassen. In Anbetracht der unterschiedlichen politischen Konstellationen in den Ländern und des Gewichts der Länderinteressen im Bundesrat liegt diese Schlussfolgerung nicht auf der Hand."[684] Diese Ausführungen sind aus zwei Gründen bemerkenswert: Erstens widerspricht der Zweite Senat damit seinen eigenen einleitenden Bemerkungen, denen zufolge nach „allgemeiner Überzeugung" ein politisches Patt auch auf der Bundesratsbank bestand. Zweitens, und dies ist für die Zwecke dieser Arbeit von besonderer Bedeutung, verdeutlicht der Zweite Senat, dass die realpolitischen Gegebenheiten bei der Organisation des Vermittlungsausschusses eine nicht unerhebliche Rolle spielen. Warum sollte er sonst auf „die politischen Mehrheiten" im Vermittlungsausschuss und die Zuordnung zur Regierungsmehrheit oder zur Opposition abstellen?

Im Ergebnis hatte der Zweite Senat den von der CDU/CSU-Fraktion begehrten Erlass der einstweiligen Anordnung also abgelehnt, gleichzeitig aber bereits einen Ausblick auf das Abwägungsprogramm für das Hauptsacheverfahren gegeben: In diesem würde es ganz wesentlich um das Verhältnis von Spiegelbildlichkeitsgrundsatz und Mehrheitsprinzip gehen.[685]

(2) Das Urteil des Bundesverfassungsgerichts vom 8. Dezember 2004

In dem Hauptsacheverfahren begehrte die CDU/CSU-Fraktion die Feststellung, dass sie durch die Einführung des Korrekturfaktors in ihren Rechten aus Art. 38 Abs. 1 S. 2 i.V.m. Art. 40 Abs. 1 S. 2, 21 Abs. 1, 20 Abs. 2, 77 Abs. 2 GG verletzt wurde.[686] Im Vergleich mit dem Eilverfahren hatte sie ihre Antragsbegründung im Kern aufrechterhalten und lediglich um einige weitere Aspekte ergänzt. So machte sie angesichts der Mehrheitsverhältnisse auf der Bundesratsbank unter anderem geltend, dass ihr durch die Besetzung der Bundestagsbank unter Anwendung des Korrekturfaktors „Gestaltungsmöglichkeiten und Abstimmungsoptionen vorenthalten [würden], die [...] eine Aussicht auf faktische Verwirklichung hätten."[687] Außerdem verwies die CDU/CSU-Fraktion darauf, dass sich die Regierungsmehrheit aufgrund

683 BVerfGE, aaO.
684 BVerfGE 106, 253, 264 f.
685 Dass es daneben auch auf das Gleichbehandlungsgebot mitsamt seiner Verbindung zur Wahlrechtsgleichheit ankommen würde (dazu sogleich unten D. III. 4. b) dd) (2)), hatte der Zweite Senat hingegen noch nicht erkennen lassen; anders jedoch Richter Broß in seiner abweichenden Meinung, BVerfGE 106, 256, 267 ff.
686 BVerfGE 112, 118.
687 BVerfGE 112, 118, 122.

der Anwendung des Korrekturfaktors nicht auf der Bundestagsbank wiederfinden würde, falls sich die Regierungskoalition während der laufenden Legislaturperiode ändern sollte: eine hypothetische Regierungskoalition der Fraktionen von CDU/CSU, BÜNDNIS 90/DIE GRÜNEN und FDP würde dort nämlich trotz der deutlichen Mehrheit an Bundestagsmandaten ebenso über acht Sitze verfügen wie die SPD-Fraktion, was unhaltbar sei.[688] Vor allem aber sei ausschließlich die Anwendung eines der drei gängigen Zählverfahren bei der Ausschussorganisation verfassungskonform; durch die Einführung des Korrekturfaktors würden hingegen die verfassungsmäßigen Grenzen der Gestaltungsfreiheit des Bundestages erreicht werden.[689]

Der von „rot-grün“ dominierte Bundestag als Antragsgegner blieb seiner Linie aus dem Eilverfahren ebenfalls treu und hielt den Antrag der Unionsfraktion für unbegründet.[690] Insbesondere betonte er, dass es aufgrund der Rolle des Vermittlungsausschusses im Gesetzgebungsverfahren bei der Besetzung der Bundestagsbank vor allem auf die Verwirklichung des Mehrheitsprinzips ankomme.[691] Um dies sicherzustellen, verfüge der Bundestag über einen weitreichenden Gestaltungsspielraum, in dessen Rahmen die Zählverfahren „kein[en] eigene[n] Wert“ hätten, sondern lediglich eine „dienende Funktion“ erfüllten.[692]

Die „rot-grüne“ Bundesregierung teilte die Auffassung des Bundestages naturgemäß. Vor allem sei die Einführung des Korrekturfaktors eine Anreicherung der üblichen Zählverfahren um „funktionsadäquate[...] Zusatzkomponenten“, die im Lichte der Rechtsprechung des Bundesverfassungsgerichts keinesfalls verfassungsrechtlich beanstandet werden könnten.[693] Außerdem wies die Bunderegierung darauf hin, dass durch die Einführung des Korrekturfaktors eine Gleichbehandlung *der Fraktionen* gewährleistet sei.[694]

Mit seinem Urteil vom 8. Dezember 2004 erklärte der Zweite Senat zwar, dass ein „Verstoß gegen Verfassungsrecht [...] insofern nicht festgestellt werden [kann], als der Deutsche Bundestag zum Zeitpunkt der Beschlussfassung im Interesse einer funktionierenden Gesetzgebung zu einer raschen Besetzung des Vermittlungsausschusses genötigt war und es deshalb schon an zeitlichen Möglichkeiten fehlte, eine ausgewogene Neuregelung möglichst im Konsens aller Fraktionen für eine neu sich ergebende Frage der proportionalen Sitzverteilung zu schaffen.“ Allerding verpflichtete er den Bundestag, „noch innerhalb der 15. Wahlperiode erneut einen Beschluss nach § 57 Abs. 1 GOBT zu fassen, der darauf abzielt, eine proportionalitätsgerechtere Sitzverteilung auf der Bundestagsbank des Vermittlungsausschusses zu erreichen.“[695] Bereits diese einleitenden Urteilspassagen weisen darauf hin, dass

688 BVerfGE 112, 118, 125.
689 BVerfGE 112, 118, 123.
690 BVerfGE, aaO.
691 BVerfGE 112, 118, 126 f.
692 BVerfGE 112, 118, 127 f.
693 BVerfGE 112, 118, 130; vgl. auch Lovens, ZParl 2003, 33, 38.
694 BVerfGE 112, 118, 132.
695 BVerfGE 112, 118, 132 f.

der Zweite Senat eine missverständliche und hochgradig undurchsichtige Entscheidung getroffen hatte.

In der Urteilsbegründung wurden zunächst der Inhalt und die Bedeutung von Spiegelbildlichkeitsgrundsatz (mitsamt seiner teilweisen Herleitung aus dem Prinzip der Wahlrechtsgleichheit), Mehrheitsprinzip und Gleichbehandlungsgebot bei der Besetzung der Bundestagsbank dargelegt.[696] Es folgte eine Charakterisierung des Vermittlungsausschusses, in der sich unter anderem die Feststellung findet, dass in diesem „nicht die Mehrheit des Bundestags mit einer politischen Mehrheit der Länder, sondern der Bundestag mit dem Bundesrat [verhandelt]".[697] Aus einem Vergleich der genannten materiellen Anforderungen mit den Charakteristika des Vermittlungsausschusses folgerte der Zweite Senat dann, dass Spiegelbildlichkeitsgrundsatz und Mehrheitsprinzip, sofern sie bei der Besetzung der Bundestagsbank miteinander kollidieren, in einen schonenden Ausgleich zu bringen seien.[698] In diesem Zusammenhang verstieg er sich zu der wachsweichen Formulierung, dass „Funktion und Aufgaben des Vermittlungsausschusses keine zwingende Ausrichtung der Besetzung des Ausschusses am Mehrheitsprinzip in einem Umfang [fordern], dass der Grundsatz der Spiegelbildlichkeit im Zweifel zu weichen hätte."[699]

„Diesen verfassungsrechtlichen Anforderungen", so der Zweite Senat, sei „der angegriffene Beschluss [des Bundestags] noch gerecht geworden."[700] Allerdings weiche der Beschluss „im Hinblick auf die beiden stärksten Fraktionen im Bundestag nicht unerheblich vom Grundsatz der Spiegelbildlichkeit ab."[701] Mit einer gehörigen Portion Ironie könnte man davon sprechen, dass das Gericht seiner Linie in dem Sinne treu geblieben ist, dass auf einen schwer verständlichen Anforderungsmaßstab eine inkonsistente Schlussfolgerung folgte. An diesem Befund ändert auch ein Blick auf die Details der nachfolgenden Begründung nichts:

Die Abweichung vom Spiegelbildlichkeitsgrundsatz und dem teilweise dahinter stehenden Prinzip der Wahlrechtsgleichheit sei in Anbetracht eines Vergleichs des Bundestagswahlergebnisses (SPD: 41,63% Stimmenanteil, CDU/CSU 41,13%) mit dem Sitzanteil auf der Bundestagsbank im Vermittlungsausschuss (SPD-Fraktion: 50%, CDU/CSU: 37,5%) nicht mehr akzeptabel.[702] Die Einführung des Korrekturfaktors lasse „sich mit keiner der üblichen Berechnungsmethoden rechtfertigen" und verstoße gegen § 12 S. 1 GOBT, der den Spiegelbildlichkeitsgrundsatz festschreibe.[703] Gleichwohl sei die *vorläufige* Einführung des Korrekturfaktors gerechtfertigt gewesen, da es keines der herkömmlichen Zählverfahren erlaubt hätte, sowohl dem

696 Vgl. BVerfGE 112, 118, 133 ff.; vgl. insoweit die Ausführungen oben unter D. III. 4. b) aa)-cc).
697 BVerfGE 112, 118, 138.
698 BVerfGE 112, 118, 140, 145.
699 BVerfGE 112, 118, 141 f.
700 BVerfGE 112, 118, 145.
701 BVerfGE, aaO.
702 BVerfGE 112, 118, 146.
703 BVerfGE, aaO.

Spiegelbildlichkeitsgrundsatz als auch dem Mehrheitsprinzip angemessen Rechnung zu tragen.[704] Denn eine fraktionsübergreifende Verständigung auf ein alternatives Berechnungsverfahren für die Besetzung der Bundestagsbank hätte das Gesetzgebungsverfahren nach Ansicht des Zweiten Senats erheblich verzögert.[705] Im Zusammenhang mit diesem zeitlichen Aspekt äußerte der Zweite Senat auch, dass es ratsam sein könne, nach dem Zusammentreten eines Parlaments zunächst Erfahrungswerte im Wettbewerb zwischen Regierungsmehrheit und Opposition zu sammeln, bevor Entscheidungen über das bei der Gremienbesetzung anzuwendende Verfahren getroffen werden.[706]

Nach alledem habe der Bundestag erneut über die Besetzung der Bundestagsbank im Vermittlungsausschuss zu befinden.[707] Denkbar seien dabei ein erneuter Bundestagsbeschluss, eine Änderung der GOBT oder auch die Einführung einer entsprechenden Regelung in der GOVermA.[708] In diesem Zusammenhang führt der Zweite Senat aus: „Der Anforderung, die Abweichung vom Mehrheitsprinzip im Rahmen des Geschäftsordnungsrechts transparent, berechenbar und abstrakt-generell auszugestalten, entsprechen sowohl § 12 und § 57 Abs. 1 GOBT als auch die üblicherweise angewandten konkretisierenden Zählverfahren, auf die in Beschlüssen nach § 57 Abs. 1 GOBT Bezug genommen wird. Eine nicht unerhebliche und möglicherweise gerechtfertigte Abweichung von diesem System kann zu einem Änderungsbedarf der Geschäftsordnung in den dafür vorgesehenen Verfahren führen."[709] Der Senat zählt die „üblicherweise angewandten [...] Zählverfahren" demnach zu einem „System", von dem es „gerechtfertigte Abweichungen" geben kann. Entgegen dem Vorbringen der CDU/CSU-Fraktion hält er also die drei üblichen Zählverfahren offensichtlich nicht für die einzigen verfassungsrechtlich zulässigen Verfahren zur Besetzung des Vermittlungsausschusses.

In Ablehnung des mit 5:3 Stimmen ergangenen Urteils wurden von der Richterin Osterloh und dem Richter Gerhardt einerseits, sowie der Richterin Lübbe-Wolff andererseits, zwei Sondervoten verfasst. Erstere monierten, dass bei der Erörterung des Besetzungsverfahrens dem Spiegelbildlichkeitsgrundsatz kein angemessenes Gewicht beigemessen wurde, und dass alternative Lösungsmöglichkeiten nicht hinreichend erwogen wurden.[710] Gleichwohl sei es dem Bundestag im Ergebnis unbenommen, die Einführung des Korrekturfaktors durch die Fassung eines inhaltsgleichen Beschlusses zu bestätigen, sofern eine angemessene Erörterung von alternativen Lösungsmöglichkeiten erfolgte.[711] Die Richterin Lübbe-Wolff verweist in ihrem Sondervotum unter anderem auf die Unmöglichkeit einer „[g]enau

704 BVerfGE 112, 118, 147.
705 BVerfGE, aaO.
706 BVerfGE, aaO.
707 BVerfGE, aaO.
708 BVerfGE, 112, 118, 147 f.
709 BVerfGE, aaO.
710 BVerfGE 112, 118, 152.
711 BVerfGE 112, 118, 153.

spiegelbildlich[en]“ Abbildung der Stärkeverhältnisse des Plenums auf der Bundestagsbank im Vermittlungsausschuss.[712] Im Übrigen sei der Bundestag durchaus dazu berechtigt, sicherzustellen, dass sich auf der Bundestagsbank die Regierungsmehrheit wiederfindet.[713] Im vorliegenden Fall sei ein schonender Ausgleich zwischen Spiegelbildlichkeitsgrundsatz und Mehrheitsprinzip unmöglich gewesen; es sei einzig auf die Frage angekommen, ob die parlamentarische Mehrheit auf der Bundestagsbank abgebildet werden würde oder nicht, „ein Drittes gibt es nicht.“[714] Sollte die Anwendung aller herkömmlichen Zählverfahren zu einem Patt zwischen Regierungs- und Oppositionsfraktionen auf der Bundestagsbank führen, wäre die Verlagerung eines Sitzes von der Oppositions- auf die Regierungsseite deshalb das schonendste Mittel.[715] Dieser Sitz hätte allerdings der Fraktion BÜNDNIS 90/DIE GRÜNEN zugeteilt werden müssen. Denn auf diese Weise sei der Abstand zwischen den addierten Erfolgswerten aller Fraktionen und dem Idealwert von 1,0 geringer als bei der Zuweisung des zusätzlichen Sitzes an die SPD-Fraktion.[716]

(a) Reaktionen im Schrifttum

Das Bundesverfassungsgericht musste für sein Urteil harsche Kritik einstecken. Es handele sich um eine an „Unklarheit schwerlich zu überbietende Entscheidung“, die „in ihrer Ergebnislosigkeit die Praxis ratlos [lässt]“;[717] um ein „[p]raxisfernes Urteil, [das] keine Hilfestellung zur Lösung des Problems [gibt]“ und vor Augen führe, dass ein Gericht zwar Rechtsfragen offen lassen kann, „die Politik Machtfragen hingegen nicht“;[718] um eine inkonsistente Entscheidung, die „nicht von einer Sternstunde des Gerichts [zeugt]“;[719] um ein „komplizierte[s] und schwerverständliche[s] Urteil“, dessen Verständnis „erhebliche Schwierigkeiten aufwirft“[720] – um nur einige Reaktionen zu nennen.

Zunächst wird der Zweite Senat aus unterschiedlichen Gründen dafür kritisiert, dass er im Konfliktfall stets einen einzelfallbezogenen schonenden Ausgleich vorgenommen sehen will, an dessen Ende sich entweder der Spiegelbildlichkeitsgrundsatz oder das Mehrheitsprinzip durchsetzen kann. So hält eine Gruppe von Autoren das Mehrheitsprinzip für einen reinen Reflex des Spiegelbildlichkeitsgrundsatzes und plädiert deshalb für einen generellen Vorrang von letzterem.[721] Demgegenüber

---

712 BVerfGE 112, 118, 154.
713 BVerfGE 112, 118, 154 ff.
714 BVerfGE 112, 118, 159.
715 BVerfGE 112, 118, 160.
716 Siehe die ausführlichen Erläuterungen in BVerfGE 112, 118, 160 ff.
717 Möllers, JURA 2010, 401, 403 f.
718 Lang, NJW 2005, 189, 190 f.
719 *Masing*, in: von Mangoldt/Klein/Starck, Bd. 2, Art. 77 Rn. 67 Fn. 15.
720 Bergkemper, S. 177, 183.
721 Axer, S. 81; bereits vor Erlass des Urteils des Bundesverfassungsgerichts im Jahre 2004 Kämmerer, NJW 2003, 1166, 1167; vgl. auch ders., Staatsorganisationsrecht, 2. Auflage, München 2012, S. 130; Krüper, NWVBl. 2005, 97, 98.

wollen andere Stimmen dem Mehrheitsprinzip einen grundsätzlichen Vorrang einräumen.[722] Daneben finden sich auch vereinzelte Stimmen, die einen Ausgleich zwischen Spiegelbildlichkeitsgrundsatz und Mehrheitsprinzip, der dazu führt, dass ein Prinzip hinter dem anderen zurücktreten muss, für verfassungswidrig halten.[723] Vielmehr sei stets ein Gleichlauf der beiden Prinzipien geboten, der vorliegend nur durch die Erhöhung der Mitgliederzahl des Vermittlungsausschusses erreicht werden könne.[724] Die Auseinandersetzung mit der Forderung des Zweiten Senats nach einem schonenden Ausgleich zwischen Spiegelbildlichkeitsgrundsatz und Mehrheitsprinzip bzw. mit der konkreten Ausgestaltung dieser Anforderung durch das Gericht fördert somit höchst unterschiedliche Aussagen zu Tage.

Einig sind sich die Kommentatoren hingegen in der Kritik an den Feststellungen, dass der Bundestagsbeschluss einerseits angesichts des Zeitdrucks (noch) verfassungsmäßig war und dass andererseits das Sammeln weiterer Erfahrungswerte ratsam sein könnte: In Wahrheit hätte gar keine Zeitnot bestanden; vielmehr hätten sich die Regierungs- und Oppositionsfraktionen eine feste Meinung gebildet und diese auch im Laufe der Legislaturperiode nicht geändert.[725] Des Weiteren sei die Verfassungsmäßigkeit einer Maßnahme bisher noch nie mit Zeitdruck begründet worden, was im Übrigen auch im Widerspruch zum Verhalten des Gerichts stehen würde, das zwei Jahre für das Urteil gebraucht hatte.[726] Die Einräumung einer Übergangsfrist von ein bis zwei Monaten nach der Bundestagswahl wäre noch nachvollziehbar gewesen, aber angesichts des vergleichsweise langen Übergangszeitraums entstünde eher der Eindruck eines „‚Verfassungsrecht[s] kraft Verlegenheit'", denn eines „‚Verfassungsrecht[s] kraft Zeitdrucks.'"[727] Mit seinen Ausführungen erwecke das Verfassungsgericht den Anschein, dass es „nach Bundestagswahlen eine verfassungsrechtliche Experimentierphase gebe, in der vorläufige Entscheidungen auch dann gerechtfertigt seien, wenn sich anschließend [...] ihre Unvereinbarkeit mit verfassungsrechtlichen Grundsätzen ergibt."[728] Durch das Urteil habe der Zweite Senat einen „Freibrief aus Zeitnot" eingeführt, da nicht ersichtlich sei, wer darüber entscheiden solle, zu welchem Zeitpunkt die vorübergehende Lösung durch eine dauerhafte Lösung ersetzt werden müsse.[729] In diesem Zusammenhang stelle sich

722 *Kokott*, in: Bonner Kommentar zum Grundgesetz, Ordner 11, Art. 77, Rn. 94; Pfeil, S. 140 f.; siehe auch Lübbe-Wolff in ihrem Sondervotum, BVerfGE 112, 118, 155; bereits vor dem Urteil Ritzel/Bücker/Schreiner, Handbuch für die parlamentarische Praxis, Teil 2, Anh. zu § 12 S. 6; ähnlich Hasselsweiler, S. 142; vgl. auch Ernst/Johnsen, ZParl 2005, 748, 762 Fn. 69.

723 *Kersten*, in: Maunz/Dürig, Bd. V, Art. 77 Rn. 41.

724 *Kersten*, aaO; siehe auch Richter Broß in seiner abweichenden Meinung im Eilverfahren, BVerfGE 106, 253, 272.

725 Lang, NJW 2005, 189, 190.

726 Meyer, in: FS Dieter Simon, S. 405, 410 ff.

727 Meyer, aaO.

728 Lang, aaO.

729 Lang, aaO.

auch die Frage, wann der vorübergehend rechtmäßige Zustand in einen rechtswidrigen umschlage.[730]

Auch die Sondervoten wurden in der Literatur mitunter erörtert. Dabei erntete die Richterin Lübbe-Wolff einerseits Lob dafür, dass sie die praktische Unmöglichkeit eines schonenden Ausgleichs zwischen Spiegelbildlichkeitsgrundsatz und Mehrheitsprinzip im vorliegenden Fall nachgewiesen habe.[731] Für ihren Vorschlag, den freien Sitz der Fraktion BÜNDNIS 90/DIE GRÜNEN zuzuteilen, sah sie sich andererseits jedoch drastischer Kritik ausgesetzt: Dieser Vorschlag basiere auf einem „abstruse[n] und mathematisch höchst angreifbare[n] Rechenexempel."[732]

(b) Bewertung

Den kritischen Stimmen in der Literatur ist insoweit zuzustimmen, als sie die Unklarheit des Urteils anprangern. Aber warum konnte der Zweite Senat keine verständlichere Entscheidung treffen? Offensichtlich befand er sich aus mehreren Gründe in einem Dilemma.

Erstens war er bestrebt, mit dem Spiegelbildlichkeitsgrundsatz und dem Mehrheitsprinzip zwei Verfassungsprinzipien in einen möglichst schonenden Ausgleich zueinander zu bringen. Es galt also, einen verfassungsrechtlichen Abwägungsprozess vorzunehmen, der regelmäßig innerhalb *fein ausdifferenzierter Graustufen* erfolgt. Andererseits stellte sich für den Zweiten Senat in Anbetracht der geltenden Vorschriften und der in der Vergangenheit angewandten Zählverfahren die Frage, welcher Fraktion wie viele (ganze)[733] Sitze auf der Bundestagsbank zuteilwerden sollten. Eine Festlegung auf die konkrete Sitzanzahl hätte den Charakter einer *„Schwarz-Weiß-Entscheidung"* gehabt. Für einen schonenden Ausgleich zwischen Spiegelbildlichkeitsgrundsatz und Mehrheitsprinzip blieb unter dieser Prämisse und angesichts der knappen Mehrheitsverhältnisse faktisch kein Raum. Insofern ist dem Sondervotum der Richterin Lübbe-Wolff, die dies betonte, zuzustimmen.

Zweitens könnte sich das Gericht an seiner bisherigen Rechtsprechung orientiert und sich dadurch ebenfalls mit zwei Gegensätzen konfrontiert gesehen haben: In der *PDS-II-Entscheidung* hatte das Bundesverfassungsgericht entschieden, dass der „Wechsel des Zählsystems [von *Sainte-Laguë/Schepers* zu *d'Hondt*] mit dem Ziel, die

730 Ernst/Johnsen, ZParl 2005, 748, 751 f. Fn. 14.

731 Möllers, JURA 2010, 401, 404, der diesen Nachweis als „geniale[s] Stück juristischer Rationalität zu den Grenzen juristischer Rationalität" bezeichnet.

732 Lang, NJW 189, 191.

733 BVerfGE 112, 118, 136; die Schwierigkeiten, die sich daraus ergeben, dass nach geltendem Recht und unter der Anwendung herkömmlicher Zählverfahren nur *ganze* Sitze vergeben werden können, erkennt offenbar auch der Verfassungsrichter Broß in seiner abweichenden Meinung, vgl. BVerfGE 106, 253, 268; siehe die grundlegende Aussage, dass nur ganze Sitze vergeben werden können, was einer vollständigen Symmetrie stets im Wege steht, u.a. bei Bergkemper, S. 158; *Geis*, in: HStR III, 3. Auflage, § 54 Rn. 42; Kämmerer, NJW 2003, 1166, 1167; vgl. auch Edinger, S. 323; Pfeil, S. 139.

Mehrheitsverhältnisse des Plenums in der Bundestagsbank des Vermittlungsausschusses wiederzugeben, [...] verfassungsrechtlich unbedenklich [ist]."[734] Wie gezeigt worden ist, hat der Zweite Senat zu verstehen gegeben, dass über die Anwendung der drei herkömmlichen Zählverfahren hinaus auch die Anwendung anderer Verfahren denkbar ist.[735] Seine Entscheidung kann demnach insofern als Fortführung der *PDS-II-Entscheidung* angesehen werden, als dass er neben dem Wechsel *zwischen den bekannten* Zählverfahren auch den Wechsel *zu einem unbekannten* Zählverfahren für möglich erachtet. Dem steht die Absage des Bundesverfassungsgerichts an ein Grundmandat für alle Fraktionen bei der Ausschussbesetzung gegenüber.[736] Durch die Einführung des Korrekturfaktors bei der Besetzung der Bundestagsbank, oder, genauer gesagt: durch die Vorabzuteilung eines Sitzes für die SPD-Fraktion, war dieser gewissermaßen ein Grundmandat gewährt worden. Die Freiheit bei der Wahl bzw. Gestaltung des Zählverfahrens und die Ablehnung eines Grundmandats waren somit zwei weitere Antipole, zwischen denen sich der Zweite Senat bewegen musste. Es ist vor diesem Hintergrund keine Überraschung, dass die vorübergehende Einführung des Korrekturfaktors als verfassungskonform eingestuft und gleichzeitig der Bundestag zu einer erneuten Beschlussfassung angehalten wurde.

Die Gründe für die unklare und inkonsistente Entscheidung des Zweiten Senats mögen nun ein wenig verständlicher sein. Der Entscheidungsinhalt, d.h. die Frage, *welche Anforderungen* bei der Besetzung der Bundestagsbank erfüllt werden müssen, sowie die Entscheidungsfolgen, d.h. die Frage, *auf welche Weise jene Anforderungen erfüllt* werden können, bleiben hingegen nebulös.

Seine Aussage, dass „Funktion und Aufgaben des Vermittlungsausschusses keine zwingende Ausrichtung der Besetzung des Ausschusses am Mehrheitsprinzip in einem Umfang [fordern], dass der Grundsatz der Spiegelbildlichkeit im Zweifel zu weichen hätte",[737] hätte sich der Senat auch sparen können. Zwar wird diese Aussage mitunter so interpretiert, dass dem Spiegelbildlichkeitsgrundsatz im Zweifelsfalle der Vorrang einzuräumen sei.[738] Zwingend ist diese Schlussfolgerung jedoch keinesfalls. Denn daraus, dass der Spiegelbildlichkeitsgrundsatz im Zweifel nicht zwangsläufig nachrangig ist, kann nicht geschlossen werden, dass ihm dann der Vorrang gebührt. Demnach konnten die Ausführungen des Zweiten Senats wenig zur Erhellung der Frage nach den materiellen Anforderungen für die Besetzung der Bundestagsbank beitragen. Lediglich das Credo, dass Spiegelbildlichkeitsgrundsatz und Mehrheitsprinzip in einen schonenden Ausgleich zueinander gebracht werden müssen, darf man ernst nehmen.

734 BVerfGE 96, 264, 282 f.
735 Siehe oben D. III. 4. b) dd) (2); siehe auch Bergkemper, S. 185.
736 Vgl. BVerfGE 96, 264, 281 mit Verweis auf BVerfGE 70, 324, 364 sowie oben D. II. 1. c) cc) (2) (c).
737 BVerfGE 112, 118, 141 f.
738 Bergkemper, S. 187.

Allerdings stellt sich sodann die Frage, auf welche Weise ein solcher Ausgleich bewerkstelligt werden soll. Antworten auf diese Frage finden sich im Urteil des Zweiten Senats nicht. Wie erwähnt, wird mitunter vorgebracht, dass ein schonender Ausgleich nur durch die Erhöhung der Mitgliederzahl des Vermittlungsausschusses erreicht werden könne.[739] Dies würde jedoch mehrere Probleme nach sich ziehen: Zunächst fällt bei einem Blick auf die formellen Aspekte auf, dass eine Änderung von § 1 GOVermA und somit ein Zusammenwirken von Bundestag und Bundesrat erforderlich wäre.[740] In materieller Hinsicht würde sich die Frage stellen, in welcher Form die Erhöhung der Mitgliederzahl erfolgen sollte. Um einen Ausgleich zwischen Spiegelbildlichkeitsgrundsatz und Mehrheitsprinzip auf der Bundestagsbank unter den Gegebenheiten während der 15. Legislaturperiode zu erzielen, wäre eine alleinige Erhöhung der Mitgliederzahl des Bundestages im Vermittlungsausschuss denkbar.[741] Dies hätte jedoch eine Verletzung des Gebots der paritätischen Besetzung des Vermittlungsausschusses[742] zur Folge.[743] Würde man dagegen eine gemeinsame Erhöhung der Mitgliederzahlen von Bundestag und Bundesrat anstreben, wäre das derzeit auf der Bundesratsbank geltende Staatenprinzip[744] verletzt.

Die Kritik am Zweiten Senat für sein Urteil ohne Entscheidungsgehalt ist nun hinreichend erörtert worden. Letztlich dürfte er, zumindest mit Blick auf die Besetzung der Bundestagsbank im Vermittlungsausschuss, über die vorzeitige Auflösung des Bundestages in der 15. Legislaturperiode sowie die anschließenden Neuwahlen erleichtert gewesen sein.

Gleichwohl sollen zwei zentrale Erkenntnisse des Urteils und der anschließenden Diskussion festgehalten werden: 1. Spiegelbildlichkeitsgrundsatz und Mehrheitsprinzip müssen bei der Organisation parlamentarischer Gremien jeweils im größtmöglichen Umfang zur Geltung kommen. 2. Um dies zu gewährleisten, können auch neue, unbekannte Zählverfahren zur Anwendung kommen.

c) *Bundesratsbank*

Auch die Organisationsregeln, die ausschließlich für die Bundesratsbank im Vermittlungsausschuss gelten, müssen dem Spiegelbildlichkeitsgrundsatz,[745] dem

---

739 *Kersten*, in: Maunz/Dürig, Bd. V, Art. 77 Rn. 41; Richter Broß in seiner abweichenden Meinung im Eilverfahren, BVerfGE 106, 253, 272; siehe auch oben D. III. 4. b) dd) (2).

740 Dieses erkennt auch der Richter Broß, aaO.

741 Hierfür plädiert wohl *Kersten*, in: Maunz/Dürig, Bd. V, Art. 77 Rn. 41, 35.

742 Siehe dazu oben D. III. 2.

743 Aus diesem Grund spricht sich *Kokott*, in: Bonner Kommentar zum Grundgesetz, Ordner 11, Art. 77, Rn. 98, gegen eine alleinige Erhöhung der Mitgliederzahl auf der Bundestagsbank aus.

744 Siehe dazu oben D. III. 1. a) bb) (1), 3. c) (cc).

745 So explizit Axer, S. 89.

Mehrheitsprinzip[746] und dem Gleichbehandlungsgebot genügen. Allerdings wird bei der Organisation der Bundesratsbank im Vermittlungsausschuss – genauso wie bei der Organisation der Bundesratsausschüsse – aufgrund des derzeit angewandten Staatenprinzips keine der drei materiellen Anforderungen vollumfänglich erfüllt. Das Staatenprinzip kollidiert nämlich auch hier mit dem im Bundesratsplenum geltenden gewichteten Mehrheitsprinzip (Art. 51 Abs. 2, 3 GG, 52 Abs. 3 S. 1 GG, § 27 GOBR). Dieses hat wiederum zur Folge, dass erstens der Spiegelbildlichkeitsgrundsatz nicht gewahrt wird,[747] zweitens das Mehrheitsprinzip nur bei Übereinstimmung von relativer und absoluter Mehrheit zur Geltung kommt,[748] und drittens eine Ungleichbehandlung der Bundesratsvertreter (und damit zwangsläufig auch eine Ungleichbehandlung der Bundesländer) bei einem Vergleich von Plenum und Bundesratsbank vorliegt.[749]

Gleichwohl wird die Anwendung des Staatenprinzips bei der Organisation der Bundesratsbank vielfach verteidigt. Das Bundesverfassungsgericht und vereinzelte Stimmen in der Literatur halten die Anwendung des Staatenprinzips bereits deshalb für verfassungskonform, weil so auch bei der Organisation der Bundesratsausschüsse verfahren werde.[750] Darüber hinaus seien die fehlende Spiegelbildlichkeit und die mangelnde Verwirklichung des Mehrheitsprinzips verfassungsmäßig nicht zu beanstanden, da der Vermittlungsausschuss nur Einigungsvorschläge unterbreite.[751] Des Weiteren wird zugunsten des Staatenprinzips geltend gemacht, dass ein Ausnutzen „zufälliger Mehrheitspositionen" aufgrund der Ausrichtung des Vermittlungsverfahrens auf einen mehrheitsfähigen Kompromiss verhindert werden müsse.[752] Schließlich kann dem Staatenprinzip zugutegehalten werden, dass es die in Ansehung von Art. 50 GG gebotene Mitwirkung aller Länder sicherstellt.[753]

Letzteres wird zwar vollkommen zu Recht als Vorzug des Staatenprinzips angesehen. Allerdings könnte die Beteiligung aller Länder auch dann gewährleistet werden, wenn die Organisationsregeln der Bundesratsbank dem gewichteten Mehrheitsprinzip gehorchen würden.[754]

Dass bei der Abkehr vom Staatenprinzip „zufällige Mehrheitspositionen" entstehen könnten, leuchtet nicht ein. Auch bei einer etwaigen Einführung des gewichteten Mehrheitsprinzips auf der Bundesratsbank, die den materiellen Anforderungen

---

746 Vgl. Burghart, DÖV 2005, 815, 818; Kämmerer, NJW 2003, 1166, 1167.

747 Burghart, DÖV 2005, 815, 818.

748 Vgl. Kämmerer, NJW 2003, 1166, 1167.

749 Vgl. für die Einzelheiten oben D. II. 2. c).

750 BVerfGE 112, 118, 142 f.; Pasemann, Der Einfluß des Bundesrates auf die Gesetzgebung: Der Bundesrat als Gewähr für die Vollziehbarkeit von Gesetzen, Berlin 2006, S. 58 f.

751 *Dietlein*, in BeckOK GG, Art. 77 Rn. 29.2.

752 *Bryde*, in: von Münch/Kunig, Art. 77 Rn. 12.

753 Vgl. *Masing*, in: von Mangoldt/Klein/Starck, Bd. 2, Art. 77 Rn. 67.

754 So auch *Masing*, aaO.

zweifelsfrei gebührend Rechnung tragen würde, wären die Mehrheitspositionen stets eindeutig vorhersehbar und somit alles andere als „zufällig“.

Ferner vermag auch der Hinweis darauf, dass der Vermittlungsausschuss nur Einigungsvorschläge unterbreitet, die Missachtung von Spiegelbildlichkeitsgrundsatz, Mehrheitsprinzip und Gleichbehandlungsgebot nicht überzeugend zu begründen. Zum einen könnten Einigungsvorschläge auch dann erzielt werden, wenn das Staatenprinzip zugunsten eines gewichteten Mehrheitsprinzips aufgegeben werden würde. Zum anderen ist es nicht nachvollziehbar, warum der Funktionsauftrag eines Organs die Ignoranz gegenüber Verfassungsprinzipien rechtfertigen können soll.

Zu guter Letzt überzeugt auch die Ableitung der Verfassungsmäßigkeit des Staatenprinzips aus einem Vergleich mit der Organisation der Bundesratsausschüsse nicht, da der Vermittlungsausschuss kein Organ des Bundesrates ist.[755] Überdies unterscheidet er sich auch in funktioneller Hinsicht von Bundesratsausschüssen.

Nach alledem kann die durch die Anwendung des Staatenprinzips hervorgerufene Missachtung von Spiegelbildlichkeitsgrundsatz, Mehrheitsprinzip und Gleichbehandlungsgebot bei der Organisation der Bundesratsbank nur schwerlich hingenommen werden. Insbesondere die fehlende Verwirklichung des Spiegelbildlichkeitsgrundsatzes wiegt aufgrund seiner Herleitung aus dem Prinzip der Wahlrechtsgleichheit schwer; zumal dieses Prinzips angesichts der „groben“ Stimmgewichtung (Art. 51 Abs. 2, 3 GG, 52 Abs. 3 S. 1 GG, § 27 GOBR) bereits im Bundesratsplenum Verzerrungen ausgesetzt ist.

Die Organisation der Bundesratsbank sollte aus diesen Gründen reformiert werden. Ein entsprechender Reformvorschlag, der sämtlichen relevanten Anforderungen Rechnung trägt, wird im weiteren Verlauf dieser Arbeit noch unterbreitet werden.[756]

5. Funktionelle Anforderungen

Auch die Organisationsregeln des Vermittlungsausschusses müssen in funktioneller Hinsicht dem Gebot der Übersichtlichkeit und Verständlichkeit genügen: Die Besetzungs- und Abstimmungsregeln müssen so ausgestaltet sein, dass eine effektive Arbeit *im Vermittlungsausschuss* möglich ist. Darauf, dass die Organisationsregeln des Vermittlungsausschusses eine effektive *Plenararbeit* im Bundestag und Bundesrat nach dem Ende der Tätigkeit des Vermittlungsausschusses ermöglichen, kommt es hingegen nicht an. Die Effektivität der Plenararbeit wird vielmehr bereits dadurch gefördert, dass bei der Besetzung der Bundestags- und der Bundesratsbank das Mehrheitsprinzip angemessen berücksichtigt wird.[757]

Im Übrigen gilt abermals: Die materiellen Anforderungen sind gegenüber den funktionellen Anforderungen höherrangig.[758]

755 Axer, S. 89 Fn. 196.
756 Siehe unten D. V. 3. b) bb).
757 Pfeil, S. 140; vgl. auch Stein, NVwZ 2003, 557, 561.
758 Vgl. oben D. II. 1. d).

IV. Die praktische Handhabung der Organisationsregeln im Vermittlungsausschuss

Zum Abschluss dieses Kapitels wird nun untersucht werden, wie die Organisationsregeln durch einzelne Abstimmungen mit Leben gefüllt werden. Auf diese Weise sollen Maßgaben für die Reformierung der Besetzungs- und Abstimmungsregeln gewonnen werden. Dabei wird gezeigt werden, dass sich in der praktischen Umsetzung dieser Regeln das eingangs beschriebene Gruppenverhalten[759] manifestiert.

Die Untersuchung wird sich auf die Abstimmungen im Vermittlungsausschuss beschränken. Die Gründe hierfür liegen in der, im Vergleich mit den Fachausschüssen, größeren Bedeutung des Vermittlungsausschusses im Gesetzgebungsverfahren und seiner stärkeren Verselbständigung.[760] Darüber hinaus wäre eine Untersuchung der Abstimmungen und Abstimmungsergebnisse in den Fachausschüssen des Bundestages, des Bundesrates und der Länderparlamente wegen der schieren Masse quasi unmöglich.

1. Die Mehrheitsverhältnisse im Bundestag und Bundesrat als Prädeterminante

Die Mehrheitsverhältnisse im Bundestag und Bundesrat sind für die Abstimmungen im Vermittlungsausschuss von maßgeblicher Bedeutung. Insbesondere bestimmen sie in erheblichem Maße die Anzahl der Anrufungen des Vermittlungsausschusses. Bevor jedoch auf diesen Aspekt näher eingegangen werden wird, soll eingangs das relevante Szenario der divergierenden Mehrheiten in Bundestag und Bundesrat dargelegt und erörtert werden.

a) „Blockadepolitik" im Bundesrat

Seit der Gründung der Bundesrepublik verfügte das „Bundesregierungslager" im Bundesrat zu gut 39% (39,4%) der Zeit über die größte Anzahl an Stimmen bzw. Mitgliedern, zu gut 36% (36,4%) hingegen das „Bundesoppositionslager" und in der übrigen Zeit (24,2%) vereinten die „neutralen" Bundesländer, in denen sich die Landesregierung weder *ausschließlich* aus den „Bundesregierungsparteien" noch *ausschließlich* aus denen der „Bundesoppositionsparteien" zusammensetzte, die größte Anzahl an Stimmen bzw. Mitgliedern auf sich.[761] Dabei verfügte das Lager, das die größte Anzahl an Stimmen bzw. Mitgliedern auf sich vereinte, nicht immer auch über eine Mehrheit gegenüber den anderen beiden Lagern, wenn man deren Stimmen- bzw. Mitgliederzahl addierte. Die isolierte Stimmenmehrheit war also nicht immer

759 Siehe oben B. I.

760 Vgl. oben C. I. 2., II. 2. a) bb) (1), (2).

761 Vgl. die Angaben unter http://www.wahlen-in-deutschland.de/bBundesrat.htm, zuletzt abgerufen am 30. September 2015; für die Zeit bis Ende August 1997 auch Schindler, Datenhandbuch Bundestag, Bd. II, S. 2439 ff.

gleichbedeutend mit der Abstimmungsmehrheit. Das Regierungslager verfügte zu 37,9% der Zeit über die Abstimmungsmehrheit, das Oppositionslager lediglich zu 22,7% der Zeit, während die „neutralen“ Länder immer dann, wenn sie in der Mehrheit waren, auch eine Abstimmungsmehrheit besaßen (24,2%). In der übrigen Zeit (15,2%) besaß keines der drei Lager eine eigene Abstimmungsmehrheit.[762]

Die Mehrheitsverhältnisse im Bundestag und Bundesrat waren demnach jedenfalls seltener kongruent, als dass sie inkongruent waren.

So verhielt es sich auch in den Anfangsjahren der Bundesrepublik, in denen nicht die „Bundesregierungsparteien“, sondern „neutrale“ Bundesländer die meisten Stimmen im Bundesrat besaßen.[763] Gleichwohl attestierte man den Bundesratsmitgliedern in diesem Zeitraum, dass sie sich regelmäßig nicht von parteipolitischen Interessen, sondern vornehmlich von den Interessen ihrer Länder haben leiten lassen.[764] Mitunter wurde zwar auch zu dieser Zeit bereits die Prognose formuliert, dass die Bildung von Parteifronten im Bundesrat unumgänglich sein würde.[765] Diese Prognose sollte sich jedoch bis zum Ende der 1960er Jahre nicht erfüllen.[766] Allerdings überrascht diese Erkenntnis angesichts des Umstands, dass die jeweiligen Bundesregierungen zwischen 1963 und 1969 über Mehrheiten im Bundesrat verfügten,[767] nicht.

Erst im Laufe der 6. und vor allem der 7. Wahlperiode, während derer eine sozialliberale Koalition die Bundesregierung stellte, hielt parteipolitisch geprägtes Verhalten im Bundesrat nachhaltig Einzug.[768] Ein Blick auf die Mitwirkung des

---

762 Vgl. wiederum die Angaben unter http://www.wahlen-in-deutschland.de/bBundesrat.htm, zuletzt abgerufen am 30. September 2015; sowie bei Schindler, aaO.

763 Schindler, aaO; vgl. die Angaben unter http://www.wahlen-in-deutschland.de/bBundesrat.htm, zuletzt abgerufen am 30. September 2015.

764 Antrittsrede des Bundesratspräsidenten Zinn am 30. Oktober 1953, Plenarprotokoll von der 115. Sitzung des Bundesrates, S. 419 (A) f.; siehe auch Posser, Der Vermittlungsausschuß, in: Vierzig Jahre Bundesrat, S. 203, 208; für den ausnahmsweisen Einfluss parteipolitischer Motive zu dieser Zeit siehe Neunreither, Der Bundesrat zwischen Politik und Verwaltung, Heidelberg 1959, S. 152 ff.; vgl. auch Hablitzel, Das politische Mandat des Bundesrates – Bemerkungen zum Rederecht der Mitglieder des Bundesrates und ihrer Beauftragten im Bundestag nach Art. 43 Abs. 2 GG –, BayVBl. 1979, 1, 39, 42; Knies, Der Bundesrat: Zusammensetzung und Aufgaben, Zum Schlußbericht der Enquete-Kommission Verfassungsreform, DÖV 1977, 575, 579.

765 Neunreither, S. 162.

766 Jahn, Bundesrat gegen Bundestag, Gesetzgebung im Spannungsfeld zweier Verfassungsorgane, DNG 1976, 635, 636.

767 Vgl. die Angaben unter http://www.wahlen-in-deutschland.de/bBundesrat.htm, zuletzt abgerufen am 30. September 2015.

768 Diekmann, Das Verhältnis des Bundesrates zu Bundestag und Bundesregierung im Spannungsfeld von Demokratie- und Bundesstaatsprinzip: Versuch einer Konfliktlösung unter Berücksichtigung der historischen Entwicklung des Föderativvorgangs, Frankfurt a.M. [u.a.] 2007, S. 2; Hablitzel, aaO; Laufer, Der Bundesrat als

Bundesrates am Gesetzgebungsverfahren, insbesondere am Zustandekommen von sog. Zustimmungsgesetzen, verdeutlicht dies. Zunächst erwirkten die Vertreter der Unionsparteien, die den Bundesrat ab Mai 1972 zunächst mit der denkbar knappsten Abstimmungsmehrheit von einer Stimme beherrschten,[769] aus partei-, und nicht aus landespolitischen Gründen hinsichtlich mehrerer Gesetzesvorhaben die Anrufung des Vermittlungsausschusses[770].[771] In der 7. Wahlperiode versagte der weiterhin unionsgeführte Bundesrat dann mehreren Gesetzesvorhaben seine Zustimmung, was teilweise zu deren endgültigem Scheitern, d.h. auch nach Ablauf eines Vermittlungsverfahrens, führte.[772] Allerdings passierten im gleichen Zeitraum andere Gesetzesvorhaben den Bundesrat, die von den Unionsfraktionen im Bundestag teilweise erbittert bekämpft worden waren, wie etwa die Ratifikationsgesetze zu den Ostverträgen und zu dem Grundlagenvertrag mit der DDR.[773] Es kann also nicht ohne Weiteres davon gesprochen werden, dass die Unionsvertreter im Bundesrat ab der 6. Wahlperiode durchgängig eine „Blockadepolitik" betrieben. Gleichwohl hatte das damalige Verhalten der Unionsvertreter einerseits zur Folge, dass

---

Instrument der Opposition? Eine Funktionsanalyse der Länderkammer unter den Bedingungen divergierender Mehrheitskonstellationen in Bundestag und Bundesrat, ZParl 1970, 318 f.; Ossenbühl, Zustimmung und Verantwortung des Bundesrates beim Erlaß von Bundesgesetzen, in: Institut für Völkerrecht und ausländisches öffentliches Recht der Universität zu Köln (Hrsg.), Festschrift für Hermann Jahrreiß zum 80. Geburtstag: 19. August 1974, Köln [u.a.] 1974, S. 161, 163; Reuter, Art. 50 GG Rn. 78; Rührmair, Der Bundesrat zwischen Verfassungsauftrag, Politik und Länderinteressen, Berlin 2001, S. 57; Wilms, Der Streit hat sich verschärft, Eine Bilanz der Jahre 1969 bis 1979, in: Pressestelle des Bundesrates (Hrsg.), 30 Jahre Bundesrat: 1949–1979, Bonn 1979, S. 58 f.; vgl. auch Herzog, in: Der Bundesrat als Verfassungsorgan, S. 235, 246 f.; Rüdiger, Der Bundesrat als Bindeglied im föderativen System, Mitwirkung am Entscheidungsprozeß des Gesamtstaates, in: Pressestelle des Bundesrates (Hrsg.), 30 Jahre Bundesrat: 1949–1979, Bonn 1979, S. 67, 68; anders fällt die Analyse von Fromme, Gesetzgebung im Widerstreit: Wer beherrscht den Bundesrat? Die Kontroverse 1969–1976, Stuttgart, 1976, S. 35 ff. aus, der den Unionsvertretern im Bundesrat eine moderate Verfolgung parteipolitischer Interessen bescheinigt.

769 Reuter, Art. 50 GG, Rn. 69.

770 Siehe zu der Anzahl der Anrufungen des Vermittlungsausschusses in den einzelnen Wahlperioden und dem Abstimmungsverhalten im Vermittlungsausschuss sogleich unten D. IV. 1. b), 2. b).

771 Siehe die Beispiele bei Jahn, DNG 1976, 635, 637 und Fromme, S. 70.

772 Schindler, Datenhandbuch Bundestag, Bd. II, S. 2430, 2434 f.

773 H. Schäfer, Der Vermittlungsausschuß, in: Bundesrat (Hrsg.), Der Bundesrat als Verfassungsorgan und politische Kraft: Beiträge zum fünfundzwanzigjährigen Bestehen des Bundesrates der Bundesrepublik Deutschland, Bad Honnef/Darmstadt 1974, S. 277, 297, der irrtümlicherweise von „Grundvertrag" spricht; Gründe dafür, dass die Unionsvertreter den Grundlagenvertrag mit der DDR haben passieren lassen, liefert Herzog, Konsequenzen aus den unterschiedlichen Mehrheiten in Bundestag und Bundesrat für die Interessenwahrnehmung der Länder, ZParl 1976, 298, 303.

parteipolitische Manöver im Bundesrat den Charakter des Außergewöhnlichen verloren.[774] Andererseits wurde auf diese Weise die Gefahr von „Gesetzesblockierungen" im Bundesrat evident.[775]

Diese Gefahr sollte sich schließlich in den darauffolgenden Wahlperioden manifestieren. Am (vorzeitigen) Ende der 9. Wahlperiode standen für den Zeitraum vom 1969 bis 1983, in welchem dem fast durchgängig SPD/FDP-beherrschten Bundestag der ab 1972 fast durchgängig unionsdominierte Bundesrat[776] gegenüberstand,[777] 43 Fälle zu Buche, in denen der Bundesrat seine notwendige Zustimmung zu Gesetzesvorhaben versagt hatte.[778] In 20 Fällen führte dies zum endgültigen Scheitern der Gesetzesvorhaben.[779]

In der 10. und 11. Wahlperiode, die vom Frühjahr 1983 bis zum Herbst 1990 liefen, verfügte die Bundestagsmehrheit von CDU/CSU/FDP im Bundesrat über eine Abstimmungsmehrheit, abgesehen von den letzten vier Monate. In diesen beiden Wahlperioden wurde die Zustimmung zu einem Gesetzesvorhaben dann auch nur ein einziges Mal verweigert, was jedoch gleich das endgültige Scheitern des Gesetzesvorhabens zur Folge hatte.[780]

In der 12. und 13. Wahlperiode herrschten (mit Ausnahme einer kurzen Periode zwischen November 1990 und April 1991)[781] wieder divergierende Mehrheitsverhältnisse im Bundestag und im Bundesrat. Die Vertreter der Regierungsparteien CDU/CSU und FDP befanden sich im Bundesrat in der Unterzahl. Über die größte Anzahl an Stimmen bzw. Mitgliedern verfügten SPD-regierte oder -geführte Länder, die jedoch aufgrund einiger Regierungsbeteiligungen der CDU oder der FDP teilweise dem „neutralen" Lager zuzurechnen waren. Erst in den letzten 5 Monaten der 13. Wahlperiode verfügte das „rot-grüne" Oppositionslager im Bundesrat über eine Abstimmungsmehrheit. Unter dem Strich verweigerte der Bundesrat in der 12. und 13. Wahlperiode in 42 Fällen die Zustimmung zu Gesetzesvorhaben.[782] 24 dieser

---

774 Vgl. Lange, Die Legitimationskrise des Bundesrates, in: Avenarius/Engelhardt/Heussner/von Zezschwitz (Hrsg.), Festschrift für Erwin Stein zum 80. Geburtstag: dargebracht von Freunden und Kollegen, Bad Homburg vor der Höhe 1983, S. 181, 192 f.; Vogel, Mehr Zusammenarbeit als Konflikte, in: Pressestelle des Bundesrates (Hrsg.), 30 Jahre Bundesrat: 1949–1979, Bonn 1979, S. 61, 62.

775 Ossenbühl, Die Zustimmung des Bundesrates beim Erlaß von Bundesrecht, AöR 99 (1974), 369, 418; vgl. auch Laufer, Der Bundesrat: Untersuchung über Zusammensetzung, Arbeitsweise, politische Rolle und Reformprobleme, Bonn 1972, S. 36.

776 Nur für einen kurzen Zeitraum in den Jahren 1977/1978 verfügten die Unionsvertreter nicht über die Abstimmungsmehrheit.

777 Reuter, Art. 50 GG, Rn. 69.

778 Schindler, Datenhandbuch Bundestag, Bd. II, S. 2430 f.

779 Schindler, aaO.

780 Schindler, Datenhandbuch Bundestag, Bd. II, S. 2431.

781 Reuter, aaO.

782 Schindler, Datenhandbuch Bundestag, Bd. II, S. 2431; ders., Datenhandbuch zur Geschichte des Deutschen Bundestages 1949–1999: Gesamtausgabe in drei Bänden:

Gesetzesvorhaben scheiterten daraufhin endgültig.[783] Die gegen Ende der 13. Wahlperiode (1994 bis 1998) häufig verwendete Formulierung „Reformstau" wurde aus diesem Grund auch mit der „Blockadepolitik" der SPD-regierten bzw. -geführten Länder im Bundesrat in Verbindung gebracht.[784]

Nach dem Regierungswechsel im Jahre 1998 verfügte die neue Bundesregierung von SPD und BÜNDNIS 90/DIE GRÜNEN nur für kurze Zeit über eine Abstimmungsmehrheit im Bundesrat; bereits ab dem Frühjahr 1999 waren die unionsgeführten Bundesländer wieder in der Überzahl und verfügten ab dem Frühjahr 2002 über eine Abstimmungsmehrheit, welche sie bis zum (vorzeitigen) Ende der 15. Wahlperiode im Herbst 2005 kontinuierlich ausbauten.[785] Folgerichtig hatte der Bundesrat in der 14. und 15. Wahlperiode schlussendlich die erforderliche Zustimmung zu 40 Gesetzesvorhaben verweigert, von denen 12 endgültig scheiterten.[786] Die der „rot-grünen" Bundesregierung nachfolgende „Große Koalition" konnte sich durchgängig auf eine stabile Mehrheit im Bundesrat verlassen.[787] Damit einhergehend wurde in der 16. Wahlperiode nur einem einzigen Gesetzesvorhaben die Zustimmung verweigert, welches letztendlich nach einem erfolgreichen Vermittlungsverfahren aber doch noch verkündet wurde.[788] Nachdem die „Große Koalition" im Herbst 2009 von einer Regierung aus CDU/CSU und FDP abgelöst worden war, verfügte die neue Regierung bis Mitte 2011 über eine entsprechende Bundesratsmehrheit. Ab jenem Zeitpunkt befand sich dann wiederum das „Oppositionslager" bis zum Ende der 17. Wahlperiode in der Überzahl, wobei es in den letzten sieben Monaten eine Abstimmungsmehrheit im Bundesrat besaß.[789] Die Bilanz jener Wahlperiode: 14 Gesetzesvorhaben hatte der Bundesrat nicht zugestimmt, von denen vier endgültig scheiterten.[790]

In der seit dem Herbst 2013 laufenden 18. Wahlperiode, in der die Bundesregierung abermals aus einer „Großen Koalition" besteht, verfügen die „neutralen" Bundesländer über die meisten Stimmen im Bundesrat, gefolgt von den „Regierungslagerländern".[791]

Eine Veröffentlichung des Wissenschaftlichen Dienstes des Deutschen Bundestages, Band III, Baden-Baden 1999, S. 4377.

783 Schindler, jeweils aaO.

784 Vgl. Diekmann, S. 1; Gramm, Gewaltverschiebungen im Bundesrat – Zu Möglichkeiten und Grenzen der Verfassungsrechtsdogmatik –, AöR 124 (1999), 212, 213.

785 Reuter, aaO; vgl. auch die Angaben unter http://www.wahlen-in-deutschland.de/bBundesrat.htm, zuletzt abgerufen am 30. September 2015.

786 Bundesrat (Hrsg.), Handbuch des Bundesrates für das Geschäftsjahr 2015/2016, Berlin 2015, S. 313.

787 Reuter, aaO; vgl. auch die Angaben unter http://www.wahlen-in-deutschland.de/bBundesrat.htm, zuletzt abgerufen am 30. September 2015.

788 Handbuch des Bundesrates für das Geschäftsjahr 2015/2016, aaO.

789 Podschull-Wellmann, S. 36.

790 Handbuch des Bundesrates für das Geschäftsjahr 2015/2016, aaO.

791 Vgl. die Angaben unter http://www.wahlen-in-deutschland.de/bBundesrat.htm, zuletzt abgerufen am 30. September 2015.

Erwartungsgemäß hat der Bundesrat deshalb noch keinem Gesetzesvorhaben die Zustimmung versagt.[792]

Nach alledem kann mit Blick auf die sog. Zustimmungsgesetze festgehalten werden, dass im Bundesrat vornehmlich aus parteipolitischen Motiven gehandelt wird, was im Falle divergierender Mehrheiten im Bundestag und Bundesrat nicht selten zu einer „Blockadepolitik" führt.[793] Ob ein derartiges parteipolitisch motiviertes Verhalten im Bundesrat verfassungskonform ist, wurde in der Vergangenheit vielfach und kontrovers diskutiert.[794] Dieser Frage soll hier nicht weiter nachgegangen werden, da sie für die Zwecke dieser Arbeit nicht von Belang ist. Entscheidend ist einzig, dass der regelmäßige Frontverlauf im Bundesrat entlang der Partei- bzw. Lagergrenzen und die daraus resultierende „Blockadepolitik" inzwischen gemeinhin als unveränderbare Tatsachen anerkannt sind.[795]

---

792 Siehe die Angaben auf der Homepage des Bundesrates unter http://www.bundesrat.de/SharedDocs/downloads/DE/statistik/fortschreibung.pdf?__blob=publicationFile&v=14, zuletzt abgerufen am 30. September 2015.

793 So auch das Fazit von Strohmeier, Der Bundesrat: Vertretung der Länder oder Instrument der Parteien?, ZParl 2004, 717, 729 f. nach der Auswertung der Gesetzgebungsstatistik für die Jahre 1949–2002; Wagschal/Grasl, Die modifizierte Senatslösung. Ein Vorschlag zur Verringerung der Reformblockaden im deutschen Föderalismus, ZParl 2004, 732, 734 verweisen darauf, dass die Anzahl an Zustimmungsgesetzen, die infolge der Zustimmungsverweigerung des Bundesrates bis zum Frühjahr 2004 endgültig gescheitert waren, zwar relativ gering war, dass es sich bei diesen Gesetzen aber regelmäßig um „weit reichende Reformgesetze" handelte, und dass „die letztlich verabschiedeten Gesetze häufig nur dem kleinsten gemeinsamen Nenner aller Beteiligten entsprachen."

794 Die Verfassungsmäßigkeit bejahen u.a. *Bauer*, in: Dreier, Bd. II, Art. 50 Rn. 20; Hablitzel, BayVBl. 1979, 1, 39, 41 f.; Klein, Parteipolitik im Bundesrat?, DÖV 1971, 325, 329 f.; ders., Der Bundesrat im Regierungssystem der Bundesrepublik Deutschland, ZG 2002, 297, 307 ff.; *Korioth*, in: von Mangoldt/Klein/Starck, Bd. 2, Art. 50 Rn. 18; Laufer, Der Bundesrat, S. 27; ders., ZParl 1970, 318, 324 ff.; Reuter, Art. 50 GG Rn. 67, 70 ff.; Rührmair, S. 62 f.; (wohl) auch Knies, DÖV 1977, 575, 579. Verneint wird sie hingegen von Maunz, Die Rechtsstellung der Mandatsträger im Bundesrat, in: Bundesrat (Hrsg.), Der Bundesrat als Verfassungsorgan und politische Kraft: Beiträge zum fünfundzwanzigjährigen Bestehen des Bundesrates der Bundesrepublik Deutschland, Bad Honnef/Darmstadt 1974, S. 193, 209 f.; Zweifel an der Verfassungsmäßigkeit äußern Jahn, DNG 1976, 635, 638 f.; Rüdiger, Der Bundesrat als Bindeglied, in: 30 Jahre Bundesrat, S. 67, 69; Wilms, Der Streit hat sich verschärft, in: 30 Jahre Bundesrat, S. 58, 60.

795 Burghart, DÖV 2005, 815, 817; Reuter, Art. 50 GG Rn. 77 ff. Die Existenz einer partei- bzw. lagerpolitischen Trennung im Bundesrat scheint inzwischen im Übrigen auch der gefestigten Überzeugung der Bundesratsverwaltung zu entsprechen. Dies zeigt ein Blick auf die Homepage des Bundesrates. Dort werden bei der Darstellung der aktuellen Zusammensetzung des Bundesrates die Stimmenzahlen der Bundesländer, die von einer Koalition aus „Bundesregierungsparteien" regiert werden, grafisch zusammengefasst und der ebenfalls grafisch zusammengefassten

b) Die Anzahl der Anrufungen und „Anrufungsquote"

Keine Anrufung – keine Abstimmung. Indem die soeben erörterten Mehrheitsverhältnisse im Bundestag und Bundesrat unmittelbar die Anzahl der Anrufungen des Vermittlungsausschusses determinieren, wirken sie sich auf die dortigen Abstimmungen aus.

In den Wahlperioden, in denen die Oppositionsparteien (fast) durchgängig über eine Mehrheit und phasenweise sogar über eine Abstimmungsmehrheit im Bundesrat verfügten, wurde der Vermittlungsausschuss häufiger angerufen als in den Wahlperioden, in denen sich die Regierung auf eine Bundesratsmehrheit stützen konnte bzw. die „neutralen" Länder in der Mehrheit waren. Dies lässt sich bereits bei einem Blick auf die absoluten Anzahlen der Anrufungen des Vermittlungsausschusses erahnen.[796] Betrachtet man zuerst die Wahlperioden, in denen die Mehrheit im Bundestag und im Bundesrat divergierten, ergibt sich folgendes Bild: in der 7. Wahlperiode kam es zu 96 Anrufungen[797], in der 8. Wahlperiode zu 71 Anrufungen, in der 9. Wahlperiode zu 20 Anrufungen, in der 12.[798] und 13. Wahlperiode jeweils zu 83 Anrufungen, in der 14. Wahlperiode zu 75 Anrufungen, in der 15. Wahlperiode zu 100 Anrufungen und in der 17. Wahlperiode immerhin zu 43 Anrufungen[799].

Im Gegensatz dazu wurde der Vermittlungsausschuss in der 10., 11. und 16. Wahlperiode, d.h. zu Zeiten, als Bundestags- und Bundesratsmehrheit kongruent waren, lediglich sechs, 13 bzw. 18 Mal angerufen. Die geringe Anzahl der Anrufungen verwundert insbesondere vor dem Hintergrund der sog. „Wohlverhaltensklauseln" nicht. Derartige Klauseln finden sich in Koalitionsverträgen von Landesregierungen, deren Zusammensetzung derjenigen der Bundesregierung entspricht. Sie

---

Stimmenzahlen der übrigen Bundesländer gegenübergestellt, siehe http://www.bundesrat.de/DE/bundesrat/verteilung/verteilung-node.html, zuletzt abgerufen am 30. September 2015.

796 Die Anzahl der Anrufungen lässt sich der Statistik im Handbuch des Bundesrates für das Geschäftsjahr 2015/2016, S. 312 sowie aus Sekretariat des Bundesrates (Hrsg.), Protokolle des Vermittlungsausschusses des Deutschen Bundestages und des Bundesrates: Erste bis vierzehnte Wahlperiode (1949–2002), München 2007, Teil IX, S. 11 entnehmen.

797 In der Anzahl der Anrufungen sind die Zweit- oder Dritt-Anrufungen des Vermittlungsausschusses nicht mit einbezogen.

798 In der 12. Wahlperiode wurden die Anrufungen des Vermittlungsausschusses durch den Bundesrat mutmaßlich auch durch die sog. Bremer Klausel gefördert: nach der Landtagswahl in Bremen vom 29. September 1991 hatten die an der Landesregierung beteiligten Landesverbände von SPD, BÜNDNIS 90/DIE GRÜNEN und FDP vereinbart, dass bei einem Streit über das Abstimmungsverhalten im Bundesrat ein Antrag auf Anrufung des Vermittlungsausschusses unterstützt werden sollte, siehe Bauer, S. 127 f.; Dästner, S. 71.

799 Beachtlicherweise fielen ca. 42% der gesamten Anrufungen der 17. Wahlperiode in die letzten sieben Monate, in denen die Oppositionsvertreter über eine Abstimmungsmehrheit verfügten, siehe Podschull-Wellmann, S. 36.

bestimmen, dass bei Meinungsverschiedenheiten innerhalb der Landesregierung über das Abstimmungsverhalten im Bundesrat der Gesetzesvorlage der Bundesregierung bzw. des Bundestages zugestimmt werden soll.[800] Dadurch wird einer möglichen Anrufung des Vermittlungsausschusses durch den Bundesrat in Zeiten kongruenter Mehrheiten entgegengewirkt.

Während der sog. „neutralen“ Phasen gab es nur in der 1. Wahlperiode eine vergleichbare Anzahl an Anrufungen wie zu Zeiten divergierender Mehrheiten im Bundestag und im Bundesrat, nämlich 72.[801] Dies lässt sich damit erklären, dass die Bundesratsvertreter ihr Verhalten zu dieser Zeit noch nicht vornehmlich an parteipolitischen Interessen ausrichteten.[802]

Setzt man die absoluten Zahlen der Anrufungen zu der Anzahl der vom Bundestag zunächst beschlossenen Gesetzen ins Verhältnis, um die „Anrufungsquote“ zu ermitteln, bestätigt sich der Eindruck, dass der Vermittlungsausschuss im Falle divergierender Mehrheiten häufiger angerufen wurde. In der 7. Wahlperiode betrug die Anrufungsquote 18,6%, in der 8. Wahlperiode 20,1%, in der 9. Wahlperiode 14,4%, in der 12. Wahlperiode 16,4%, in der 13. Wahlperiode 14,7%, in der 14. Wahlperiode 13,4%, in der 15. Wahlperiode 24,9% und in der nur zur Hälfte der Zeit divergierende Mehrheiten aufweisenden 17. Wahlperiode immerhin 7,8%. Eine ähnlich hohe Anrufungsquote findet sich für die „neutralen“ Phasen wiederum lediglich in der 1. Wahlperiode, in der diese 12,9% betrug. Zu Zeiten kongruenter Mehrheiten war die Anrufungsquote hingegen signifikant geringer. So lag sie in der 10. Wahlperiode bei 1,9%, in der 11. Wahlperiode bei 3,5% und in der 16. Wahlperiode bei 2,9%.[803]

Als Zwischenfazit lässt sich demnach konstatieren, dass divergierende Mehrheiten im Bundestag und im Bundesrat eine deutliche Häufung an Anrufungen des

---

800 Dästner, GOVermA, S. 71; vgl. auch Bauer, S. 128 f.

801 In der seit dem Herbst 2013 laufenden 18. Wahlperiode, in dem ebenfalls die „neutralen“ Länder über eine Mehrheit im Bundesrat verfügen, ist es hingegen erst zu einer Anrufung des Vermittlungsausschusses gekommen, siehe http://www.vermittlungsausschuss.de/VA/DE/vermittlungsverfahren/laufend/laufende-node.html, zuletzt abgerufen am 30. September 2015.

802 Siehe dazu soeben oben D. IV. 1. a).

803 Siehe für eine derartige Auswertung der Statistik zur Tätigkeit des Vermittlungsausschusses auch Dästner, Die Rolle des Vermittlungsausschusses in der deutschen Bundesgesetzgebung, in: Sekretariat des Bundesrates (Hrsg.), Protokolle des Vermittlungsausschusses des Deutschen Bundestages und des Bundesrates: Erste bis vierzehnte Wahlperiode (1949–2002), München 2007, Teil I, S. 15 (bis zum Ende der 13. Wahlperiode) sowie Dietlein, Der Vermittlungsausschuß des Deutschen Bundestages und des Bunderates, in: Sekretariat des Bundesrates (Hrsg.), Protokolle des Vermittlungsausschusses des Deutschen Bundestages und des Bundesrates: Erste bis vierzehnte Wahlperiode (1949–2002), München 2007, Teil I, S. 2 (bis zum Ende der 6. Wahlperiode).

Vermittlungsausschusses[804] und somit auch eine erhöhte Anzahl an dort stattfindenden Abstimmungen zur Folge haben.

2. Die Fortsetzung und Manifestierung der Mehrheitsverhältnisse im Bundestag und Bundesrat im Vermittlungsausschusses

Nach vorstehenden Ausführungen liegt die Vermutung nahe, dass sich die parteipolitische Frontenbildung, die ihren Ursprung in den divergierenden Mehrheiten im Bundestag und Bundesrat hat, im Vermittlungsausschuss fortsetzt und in den dortigen Abstimmungen manifestiert.

a) Die Mehrheitsverhältnisse im Vermittlungsausschuss

Bevor diese Vermutung überprüft werden kann, müssen jedoch zunächst die Mehrheitsverhältnisse im Vermittlungsausschuss während der nach vorherigen Ausführungen relevanten Wahlperioden, d.h. derjenigen ab der 7. Wahlperiode, dargelegt werden. Dabei wird für die Vertreter der Bundesländer zugrunde gelegt, dass sie immer dem politischen Lager zuzurechnen sind, in dem sich der jeweilige „Senior-Koalitionspartner" befindet. Dass diese Zuordnung zutreffend ist, zeigen zum einen die diesbezüglich unmissverständlichen Inhalte der Kurzprotokolle. Hierzu zählen sog. Pairing-Vereinbarungen[805] von Vertretern vermeintlich „neutraler" Bundesländer mit Bundesländervertretern oder gar Bundestagsvertretern, die zweifelsfrei dem Regierungs- oder Oppositionslager zugeordnet werden können, sowie die Wortbeiträge der Mitglieder des Vermittlungsausschusses.[806] Zum anderen zeugt auch die Aussage von Ministerialrat Josef Hoffmann im Tätigkeitsbericht des Vermittlungsausschusses für die 14. Wahlperiode, die „rot-grüne" Bundesregierung habe durchgehend über eine „sie unterstützende Mehrheit im Vermittlungsausschuss"

804 Diese Feststellung deckt sich im Übrigen offenbar auch mit dem Einschätzung der Bundesratsdirektion, siehe Brouër (Direktor des Bundesrates), Geleitwort zur 6. Ergänzungslieferung (14. Wahlperiode), in: Protokolle des Vermittlungsausschusses des Deutschen Bundestages und des Bundesrates: Erste bis vierzehnte Wahlperiode (1949–2002), S. V: „War die 13. Wahlperiode des Deutschen Bundestages durch unterschiedliche parteipolitische Mehrheiten im Deutschen Bundestag und Bundesrat und *folglich* von einer hohen Zahl von Anrufungen des Vermittlungsausschusses geprägt, konnte sich die Bundesregierung unter Bundeskanzler Schröder zu Beginn der 14. Wahlperiode vorübergehend auf gleichgerichtete Mehrheitsverhältnisse in beiden Häusern stützen. Gesetze konnten *daher* im ersten Regierungsjahr zunächst ohne Einschaltung des Vermittlungsausschusses verabschiedet werden.", Hervorhebungen durch den Verfasser; siehe auch Bergkemper, S. 109 ff.; Podschull-Wellmann, S. 34 ff.

805 Siehe dazu unten D. IV. 2. b) dd) (3).

806 Siehe dazu unten D. IV. 2. b) dd) (1).

verfügt,[807] von der Richtigkeit dieser Zuordnung. Denn diese kaum anzuzweifelnde Feststellung eines „Insiders“ setzt voraus, dass sich die Vertreter der „neutralen“, SPD-geführten Bundesländer in Einklang mit den übrigen „rot-grünen“ Mitgliedern verhielten.

Im Einzelnen stellen sich die Mehrheitsverhältnisse für den Zeitraum ab der 7. Wahlperiode wie folgt dar: Zu Beginn der 7. Wahlperiode bestand eine Mehrheit von 12:10 Stimmen für das Regierungslager aus SPD und FDP gegenüber dem Oppositionslager von CDU/CSU.[808] Dies änderte sich erst 10 Monate vor Ende der 7. Wahlperiode, als ein bis zum Ende der Wahlperiode bestehendes Patt von 11:11 Stimmen entstand.[809]

Diese Pattsituation bestand durchgängig während der 8. Wahlperiode fort.[810]

In der 9. Wahlperiode bestand eingangs das Patt von 11:11 fort.[811] Nach acht Monaten bzw. ab der dritten Sitzung des Vermittlungsausschusses verfügte die CDU/CSU-Opposition über eine Mehrheit von 12:10.[812] In der letzten Sitzung, die nach dem Regierungswechsel von SPD/FDP zu CDU/CSU/FDP durch die Wahl Helmut Kohls zum Bundeskanzler per konstruktivem Misstrauensvotum stattfand, besaß die CDU/CSU/FDP-Regierung eine 13:9-Mehrheit.[813]

---

807 Hoffmann, Die Tätigkeit des Vermittlungsausschusses in der vierzehnten Wahlperiode des Deutschen Bundestages – Fünfzehnte zeitliche Übersicht mit Fundstellen –, Bundesanzeiger 2003, Nummer 19a, S. 9.

808 Vgl. Protokoll Nr. 1 (7/1972), S. 1, in: Protokolle des Vermittlungsausschusses des Deutschen Bundestages und des Bundesrates: Erste bis vierzehnte Wahlperiode (1949–2002), Mikrofiche-Edition und Protokolle des Vermittlungsausschusses des Deutschen Bundestages und des Bundesrates: Erste bis vierzehnte Wahlperiode (1949–2002), Teil IV, S. 35 ff.

809 Vgl. Protokoll Nr. 29 (7/1972), S. 1, in: Protokolle des Vermittlungsausschusses des Deutschen Bundestages und des Bundesrates: Erste bis vierzehnte Wahlperiode (1949–2002), Mikrofiche-Edition. Die pauschale Aussage von Hasselsweiler, S. 175, während der 7. und 8. Wahlperiode habe ein „Patt[...]“ im Vermittlungsausschuss bestanden, ist demnach zu unpräzise.

810 Insoweit ist die Aussage von Hasselsweiler, aaO, zutreffend.

811 Vgl. Protokoll Nr. 1 (9/1980), S. I f., 1, in: Protokolle des Vermittlungsausschusses des Deutschen Bundestages und des Bundesrates: Erste bis vierzehnte Wahlperiode (1949–2002), Mikrofiche-Edition und Protokolle des Vermittlungsausschusses des Deutschen Bundestages und des Bundesrates: Erste bis vierzehnte Wahlperiode (1949–2002), Teil IV, S. 58 f.

812 Vgl. Protokoll Nr. 3 (9/1980), S. I f., 1 f., in: Protokolle des Vermittlungsausschusses des Deutschen Bundestages und des Bundesrates: Erste bis vierzehnte Wahlperiode (1949–2002), Mikrofiche-Edition.

813 Vgl. Protokoll Nr. 11 (9/1980), S. I f., 1 f., in: Protokolle des Vermittlungsausschusses des Deutschen Bundestages und des Bundesrates: Erste bis vierzehnte Wahlperiode (1949–2002), Mikrofiche-Edition.

Während der 10. Wahlperiode konnte sich die CDU/CSU/FDP-Regierung durchgängig auf eine Mehrheit (anfangs 13:9, ab der zweiten Sitzung 12:10) stützen.[814]

In der 11. Wahlperiode herrschte wiederum bereits ab der 2. Sitzung des Vermittlungsausschuss ein Patt.[815] Ab der 4. Sitzung verfügte die „rot-grüne" Opposition dann über eine Mehrheit von 12:10.[816]

Während der 12. Wahlperiode, der ersten nach der deutschen Wiedervereinigung, konnte sich die CDU/CSU/FDP-Regierung lange Zeit auf eine Mehrheit (zunächst 18:14, ab der dritten Sitzung 17:15) verlassen.[817] Kurz vor Ablauf der Wahlperiode entstand abermals ein Patt.[818]

In der 13. Wahlperiode besaß die „rot-grüne" Opposition fortwährend eine komfortable Mehrheit von 18:14.[819]

Wie bereits erwähnt, verfügte die „rot-grüne" Regierung in der 14. Wahlperiode durchgehend über eine Mehrheit im Vermittlungsausschuss, die zwischen 20:12, 19:13 und 18:14 variierte.[820]

---

814 Vgl. Protokoll Nr. 1 (10/1983), S. I f., 1; Protokoll Nr. 2 (10/1983), S. I f., 1, jeweils in: Protokolle des Vermittlungsausschusses des Deutschen Bundestages und des Bundesrates: Erste bis vierzehnte Wahlperiode (1949–2002), Mikrofiche-Edition und Protokolle des Vermittlungsausschusses des Deutschen Bundestages und des Bundesrates: Erste bis vierzehnte Wahlperiode (1949–2002), Teil IV, S. 63.

815 Vgl. Protokoll Nr. 2 (11/1990), S. I f., 1 f., in: Protokolle des Vermittlungsausschusses des Deutschen Bundestages und des Bundesrates: Erste bis vierzehnte Wahlperiode (1949–2002), Mikrofiche-Edition und Protokolle des Vermittlungsausschusses des Deutschen Bundestages und des Bundesrates: Erste bis vierzehnte Wahlperiode (1949–2002), Teil IV, S. 64 f.

816 Vgl. Protokoll Nr. 4 (11/1990), S. I f., 1 f., in: Protokolle des Vermittlungsausschusses des Deutschen Bundestages und des Bundesrates: Erste bis vierzehnte Wahlperiode (1949–2002), Mikrofiche-Edition.

817 Vgl. Protokoll Nr. 1 (12/1991), S. I f., 1; Protokoll Nrn. 3/4 (12/1991), S. I f., 1, jeweils in: Protokolle des Vermittlungsausschusses des Deutschen Bundestages und des Bundesrates: Erste bis vierzehnte Wahlperiode (1949–2002), Mikrofiche-Edition und Protokolle des Vermittlungsausschusses des Deutschen Bundestages und des Bundesrates: Erste bis vierzehnte Wahlperiode (1949–2002), Teil IV, S. 67 f.

818 Vgl. Protokoll Nr. 25/26/27/28/29/30 (12/1994), S. 442, in: Protokolle des Vermittlungsausschusses des Deutschen Bundestages und des Bundesrates: Erste bis vierzehnte Wahlperiode (1949–2002), Mikrofiche-Edition.

819 Vgl. Brouër, Geleitwort zur 5. Ergänzungslieferung (13. Wahlperiode); 13. Wahlperiode: Namensregister, S. 1 f., jeweils in: o. Hrsg., Protokolle des Vermittlungsausschusses des Deutschen Bundestages und des Bundesrates für die 13. bis 15. Wahlperiode (1994 bis 2005): DVD-Edition der Sitzungsprotokolle mit Materialien zur Erschließung, München 2011.

820 Vgl. 1. Sitzung (14. WP/1999), S. I f., 2; 2. Sitzung (14. WP/1999), S. I f., 2; 3. Fortsetzung der 7. Sitzung/2. Fortsetzung der 8. Sitzung/10. Sitzung (14. WP/2001), S. I f., 3; Fortsetzung der 12. Sitzung/13. Sitzung (14. WP/2001), S. I f., 1 f.; 14. Wahlperiode: Namensregister, jeweils in: Protokolle des Vermittlungsausschusses des Deutschen

In der 15. Wahlperiode besaß die „rot-grüne“ Bundestagsmehrheit nur während der ersten fünf Monate der Wahlperiode, und damit lediglich während der ersten Sitzung des Vermittlungsausschusses, eine Mehrheit.[821] Anschließend bestand, ungeachtet der Kontroverse um die Besetzung der Bundestagsbank,[822] bis kurz vor Ende der Wahlperiode eine Pattsituation zwischen Regierungs- und Oppositionslager.[823] Dieses Patt löste sich kurz vor dem Ende der Wahlperiode zugunsten der „schwarz-gelben“ Opposition auf, die dann über eine Mehrheit von 17:15[824] bzw. von 18:14 (in der letzten Sitzung des Vermittlungsausschusses, die ohne Abstimmung verlief)[825] verfügte.

Während der 16. Wahlperiode konnte sich die „Große (Regierungs-)Koalition“ fortwährend auf eine breite Mehrheit im Vermittlungsausschuss stützen.[826]

In der 17. Wahlperiode verfügte die Regierungsmehrheit von CDU/CSU/FDP vom Beginn der Wahlperiode im Herbst 2009 bis zum Sommer 2012 über eine Mehrheit (anfangs 20:12, später 19:13, 18:14, 17:15); vom Sommer 2012 bis zum Ende der Wahlperiode im Herbst 2013 besaß dann die „rot-grüne“ Opposition die Mehrheit (17:15, später 18:14).[827]

b) Indikatoren für das Abstimmungsverhalten im Vermittlungsausschuss

Mehrere Indikatoren stehen für die Überprüfung der Vermutung, dass die Blockbildung im Vermittlungsausschuss regelmäßig entlang der Partei- bzw. Lagergrenzen verläuft, zur Verfügung.

Bundestages und des Bundesrates für die 13. bis 15. Wahlperiode (1994 bis 2005): DVD-Edition.

821 Vgl. 1. Sitzung (15. WP/2003), S. I f.; 2. Sitzung (15. WP/2003), S. I f.; Wahlperiode: Namensregister, S. 1 ff., jeweils in: Protokolle des Vermittlungsausschusses des Deutschen Bundestages und des Bundesrates für die 13. bis 15. Wahlperiode (1994 bis 2005): DVD-Edition.

822 Siehe oben D. III. 1. a) aa) (2), 4. b) dd).

823 Koggel, Die Tätigkeit des Vermittlungsausschusses in der fünfzehnten Wahlperiode, S. 8.

824 Vgl. 4. Fortsetzung der 45. Sitzung/3. Fortsetzung der 48. Sitzung/2. Fortsetzung der 51. Sitzung/Fortsetzung der 52. Sitzung/53. Sitzung, S. I f., 1, in: Protokolle des Vermittlungsausschusses des Deutschen Bundestages und des Bundesrates für die 13. bis 15. Wahlperiode (1994 bis 2005): DVD-Edition.

825 Vgl. 7. Fortsetzung der 45. Sitzung/3. Fortsetzung der 53. Sitzung/2. Fortsetzung der 54. Sitzung/Fortsetzung der 55. Sitzung/56. Sitzung, S. I f., 1, in: Protokolle des Vermittlungsausschusses des Deutschen Bundestages und des Bundesrates für die 13. bis 15. Wahlperiode (1994 bis 2005): DVD-Edition.

826 Vgl. Koggel, Die Tätigkeit des Vermittlungsausschusses in der sechzehnten Wahlperiode des Deutschen Bundestages – Siebzehnte zeitliche Übersicht mit Fundstellen –, Bundesanzeiger 2009, Nummer 190a, S. 10.

827 Podschull-Wellmann, S. 36 ff.

aa) Die „Verkündungsquote"

Den Ausgangspunkt für diese Überprüfung bildet die „Verkündungsquote". Diese ergibt sich aus dem Verhältnis der Anzahl der Vermittlungsverfahren zu der Anzahl der Gesetze, die jeweils nach der Durchführung von Vermittlungsverfahren verkündet bzw. nicht verkündet wurden.

Da es für die Verkündung von Gesetzen nach Ablauf eines Vermittlungsverfahrens weiterhin auf die Mehrheitsverhältnisse im Bundestag und im Bundesrat ankommt, werden die relevanten Wahlperioden wiederum getrennt danach dargestellt, ob kongruente oder divergierende Mehrheiten bestanden. Zunächst werden abermals diejenigen Wahlperioden betrachtet, in denen (überwiegend) divergierende Mehrheiten im Bundestag und im Bundesrat herrschten; für sie ergeben sich folgende Zahlen:

7. Wahlperiode: 89 Gesetze verkündet (92,7%), 7 Gesetze nicht verkündet (7,3%).

8. Wahlperiode: 57 Gesetze verkündet (80,3%), 14 Gesetze nicht verkündet (19,7).

9. Wahlperiode: 17 Gesetze verkündet (85%), 3 Gesetze nicht verkündet (15%).

12. Wahlperiode: 71 Gesetze verkündet (85,5%), 12 Gesetze nicht verkündet (14,5%).

13. Wahlperiode: 73 Gesetze verkündet (88%), 10 Gesetze nicht verkündet (12%).

14. Wahlperiode: 65 Gesetze verkündet (86,7%), 12 Gesetze nicht verkündet (15,6%).[828]

15. Wahlperiode: 88 Gesetz verkündet (88%), 12 Gesetze nicht verkündet (12%).

17. Wahlperiode: 34 Gesetze verkündet (79,1%), 9 Gesetze nicht verkündet (20,9%).

Aus diesen Zahlen kann für die Phasen divergierender Mehrheiten im Bundestag und im Bundesrat folgende Durchschnitts-„Verkündungsquote" bzw. Durchschnitts-„Nicht-Verkündungsquote" errechnet werden: 86,5% der Gesetze wurden verkündet, 13,8% wurden hingegen nicht verkündet.[829]

Für die Wahlperioden mit kongruenten Mehrheiten im Bundestag und im Bundesrat lesen sich die Zahlen wie folgt:

10. Wahlperiode: 6 Gesetze verkündet (100%), 0 Gesetze nicht verkündet (0%).

11. Wahlperiode: 11 Gesetze verkündet (84,6%), 2 Gesetze nicht verkündet (15,4%).

16. Wahlperiode: 18 Gesetze verkündet (100%), 0 Gesetze nicht verkündet (0%).

Daraus folgt für die Phasen kongruenter Mehrheiten eine Durchschnitts-„Verkündungsquote" von 94,9% und Durchschnitts-„Nicht-Verkündungsquote" von 5,1%.

---

828 Die Summe von mehr als 100% ist auf die Abspaltung von Gesetzesbeschlüssen zurückzuführen, vgl. Protokolle des Vermittlungsausschusses des Deutschen Bundestages und des Bundesrates: Erste bis vierzehnte Wahlperiode (1949–2002), Teil IX, S. 11 Fn. 1.

829 Beachte wiederum die Abspaltung von Gesetzesvorhaben in der 14. Wahlperiode.

In der einzigen „neutralen“ Phase, die hier erwähnt werden soll, namentlich in der 1. Wahlperiode, wurden nach dem Abschluss der jeweiligen Vermittlungsverfahren 63 Gesetze verkündet (87,5%) und 9 Gesetze nicht verkündet (12,5%). Diese Quoten kommen der Durchschnitts-„Verkündungsquote“ und der Durchschnitts-„Nicht-Verkündungsquote“ für die Phasen divergierender Mehrheiten nahe. Man könnte mutmaßen, dass sich das zu der damaligen Zeit im Bundesrat vorherrschende Handeln im Interesse der Bundesländer[830] gewissermaßen im Vermittlungsausschuss fortgesetzt hat. Hieraus folgte in den Anfangsjahren des Vermittlungsausschusses ein uneinheitliches Abstimmungsverhalten, das weder eindeutig entlang der Kammergrenzen (Bundestag versus Bundesrat) noch entlang der Parteigrenzen (Regierungsfraktion(en) mit dazugehörigen Ländervertretern versus Oppositionsfraktion(en) mit dazugehörigen Ländervertretern) verlief.[831]

Die Anzahl der verkündeten und nicht verkündeten Gesetze sowie die „Verkündungsquoten“ lassen bereits erahnen, dass die Vermutung, die Frontenbildung im Vermittlungsausschuss verlaufe regelmäßig entlang der Parteigrenzen, zutrifft. Allerdings besitzen diese Indikatoren nur eine eingeschränkte Aussagekraft bezüglich der Frontenbildung im Vermittlungsausschuss. Denn gemäß Art. 77 Abs. 2a, 4 GG kann ein Gesetz auch dann zustande kommen, wenn der Vermittlungsausschuss sich auf keinen Änderungsvorschlag einigen kann.

bb) Die „Einigungsquote“

Aufschlussreicher für die Ergründung des Abstimmungsverhalten ist deshalb die Anzahl an Vermittlungsverfahren, die mit einem Einigungsvorschlag (vgl. §§ 10, 11 GOVermA), ohne einen Einigungsvorschlag nach § 12 Abs. 1, 2 GOVermA oder gemäß des Grundsatzes der Diskontinuität durch „Vertagung“ bis zur nächsten Wahlperiode endeten. Setzt man diese Anzahlen ins Verhältnis zu den Anzahlen der Anrufungen des Vermittlungsausschusses, ergibt sich eine „Einigungsquote“, eine „Nicht-Einigungsquote“ und eine „Diskontinuitätsquote“ für die jeweiligen Wahlperioden.

Diese Quoten werden dann abschließend getrennt nach den Zeiträumen aufgeschlüsselt werden, in denen eines der beiden Lager über eine Mehrheit im Vermittlungsausschuss verfügte (sog. „Nicht-Patt-Zeiten“), bzw. in denen eine Pattsituation im Vermittlungsausschuss bestand (sog. „Patt-Zeiten“). Denn hinsichtlich des Zustandekommens eines Einigungsvorschlags im Vermittlungsverfahren besteht ausschließlich mit den Mehrheitsverhältnissen im Vermittlungsausschuss ein unmittelbarer Zusammenhang; dagegen kommt es auf die Mehrheitsverhältnisse im Bundestag und im Bundesrat, anders als bezüglich der Verkündung von Gesetzen nach Abschluss eines Vermittlungsverfahrens, allenfalls mittelbar an.

---

830 Siehe oben D. IV. 1. a).

831 So Reinert, S. 149 ff. für die Jahre 1950–1957.

Bis zur 7. Wahlperiode wurden nahezu alle Vermittlungsverfahren mit einem Einigungsvorschlag abgeschlossen,[832] lediglich in fünf Fällen endete das Vermittlungsverfahren gemäß des Grundsatzes der Diskontinuität ergebnislos, so dass die „Einigungsquote" für die ersten sechs Wahlperioden 98,3%, die „Nicht-Einigungsquote" 0% und die „Diskontinuitätsquote" 1,7% betrugen.[833]

In der 7. Wahlperiode konnte dann sieben Mal – bemerkenswerterweise in sämtlichen Fällen erst nach Entstehung der Pattsituation im Vermittlungsausschuss[834] – keine Einigung erzielt werden („Einigungsquote" von 92,7%, „Nicht-Einigungsquote" von 7,3%, „Diskontinuitätsquote" von 0%);[835] in der 8. Wahlperiode, in der durchgängig ein Patt im Vermittlungsausschuss bestand, war dies sogar 12 Mal der Fall, bei sechs ergebnislosen Vermittlungsverfahren („Einigungsquote" von 74,6%, „Nicht-Einigungsquote" von 16,9%, „Diskontinuitätsquote" von 8,5%).[836]

Von der 9. bis 11. Wahlperiode betrug die Einigungsquote dann konstant 100%.[837]

In der 12. Wahlperiode endeten zwei Vermittlungsverfahren ohne einen Einigungsvorschlag und fünf Verfahren unterfielen dem Grundsatz der Diskontinuität („Einigungsquote" von 91,6%, „Nicht-Einigungsquote" von 2,4% und „Diskontinuitätsquote" von 6%).[838] Im ersten Fall wurde kein Einigungsvorschlag erzielt, obwohl die Regierung über eine Mehrheit im Vermittlungsausschuss verfügte. Im zweiten Fall bestand zur Zeit der ausbleibenden Einigung ebenso wie in allen fünf Fällen der ergebnislosen Vertagung wiederum ein Patt.[839]

Während der 13. Wahlperiode, in der das Oppositionslager durchgängig über eine stabile Mehrheit im Vermittlungsausschuss verfügte, wurde nur ein Vermittlungsverfahren aufgrund des Grundsatzes der Diskontinuität ohne Einigungsvorschlag beendet („Einigungsquote" von 98,8%, „Nicht-Einigungsquote" von 0% und

---

832 Vgl. Drodt, Die Tätigkeit des Vermittlungsausschusses in der siebten Wahlperiode des Deutschen Bundestages – Neunte zeitliche Übersicht mit Fundstellen –, Bundesanzeiger 1979, Nummer 107, S. 7 f.

833 Protokolle des Vermittlungsausschusses des Deutschen Bundestages und des Bundesrates: Erste bis vierzehnte Wahlperiode (1949–2002), Teil IX, S. 7 ff.

834 Protokolle des Vermittlungsausschusses des Deutschen Bundestages und des Bundesrates: Erste bis vierzehnte Wahlperiode (1949–2002), Teil VIII, S. 83, 118 ff.

835 Drodt, Die Tätigkeit des Vermittlungsausschusses in der siebten Wahlperiode, aaO.

836 Protokolle des Vermittlungsausschusses des Deutschen Bundestages und des Bundesrates: Erste bis vierzehnte Wahlperiode (1949–2002), Teil IX, S. 7 ff.

837 Protokolle des Vermittlungsausschusses des Deutschen Bundestages und des Bundesrates: Erste bis vierzehnte Wahlperiode (1949–2002), aaO.

838 Hoffmann, Die Tätigkeit des Vermittlungsausschusses in der zwölften Wahlperiode des Deutschen Bundestages – Dreizehnte zeitliche Übersicht mit Fundstellen –, Bundesanzeiger 1995, Nummer 62a, S. 7, 9, 33, 37, 43, 45, 47.

839 Vgl. Protokolle des Vermittlungsausschusses des Deutschen Bundestages und des Bundesrates: Erste bis vierzehnte Wahlperiode (1949–2002), Teil VIII, S. 185, 187, 191 ff.; Protokoll Nr. 25/26/27/28/29/30 (12/1994), S. 442, in: Protokolle des Vermittlungsausschusses des Deutschen Bundestages und des Bundesrates: Erste bis vierzehnte Wahlperiode (1949–2002), Mikrofiche-Edition.

„Diskontinuitätsquote“ von 1,2%).[840] In der 14. Wahlperiode, während derer das Regierungslager fortwährend eine komfortable Mehrheit im Vermittlungsausschuss besaß, endeten vier Vermittlungsverfahren auf die gleiche Weise („Einigungsquote“ von 94,7%, „Nicht-Einigungsquote“ von 0% und „Diskontinuitätsquote“ von 5,3%).[841]

Die Zahlen sollten sich in der 15. Wahlperiode eklatant verändern: eine Einigung wurde in 63 Fällen erzielt, kein Einigungsvorschlag kam in 27 Fällen zustande und zehnmal wurde das Vermittlungsverfahren ergebnislos vertagt („Einigungsquote“ von 63%, „Nicht-Einigungsquote“ von 27% und „Diskontinuitätsquote“ von 10%).[842] Die Nicht-Einigungen fielen dabei sämtlich in die „Patt-Zeiten“ der 15. Wahlperiode, die ergebnislosen Vertagungen allesamt in die „Nicht-Patt-Zeiten“, in denen die CDU/CSU/FPD-Opposition über eine Mehrheit im Vermittlungsausschuss verfügte.[843]

In der nachfolgenden 16. Wahlperiode konnte zweimal keine Einigung erzielt werden („Einigungsquote“ von 88,9%, „Nicht-Einigungsquote“ von 11,1% und „Diskontinuitätsquote“ von 0%).[844] Zu guter Letzt konnte im Laufe der 17. Wahlperiode im Vermittlungsausschuss zweimal keine Einigung erzielt werden, bei sechs ergebnislosen Vertagungen, was zu einer „Einigungsquote“ von 81,4%, einer „Nicht-Einigungsquote“ von 4,7% und einer „Diskontinuitätsquote“ von 14% führt.[845] Im ersten Fall der Nicht-Einigung verfügte die Regierung über eine Mehrheit im Vermittlungsausschuss, in allen anderen Fällen der Nicht-Einigung bzw. der ergebnislosen Vertagung hatte das Oppositionslager die Mehrheit im Vermittlungsausschuss inne.[846]

In den für diese Arbeit relevanten Wahlperioden 7 bis 17 wurde somit unter dem Strich in 48 Fällen kein Einigungsvorschlag erzielt (7,9%) und 32 Ermittlungsverfahren wurden ergebnislos vertagt (5,3%), während in den übrigen 528 Vermittlungsverfahren ein Einigungsvorschlag (86,8%) erarbeitet werden konnte.

Für die Frage nach der Frontenbildung im Vermittlungsausschuss ist nun vor allem die Zuordnung der Nicht-Einigungen, aber auch die der ergebnislosen Vertagungen zu den „Nicht-Patt-Zeiten“ und den „Patt-Zeiten“ von großem Interesse: 43 Nicht-Einigungen fielen in „Patt-Zeiten“ (89,6%) und fünf in „Nicht-Patt-Zeiten“

840 Hoffmann, Die Tätigkeit des Vermittlungsausschusses in der dreizehnten Wahlperiode des Deutschen Bundestages – Vierzehnte zeitliche Übersicht mit Fundstellen –, Bundesanzeiger 1999, Nummer 30a, S. 7.

841 Hoffmann, Die Tätigkeit des Vermittlungsausschusses in der vierzehnten Wahlperiode, S. 8.

842 Vgl. Koggel, Die Tätigkeit des Vermittlungsausschusses in der fünfzehnten Wahlperiode, S. 10.

843 Vgl. Koggel, Die Tätigkeit des Vermittlungsausschusses in der fünfzehnten Wahlperiode, S. 15 ff.; Anhang: Übersicht über die Abstimmungen im Vermittlungsausschuss in der 7.–15. Wahlperiode, S. 242 ff.

844 Koggel, Die Tätigkeit des Vermittlungsausschusses in der sechzehnten Wahlperiode, S. 10.

845 Podschull-Wellmann, S. 30. Die Summe von über 100% ist wiederum den Auf- und Abrundungen geschuldet.

846 Vgl. Podschull-Wellmann, S. 30, 71 ff.

(10,4%). Zu ergebnislosen Vertagungen kam es elf Mal zu „Patt-Zeiten" (34,4%) und 21 Mal zu „Nicht-Patt-Zeiten" (65,6%). Insbesondere die Tatsache, dass die ganz überwiegende Anzahl an Nicht-Einigungen in „Patt-Zeiten" fiel, spricht abermals dafür, dass die Frontenbildung im Vermittlungsausschuss entlang der partei- bzw. lagerpolitischen Grenzen verläuft.[847]

cc) Die Abstimmungsergebnisse: „Einstimmigkeit", „Kongruenz" und „Unbestimmtheit"

Die im Zusammenhang mit den Mehrheitsverhältnissen im Bundestag und Bundesrat erörterte „Anrufungsquote" sowie die „Verkündungsquote" und die „Einigungsquote" bzw. die „Nicht-Einigungsquote" legen nahe, dass eine Blockbildung im Vermittlungsausschuss entlang der Parteigrenzen erfolgt. Bedauerlicherweise kann diese Vermutung auch durch eine Auswertung der Abstimmungsergebnisse im Vermittlungsausschuss nicht vollkommen zweifelsfrei be- oder widerlegt werden. Denn in den offiziellen Protokollen der Vermittlungsverfahren, den sog. Kurzprotokollen, die nur für die Zeit bis zum Ende der 15. Wahlperiode verfügbar sind,[848] werden nur die nummerischen Abstimmungsergebnisse ausgewiesen. Eine namentliche Kennzeichnung der Abstimmung, die das konkrete Abstimmungsverhalten der einzelnen Mitglieder offenbaren würde, sucht man leider vergeblich.[849]

Gleichwohl darf die Aussagekraft der Abstimmungsergebnisse im Vermittlungsausschuss nicht unterschätzt werden. Im Hinblick auf die Frage nach einem partei- bzw. lagerpolitisch motivierten Verhalten lassen sich die Abstimmungsergebnisse, die vom Verfasser für die 7. bis 15. Wahlperiode allesamt ausgewertet wurden,[850] nämlich in fünf Kategorien einteilen:

---

847 So auch die Erkenntnis, wenngleich auf die 15. Wahlperiode beschränkt, von Koggel, Die Tätigkeit des Vermittlungsausschusses in der fünfzehnten Wahlperiode, S. 8.

848 Die Veröffentlichung der Protokolle einer Wahlperiode erfolgt regelmäßig nach der konstituierenden Sitzung des Vermittlungsausschusses in der übernächsten Wahlperiode, vgl. Podschull-Wellmann, S. 11. Die konstituierende Sitzung des Vermittlungsausschusses für die laufende 18. Wahlperiode fand am 9. September 2015 statt, in der die Freigabe der Protokolle der 16. Wahlperiode zur allgemeinen Einsichtnahme beschlossen wurde, deren Veröffentlichung gleichwohl noch aussteht, vgl. http://www.vermittlungsausschuss.de/SharedDocs/auschuesse-termine/va/termine-to/18wp/20150909-sitzung-konst.html?nn=4584032, zuletzt abgerufen am 30. September 2015.

849 Hasselsweiler, S. 76 ff., 192; Reinert, S. 150; Spörndli, Diskurs und Entscheidung: Eine empirische Analyse kommunikativen Handelns im deutschen Vermittlungsausschuss, Wiesbaden 2004, S. 83.

850 Eine Auflistung aller Abstimmungen in der 7. bis 15. Wahlperiode findet sich im Anhang.

1. *Einstimmige* Beschlüsse. In diesen Fällen haben die politischen Lager zweifelsfrei in sich geschlossen abgestimmt.
2. *Beinahe einstimmige* Beschlüsse. Dieses sind Beschlüsse, die gegen höchstens zwei Gegenstimmen, gegen eine Gegenstimme bei einer Enthaltung, oder bei zwei Enthaltungen gefällt wurden. Hier ist gesichert, dass die politischen Lager weitestgehend in sich geschlossen abgestimmt haben.
3. *Kongruente* Beschlüsse. Hierbei handelt es sich um Beschlüsse, bei denen sich das Abstimmungsergebnis mit den Mehrheitsverhältnissen im Vermittlungsausschuss deckt. Dies ist immer dann der Fall, wenn die Stimmendifferenz des Abstimmungsergebnisses mit der Differenz der Mitgliederzahlen übereinstimmt.[851] Sofern sich aus den Wortbeiträgen in den Kurzprotokollen ergibt, dass trotz eines zahlenmäßig deckungsgleichen Ergebnisses eine Abstimmung über die Lagergrenzen hinweg stattgefunden hat, wird der Beschluss nicht als *kongruent*, sondern als *unbestimmt* bezeichnet. In allen anderen Fällen zahlenmäßig deckungsgleicher Beschlüsse liegt es auf der Hand, dass die politischen Lager in sich geschlossen abgestimmt haben.
4. *Beinahe kongruente* Beschlüsse. Diese Beschlüsse können in zwei Varianten auftauchen. Erstens liegt eine Beinahe-Kongruenz vor, wenn es für die vollständige Kongruenz auf einer der beiden Lagerseiten an einer oder zwei Stimmen fehlt. Dies kann darin begründet liegen, dass ein Mitglied des Vermittlungsausschusses bei der Abstimmung nicht anwesend war.[852] Darüber hinaus können die fehlenden Stimmen auf Enthaltungen beruhen, die dann als Ja- bzw. Nein-Stimme in einem der beiden Lager fehlen. In diesen Fällen liegt es nahe, dass die Enthaltungen einem „neutralen" Bundesland, insbesondere einem solchen mit einer „Großen Koalition" in der Landesregierung, zuzuordnen sind.[853] Zweitens sind Beschlüsse *beinahe kongruent*, wenn neben dem *kongruenten* Ergebnis von Ja- und Nein-Stimmen noch eine Enthaltung zu notieren war.[854] Parallel zu

---

851 Zur Veranschaulichung sei folgendes Beispiel gewählt: Das Regierungslager verfügt im Vermittlungsausschuss über 18 Mitglieder, das Oppositionslager über 14 Mitglieder. Bei Abstimmungsergebnissen von 18 zu 14, 17 zu 13, 16 zu 12, etc. ist die Kongruenz gegeben.

852 Siehe z.B. Protokolle des Vermittlungsausschusses des Deutschen Bundestages und des Bundesrates: Erste bis vierzehnte Wahlperiode (1949–2002), Mikrofiche-Edition, Protokoll Nr. 5 (7/1972), S. 1, 25: ein Beschluss erging mit 12:9 Stimmen, obwohl gemäß der Anwesenheitsliste die Mehrheitsverhältnisse 12:10 lauteten.

853 Siehe z.B. Protokoll 21. Sitzung (13. WP/1997), S. 3, in: Protokolle des Vermittlungsausschusses des Deutschen Bundestages und des Bundesrates für die 13. bis 15. Wahlperiode (1994 bis 2005): DVD-Edition: Bei einer Mehrheit von 18:14 für die „rot-grüne" Opposition wurde ein Antrag eines SPD-Bundestagsvertreters mit 15:12:1 Stimmen angenommen. Diese Enthaltung ist sehr wahrscheinlich einem der vier Bundesländer zuzuordnen, das seinerzeit von einer „Großen Koalition" regiert wurde.

854 Siehe z.B. Protokoll 4. Forts. 24. Sitzung/Forts. 27. Sitzung/28. Sitzung (13. WP/1997), S. 13, in: Protokolle des Vermittlungsausschusses des Deutschen Bundestages und

den kongruenten Beschlüssen gilt: Sofern sich aus den Wortbeiträgen in den Kurzprotokollen ergibt, dass trotz eines zahlenmäßig nahezu deckungsgleichen Ergebnisses eine Abstimmung über die Lagergrenzen hinweg stattgefunden hat, wird der Beschluss als *unbestimmt* bezeichnet.[855]

5. *Unbestimmte* Beschlüsse. Hierunter fallen alle Beschlüsse, die sich in keine der vier vorgenannten Kategorien einordnen lassen. In diesen Fällen haben die Abstimmungen über die politischen Lagergrenzen hinweg stattgefunden.

Auf die nachstehend in tabellarischer Form dargestellte Auswertung und Zuordnung der Abstimmungsergebnisse in der 7.–15. Wahlperiode wird im Folgenden noch zurückzukommen sein.[856] An dieser Stelle sei bereits die Aufmerksamkeit auf die „Kongruenzquote" gelenkt, die für die „Nicht-Patt-Zeiten" und die „Patt-Zeiten" in erheblichem Maße voneinander abweicht.[857]

Gesamt 7.–15. Wahlperiode	1597	100%
Einstimmig	555	34,8%
Beinahe einstimmig	204	12,8%
Kongruent	413	25,9%
Beinahe kongruent	69	4,3%
Unbestimmt	356	22,3%[857]

Gesamt „Nicht-Patt-Zeit"	843	100%
Einstimmig	326	38,7%
Beinahe einstimmig	139	16,5%
Kongruent	**140**	**16,6%**
Beinahe kongruent	61	7,2%
Unbestimmt	177	21%

des Bundesrates für die 13. bis 15. Wahlperiode (1994 bis 2005): DVD-Edition: Bei einer Mehrheit von 18:14 für die „rot-grüne" Opposition wurde ein Antrag eines SPD-Bundestagsvertreters mit 13:9:1 Stimmen angenommen.

855 Vgl. z.B. Protokoll 4. Forts. 24. Sitzung/Forts. 27. Sitzung/28. Sitzung (13. WP/1997), S. 18 f., in: Protokolle des Vermittlungsausschusses des Deutschen Bundestages und des Bundesrates für die 13. bis 15. Wahlperiode (1994 bis 2005): DVD-Edition: Der rheinland-pfälzische Ministerpräsident, Kurt Beck (SPD), stimmte gegen den Antrag eines SPD-Bundestagsvertreters.

856 Siehe unten D. IV. 3.

857 Summen von 99,9% oder 100,1% sind Auf- und Abrundungen geschuldet.

Gesamt „Patt-Zeit"	754	100%
Einstimmig	233	30,4%
Beinahe einstimmig	203	8,6%
Kongruent	**413**	**36,2%**
Beinahe kongruent	8	1,1%
Unbestimmt	356	23,7%

Gesamt 7. Wahlperiode	519	100%
Einstimmig	258	49,7%
Beinahe einstimmig	50	9,6%
Kongruent	121	23,3%
Beinahe kongruent	18	3,5%
Unbestimmt	72	13,9%
In der „Nicht-Patt-Zeit"	337	100%
Einstimmig	168	49,9%
Beinahe einstimmig	27	8%
Kongruent	97	28,8%
Beinahe kongruent	12	3,6%
Unbestimmt	33	9,8%
In der „Patt-Zeit"	182	100%
Einstimmig	90	49,5%
Beinahe einstimmig	23	12,6%
Kongruent	24	13,2%
Beinahe kongruent	6	3,3%
Unbestimmt	39	21,4%

Gesamt 8. Wahlperiode	386	100%
Einstimmig	103	26,7%
Beinahe einstimmig	21	5,4%
Kongruent	155	40,2%
Beinahe kongruent	-	-
Unbestimmt	107	27,7%

Gesamt 9. Wahlperiode	165	100%
Einstimmig	74	44,8%
Beinahe einstimmig	40	24,2%
Kongruent	6	3,6%
Beinahe kongruent	2	1,2%
Unbestimmt	43	26,1%
In der „Nicht-Patt-Zeit“	4	100%
Einstimmig	-	-
Beinahe einstimmig	-	-
Kongruent	-	-
Beinahe kongruent	2	50%
Unbestimmt	2	50%
In der „Patt-Zeit“	161	100%
Einstimmig	74	46%
Beinahe einstimmig	40	24,8%
Kongruent	6	3,7%
Beinahe kongruent	-	-
Unbestimmt	41	25,5%

Gesamt 10. Wahlperiode	23	100%
Einstimmig	9	39,1%
Beinahe einstimmig	5	21,7%
Kongruent	-	-
Beinahe kongruent	-	-
Unbestimmt	9	39,1%

Gesamt 11. Wahlperiode	14	100%
Einstimmig	8	57,1%
Beinahe einstimmig	3	21,4%
Kongruent	1	7,1%
Beinahe kongruent	-	1,2%
Unbestimmt	2	14,3%

In der „Nicht-Patt-Zeit“	4	100%
Einstimmig	4	100%
Beinahe einstimmig	-	-
Kongruent	-	-
Beinahe kongruent	-	-
Unbestimmt	-	-
In der „Patt-Zeit“	10	100%
Einstimmig	4	40%
Beinahe einstimmig	3	30%
Kongruent	1	10%
Beinahe kongruent	-	-
Unbestimmt	2	20%

Gesamt 12. Wahlperiode	153	100%
Einstimmig	37	24,2%
Beinahe einstimmig	25	16,3%
Kongruent	23	15%
Beinahe kongruent	12	7,8%
Unbestimmt	56	36,6%
In der „Nicht-Patt-Zeit“	127	100%
Einstimmig	32	25,2%
Beinahe einstimmig	19	15%
Kongruent	22	17,3%
Beinahe kongruent	12	9,4%
Unbestimmt	42	33,1%
In der „Patt-Zeit“	26	100%
Einstimmig	5	19,2%
Beinahe einstimmig	6	23,1%
Kongruent	1	3,8%
Beinahe kongruent	-	-
Unbestimmt	14	53,8%

Gesamt 13. Wahlperiode	99	100%
Einstimmig	14	14,1%
Beinahe einstimmig	27	27,3%
Kongruent	4	4%
Beinahe kongruent	22	22,2%
Unbestimmt	32	32,3%

Gesamt 14. Wahlperiode	74	100%
Einstimmig	21	28,4%
Beinahe einstimmig	15	20,3%
Kongruent	6	8,1%
Beinahe kongruent	15	20,3%
Unbestimmt	17	23%

Gesamt 15. Wahlperiode	164	100%
Einstimmig	31	24,2%
Beinahe einstimmig	18	16,3%
Kongruent	97	15%
Beinahe kongruent	-	-
Unbestimmt	18	36,6%
In der „Nicht-Patt-Zeit“	12	100%
Einstimmig	4	33,3%
Beinahe einstimmig	3	25%
Kongruent	4	33,3%
Beinahe kongruent	-	-
Unbestimmt	1	8,3%
In der „Patt-Zeit“	152	100%
Einstimmig	27	17,7%
Beinahe einstimmig	15	9,9%
Kongruent	93	61,2%
Beinahe kongruent	-	-
Unbestimmt	17	11,2%

dd) Diskussionsverlauf

Ob im Falle kongruenter Abstimmungsergebnisse auch tatsächlich geschlossen entlang der politischen Lager abgestimmt wurde, lässt sich, wie bereits erwähnt, nicht mit letzter Sicherheit feststellen. Ungeachtet dessen ist es lohnenswert, die in den Kurzprotokollen enthaltenen Diskussionsbeiträge der Mitglieder des Vermittlungsausschusses hinzuzuziehen.

(1) Das Selbstverständnis der Vermittlungsausschussmitglieder

Diese Beiträge offenbaren zunächst, dass ein geschlossenes Vorgehen der widerstreitenden politischen Lager für die Mitglieder des Vermittlungsausschusses vielfach selbstverständlich war. So finden sich in den Protokollen viele Fälle, in denen Mitglieder des Vermittlungsausschusses Aussagen im Namen „ihrer" Lager („eine Seite" und andere Seite", „A-Seite" und „B-Seite", „SPD-Seite" und „CDU-Seite", oder auch „Regierung" und „Opposition") tätigten oder unter Verwendung einer dieser Bezeichnungen das gegnerische Lager ansprachen.[858] Auch lässt sich aus

858 Siehe u.a. Protokoll Nr. 32 (7/1972), S. 39 f., 43 f., 52, 54; Protokoll Nr. 30 (8/1976), S. 1 f.; Protokoll Nr. 1 (11/1987), S. 15; Protokoll Nr. 12 (12/1992), S. 19, 59, jeweils in: Protokolle des Vermittlungsausschusses des Deutschen Bundestages und des Bundesrates: Erste bis vierzehnte Wahlperiode (1949–2002), Mikrofiche-Edition; Protokoll Nr. 1 (13/1995), S. 11, 40, 43; Protokoll Nr. 2 (13/1995), S. 4; Protokoll Nr. 5 (13/1996), S. 40 f.; Protokoll Nr. 6 (13/1996), S. 2, 4, 7, 10; Protokoll Nr. 7 und 8 (13/1996), S. 2, 4, 6, 11; Protokoll 2. Forts. 19. Sitzung/2. Forts. 24. Sitzung/26. Sitzung (13. WP/1997), S. 24, 29; Protokoll 3. Forts. 19. Sitzung/3. Forts. 24. Sitzung/Forts. 26. Sitzung/27. Sitzung (13. WP /1997/98), S. 57; Protokoll 2. Forts. 21 Sitzung/23. Sitzung (13. WP/1997), S. 4, 11; Protokoll 3. Forts. 21. Sitzung/1. Forts. 23. Sitzung (13. WP/1997), S. 43, 59, Protokoll 24. Sitzung (13. WP/1997), S. 3, 5, 12 f., 16; Protokoll 1. Forts. 24. Sitzung/25. Sitzung (13. WP/1997), S. 12; Protokoll 4. Forts. 24. Sitzung/ Forts. 27. Sitzung/28. Sitzung (13. WP/1997), S. 3; Protokoll Forts. 25. Sitzung (13. WP/1997), S. 11; Protokoll Forts. 28. Sitzung/29. Sitzung (13. WP/1997), S. 2; Protokoll 2. Forts. 28. Sitzung/30. Sitzung (13. WP/1998), S. 9, 36; Protokoll 2. Forts. 30. Sitzung/34. Sitzung (13. WP/1998), S. 13; Protokoll Forts. 34. Sitzung/35. Sitzung (13. WP/1998), S. 3 f.; 2. Sitzung (14. WP/1999), S. 15, 18, 38; Fortsetzung der 2. Sitzung (14. WP/1999), S. 4 f., 9, 32, 38, 52, 67, 73, 76; 3. Sitzung (14. WP/2000), S. 3; 4. Sitzung (14. WP/2000), S. 3, 5, 29, 33, 38, 40, 45, 53, 57, 59, 61; 5. Sitzung (14. WP/2000), S. 2, 17, 28, 31, 58 ff.; 1. Fortsetzung der 5. Sitzung (14. WP/2000), S. 3 ff., 16, 33 f., 36 f.; 2. Fortsetzung der 5. Sitzung (14. WP/2000), S. 16, 18; 3. Fortsetzung der 5. Sitzung (14. WP/2000), S. 2, 6, 9, 33; 4. Fortsetzung der 5. Sitzung (14. WP/2000), S. 2, 9, 11 f., 17; 6. Sitzung /14. WP/2000), S. 4; 7. Sitzung (14. WP/2000), S. 24, 26, 31, 37, 55, 60 ff., 65, 67; 1. Fortsetzung der 7. Sitzung/8. Sitzung (14. WP/2001), S. 10; S. 4; 2. Fortsetzung der 7. Sitzung/1. Fortsetzung der 8. Sitzung/9. Sitzung (14. WP/2001), S. 4, 9 ff., 17, 29, 35, 43, 49 f., 54 f., 60 f., 65; 3. Fortsetzung der 7. Sitzung/2. Fortsetzung der 8. Sitzung/10. Sitzung (14. WP/2001), S. 1, 8; 3. Fortsetzung der 8. Sitzung/Fortsetzung der 10. Sitzung/11. Sitzung (14. WP/2001), S. 3, 8; 1. Fortsetzung der 9. Sitzung (14. WP/2001), S. 3 ff.; 8, 24 f., 27, 33 ff.; 2. Fortsetzung der 9. Sitzung (14. WP/2001), S. 8,

den Protokollen erkennen, dass es jeweils einen „Wortführer" für ein Lager gibt.[859] Daneben offenbaren die Wortbeiträge in den Kurzprotokollen, dass es vor den Sitzungen des Vermittlungsausschusses regelmäßig interne Vorbesprechungen der widerstreitenden Lager gegeben hat.[860] In Einklang mit diesen Vorbesprechungen

30, 35; 3. Fortsetzung der 9. Sitzung (14. WP/2001), S. 4, 24 f., 44, 55 f.; 12. Sitzung (14. WP/2001), S. 8; 1. Fortsetzung der 13. Sitzung/14. Sitzung (14. WP/2001), S. 9, 11 f., 15, 29; 37, 50, 63, 69 ff., 73 f., 85, 92, 94; 15. Sitzung (14. WP/2002), S. 4, 10, 22; 16. Sitzung (14. WP/2002), S. 3, 9, 12, 14, 22, 24, 26, 39 ff.; Fortsetzung der 16. Sitzung (14. WP/2002), S. 5, 7 ff., 12, 15 f.; 17. Sitzung (14. WP/2002), S. 17, 23, 28, 34; 1. Sitzung (15. WP/2002), S. 11, 18 f., 27, 34, 44, 46, 49 f.; Fortsetzung der 1. Sitzung (15. WP/2002), S. 12, 15; 2. Sitzung (15. WP/2003), S. 17, 21, 41; Fortsetzung der 2. Sitzung (15. WP/2003), S. 6, 8 f., 14, 46 f., 55, 58 f., 82; Fortsetzung der 5. Sitzung (15. WP/2003), S. 2 f.; jeweils in: Protokolle des Vermittlungsausschusses des Deutschen Bundestages und des Bundesrates für die 13. bis 15. Wahlperiode (1994 bis 2005): DVD-Edition.

859 Siehe auch die explizite Aussage des Vorsitzenden des Vermittlungsausschusses in der 4. Fortsetzung der 39. Sitzung/2. Fortsetzung der 45. Sitzung/Fortsetzung der 48. Sitzung/51. Sitzung (15. WP/2004), S. 1: „Er ist der Wortführer der Union hier.", in: Protokolle des Vermittlungsausschusses des Deutschen Bundestages und des Bundesrates für die 13. bis 15. Wahlperiode (1994 bis 2005): DVD-Edition.

860 Siehe z.B. Protokoll Nr. 5 (13/1996), S. 14, 17; Protokoll Nr. 6 (13/1996), S. 37; Protokoll Nr. 7 und 8 (13/1996), S. 4, 67; Protokoll 9. Sitzung (13. WP/1996), S. 6; Protokoll 2. Forts. 21 Sitzung/23. Sitzung (13. WP/1997), S. 11; Protokoll Forts. 28. Sitzung/29. Sitzung (13. WP/1997), S. 2; Fortsetzung der 12. Sitzung/13. Sitzung (14. WP/2001), S. 8; Fortsetzung der 10. Sitzung/11. Sitzung (15. WP/2003), S. 16; 2. Fortsetzung der 22. Sitzung/Fortsetzung der 23. Sitzung/24. Sitzung (15. WP/2004), S. 43 f., jeweils in: Protokolle des Vermittlungsausschusses des Deutschen Bundestages und des Bundesrates für die 13. bis 15. Wahlperiode (1994 bis 2005): DVD-Edition.

wurden teilweise sogar „Lagervorschläge" bzw. „Lagerentwürfe" in den Vermittlungsausschuss eingebracht[861] oder gar „Lageranträge"[862] gestellt.

Vor dem Hintergrund des fest verankerten „Lagerdenkens" der Mitglieder des Vermittlungsausschusses überrascht es nicht, dass sie die nach lagerpolitischen Maßstäben bestehenden Pattsituationen stets als solche wahrgenommen haben.[863]

---

861 Siehe u.a. Protokoll Nr. 6 (12/1991), 5 f., Protokoll Nr. 7 (Fortsetzung) (12/1992), S. 91; Anlage 1: Die Vertreter der Koalitionsparteien und der unionsgeführten Länder werden im Vermittlungsausschuss am 5. Februar 1992 folgendes beantragen; S. 91, Anlage 2: Die Vertreter der SPD und der SPD-geführten Länder im Vermittlungsausschuss stellen fest; Protokoll Nr. 17 (12/1993), S: 17; Protokoll Nr. 20 (12/1993), S. 15, Anlage 2; Protokoll Nr. 22 (12/1993), S. 18, Anlage 3: Vorschlag der Koalition für einen Beschluß des Vermittlungsausschusses und zur Entgeltfortzahlung, jeweils in: Protokolle des Vermittlungsausschusses des Deutschen Bundestages und des Bundesrates: Erste bis vierzehnte Wahlperiode (1949–2002), Mikrofiche-Edition; Protokoll 3. Forts. 21. Sitzung/1. Forts. 23. Sitzung (13. WP/1997), S. 47, 76; Protokoll 2. Forts. 28. Sitzung/30. Sitzung (13. WP/1998), S. 9; 4. Fortsetzung der 5. Sitzung (14. WP/2000): Vermittlungsvorschlag der SPD-geführten Länder und der Bundestagsfraktionen von SPD und Bündnis 90/Die Grünen; 2. Fortsetzung der 9. Sitzung (14. WP/2001), Anlage 3: Vorschläge der A-Seite für die Beratungen zum AmvG im Vermittlungsausschuss; 1. Fortsetzung der 13. Sitzung/14. Sitzung (14. WP/2001), S. 37 und Anlage 1: Gesetz zur Reform der Professorenbesoldung; 2. Sitzung (15. WP/2003), S. 31 und Anlage 5: Vorschlag der B-Seite; 2. Fortsetzung der 22. Sitzung/Fortsetzung der 23. Sitzung/24. Sitzung (15. WP/2004), Anlage 3: Kompromissangebot der A-Seite, jeweils in: Protokolle des Vermittlungsausschusses des Deutschen Bundestages und des Bundesrates für die 13. bis 15. Wahlperiode (1994 bis 2005): DVD-Edition.

862 Siehe z.B. Protokoll Nr. 13 (12/1992), S. 76, 79, in: Protokolle des Vermittlungsausschusses des Deutschen Bundestages und des Bundesrates: Erste bis vierzehnte Wahlperiode (1949–2002), Mikrofiche-Edition; Protokoll Nr. 5 (13/1996), S. 82; Protokoll 1. Forts. 24. Sitzung/25. Sitzung (13. WP/1997), Anlage; Protokoll 2. Forts. 28. Sitzung/30. Sitzung (13. WP/1998), S. 12; 16. Sitzung (14. WP/2002), S. 9, 39 ff. und Anlage 2, jeweils in: Protokolle des Vermittlungsausschusses des Deutschen Bundestages und des Bundesrates für die 13. bis 15. Wahlperiode (1994 bis 2005): DVD-Edition.

863 Protokoll Nr. 8 (8/1976), S. 85; Protokoll 25/26/27/28/29/30 (12/1994), S. 442: „Wenn man nach der Parteizugehörigkeit der Mitglieder ordnet, steht es 16:16", Heribert Blens, Vorsitzender des Vermittlungsausschusses, jeweils in: Protokolle des Vermittlungsausschusses des Deutschen Bundestages und des Bundesrates: Erste bis vierzehnte Wahlperiode (1949–2002), Mikrofiche-Edition; 2. Sitzung (15. WP/2003), S. 7: „Auf Grund des Patts [...]"; „[...] dass im Vermittlungsausschuss nun ein Patt besteht."; Fortsetzung der 27. Sitzung/30. Sitzung (15. WP/2004), S. 52: „Wir haben eine Pattsituation.", jeweils in: Protokolle des Vermittlungsausschusses des Deutschen Bundestages und des Bundesrates für die 13. bis 15. Wahlperiode (1994 bis 2005): DVD-Edition.

(2) Zeitpunkt der ersten Abstimmung in der 13. Wahlperiode

Den Kurzprotokollen lässt sich ein weiterer exemplarischer Umstand entnehmen, der bezeugt, wie starr der Grenzverlauf im Vermittlungsausschuss entlang der politischen Lager war: In der 13. Wahlperiode hatten die widerstreitenden und geschlossen vertretenen Ansichten von Regierung und Opposition einen Einfluss auf den Zeitpunkt der ersten Abstimmung im Vermittlungsausschuss. Zu dieser kam es erst in der fünften Sitzung.[864] Der Grund hierfür lag in den unterschiedlichen Standpunkten des Regierungslagers einerseits und des Oppositionslagers, das im Vermittlungsausschuss über eine Mehrheit verfügte, andererseits, insbesondere bezüglich der Inhalte der sog. Steuerreform.[865]

(3) Pairing-Abkommen

Von dem Gedanken des lagerpolitischen Grenzverlaufs im Vermittlungsausschuss ist ein Brauch gekennzeichnet, den die Kurzprotokolle ebenfalls offenbaren: Die sog. Pairing-Abkommen. Gemäß dieser Abkommen nimmt ein Mitglied des Vermittlungsausschusses an einer Sitzung bzw. an einer einzelnen Abstimmung nicht teil, wenn er von einem anderen, ebenfalls verhinderten Mitglied darum gebeten worden ist. Dass die Pairing-Vereinbarungen ausschließlich zwischen Mitgliedern der widerstreitenden Lager geschlossen werden, bedarf an dieser Stelle vermutlich schon fast keiner Erwähnung mehr. Der Zweck dieser Vereinbarungen liegt somit darin, Verfälschungen bzw. Verwässerungen der politischen Mehrheiten im Vermittlungsausschuss zu verhindern. Dabei werden Pairings auch über die Kammergrenzen hinweg vorgenommen, so dass z.B. ein Bundestagsvertreter der CDU/CSU ein Abkommen mit einem Vertreter eines SPD-geführten Bundeslandes schließt.[866]

In den vom Verfasser ausgewerteten Protokollen der 7. bis 15. Wahlperiode werden die Pairing-Abkommen erstmals in der 8. Wahlperiode kenntlich gemacht.[867] Seitdem gehören sie zum Inventar des Verfahrens-Instrumentariums im

864 Protokoll Nr. 5 (13/1996), S. 11, in: Protokolle des Vermittlungsausschusses des Deutschen Bundestages und des Bundesrates für die 13. bis 15. Wahlperiode (1994 bis 2005): DVD-Edition.

865 Vgl. Protokolle Nr. 1–5 (13/1996), in: Protokolle des Vermittlungsausschusses des Deutschen Bundestages und des Bundesrates für die 13. bis 15. Wahlperiode (1994 bis 2005): DVD-Edition.

866 Siehe z.B. Protokoll Nr. 7 und 8 (13/1996), S. 68 f.; Protokoll 5. Forts. 9./2. Forts. 16./Forts. 17. und 18. Sitzung (13. WP/1997), S. 1; Protokoll 6. Forts. 9. und 10. Sitzung (13. WP/1997), S. 1; Protokoll 1. Forts. 12./Forts. 14./15. Sitzung (13. WP/1997), S. 1, jeweils in: Protokolle des Vermittlungsausschusses des Deutschen Bundestages und des Bundesrates für die 13. bis 15. Wahlperiode (1994 bis 2005): DVD-Edition.

867 Protokoll Nr. 18 (8/1976), S. 2, in: Protokolle des Vermittlungsausschusses des Deutschen Bundestages und des Bundesrates: Erste bis vierzehnte Wahlperiode (1949–2002), Mikrofiche-Edition.

Vermittlungsausschuss.[868] Die Pairings werden dabei auch spontan in den Sitzungen vereinbart, wenn ersichtlich ist, dass eines der beiden Lager anderenfalls von „zufälligen" Mehrheiten profitieren würde.[869] Aus dem gleichen Grund werden die Pairing-Abkommen innerhalb eines Lagers bei Bedarf mitunter auch „übertragen".[870]

Soweit ersichtlich, wurde bis dato nur ein einziges Mal eine (spontane) Pairing-Vereinbarung bei anderenfalls verfälschten Mehrheiten nicht abgeschlossen: In der 15. Wahlperiode, bei bestehender Pattsituation und nach dem Streit über die Besetzung der Bundestagsbank,[871] nutzte das CDU/CSU/FDP-Lager in einer Sitzung die Gunst der Stunde, um eine Abstimmung mit 14:13 für sich zu entscheiden.[872] Dieses Manöver sollte jedoch offenkundig vor allem der Provokation des Regierungslagers dienen, ohne einen unmittelbaren Einfluss auf den Inhalt der betroffenen Vermittlungsverfahren zu haben. Denn die Abstimmung hatte die Terminierung der nächsten Sitzungen zum Gegenstand.[873]

Abschließend muss in Bezug auf die Pairing-Vereinbarungen noch angemerkt werden, dass sie Aufschluss darüber geben, welchem Lager ein „neutrales" Bundesland zuzuordnen ist.[874] So zeigen Abkommen des „neutralen", SPD/FDP-regierten Rheinland-Pfalz mit Vertretern des oppositionellen CDU/FDP-Lagers in der 13. und 14. Wahlperiode, dass Rheinland-Pfalz jedenfalls zu dieser Zeit dem SPD-Lager zuzurechnen war.[875] Gleiches galt in der 13. Wahlperiode unter umkehrten Vorzeichen

---

868 Siehe z.B. Protokoll Nr. 19 (8/1976), S. 3; Protokoll Nr. 4 (9/1980), S. 1; Protokoll Nr. 5 (9/1980), S. 1; Protokoll Nr. 6(9/1980), S. 485, 576; Protokoll Nr. 22 (12/1993), S. 1, jeweils in: Protokolle des Vermittlungsausschusses des Deutschen Bundestages und des Bundesrates: Erste bis vierzehnte Wahlperiode (1949–2002), Mikrofiche-Edition; Protokoll Nr. 1 (Forts.) (13/1995), S. 40, in: Protokolle des Vermittlungsausschusses des Deutschen Bundestages und des Bundesrates für die 13. bis 15. Wahlperiode (1994 bis 2005): DVD-Edition.

869 Protokoll Nr. 19 (8/1976), S. 8; Protokoll Nr. 34 (8/19876), S. 3; Protokoll Nr. 38 (5/1976), S. 5; Protokoll Nr. 39 (9/1976), S. 75, jeweils in: Protokolle des Vermittlungsausschusses des Deutschen Bundestages und des Bundesrates: Erste bis vierzehnte Wahlperiode (1949–2002), Mikrofiche-Edition; Protokoll Nr. 6 (13/1996), S. 2, 27 ff., in: Protokolle des Vermittlungsausschusses des Deutschen Bundestages und des Bundesrates für die 13. bis 15. Wahlperiode (1994 bis 2005): DVD-Edition.

870 Protokoll Nr. 25/26/27/28/29/30 (12/1994), S. 24 ff., in: Protokolle des Vermittlungsausschusses des Deutschen Bundestages und des Bundesrates: Erste bis vierzehnte Wahlperiode (1949–2002), Mikrofiche-Edition.

871 Siehe oben D. III. 1. a) aa) (2), 4. b) dd).

872 Protokoll Nr. 9 (15. WP/2003), S. 9 ff., in: Protokolle des Vermittlungsausschusses des Deutschen Bundestages und des Bundesrates für die 13. bis 15. Wahlperiode (1994 bis 2005): DVD-Edition.

873 Protokoll Nr. 9 (15. WP/2003), aaO.

874 Vgl. insoweit oben D. IV. 2. a).

875 Protokoll 5. Forts. 9./2. Forts. 16./Forts. 17. und 18. Sitzung (13. WP/1997), S. 1; Protokoll 3. Forts. 16./1. Forts. 21. Sitzung/22. Sitzung (13. WP/1997), S. 2; Protokoll 1. Forts. 19. Sitzung/20. Sitzung (13. WP/1997), S. 1; 6. Sitzung (14. WP/2000), S. 2,

für die Vereinbarungen der „neutralen", jeweils CDU/SPD-regierten Bundesländer Berlin und Thüringen und ihre Pairings mit dem „rot-grünen" Sachsen-Anhalt,[876] mit dem SPD-regierten Brandenburg[877] sowie mit dem „rot-grünen" Schleswig-Holstein.[878]

3. Schlussfolgerungen

Nach der Konzeption des Grundgesetzes verhandelt im Vermittlungsausschuss „nicht die Mehrheit des Bundestages mit einer politischen Mehrheit der Länder, sondern der Bundestag mit dem Bundesrat."[879] Auch die hohe Gesamtquote an Einigungen[880] kann nicht darüber hinwegtäuschen, dass sich diese Konzeption nur selten mit der politischen Realität deckt, wie im zurückliegenden Abschnitt aufgezeigt wurde.

Vor allem in den Zeiten, in denen divergierende Mehrheiten im Bundestag und im Bundesrat bestehen, wird der Vermittlungsausschuss zum Schauplatz lagerpolitischer Auseinandersetzungen.[881] Noch gravierender wird es, wenn im Vermittlungsausschuss ein Patt zwischen Regierungs- und Oppositionslager besteht, wie insbesondere die Quote an *kongruenten* Abstimmungen zu „Patt-Zeiten" im Vergleich zu „Nicht-Patt-Zeiten" belegt. Insgesamt zeigt der Blick auf die Abstimmungsergebnisse und ihre Zuordnung zu den einzelnen Abstimmungskategorien, dass sich die politischen Lager im Vermittlungsausschuss in den meisten Fällen (nahezu) in sich geschlossen verhalten.

Am besten lässt sich die Frontenbildung im Vermittlungsausschuss nach alledem mit einem Wortwechsel zwischen dem ehemaligen Vorsitzenden des Vermittlungsausschusses, Heribert Blens, und einem weiteren Mitglied des Vermittlungsausschusses veranschaulichen: „„[...] der politischen Gruppen des Vermittlungsausschusses

---

jeweils in: Protokolle des Vermittlungsausschusses des Deutschen Bundestages und des Bundesrates für die 13. bis 15. Wahlperiode (1994 bis 2005): DVD-Edition.

876 Protokoll 3. Forts. 16./1. Forts. 21. Sitzung/22. Sitzung (13. WP/1997), S. 2, in: Protokolle des Vermittlungsausschusses des Deutschen Bundestages und des Bundesrates für die 13. bis 15. Wahlperiode (1994 bis 2005): DVD-Edition.

877 Protokoll 2. Forts. 19. Sitzung /2. Forts. 24. Sitzung/26. Sitzung (13. WP/1997), S. 1, in: Protokolle des Vermittlungsausschusses des Deutschen Bundestages und des Bundesrates für die 13. bis 15. Wahlperiode (1994 bis 2005): DVD-Edition.

878 Protokoll 24. Sitzung (13. WP/1997), S. 1, in: Protokolle des Vermittlungsausschusses des Deutschen Bundestages und des Bundesrates für die 13. bis 15. Wahlperiode (1994 bis 2005): DVD-Edition.

879 BVerfGE 112, 118, 138; vgl. auch Leibholz/Rinck, GG, Art. 77 Rn. 14; Dietlein, Der Vermittlungsausschuß, in: Protokolle des Vermittlungsausschusses: Erste bis vierzehnte Wahlperiode (1949–2002), Teil I, S. 1 f.

880 Siehe oben D. IV. 2. b) bb).

881 So auch Spörndli, S. 63, 83, 92.

[...]' – Zuruf: ,Das gibt es im Vermittlungsausschuss nach Verfassungslage nicht!' Vorsitzender: ,Nein, sie haben recht; aber es gibt sie faktisch [...].'"[882]

Es kann also festgehalten werden, dass es zumindest der Staatspraxis im Vermittlungsausschuss entspricht, dass die Frontenbildung mit dem Konzept des politischen Gruppenmodells[883] übereinstimmt und sich entlang der Lagergrenzen zwischen Regierung und Opposition vollzieht. Gemäß der eingangs erfolgten Feststellung, dass dem Zusammenspiel von Recht und politischer Praxis eine entscheidende Bedeutung zukommt,[884] ist diese Frontenbildung bei der folgenden Erörterung des Regelungsvorschlags im gleichen Maße zu berücksichtigen, wie die staatsrechtlichen Vorgaben in Form der maßgeblichen Verfassungsprinzipen.

V. Vorschlag für eine Reform der Besetzungs- und Abstimmungsregelungen

Bereits in der Einleitung zu dieser Arbeit wurde angemerkt, dass eine grundlegende Lösung für das Problem bestehender politischer Pattsituationen in repräsentativen Gremien noch nicht gefunden wurde, obschon die Wahrscheinlichkeit groß ist, dass sie in der Zukunft immer wieder auftreten werden.[885]. Dieser Zustand *kann* und *muss* geändert werden!

Dass die Regelungssituation *generell* geändert werden *muss*, zeigt sich daran, dass derzeit keine ausgewogene Einhaltung aller zu beachtenden Anforderungen gewährleistet ist.[886] Im Anschluss an diese grundsätzliche Erkenntnis stellt sich die Frage, *wie drängend* diese Änderung herbeigeführt werden *muss*, d.h. ob eine Änderung der Regelungssituation unabhängig von den vorherrschenden Mehrheitsverhältnisses vorzunehmen ist, oder ob die Bereithaltung des Regelungsvorschlags als *default rule* für anderenfalls drohende Pattsituationen ausreichend ist. Diese *spezielle* Frage ist für die parlamentarischen Fachausschüsse und den Vermittlungsausschuss unterschiedlich zu beurteilen und wird deshalb separat erörtert werden.[887]

Dass die Regelungssituation geändert werden *kann*, wird in diesem Abschnitt anhand eines Regelungsvorschlags gezeigt werden, der verfassungsrechtlich zulässig ist und allen zu beachtenden Anforderungen genügt.

Den Maßstab, dem ein Vorschlag zur Lösung für das Problem bestehender politischer Pattsituationen in repräsentativen Gremien genügen muss, hat das

882 Protokoll Nr. 16 (12/1993), S. 5; vgl. auch die Aussage eines anderen Mitglieds des Vermittlungsausschusses: „[...] daß wir zwei Bänke haben, die in der Verfassung nicht vorgesehen sind.", Protokoll Nr. 7 (12/1991), S. 58, jeweils in: Protokolle des Vermittlungsausschusses des Deutschen Bundestages und des Bundesrates: Erste bis vierzehnte Wahlperiode (1949–2002), Mikrofiche-Edition.

883 Siehe dazu einleitend oben B. I.

884 Siehe oben B.

885 Siehe oben A.

886 Vgl. oben D. I. 5., III. 4. b) dd) (2) (b).

887 Siehe unten D. V. 3. a) aa) und b).

Bundesverfassungsgericht in seinem Urteil vom 8. Dezember 2004 zumindest in groben Zügen skizziert: Der Lösungsvorschlag muss einen schonenden Ausgleich zwischen den betroffenen Verfassungsprinzipien gewährleisten. Dabei waren im Falle des Patts auf der Bundestagsbank im Vermittlungsausschuss nach Ansicht des Gerichts ausschließlich der Spiegelbildlichkeitsgrundsatz und das Mehrheitsprinzip betroffen.[888] Eine grundsätzliche Lösung für das Problem bestehender Pattsituationen muss daneben auch noch dem Gleichbehandlungsgebot genügen.[889] Des Weiteren sollten auch die funktionellen Anforderungen der Übersichtlichkeit und Verständlichkeit gewahrt werden.[890]

Über den konkreten Maßstab, der an den „schonenden Ausgleich" zwischen den genannten Verfassungsprinzipien bzw. Anforderungen im Falle politischer Pattsituationen anzulegen ist, schweigt sich das Bundesverfassungsgericht bedauerlicherweise aus. Dies schadet allerdings insofern nicht, als dass der zu beachtende Maßstab ohne nennenswerten Aufwand festgelegt werden kann. Denn sowohl im verfassungsrechtlichen Schrifttum als auch in der verfassungsgerichtlichen Rechtsprechung ist gemeinhin anerkannt, dass sich ein „schonender Ausgleich" an den Credos von *Lerche* und *Hesse* zu orientieren hat.[891]

Lerche ist dabei die grundlegende Erkenntnis zu verdanken, dass ein schonender Ausgleich nach allen Seiten hin zu wirken hat,[892] d.h. dass der Ausgleich stets allen betroffenen Verfassungsprinzipien zugutekommen muss. *Hesse* hat diesen Grundgedanken von *Lerche* aufgegriffen und dahingehend fortentwickelt, dass der schonende Ausgleich dazu führen müsse, dass die betroffenen Verfassungsprinzipien alle „zu optimaler Wirkung gelangen können (sog. praktische Konkordanz)."[893] In Kombination der *Lerche*'schen und *Hesse*'schen Formel lässt sich folglich formulieren, dass widerstreitende Verfassungsprinzipien in einen „nach [allen] Seiten

---

888 Siehe oben D. III. 4. b) dd) (2).

889 Siehe oben D. II. 1. c) cc), III. 4. b) cc), c).

890 Siehe oben D. II. 1. d), 2. d), III. 5.

891 Vgl. *Bethge*, in HGR III, § 72 Rn. 85; Hoffmann-Riem, Nachvollziehende Grundrechtskontrolle: Zum Verhältnis von Fach- und Verfassungsgerichtsbarkeit am Beispiel von Konflikten zwischen Medienfreiheit und Persönlichkeitsrecht, AöR 128 (2003), 173, 191; Schmidt-Preuß, Kollidierende Privatinteressen im Verwaltungsrecht: Das subjektive öffentliche Recht im multipolaren Verwaltungsrechtsverhältnis, 2. Auflage, Berlin 2005, S. 52; BVerfG, Urteil vom 25. Februar 1975 – 1 BvF, 1, 2, 3, 4, 5, 6/74, BVerfGE 39, 1, 43; Beschluss vom 19. Oktober 1993 – 1 BvR 567, 1044/89, BVerfGE 89, 214, 232; Beschluss vom 16. Mai 1995 – 1 BvR 1087/91, BVerfGE 93, 1, 21; Beschluss vom 27. Januar 1998 – 1 BvL 15/87, BVerfGE 97, 169, 176; Beschluss vom 23. Mai 2006 – 1 BvR 2530/04, BVerfGE 116, 1, 21.

892 Lerche, Übermass und Verfassungsrecht: Zur Bindung des Gesetzgebers an die Grundsätze der Verhältnismäßigkeit und der Erforderlichkeit, Köln [u.a.] 1961, S. 152 f.; *ders.*, in: HStR V, 2. Auflage, § 122 Rn. 5.

893 Hesse, Grundzüge des Verfassungsrechts der Bundesrepublik Deutschland, S. 28.

möglichst schonenden Ausgleich“[894] gebracht werden müssen, so dass sie alle „zu optimaler Wirkung gelangen können.“[895]

Legt man diese Formelkombination, so wie das verfassungsrechtliche Schrifttum und die verfassungsgerichtliche Rechtsprechung, als Maßstab für den schonenden Ausgleich zwischen widerstreitenden Verfassungsprinzipien zugrunde, stellt sich die Frage, wann dieser Maßstab eingehalten wird. Dies ist eindeutig dann der Fall, wenn keines der betroffenen Verfassungsprinzipien ein anderes einschränkt oder beschneidet, so dass alle betroffenen Verfassungsprinzipien gleichzeitig vollumfänglich zur Geltung kommen können.

Wie bereits erwähnt, muss ein Lösungsvorschlag für politische Pattsituationen in repräsentativen Gremien dem Spiegelbildlichkeitsgrundsatz, dem Mehrheitsprinzip, dem Gleichbehandlungsgebot und den funktionellen Anforderungen der Übersichtlichkeit und Verständlichkeit zu möglichst umfangreicher Geltung verhelfen. Legt man den soeben erörterten Maßstab an, drängt sich nur ein einziger Lösungsvorschlag auf, der diese Voraussetzungen erfüllt, wie im Folgenden erläutert werden wird.[896]

An dieser Stelle sei erstens darauf hingewiesen, dass sich der Regelungsvorschlag durchaus als *default rule* für anderenfalls entstehende Pattsituationen eignet. Zweitens sei angemerkt, dass die Frontenbildung in repräsentativen Gremien zwischen Regierungs- und Oppositionslager auch deshalb als maßgeblich herangezogen werden kann, weil sie sich in Einklang mit der zunehmenden normativen Verankerung der Opposition im Parlamentsrecht[897] befindet.

Ganz grundlegend kommt der Lösungsvorschlag als folgende zweischichtige Regelungskonstruktion daher:

1. Die *anteilige Sitzverteilung* in repräsentativen Gremien (2. Stufe der Besetzungsregeln) erfolgt unter Anwendung eines der herkömmlichen Zählverfahren. Für die Fachausschüsse des Bundestages und der Landtage gilt dabei, dass jede Fraktion, jede parlamentarische Gruppe sowie jeder fraktionslose Abgeordnete vorab ein Grundmandat erhält. Gleichsam erhält jedes Bundesland in den repräsentativen Gremien des Bundesrates ein Grundmandat.
2. Die Ausschussvertreter werden innerhalb der repräsentativen Gremien für die Abstimmungen mit einem proportionalen Stimmgewicht ausgestattet (Abstimmungsregeln). Die exakte Höhe dieses Stimmgewichts richtet sich nach dem Gesamtstimmgewicht ihrer Fraktion, ihrer Gruppe oder ihrer Person im Bundestag bzw. ihres Bundeslandes im Bundesrat.

Zur ersten Veranschaulichung des Lösungsvorschlags sei ein Beispiel in Abwandlung des Szenarios zu Beginn der 15. Wahlperiode gewählt: Von 601 Bundestagsmandaten

894 Lerche, jeweils aaO.
895 Hesse, aaO.
896 Siehe dazu im Einzelnen unten D. V. 2.
897 Siehe oben B. II.

entfallen 251 auf die SPD-Fraktion, 248 auf die CDU/CSU-Fraktion, 55 auf die BÜNDNIS 90/DIE GRÜNEN-Fraktion und 47 auf die FDP-Fraktion. Unterstellt man, dass SPD und GRÜNE das Regierungslager bilden, so würden sie gemeinsam über 306 Mandate verfügen, das „schwarz-gelbe" Oppositionslager über 295. In relativen Zahlen ausgedrückt, hätte die SPD-Fraktion 41,76% der Mandate inne, die CDU/CSU-Fraktion 41,27%, die BÜNDNIS 90/DIE GRÜNEN-Fraktion 9,15% und die FDP-Fraktion 7,82%. Das Regierungslager würde folglich durch 50,92% der Mandate repräsentiert, das Oppositionslager durch 49,08%.[898] Wenn nun ein Fachausschuss (oder auch die Bundestagsbank des Vermittlungsausschusses) mit 16 Vertretern zu besetzen wäre, so würden im Rahmen der *anteiligen Sitzverteilung* je sieben Sitze im Ausschuss auf die SPD- und die CDU/CSU-Fraktion sowie je ein Sitz auf die GRÜNEN- und die FDP-Fraktion entfallen.[899] Bei den Abstimmungen im Ausschuss würden die Vertreter der SPD-Fraktion über ein Stimmgewicht von je 5,97% (41,76% ÷ 7) verfügen, die Vertreter der CDU/CSU-Fraktion über je 5,90% (41,27% ÷ 7), der Vertreter der GRÜNEN-Fraktion über 9,15% und der Vertreter der FDP-Fraktion über 7,82%.

Nach dieser ersten Veranschaulichung soll im Folgenden zunächst begründet werden, warum die Umsetzung des Regelungsvorschlags verfassungsrechtlich zulässig ist. Anschließend soll eine ausführliche Begründung der Inhalte des Regelungsvorschlags dadurch erfolgen, dass ein Abgleich mit den einzelnen materiellen und funktionellen Anforderungen durchgeführt werden wird. Zu guter Letzt wird die potentielle konkrete Ausgestaltung des Regelungsvorschlags für die Fachausschüsse im Bundestag, im Bundesrat und in den Länderparlamenten sowie im Vermittlungsausschuss erläutert werden.

1. Die verfassungsrechtliche Zulässigkeit der Umsetzung des Regelungsvorschlags

Nach geltender Praxis steht einer Umsetzung des skizzierten Regelungsvorschlags die Tatsache entgehen, dass stets nur „ganze Sitze" vergeben werden, denen nach offenkundig mehrheitlichem Verständnis immer jeweils eine Stimme zugeordnet wird.[900] Entgegen diesem mehrheitlichen Verständnis ist die Zuteilung eines abgestuften Stimmgewichts durch die Verteilung „ganzer Sitze" nicht von vornherein ausgeschlossen.[901] Dies zeigen u.a. die Organisationsregeln für die Europakammer des Bundesrates. Für die dortige *anteilige Sitzverteilung* gilt zwar das Staatenprinzip (pro Bundesland ein Mitglied, § 45b Abs. 2 S. 1 GOBR), bei den Abstimmungen

898 Die Abweichung zu den Einzelwerten der Fraktionen resultiert aus deren Ab- bzw. Aufrundungen.

899 Vgl. insoweit oben D. III. 1. a) aa) (2).

900 Vgl. BVerfGE 112, 118, 136; Bergkemper, S. 158; Edinger, 323; *Geis*, in: HStR III, 3. Auflage, § 54 Rn. 42; Kämmerer, NJW 2003, 1166, 1167; Pfeil, S. 139.

901 So zu Recht auch Stellungnahme Robbers, S. 11, Wortprotokoll der 32. Sitzung des Ausschusses für Wahlprüfung, Immunität und Geschäftsordnung – Geschäftsordnungsangelegenheiten – am 17. Februar 2005.

kommt hingegen das gewichtete Mehrheitsprinzip (Art. 52 Abs. 3a Hs. 2 GG) zur Anwendung.[902] Der Grund für diese Ungleichbehandlung liegt zwar in der Tatsache begründet, dass Beschlüsse der Europakammer gemäß Art. 52 Abs. 3a Hs. 1 GG als Beschlüsse des Bundesrates gelten.[903] Allerdings spielt diese verfassungssystematische Einordnung für die zentrale Frage dieser Arbeit, nämlich die nach der möglichst exakten Abbildung politischer Mehrheitsverhältnisse, keine Rolle. Unter dem Strich zählt nämlich nur, dass die Einführung eines abgestuften Stimmgewichts nach verfassungsrechtlichen Maßgaben jedenfalls nicht undenkbar ist.

Im Übrigen streitet auch ein Blick auf die Rechtsprechung des Bundesverfassungsgerichts für die verfassungsrechtliche Zulässigkeit der Umsetzung des hier unterbreiteten Regelungsvorschlags. In dem Sachverhalt, welcher der *PDS-II*-Entscheidung zugrunde lag, war der Wechsel des Zählverfahrens für die *anteilige Sitzverteilung* von *Sainte-Laguë/Schepers* zu *d'Hondt* damit begründet worden, dass es anderenfalls zu einem Patt zwischen Regierung und Opposition gekommen wäre. Diesbezüglich betonte das Gericht, dass der „Wechsel des Zählsystems mit dem Ziel, die Mehrheitsverhältnisse des Plenums in der Bundestagsbank des Vermittlungsausschusses wiederzugeben, verfassungsrechtlich unbedenklich [ist]."[904] Mit dem gleichen Ziel war im Jahr 2002 durch die SPD- und GRÜNEN-Fraktionen ein neues Zählverfahren für die *anteilige Sitzverteilung* (sog. Korrekturfaktor) eingeführt worden.[905] Sollte man der Lesart folgen, dass das Bundesverfassungsgericht diese Einführung für verfassungswidrig gehalten hat,[906] dann wäre dies nur deshalb der Fall gewesen, weil der Spiegelbildlichkeitsgrundsatz über Gebühr zugunsten des Mehrheitsprinzips beschnitten wurde.[907] Daraus die verfassungsrechtliche Unzulässigkeit der Umsetzung des hier gemachten Regelungsvorschlags zu folgern, könnte zum einen deshalb nicht überzeugen, weil das Bundesverfassungsgericht die Einführung neuer Regeln zur Ausschussorganisation offensichtlich für möglich erachtet.[908] Zum anderen spricht für die verfassungsrechtliche Zulässigkeit der Umsetzung des Regelungsvorschlags, dass sich dieser keinesfalls dem Einwand ausgesetzt sehen würde, ein Verfassungsprinzip über Gebühr zugunsten eines anderen zu beschneiden.

2. Die Erfüllung aller relevanten Anforderungen

Der Regelungsvorschlag erfüllt nämlich sämtliche relevanten Anforderungen.

---

902 Diesen Umstand betonen u.a. Laufer/Münch, Das föderative System der Bundesrepublik Deutschland, Opladen 1998, S. 295; vgl. auch Pasemann, S. 58 f.

903 Pasemann, S. 59.

904 BVerfGE 96, 264, 282 f.

905 Siehe oben D. III. 1. a) aa) (2), 4. b) dd).

906 Vgl. oben D. III. 4. b) dd) (2) (a).

907 Siehe oben D. III. 4. b) dd) (2).

908 Siehe oben D. III. 4. b) dd) (2), (2) (b).

a) Spiegelbildlichkeitsgrundsatz und Mehrheitsprinzip

Sein größter inhaltlicher Vorteil besteht darin, dass sowohl der *Spiegelbildlichkeitsgrundsatz* als auch das *Mehrheitsprinzip* uneingeschränkt zur Geltung kommen, indem die Mehrheitsverhältnisse des Plenums bzw. der Plenen exakt abgebildet werden. Einen schonenderen Ausgleich zwischen zwei widerstreitenden Verfassungsprinzipien kann es nicht geben! Durch die derzeitige Verteilung „ganzer Sitze" mit je einer Stimme wird eine exakte Abbildung der Mehrheitsverhältnisse ebenso verhindert wie durch den Umstand, dass sie mit keinem der herkömmlichen Zählverfahren in jedem Fall gewährleistet werden kann.[909] Dies ist umso bedauerlicher, als dass die weitestmögliche Geltung des Spiegelbildlichkeitsgrundsatzes bei der Ausschussorganisation vor allem die Erhaltung der Erfolgswertgleichheit der Wählerstimmen in den Ausschüssen sichern soll.[910] Mit der Zuteilung eines abgestuften Stimmgewichts kann dieser Zweck erfüllt werden.

Des Weiteren besteht ein Vorteil des Regelungsvorschlags darin, dass in Ansehung des Credos vom schonenden Ausgleich zwischen Spiegelbildlichkeitsgrundsatz und Mehrheitsprinzip auf Veränderungen in der Zusammensetzung des Plenums, z.B. durch Fraktionsaustritte oder -übertritte, passgenau reagiert werden kann. Für eine fortwährende exakte Abbildung der politischen Mehrheitsverhältnisse bedürfte es lediglich einer Neuberechnung des Stimmgewichts.

b) Das Gleichbehandlungsgebot

Der hier entwickelte Regelungsvorschlag ist mitunter in seinen Ansätzen bereits andiskutiert worden.[911] Über dieses frühe Entwicklungsstadium ist der Regelungsvorschlag, soweit ersichtlich, in keinem Fall hinausgekommen. Vielmehr wurde er stets vor allem aus einem Grund abgelehnt: die Zuteilung eines abgestuften Stimmgewichts würde gegen das *Gebot der Gleichbehandlung* aller Abgeordneten verstoßen.[912] Es würden nämlich gewissermaßen Abgeordnete unterschiedlicher Klassen entstehen („der ‚2/3-Abgeordnete'"), was auch unter psychologischen

---

909 Siehe oben D. I. 5.

910 Siehe oben D. II. 1. c) aa).

911 Bergkemper, S. 185; Edinger, S. 323 f.; Brief von Pukelsheim an den BT-Präsidenten Thierse vom 17. Dezember 2004 im Anhang zu seiner Stellungnahme, S. 5; Stellungnahme Robbers, S. 11, jeweils Wortprotokoll der 32. Sitzung des Ausschusses für Wahlprüfung, Immunität und Geschäftsordnung - Geschäftsordnungsangelegenheiten - am 17. Februar 2005.

912 Bergkemper, aaO; Edinger, S. 324; Robbers, aaO; ohne nähere Begründung hält Badura sämtliche Vorschläge, die auf eine Stimmrechtsgewichtung abzielen, für „verfassungsrechtlich angreifbar", Stellungnahme Badura, S. 7, Wortprotokoll der 32. Sitzung des Ausschusses für Wahlprüfung, Immunität und Geschäftsordnung - Geschäftsordnungsangelegenheiten - am 17. Februar 2005.

Aspekten kritikwürdig wäre.[913] Diesem Einwand kann mit mehreren Erwägungen entgegengetreten werden:

Zunächst hat die ausführliche Erörterung des Gleichbehandlungsgebots und seiner Reichweite bei der Organisation repräsentativer Gremien gezeigt, dass gewissermaßen eine „Gleichbehandlungshierarchie" besteht: vorrangig ist die gleichmäßige Mitwirkung aller Fraktionen in den repräsentativen Gremien sicherzustellen, anschließend ist auf eine Gleichbehandlung der parlamentarischen Gruppen (§ 10 Abs. 4 S. 1 GOBT) mit den Fraktionen bei der Ausschussorganisation zu achten und erst zuletzt müssen die Mitwirkungsrecht der einzelnen Abgeordneten gewahrt werden.[914] Dieser „Gleichbehandlungshierarchie" wird der Regelungsvorschlag vollumfänglich gerecht, da er sich durch seine „Binnengerechtigkeit" auszeichnet. Diese „Binnengerechtigkeit" folgt daraus, dass die *anteilige Sitzverteilung* in den repräsentativen Gremien in einem ersten Schritt, wie bisher auch, unter Anwendung eines der herkömmlichen Zählverfahren erfolgen soll. Dadurch könnte keine exakte Spiegelbildlichkeit erzielt werden, was zwangsläufig zu einer Ungleichbehandlung der Fraktionen führt. Diese Ungleichbehandlung würde durch die Ungleichbehandlung der einzelnen Abgeordneten bei den Abstimmungen ausgeglichen werden, die ihrerseits eine exakte Abbildung der Mehrheitsverhältnisse ermöglicht. Im eingangs erwähnten Beispiel würden bei der *anteiligen Sitzverteilung* die GRÜNEN- (1:55-Relation) und die FDP-Fraktion (1:47-Relation) gegenüber der SDP- (1:35,86-Relation) und der CDU/CSU-Fraktion (1:35,43-Relation) zunächst benachteiligt, bei den Abstimmungen (SPD-Vertreter je 5,97% Stimmgewicht, CDU/CSU-Vertreter je 5,90%, GRÜNEN-Vertreter 9,15% und FDP-Vertreter 7,82%) hingegen bevorzugt werden. Unter dem Strich würde durch die Umsetzung des Regelungsvorschlags demnach eine einschränkungslose Gleichbehandlung von Fraktionen, parlamentarischen Gruppen und sogar fraktionslosen Abgeordneten hinsichtlich ihrer Mitwirkungsrechte erreicht werden, weil ihre Stimmgewichte im Ausschuss exakt ihren Stimmgewichten im Plenum entsprechen würden. Diese gleichmäßige Übertragung der Mitwirkungsrechte vom Plenum in die repräsentativen Gremien ist ein zentraler Vorteil des Regelungsvorschlags. Denn sie garantiert nicht nur die Einhaltung des Gleichbehandlungsgebots, sondern dient gleichzeitig der Wahrung des Spiegelbildlichkeitsgrundsatzes und des Mehrheitsprinzips.

Die Ungleichbehandlung der einzelnen Ausschussmitglieder unterschiedlicher Fraktionen, die sich bei den Abstimmungen zeigen würde, könnte aus zwei Gründen hingenommen werden: zum einen würde die Ungleichbehandlung erst innerhalb der Ausschüsse zutage treten. Eine alternativ denkbare Ungleichbehandlung bei der

---

913 Edinger, aaO.

914 Siehe oben D. II. 1. c) cc) (2) (d), III. 4. b) cc); für die repräsentativen Gremien des Bundesrates und die Bundesratsbank im Vermittlungsausschuss gilt, dass eigentlich eine Gleichbehandlung aller Bundesländer sichergestellt werden müsste, siehe oben D. II. 2. c), III. 4. c), worauf mit Blick auf den hier erarbeiteten Regelungsvorschlag noch unter D. V. 3. a) cc), b) bb) eingegangen werden wird.

Übertragung der Mitwirkungsrechte vom Plenum in die repräsentativen Gremien wäre dagegen mit Blick auf die gebotene Sicherstellung der Erfolgswertgleichheit von Wählerstimmen weitaus gravierender. Zum anderen würde sich die Ungleichbehandlung der Abgeordneten innerhalb eines Ausschusses in Einklang mit der erwähnten „Gleichbehandlungshierarchie" befinden, gemäß derer eine Gleichbehandlung einzelner Abgeordneter mit Fraktionen und/oder Gruppen von nachgelagerter Bedeutung ist.

Im Übrigen ist dem Einwand der mangelnden Gleichbehandlung entgegenzuhalten, dass sich der hier unterbreitete Regelungsvorschlag ausschließlich auf die Besetzungs- und Abstimmungsregeln bezieht. Weitere Regeln zum ausschussinternen Verfahren hat er hingegen nicht zum Gegenstand. Eine Abstufung der Ausschussvertreter würde folglich nur bei Abstimmungen, nicht aber z.B. bei Redezeitbemessungen, gelten.

Des Weiteren sollte der Regelungsvorschlag im hypothetischen Falle seiner Umsetzung stets so angewandt werden, dass die Abstufungen zwischen den Ausschussvertretern so klein wie möglich ausfallen, damit die Ungleichbehandlung abgemildert wird. Demnach müsste für den Fall, dass die Anwendungen aller herkömmlichen Zählverfahren nicht zu den gleichen Ergebnissen bei der *anteiligen Sitzverteilung* führen, dasjenige Zählverfahren gewählt werden, das eine möglichst geringe Abweichung zwischen den einzelnen Stimmgewichten zur Folge hat. Zur Verdeutlichung dieser Maßgabe sei folgendes Beispiel in Anlehnung an den Sachverhalt der *PDS-II*-Entscheidung gewählt: Nach der Bundestagswahl entfallen von 672 Bundestagsmandaten 294 (43,75%) auf die CDU/CSU-Fraktion, 252 (37,5%) auf die SPD-Fraktion, 49 (7,29%) auf die GRÜNEN-Fraktion, 47 (6,99%) auf die FDP-Fraktion und 30 (4,46%) auf die Gruppe der PDS-Abgeordneten.[915] Müsste nun ein Ausschuss mit 42 Mitgliedern besetzt werden, so entfielen bei Anwendung des Verfahrens *d'Hondt* auf die CDU/CSU-Fraktion 19 Sitze, auf die SPD-Fraktion 16 Sitze, auf die GRÜNEN- und FDP-Fraktion je drei Sitze und auf die PDS-Gruppe ein Sitz; bei Anwendung des Verfahrens *Sainte-Laguë/Schepers* erhielte die CDU/CSU-Fraktion einen Sitz zugunsten der PDS-Gruppe weniger, während die Sitzverteilung im Übrigen unverändert bliebe. Diese Angaben lassen sich nachstehender Tabelle ebenso entnehmen wie die jeweiligen Stimmgewichtswerte der einzelnen Ausschussvertreter.

915 Siehe http://www.bundeswahlleiter.de/de/bundestagswahlen/fruehere_bundestagswahlen/btw1994.html, zuletzt abgerufen am 30. September 2015; die Summe von 99,99% ist den Auf- und Abrundungen geschuldet.

Fraktion/ Gruppe	**Mandate gesamt**	**Mandate relativ**	**Ausschusssitze nach *d'Hondt***	**Ausschusssitze nach *S-L/S***	**Stimmge-wicht nach *d'Hondt***	**Stimmge-wicht nach *S-L/S***
CDU/CSU	294	43,75%	19	18	**2,3%**	**2,43%**
SPD	252	37,5%	16	16	2,34%	2,34%
GRÜNE	49	7,29%	3	3	2,43%	**2,43%**
FDP	47	6,99%	3	3	2,33%	2,33%
PDS	30	4,46%	1	2	**4,46**	**2,23%**

Errechnet man nun einen Stimmrechtsmittelwert für beide Szenarien, indem man alle Einzelstimmgewichte addiert und dann durch die Anzahl aller Fraktionen bzw. Gruppen dividiert (hier: fünf), so ergibt sich bei Anwendung von *d'Hondt* ein Wert von 2,77%, bei Anwendung von *Sainte-Laguë/Schepers* ein Wert von 2,35%. Die größeren Abweichungen der Einzelstimmgewichte vom errechneten Stimmrechtsmittelwert zeigen sich dabei eindeutig im Falle von *d'Hondt*, nämlich +1,69% für den PDS-Vertreter und -0,47% für die CDU/CSU-Vertreter gegenüber je +0,08% für die Vertreter von CDU/CSU und SPD sowie -0,12% für die Vertreter der PDS im Falle von *Sainte-Laguë/Schepers*. Auch die maximalen Einzelabweichungen sind im Falle von *d'Hondt* mit 2,16% (CDU/CSU gegenüber PDS) deutlich größer als im Falle von *Sainte-Laguë/Schepers* mit 0,2% (PDS gegenüber GRÜNE und CDU/CSU). Nach der eben erwähnten Maßgabe wäre folglich das Verfahren *Sainte-Laguë/Schepers* für die *anteilige Sitzverteilung* aufgrund der geringeren Ungleichbehandlung der einzelnen Ausschussvertreter vorzugswürdig.

Eine andere Frage, die sich zwar im Zusammenhang mit der Begrenzung des Spiegelbildlichkeitsgrundsatzes stellte, aber einen unverkennbaren Bezug zum Gleichbehandlungsgebot hat, ist die nach der Verfassungsmäßigkeit des Ausschlusses einzelner Fraktionen oder Gruppen von der Ausschussarbeit. Das Bundesverfassungsgericht hat die Verfassungsmäßigkeit der Nichtberücksichtigung bejaht, sofern dies in sachlich begründeten Fällen eine Folge der entsprechenden Ausschussgrößen sowie des angewandten Zählverfahrens sei, und hat hierfür mitunter massive Kritik geerntet.[916] Bei Umsetzung des hier unterbreiteten Regelungsvorschlags würde sich diese Frage aufgrund der Zuteilung eines Grundmandats zumindest in den parlamentarischen Fachausschüssen von vornherein nicht stellen.

Gleiches gilt hinsichtlich des Problems um die Ausschussrechte fraktionsloser Abgeordneter in parlamentarischen Fachausschüssen. Der Fraktionslose hätte in diesen Ausschüssen nach dem hier erarbeiteten Regelungsvorschlag z.B. eine 1/612-Stimme. Anders als bisher, könnte er also überhaupt, wenn auch mit einem geringen Stimmgewicht, an den Abstimmungen in den Ausschüssen teilnehmen.[917] Andererseits würde eine „Überrepräsentation" verhindert werden, die entstünde, wenn der Fraktionslose

916 Siehe oben D. II. 1. c) aa).

917 Diesen Vorteil eines abgestuften Stimmgewichts erkennt auch Edinger, S. 324 an.

aufgrund einer Vollmitgliedschaft in den repräsentativen Gremien über ein Stimmgewicht von z.B. 1/20 im Gegensatz zu den 1/612, die er im Plenum ausmacht, verfügte.[918]

Ein weiterer Vorzug des Regelungsvorschlags besteht demnach grundsätzlich darin, dass Probleme, die sich aus der Unterscheidung zwischen Abgeordneten mit Fraktionsstatus, Abgeordneten mit Gruppenstatus und fraktions- und gruppenlosen Abgeordneten bei der Organisation der Ausschüsse ergeben, nicht länger eine Rolle spielen würden.

Zu guter Letzt sei noch eine Anmerkung zu der Kritik am abgestuften Stimmgewicht unter „psychologischen Gesichtspunkten" („der ‚2/3-Abgeordnete'")[919] gemacht. Bisher war die nach herrschender Meinung zulässige Nichtberücksichtigung fraktionsloser Abgeordneter ebenso wie diejenige ganzer Fraktionen bzw. Gruppen auch nicht unter diesem Gesichtspunkt kritisiert worden. Warum die Einführung eines abgestuften Stimmgewichts unter „psychologischen Gesichtspunkten" eine Ungleichbehandlung darstellen soll, die gänzliche Nichtberücksichtigung bei der Ausschussorganisation hingegen nicht, ist unerklärlich.

c) Die funktionellen Anforderungen

Mit Blick auf die funktionellen Anforderungen, die an die Organisationsregeln der repräsentativen Gremien zu stellen sind, sei zunächst auf den Einwand eingegangen, dass die Berechnung der Abstimmungsergebnisse bei abgestuften Stimmgewichten praktisch bzw. technisch schwierig sein würde.[920] Dieser Einwand wurde von *Edinger* vor mehr als 20 Jahre erhoben[921] und muss nunmehr als überholt angesehen werden. Denn nach dem heutigen Stand der Technik dürfte eine zuverlässige und schnelle Ermittlung der Abstimmungsergebnisse, z.B. mittels entsprechend programmierter Abstimmungscomputer, keine unüberwindbare Herausforderung darstellen.

Eine übermäßige Unverständlichkeit bzw. Unübersichtlichkeit wäre auch nicht zu befürchten, da die Stimmgewichtung komplett deckungsgleich mit den Mehrheitsverhältnissen im Plenum wäre. Im Übrigen ist in diesem Zusammenhang

---

918 Siehe für die entsprechenden Ausführungen des Bundesverfassungsgericht im *Wüppesahl*-Urteil oben D. II. 1. c) cc) (2) (b). Auf die Gefahr der „Überrepräsentation" im Falle einer Vollmitgliedschaft des Faktionslosen im Ausschuss weist auch Versteyl, Buchbesprechung von: Kürschner, Die Statusrechte des fraktionslosen Abgeordneten, ZRP 1984, 285, 286 hin; a.A. Hölscheidt, Haushaltsausschuß, S. 17 sowie DVBl. 1989, 291, demzufolge das Spiegelbildlichkeitsprinzip nur gewahrt ist, wenn dem Fraktionslosen eine Mitwirkung im Ausschuss mitsamt Stimmrecht zugestanden wird; vgl. auch den vermittelnden Vorschlag von Vetter, S. 84, der dem Fraktionslosen ein Beratungs- und ggf. ein Antragsrecht zugestehen will, aber kein volles Stimmrecht, weil anderenfalls die Mehrheitsverhältnisse verzerrt werden würden.

919 Edinger, aaO.

920 So Edinger, S. 324 f.

921 Edingers Monographie stammt aus dem Jahre 1992, siehe oben A. Fn. 19.

auch zu berücksichtigen, dass die Einhaltung der funktionellen Anforderungen im Vergleich zu den materiellen Anforderungen von nachrangiger Bedeutung ist.[922]

d) Ergebnis

Im Ergebnis werden durch den hier erarbeiteten Regelungsvorschlag alle relevanten Verfassungsprinzipien in einen möglichst schonenden Ausgleich zueinander gebracht und die funktionellen Anforderungen ebenfalls gewahrt.

3. Die konkrete Umsetzung des Regelungsvorschlags

Bei der etwaigen Umsetzung des Regelungsvorschlags wären in den konkreten Gremien jeweils einige Besonderheiten zu berücksichtigen, die nachstehend erläutert werden sollen.

a) In den Fachausschüssen

Die ersten Gremien, die einer näheren Betrachtung unterzogen werden sollen, sind die parlamentarischen Fachausschüsse. Für diese ergeben sich unterschiedliche Besonderheiten, je nachdem, welchem „Oberorgan" sie zuzuordnen sind.

aa) Im Bundestag

Hinsichtlich der Bundestagsfachausschüsse könnte zunächst bezweifelt werden, dass es überhaupt ein Bedürfnis dafür gibt, Pattsituationen zu verhindern. Denn erstens übernehmen die Fachausschüsse gegenüber dem Plenum vor allem vorbereitenden Aufgaben und zweitens überwiegt in diesen Ausschüssen zumindest teilweise der Sachverstand der Ausschussmitglieder gegenüber den partei- oder fraktionspolitischen Leitlinien.[923]

Dem ersten Gesichtspunkt ist entgegenzuhalten, dass die Fachausschüsse auch eine nicht zu unterschätzende Kontrollfunktion gegenüber der Regierung besitzen.[924] Und gegenüber dem zweiten Aspekt ist mit *Hans-Peter Schneider* geltend zu machen, dass eine „funktionsgerechte, dauerhafte und zudem politisch zweckmäßige Lösung des Problems der Ausschußbesetzung [...] der Tatsache Rechnung tragen [muss], daß sich im normalen Parlamentsbetrieb vor allem die Regierungskoalition auf der einen und die Opposition auf der anderen Seite gegenüberstehen. Nicht für die gleichmäßig proportionale Vertretung aller Fraktionen wäre also zu sorgen, sondern für eine Zusammensetzung der Ausschüsse im Verhältnis von regierender Mehrheit zur oppositionellen Minderheit."[925]

---

922 Siehe oben D. II. 1. d), 2. d), III. 5.
923 Siehe oben C. I. 2.
924 Siehe ebenfalls oben C. I. 2.
925 H.-P. Schneider, ZParl 1970, 442, 447.

Bejaht man demnach die Notwendigkeit, Pattsituationen in Bundestagsfachausschüssen zu vermeiden, so gilt zu beachten, dass sämtliche Organisationsregeln der Fachausschüsse der Geschäftsordnungsautonomie des Bundestages unterfallen.[926] Zum einen könnte eine Änderung der Organisationsregeln demnach nur vom Bundestag als Geschäftsordnungsgeber vorgenommen werden. Zum anderen bedeutet dies allerdings auch, dass drohende Pattsituationen durch eine Erhöhung der Mitgliederzahl vermieden werden können. Nach alledem liegt es nahe, den hier erarbeiteten Regelungsvorschlag für die Bundestagsfachausschüsse lediglich als *default rule* für Pattsituationen bereitzuhalten.

In inhaltlicher Hinsicht ist nochmals gesondert auf den Umgang mit Gruppen (§ 10 Abs. 4 S. 1 GOBT) und fraktionslosen Abgeordneten einzugehen. Diese können aus organisatorischen Gründen regelmäßig nicht in allen Fachausschüssen vertreten sein, es sei denn, es handelt sich um verhältnismäßig große Gruppen von mindestens zehn Abgeordneten. Um den Spiegelbildlichkeitsgrundsatz gleichwohl weitestmöglich zu wahren, müsste ihr Stimmgewicht auf sämtliche Mitglieder der Fachausschüsse, in denen die Gruppen und Fraktionslosen nicht mitwirken, auf Grundlage des Mandatsproporzes verteilt werden.[927]

bb) In den Länderparlamenten

Grundsätzlich gilt hinsichtlich der Landtagsfachausschüsse in Ansehung des Regelungsvorschlags das Gleiche wie für die Bundestagsfachausschüsse. Unterschiede bestehen allerdings insoweit, als dass die *Mitgliederzahlen* der Fachausschüsse mitunter, und die anzuwendenden Zählverfahren für die *anteilige Sitzverteilung* sogar mehrheitlich, in den Geschäftsordnungen der Länderparlamente kodifiziert sind; in Berlin wird das anzuwendende Zählverfahren sogar durch die Landesverfassung bestimmt.[928]

Für die Umsetzung des Regelungsvorschlags bedürfte es somit teilweise geschäftsordnungsändernder Beschlüsse sowie in einem Fall gegebenenfalls sogar einer Verfassungsänderung.

cc) Im Bundesrat

Bei einer hypothetischen Umsetzung des Regelungsvorschlags für die Fachausschüsse des Bundesrates wäre vor allem eine gravierende Änderung gegenüber der derzeitigen Regelungslage dringend angezeigt: Die Festlegung der *Mitgliederzahl* und die mit ihr im Falle der Organisation der Bundesratsausschüsse einhergehende *anteilige Sitzverteilung* (1. und 2. Stufe der Besetzungsregeln) sollten zwar weiterhin

---

926 Siehe oben D. II. 1. b).

927 In dem eingangs oben D. V. 3. dargestellten Beispiel würden der SPD-Fraktion z.B. 41,76% des freiwerdenden Stimmrechts zugeteilt werden, woran sich eine Verteilung auf die einzelnen Ausschussvertreter durch eine entsprechende Division (im Eingangsbeispiel durch sieben) anschließen würde.

928 Siehe oben D. II. 3.

nach dem Staatenprinzip erfolgen. Aber für die Abstimmungen sollten die Stimmenkontingente der einzelnen Bundesländer aus dem Bundesratsplenum (Art. 51 Abs. 2, 3 GG, 52 Abs. 3 S. 1 GG, § 27 GOBR) in die Ausschüsse übertragen werden.

Durch das derzeit bei der Ausschussorganisation geltende Staatenprinzip werden Spiegelbildlichkeitsgrundsatz, Mehrheitsprinzip und Gleichbehandlungsgebot allesamt nicht in einem zufriedenstellenden Maße gewahrt. Eine Übertragung der Stimmrechtskontingente würde dies ändern.[929]

Darüber hinaus würde die vorgeschlagene Übertragung der Stimmenkontingente auch eine Überwindung der bei der Organisation der Bundesratsausschüsse auftretenden Prinzipiendiskrepanz zwischen dem *Abstimmungsprinzip* (*gewichtetes Mehrheitsprinzip*) und dem *Beschlussinhalt* (*Staatenprinzip*)[930] bewirken.

b) Im Vermittlungsausschuss

Anders als hinsichtlich der parlamentarischen Fachausschüsse sollte eine Umsetzung des Regelungsvorschlags bezüglich des Vermittlungsausschusses nicht in Form einer *default rule* für anderenfalls entstehende Pattsituationen erfolgen. Für diese unterschiedliche Behandlung von Vermittlungsausschuss und parlamentarischen Fachausschüssen spricht zunächst die maßgeblichere Funktion und gesteigerte Bedeutung des Vermittlungsausschusses im Gesetzgebungsverfahren.[931] Infolgedessen ist die Änderung der Regelungssituation im Vermittlungsausschuss deshalb dringender erforderlich, weil dort zu „Patt-Zeiten" verhärtete Fronten zwischen Regierungs- und Oppositionslager bestehen.[932] Daneben streitet die Mehrschichtigkeit der Regelungsebenen, auf denen sich die Organisationsregeln des Vermittlungsausschusses befinden,[933] für eine möglichst änderungsfeste Reformierung dieser Regeln. Denn diese Mehrschichtigkeit hat zur Folge, dass eine beabsichtige Änderung der Organisationsregeln viel Zeit in Anspruch nehmen oder aufgrund der bestehenden politischen Machtverhältnisse faktisch unmöglich sein kann.[934] Folglich sollte eine Änderung der Organisationsregeln nicht durch die Einführung einer *default rule* erfolgen, damit sie nicht zum Spielball politischer Machtkämpfe wird. Zu guter Letzt muss gegen eine bloße *default rule* ins Feld geführt werden, dass der hier entwickelte Regelungsvorschlag auch auf eine Reformierung der Organisationsregeln für die Bundesratsvertreter abzielt.[935] Für die gegebenenfalls erforderliche Umsetzung einer *default rule* bedürfte es demnach der Mitwirkung eines weiteren Akteurs, was zusätzlich Potential für Verzögerungen oder politisch-taktische Manöver mit sich brächte.

---

929 Für die Einzelheiten siehe bereits oben D. II. 2. c).

930 Siehe dazu oben D. II. 2. a) aa).

931 Vgl. oben C. I. 2., II. 2. a) bb) (1), (2).

932 Siehe oben D. IV. 3.

933 Siehe oben D. III.

934 Vgl. zu Letzterem oben D. III. 2.

935 Siehe zu den diesbezüglichen Einzelheiten unten D. V. 3. b) bb).

Von den Besetzungsregeln sollten die ratsame Kodifizierung der paritätischen Besetzung sowie die Festlegung der *Mitgliederzahl* in Art. 77 Abs. 2 GG unter Streichung von § 1 GOVermA erfolgen. Die *anteilige Sitzverteilung* auf der Bundestags- und der Bundesratsbank sollte weiterhin vom Bundestag und vom Bundesrat geregelt werden. Allerdings wäre die Einführung einer entsprechenden expliziten Regelungsgrundlage erstrebenswert. Die Abstimmungsregeln, die angesichts des hier unterbreiteten Regelungsvorschlags sehr bedeutsam sind, sollten hingegen im Regelungsbereich der GOVermA verbleiben.[936] Würde die Einführung des vorgeschlagenen abgestuften Stimmgewichts hingegen in der GOBT bzw. der GOBR erfolgen, bestünde zum einen die Gefahr einer Friktion zwischen den Abstimmungsregeln für die beiden Bänke.[937] Zum anderen wäre die Änderungsfestigkeit aufgrund der einseitigen Änderungsmöglichkeit durch den Bundestag oder den Bundesrat geringer als bei einer Kodifizierung in der GOVermA. Die Bewahrung der Regelungskompetenz von Bundestag und Bundesrat über die *anteilige Sitzverteilung* für ihre beiden Bänke einerseits, und die relativ änderungsfeste Kodifizierung der Abstimmungsregeln in der GOVermA andererseits würden in einem angemessenen Ausgleichsverhältnis zueinander stehen.

Mit Blick auf Spiegelbildlichkeitsgrundsatz und Mehrheitsprinzip ist zu beachten, dass mitunter die Ansicht vertreten wird, von einer Pattsituation könne nur hinsichtlich des gesamten Vermittlungsausschusses, und nicht der einzelnen Bänke gesprochen werden.[938] Aus diesem Grund kann der Regelungsvorschlag nur dann als geeignet angesehen werden, wenn er ein Patt sowohl für den gesamten Vermittlungsausschuss als auch für die einzelnen Bänke mit hinreichender Wahrscheinlichkeit verhindern helfen kann. In diesem Zusammenhang muss man sich zunächst einmal vor Augen führen, dass die beiden Bänke nach hiesigem Regelungsvorschlag weiterhin über je 50% der Stimmen verfügen. Die Darstellung der genauen Berechnung der Stimmgewichte wird sogleich nach Bänken getrennt erfolgen. Dort wird dann auch deutlich werden, dass der Regelungsvorschlag eine ganzheitliche Lösung für Pattsituationen im Vermittlungsausschuss bietet, die zu keiner Friktion zwischen den beiden Bänken führt.

Bereits hier kann allerdings in Ansehung der Kompromissförderungsfunktion des Vermittlungsausschusses[939] darauf hingewiesen werden, dass die Einführung eines abgestuften Stimmgewichts Anreize schaffen könnte, einen Vertreter des

---

936 Zum Ganzen siehe oben D. III. 3. d).

937 Eine solche Friktion befürchteten Bergkemper, S. 185 und Stellungnahme Robbers, S. 11, Wortprotokoll der 32. Sitzung des Ausschusses für Wahlprüfung, Immunität und Geschäftsordnung – Geschäftsordnungsangelegenheiten – am 17. Februar 2005, bei einer hypothetischen isolierten Einführung einer Stimmrechtsgewichtung auf der Bundestagsbank.

938 Stellungnahme Badura, S. 7, Wortprotokoll der 32. Sitzung des Ausschusses für Wahlprüfung, Immunität und Geschäftsordnung – Geschäftsordnungsangelegenheiten – am 17. Februar 2005.

939 Siehe dazu oben C. II. 2. a) bb) (1).

gegnerischen Lagers im Wege der sachlichen Argumentation auf „seine" Seite zu ziehen. Denn durch die Stimmgewichtsabstufung könnte sich ein solcher Wechsel gravierender als bisher auswirken. Auf diese Weise würde dem verfassungsrechtlich vorgesehenen Charakter des Vermittlungsausschusses als Forum für Kompromisslösungen, die durch Verhandlungen gefunden werden sollen, Rechnung getragen werden.

Schließlich überzeugt der erarbeitete Regelungsvorschlag auch mit Blick auf die Funktionsfähigkeit des Vermittlungsausschusses, die nach allgemeiner Überzeugung durch die geringe Ausschussgröße sichergestellt werden soll.[940] Diesem Ansinnen trägt der Regelungsvorschlag Rechnung, indem mit ihm alle materiellen Anforderungen bei der Ausschussorganisation erfüllt werden, ohne dass es einer Vergrößerung des Vermittlungsausschusses bedürfte.

aa) Auf der Bundestagsbank

Zunächst einmal gilt für die Organisation der Bundestagsbank das Gleiche wie für die Bundestagsfachausschüsse. So würde ein großer Vorteil der Umsetzung des Regelungsvorschlags auch hier in der Möglichkeit liegen, sehr zeitnah auf Veränderungen der Mehrheitsverhältnisse während der laufenden Wahlperiode zu reagieren.

Im Unterschied zu der Organisation der Fachausschüsse müssten die dort maßgeblichen Stimmgewichtswerte hier logischerweise halbiert werden.

Ein weiterer Unterschied bestünde im Umgang mit Gruppen (§ 10 Abs. 4 S. 1 GOBT) und fraktionslosen Abgeordneten. In den Fachausschüssen sollte ihnen entweder ein Grundmandat zugebilligt oder ihr Stimmgewicht sollte gleichmäßig auf alle übrigen Ausschussvertreter verteilt werden, sofern sie aus organisatorischen Gründen in den betreffenden Ausschüssen nicht vertreten sein können. Für die Organisation der Bundestagsbank kommt für den Fall, dass einer Gruppe aufgrund ihrer Größe und in Anwendung des gewählten Zählverfahrens kein Sitz auf der Bundestagsbank zuteilwird, nur Letzteres in Betracht. Würde man Gruppen oder Fraktionslosen dort einen Sitz mitsamt dem halben Wert ihres Stimmgewichts aus den Fachausschüssen zuteilen, so hätte dies zwangsläufig eine Erhöhung der Mitgliederzahl der Bundestagsbank zur Folge. Die gebotene paritätische Besetzung des Vermittlungsausschusses[941] könnte dann nur noch durch eine Erhöhung der Mitgliederzahl auch auf der Bundesratsbank erreicht werden. Dies würde nicht nur Probleme mit sich bringen, die angesichts des unterbreiteten Regelungsvorschlags überwunden schienen, wie z.B. die Frage nach der gerechten Redezeitbemessung bei unterschiedlich großen Bänken. Vielmehr würde auf diese Weise auch die empfohlene Kodifizierung der Mitgliederzahl in Art. 77 Abs. 2 GG[942] vereitelt werden. Insofern symbolisiert die Nichtberücksichtigung von Gruppen und fraktionslosen Abgeordneten gewissermaßen einen Kompromiss zwischen der Orientierung des

940 Siehe dazu oben D. III. 1. a).
941 Siehe oben D. III. 2.
942 Siehe dazu oben D. III. 3. d) sowie soeben D. V. 3. b).

Regelungsvorschlags an der politischen Realität einerseits und an dem verfassungsrechtlichen Idealbild andererseits.

Nach alledem muss das Stimmgewicht von nicht zu berücksichtigenden parlamentarischen Gruppen sowie von fraktionslosen Abgeordneten proportionsgetreu auf die übrigen Fraktionen und ggf. Gruppen aufgeteilt werden. Da das Stimmgewicht nur auf Seiten der Bundestagsbank zur Vervollständigung der 50% an Gesamtstimmen fehlen würde, wäre die Verteilung auch nur hier vorzunehmen.

Die konkrete Organisation der Bundestagsbank sei nun anhand des Szenarios zu Beginn der 15. Wahlperiode nochmals verdeutlicht: Die SPD hatte 251 Bundestagsmandate errungen, die CDU/CSU 248, die GRÜNEN 55, die FDP 47 und die PDS zwei.[943] Auf der Bundestagsbank im Vermittlungsausschuss wären nach hier erarbeitetem Regelungsvorschlag in einem ersten Rechenschritt folgende Sitze und Stimmgewichte auf die einzelnen Fraktionen und deren Vertreter entfallen: SPD: sieben Vertreter mit je 2,97% (251 ÷ 603 x 100 ÷ 7 ÷ 2); CDU/CSU: sieben Vertreter mit je 2,94% (248 ÷ 603 x 100 ÷ 7 ÷ 2); GRÜNE: ein Vertreter mit 4,56% (55 ÷ 603 x 100 ÷ 1 ÷ 2); FDP: ein Vertreter mit 3,90% (47 ÷ 603 x 100 ÷ 1 ÷ 2); PDS: 0,17% Stimmgewicht (2 ÷ 603 x 100 ÷ 1 ÷ 2), aber kein Vertreter, da ihre Gruppengröße nicht ausreicht, um bei Anwendung eines der herkömmlichen Zählverfahren einen Sitz zugeteilt zu bekommen. Das freiwerdende Stimmrecht der PDS-Gruppe von 0,17% müsste demnach in einem zweiten Rechenschritt proportionsgemäß auf alle Vertreter der Bundestagsbank aufgeteilt werden. Auf die SPD-Fraktion entfielen dabei 41,76% der 0,17%, auf die CDU/CSU-Fraktion 41,26% der 0,17%, auf die GRÜNEN-Fraktion 9,15% der 0,17% und auf die FDP-Fraktion 7,82% der 0,17%. Dadurch würde sich für die SPD-Vertreter ein Stimmgewicht von je 2,98% ergeben; für die CDU/CSU-Vertreter von je 2,95%; für den GRÜNEN-Vertreter von 4,58%; und für den FDP-Vertreter von 3,91%.

bb) Auf der Bundesratsbank

Die Organisation der Bundesratsbank würde sich ebenfalls nach den gleichen Grundsätzen richten wie diejenige der Bundesratsfachausschüsse. Die *anteilige Sitzverteilung*, die in der GOBR explizit geregelt werden sollte,[944] würde also nach dem Staatenprinzip erfolgen. Für die Abstimmungen würde ein gewichtetes Stimmgewicht gelten, das hier gegenüber den Fachausschüssen selbstredend halbiert werden müsste. Im Einzelnen würden Baden-Württemberg, Bayern, Niedersachsen und Nordrhein-Westfalen über ein Stimmgewicht von je 4,35% (6 ÷ 69 x 100 ÷ 2) verfügen; Hessen über 3,62% (5 ÷ 69 x 100 ÷ 2); Berlin, Brandenburg, Rheinland-Pfalz, Sachsen, Sachen-Anhalt, Schleswig-Holstein und Thüringen über je 2,90% (4 ÷ 69 x 100 ÷ 2); und Hamburg, Bremen, Mecklenburg-Vorpommern und das Saarland über je 2,17% (3 ÷ 69 x 100 ÷ 2).

---

943 Siehe oben D. III. 1. a) aa) (2) Fn. 469.

944 Siehe dazu oben D. III. 3. d).

Auch hier bestünde der Vorteil darin, dass alle materiellen Anforderungen[945] erfüllt werden würden und die bei der Organisation der Bundesratsbank auftretende Prinzipiendiskrepanz zwischen dem *Abstimmungsprinzip* (*gewichtetes Mehrheitsprinzip*) und dem *Beschlussinhalt* (*Staatenprinzip*)[946] überwunden werden könnte.

Auf Seiten der Bundesratsbank könnte man nun eine weitere Ausdifferenzierung für die Bemessung der Stimmgewichtung in Erwägung ziehen. Denn innerhalb der Ländervertretungen kommt es häufiger zu Rochaden bei den Teilnahmen an den Vermittlungsausschusssitzungen, womit die Landesregierungen den realpolitischen Gegebenheiten Rechnung tragen wollen.[947] Würde man nun einem Bundesland mehrere Sitze auf der Bundesratsbank einräumen und das ihm zugewiesene Stimmenkontingent nochmals aufsplitten, z.B. nach Maßgabe der Mandatsverteilung im entsprechenden Landesparlament, so wären die erwähnten Rochaden überflüssig. Hierdurch wäre allerdings eine gleichzeitige Erhöhung der Mitgliederzahl auf der Bundestagsbank erforderlich, um die zwingend erforderliche paritätische Besetzung zu gewährleisten, was wiederum zu Lasten der Funktionsfähigkeit des Vermittlungsausschusses gehen würde. Auch bestünde die Gefahr, dass der „personengeprägte" Charakter des Vermittlungsausschusses[948] verloren ginge. Zu guter Letzt würde das funktionale Gebot der Übersichtlichkeit arg strapaziert werden.

945 Siehe dazu oben D. II. 2. c), V. 3. a), cc).
946 Siehe dazu oben D. III. 1. a) bb), 3. a) aa).
947 Siehe dazu oben D. III. 1. a) bb) (2).
948 Siehe dazu oben C. II. 2. a) bb) (1), D. III. 1. a).

E. Zusammenfassung und Ausblick

Nach derzeitiger Regelungslage können politische Pattsituationen in repräsentativen Gremien nur nach einem „Schwarz-Weiß-Schema" aufgelöst werden: Entweder erfolgt eine Auflösung zugunsten der Regierungsmehrheit oder man findet sich mit der bestehenden Pattsituation ab.[949] Das Erste führt zu einer Verletzung des Spiegelbildlichkeitsgrundsatzes, während das Zweite eine Missachtung des Mehrheitsprinzips zur Folge hat. Dieses Dilemma kann mit dem hier unterbreiteten Regelungsvorschlag überwunden werden. Sämtliche bei der Gremienorganisation zu beachtenden Anforderungen würden bei Umsetzung des Regelungsvorschlags zu optimaler Wirkung gelangen.

Damit einhergehend schafft der Regelungsvorschlag einen bestmöglichen Ausgleich zwischen der politischen Realität und dem verfassungsrechtlichen Idealbild. Auf diese Weise wird den besonderen Charakteristika des Parlamentsrechts Rechnung getragen.

Einige weitere repräsentative Gremien, wie der Wahlprüfungsausschuss (Art. 41 GG), parlamentarische Untersuchungsausschüsse (Art. 44 GG), der Wahlmännerausschuss (Art. 94 Abs. 1 S. 2 GG), der Richterwahlausschuss (Art. 95 Abs. 2 GG), der Gemeinsame Ausschuss des Bundes (Art. 53a GG) oder der parlamentarische Ältestenrat (§ 6 GOBT) wurden in dieser Arbeit nicht betrachtet. Inwieweit die vorgeschlagenen Regeln auf diese Gremien übertragen werden können bzw. müssen, bleibt einstweilen offen. Die Gefahr von Konflikten zwischen politischer Praxis und verfassungsrechtlichen Vorgaben dürfte in diesen Gremien allerdings erheblich geringer sein als in den Fachausschüssen und im Vermittlungsausschuss. Deshalb erscheint eine Übertragung des Regelungsvorschlags auf diese Gremien derzeit nicht zwingend angezeigt.

---

949 Insofern ist dem Sondervotum der Richterin Lübbe-Wolff, siehe oben D. III. 4. b) dd) (2), zuzustimmen.

Anhang: Übersicht über die Abstimmungen im Vermittlungsausschuss in der 7.–15. Wahlperiode

Die nachfolgende Tabelle gibt eine Übersicht über die Abstimmungen im Vermittlungsausschuss in der 7. bis 15. Wahlperiode – jedoch ohne Gewähr der Vollständigkeit. Berücksichtigt wurden ausschließlich Abstimmungen, die einen unmittelbaren Bezug zum Vermittlungsverfahren hatten. Abstimmungen über die innere Organisation des Vermittlungsausschusses oder über Verfahrensfragen wurden somit ebenso wenig mitgezählt wie Probeabstimmungen.

Die Wiedergabe des Abstimmungsergebnisses erfolgt nach dem Muster „Ja-Stimmen: Nein-Stimmen: Enthaltungen". Die Darstellung der Mehrheitsverhältnisse erfolgt aus Sicht des jeweiligen „Regierungslagers". Das Fehlen einzelner Mitglieder des Vermittlungsausschusses wird nur dann vermerkt, wenn es nicht offensichtlich mit einem Pairing einherging.

7. Wahlperiode

Sitzung	Abstimmung	Ergebnis	Mehrheitsverhältnisse im Vermittlungsausschuss	Anmerkung zur Sitzung/ Abstimmung
1.	1.	12:10	12:10, bis zur 29. Sitzung	
2.	1.	Einstimmig		
3.	1.	12:10		
	2.	Einstimmig		
	3.	Einstimmig		
	4.	12:10		
	5.	16:6		
	6.	14:7		
4.	1.	20:0:2		
5.	1.	21:1		
	2.	Einstimmig		
	3.	12:9		
	4.	Einstimmig		
	5.	11:10		
	6.	Einstimmig		
	7.	11:9:1		

Sitzung	Abstimmung	Ergebnis	Mehrheitsverhältnisse im Vermittlungsausschuss	Anmerkung zur Sitzung/ Abstimmung
5	8.	12:5:4	12:10, bis zur 29. Sitzung	
6.	1.	18:1:3		
	2.	12:10		
	3.	12:10		
	4.	12:10		
	5.	12:10		
	6.	12:10		
	7.	12:10		
	8.	12:9:1		
	9.	12:10		
7.	1.	12:10		
	2.	12:10		
	3.	12:10		
	4.	Einstimmig		
	5.	Einstimmig		
8.	1.	11:10		1 A-Mitglied fehlte
	2.	11:10		
	3.	11:10		
	4.	Einstimmig		
	5.	Einstimmig		
	6.	Einstimmig		
9.	1.	12:10		
	2.	12:10		
	3.	11:10:1		
	4.	12:10		
	5.	12:10		
10.	1.	Einstimmig		
	2.	Einstimmig		
	3.	21:1		
	4.	14:7		

Sitzung	Abstimmung	Ergebnis	Mehrheitsverhältnisse im Vermittlungsausschuss	Anmerkung zur Sitzung/ Abstimmung
10.	5.	18:3	12:10, bis zur 29. Sitzung	
	6.	20:0:2		
	7.	Einstimmig		
	8.	Einstimmig		
	9.	Einstimmig		
	10.	10:10:1		
	11.	Einstimmig		
	12.	Einstimmig		
	13.	Einstimmig		
	14.	Einstimmig		
	15.	Einstimmig		
	16.	Einstimmig		
11.	1.	Einstimmig		
12.	1.	12:10		
	2.	12:10		
	3.	Einstimmig		
	4.	12:10		
	5.	12:10		
	6.	12:10		
	7.	Einstimmig		
	8.	Einstimmig		
	9.	Einstimmig		
	10.	20:1:1		
	11.	Einstimmig		
	12.	12:10		
	13.	12:10		
13.	1.	12:10		
	2.	12:10		
	3.	12:10		
1. F 13.				Keine Abstimmung

Sitzung	Abstimmung	Ergebnis	Mehrheitsverhältnisse im Vermittlungsausschuss	Anmerkung zur Sitzung/ Abstimmung
2. F 13.	1.	12:9	12:10, bis zur 29. Sitzung	1 B-Mitglied fehlte
	2.	12:9		
	3.	12:9		
	4.	12:9		
	5.	12:9		
	6.	20:0:1		
	7.	12:9		
	8.	Einstimmig		
	9.	12:9		
	10.	12:9		
	11.	Einstimmig		
14.	1.	21:1		
	2.	Einstimmig		
15.	1.	12:10		
	2.	14:8		
	3.	Einstimmig		
	4.	20:2		
	5.	12:8		
	6.	Einstimmig		
16.	1.	16:6		
	2.	Einstimmig		
	3.	21:1		
	4.	Einstimmig		
	5.	17:5		
	6.	20:2		
	7.	Einstimmig		
	8.	12:10		
	9.	14:8		
	10.	12:9:1		
17.	1.	Einstimmig		

Sitzung	Abstimmung	Ergebnis	Mehrheitsverhältnisse im Vermittlungsausschuss	Anmerkung zur Sitzung/ Abstimmung
17.	2.	12:10	12:10, bis zur 29. Sitzung	
	3.	Einstimmig		
	4.	20:0:2		
18.	1.	Einstimmig		
	2.	Einstimmig		
	3.	Einstimmig		
	4.	Einstimmig		
	5.	Einstimmig		
	6.	Einstimmig		
	7.	Einstimmig		
	8.	Einstimmig		
	9.	Einstimmig		
	10.	20:1		
	11.	Einstimmig		
	12.	Einstimmig		
	13.	Einstimmig		
	14.	Einstimmig		
	15.	Einstimmig		
19.	1.	12:10		
	2.	12:10		
	3.	Einstimmig		
	4.	12:10		
	5.	16:1:5		
	6.	Einstimmig		
	7.	12:10		
	8.	12:10		
	9.	Einstimmig		
	10.	Einstimmig		
	11.	18:2:2		
	12.	21:1		

Sitzung	Abstimmung	Ergebnis	Mehrheitsverhältnisse im Vermittlungsausschuss	Anmerkung zur Sitzung/ Abstimmung
19.	13.	20:0:2	12:10, bis zur 29. Sitzung	
	14.	20:1:1		
20.	1.	Einstimmig		
	2.	Einstimmig		
	3.	12:10		
	4.	Einstimmig		
	5.	Einstimmig		
	6.	Einstimmig		
	7.	21:1		
	8.	12:10		
	9.	Einstimmig		
	10.	11:4		
	11.	13:5		
	12.	Einstimmig		
21.	1.	12:9		
	2.	11:10		
	3.	10:10:2		
	4.	12:10		
	5.	16:0:5		
	6.	Einstimmig		
	7.	12:10		
	8.	12:10		
	9.	12:10		
	10.	12:10		
	11.	12:10		
	12.	12:10		
	13.	12:10		
	14.	12:10		
	15.	12:10		
	16.	12:10		

Sitzung	Abstimmung	Ergebnis	Mehrheitsverhältnisse im Vermittlungsausschuss	Anmerkung zur Sitzung/ Abstimmung
21.	17.	12:10	12:10, bis zur 29. Sitzung	
	18.	12:10		
	19.	12:10		
	20.	12:10		
	21.	12:10		
	22.	12:10		
	23.	12:10		
	24.	12:10		
	25.	Einstimmig		
	26.	Einstimmig		
	27.	12:10		
	28.	12:10		
	29.	12:10		
	30.	12:10		
	31.	Einstimmig		
	32.	12:8:2		
1. F 21.	1.	Einstimmig		
	2.	Einstimmig		
	3.	Einstimmig		
	4.	Einstimmig		
	5.	Einstimmig		
22.	1.	13:7		1 A-Mitglied fehlte
	2.	20:0:1		
	3.	Einstimmig		
	4.	12:8:1		
	5.	16:5		
	6.	11:10		
	7.	19:0:2		
	8.	11:10		
	9.	20:1		

Sitzung	Abstimmung	Ergebnis	Mehrheitsverhältnisse im Vermittlungsausschuss	Anmerkung zur Sitzung/ Abstimmung
22.	10.	Einstimmig	12:10, bis zur 29. Sitzung	
	11.	19:0:2		
	12.	Einstimmig		
	13.	Einstimmig		
	14.	19:0:2		
23.	1.	Einstimmig		1 B-Mitglied fehlte
	2.	Einstimmig		
	3.	Einstimmig		
	4.	12:9		
	5.	12:9		
	6.	Einstimmig		
24.	1.	Einstimmig		
	2.	Einstimmig		
	3.	Einstimmig		
	4.	Einstimmig		
	5.	Einstimmig		
	6.	Einstimmig		
	7.	11:10		
	8.	11:10		
	9.	11:10		
	10.	11:10		
	11.	11:10		
	12.	11:10		
	13.	11:10		
	14.	11:10		
	15.	11:10		
	16.	11:10		
	17.	11:10		
	18.	11:10		
	19.	11:10		

Sitzung	Abstimmung	Ergebnis	Mehrheitsverhältnisse im Vermittlungsausschuss	Anmerkung zur Sitzung/ Abstimmung
24.	20.	Einstimmig	12:10, bis zur 29. Sitzung	
	21.	Einstimmig		
	22.	11:10		
	23.	11:10		
	24.	Einstimmig		
	25.	Einstimmig		
25.	1.	Einstimmig		1 B-Mitglied fehlte
	2.	Einstimmig		
	3.	Einstimmig		
	4.	Einstimmig		
	5.	Einstimmig		
	6.	12:9		
	7.	Einstimmig		
	8.	Einstimmig		
	9.	18:1:2		
	10.	Einstimmig		
	11.	Einstimmig		
	12.	18:1:2		
	13.	19:2		
	14.	Einstimmig		
	15.	11:10		
	16.	12:9		
	17.	20:1		
	18.	18:3		
	19.	Einstimmig		
	20.	Einstimmig		
	21.	Einstimmig		
	22.	Einstimmig		
	23.	Einstimmig		
	24.	Einstimmig		

Sitzung	Abstimmung	Ergebnis	Mehrheitsverhältnisse im Vermittlungsausschuss	Anmerkung zur Sitzung/ Abstimmung
25.	25.	Einstimmig	12:10, bis zur 29. Sitzung	
	26.	Einstimmig		
	27.	Einstimmig		
	28.	Einstimmig		
	29.	Einstimmig		
	30.	Einstimmig		
	31.	Einstimmig		
	32.	Einstimmig		
	33.	19:2		
26.	1.	12:7		
	2.	Einstimmig		
	3.	Einstimmig		
	4.	Einstimmig		
	5.	Einstimmig		
	6.	Einstimmig		
	7.	Einstimmig		
	8.	18:2		
	9.	Einstimmig		
	10.	Einstimmig		
	11.	Einstimmig		
	12.	Einstimmig		
	13.	Einstimmig		
	14.	13:9		
	15.	12:9		
	16.	18:1:3		
	17.	17:3:2		
	18.	13:8:1		
	19.	15:0:2		
	20.	12:5:1		
	21.	14:3:1		

Sitzung	Abstimmung	Ergebnis	Mehrheitsverhältnisse im Vermittlungsausschuss	Anmerkung zur Sitzung/ Abstimmung
27.	1.	12:9	12:10, bis zur 29. Sitzung	1 B-Mitglied fehlte
	2.	Einstimmig		
	3.	Einstimmig		
	4.	Einstimmig		
	5.	12:9		
	6.	12:9		
	7.	Einstimmig		
	8.	Einstimmig		
	9.	Einstimmig		
	10.	Einstimmig		
	11.	Einstimmig		
	12.	Einstimmig		
	13.	Einstimmig		
	14.	Einstimmig		
	15.	Einstimmig		
	16.	Einstimmig		
	17.	Einstimmig		
	18.	Einstimmig		
	19.	Einstimmig		
	20.	Einstimmig		
	21.	Einstimmig		
	22.	Einstimmig		
	23.	Einstimmig		
	24.	Einstimmig		
	25.	Einstimmig		
	26.	Einstimmig		
	27.	Einstimmig		
	28.	Einstimmig		
	29.	Einstimmig		
	30.	Einstimmig		

Sitzung	Abstimmung	Ergebnis	Mehrheitsverhältnisse im Vermittlungsausschuss	Anmerkung zur Sitzung/ Abstimmung
27.	31.	Einstimmig	12:10, bis zur 29. Sitzung	
	32.	Einstimmig		
	33.	Einstimmig		
	34.	Einstimmig		
	35.	Einstimmig		
	36.	Einstimmig		
	37.	Einstimmig		
	38.	Einstimmig		
	39.	Einstimmig		
	40.	Einstimmig		
	41.	11:9:1		
	42.	19:0:1		Ab jetzt fehlten 2 B-Mitglieder
	43.	Einstimmig		
	44.	Einstimmig		
	45.	Einstimmig		
	46.	Einstimmig		
	47.	13:5:2		
	48.	10:10		
	49.	Einstimmig		
	50.	12:8		
	51.	Einstimmig		
28.	1.	12:10		
29.	1.	11:8:2	11:11, bis Ende WP	
	2.	11:11		
	3.	11:11		
	4.	11:11		
	5.	Einstimmig		
	6.	11:11		
	7.	11:9		

Sitzung	Abstimmung	Ergebnis	Mehrheitsverhältnisse im Vermittlungsausschuss	Anmerkung zur Sitzung/ Abstimmung
29.	8.	11:11	11:11, bis Ende WP	
	9.	11:11		
	10.	Einstimmig		
	11.	11:11		
	12.	11:11		
	13.	18:4		
	14.	Einstimmig		
	15.	21:1		
	16.	11:11		
	17.	20:2		
	18.	19:2:1		
	19.	21:1		
	20.	Einstimmig		
	21.	Einstimmig		
	22.	7:12:2		
30.	1.	15:4:2		1 A-Mitglied fehlte
	2.	19:1		
	3.	Einstimmig		
	4.	Einstimmig		
	5.	Einstimmig		
	6.	Einstimmig		
	7.	Einstimmig		
	8.	Einstimmig		
	9.	Einstimmig		
	10.	Einstimmig		
	11.	Einstimmig		
	12.	16:6		Ab jetzt Vollzähligkeit
	13.	19:2:1		
	14.	18:4		
	15.	Einstimmig		

Sitzung	Abstimmung	Ergebnis	Mehrheitsverhältnisse im Vermittlungsausschuss	Anmerkung zur Sitzung/ Abstimmung
30.	16.	Einstimmig	11:11, bis Ende WP	
	17.	20:2		
	18.	Einstimmig		
	19.	Einstimmig		
	20.	14:6:2		
	21.	Einstimmig		
	22.	11:11		
	23.	18:1:2		
31.	1.	20:2		
	2.	Einstimmig		
	3.	20:2		
	4.	11:11		
32.	1.	Einstimmig		
	2.	Einstimmig		
	3.	Einstimmig		
	4.	Einstimmig		
	5.	18:3:1		
	6.	Einstimmig		
	7.	19:0:3		
	8.	20:2		
	9.	20:0:2		
	10.	Einstimmig		
	11.	Einstimmig		
	12.	Einstimmig		
	13.	Einstimmig		
	14.	20:2		
	15.	19:0:3		
33.	1.	11:11		
	2.	11:7		
	3.	Einstimmig		

Sitzung	Abstimmung	Ergebnis	Mehrheitsverhältnisse im Vermittlungsausschuss	Anmerkung zur Sitzung/ Abstimmung
33.	4.	Einstimmig	11:11, bis Ende WP	
	5.	Einstimmig		
	6.	Einstimmig		
	7.	Einstimmig		
	8.	Einstimmig		
	9.	Einstimmig		
	10.	Einstimmig		
	11.	Einstimmig		
	12.	Einstimmig		
	13.	12:8		
	14.	Einstimmig		
	15.	21:1		
	16.	Einstimmig		
	17.	Einstimmig		
	18.	Einstimmig		
	19.	Einstimmig		
	20.	Einstimmig		
	21.	Einstimmig		
	22.	Einstimmig		
	23.	Einstimmig		
34.				Keine Abstimmung
35.	1.	11:8		
	2.	16:1:2		
	3.	Einstimmig		
	4.	18:1		
	5.	Einstimmig		
	6.	16:1:2		
	7.	Einstimmig		
36.	1.	11:11		Zeitweise fehlte 1 B-Mitglied

Sitzung	Abstimmung	Ergebnis	Mehrheitsverhältnisse im Vermittlungsausschuss	Anmerkung zur Sitzung/ Abstimmung
36.	2.	17:2:3	11:11, bis Ende WP	
	3.	Einstimmig		
	4.	11:10		
	5.	18:4		
	6.	Einstimmig		
	7.	Einstimmig		
	8.	Einstimmig		
	9.	Einstimmig		
	10.	Einstimmig		
	11.	18:1:3		
	12.	12:10		
	13.	Einstimmig		
	14.	11:11		
	15.	10:10		
36.	16.	Einstimmig		
37.				Keine Abstimmung
38.	1.	Einstimmig		
	2.	Einstimmig		
	3.	21:1		
	4.	20:2		
	5.	Einstimmig		
	6.	Einstimmig		
	7.	Einstimmig		
	8.	21:0:1		
	9.	10:11:1		
	10.	11:11		
	11.	8:12:2		
	12.	6:13		
	13.	12:10		
	14.	4:14		

Sitzung	Abstimmung	Ergebnis	Mehrheitsverhältnisse im Vermittlungsausschuss	Anmerkung zur Sitzung/ Abstimmung
38.	15.	14:7	11:11, bis Ende WP	
	16.	7:13		
	17.	Einstimmig		
	18.	Einstimmig		
	19.	6:13:2		
	20.	19:2		
	21.	11:9:1		
	22.	Einstimmig		
	23.	21:1		
	24.	19:0:3		
	25.	11:11		
	26.	20:0:2		
	27.	Einstimmig		
	28.	10:10		
	29.	Einstimmig		
	30.	19:1:2		
	31.	18:1:3		
	32.	Einstimmig		
	33.	Einstimmig		
39.				Keine Abstimmung
40.	1.	11:11		
	2.	11:11		
	3.	10:12		
	4.	10:12		
	5.	10:12		
	6.	16:1:3		
	7.	11:9		
	8.	21:0:1		
	9.	8:11:3		
	10.	Einstimmig		

Sitzung	Abstimmung	Ergebnis	Mehrheitsverhältnisse im Vermittlungsausschuss	Anmerkung zur Sitzung/ Abstimmung
40.	11.	Einstimmig	11:11, bis Ende WP	
	12.	Einstimmig		
	13.	Einstimmig		
	14.	Einstimmig		
	15.	Einstimmig		
	16.	Einstimmig		
	17.	Einstimmig		
	18.	Einstimmig		
	19.	Einstimmig		
	20.	Einstimmig		
	21.	Einstimmig		
	22.	9:10		
	23.	9:10		
	24.	Einstimmig		
	25.	9:9		
	26.	Einstimmig		
	27.	Einstimmig		
	28.	Einstimmig		
	29.	7:7		
41.	1.	21:0:1		
	2.	21:0:1		
	3.	Einstimmig		
	4.	Einstimmig		
	5.	11:11		
	6.	20:0:2		
	7.	20:0:2		
	8.	Einstimmig		
	9.	7:11:4		
42.				Keine Abstimmung
43.	1.	Einstimmig		

8. Wahlperiode

Sitzung	Abstimmung	Ergebnis	Mehrheitsverhältnisse im Vermittlungsausschuss	Anmerkung zur Sitzung/ Abstimmung
1.	1.	11:10	11:11, bis Ende WP	
2.				Keine Abstimmung
1. F 2.				Keine Abstimmung
2. F 2.	1.	9:13		
	2.	11:0:11		
	3.	9:12:1		
	4.	Einstimmig		
	5.	10:12		
	6.	10:12		
	7.	11:11		
	8.	10:12		
	9.	9:13		
	10.	13:9		
	11.	11:1:10		
	12.	9:13		
	13.	10:12		
	14.	9:12:1		
	15.	9:13		
	16.	13:9		
	17.	9:13		
	18.	13:9		
	19.	13:9		
	20.	13:9		
	21.	11:11		
	22.	Einstimmig		
	23.	9:13		
	24.	13:9		
	25.	11:11		
	26.	11:11		

Sitzung	Abstimmung	Ergebnis	Mehrheitsverhältnisse im Vermittlungsausschuss	Anmerkung zur Sitzung/ Abstimmung
2. F 2.	27.	11:11	11:11, bis Ende WP	
	28.	17:0:1		
	29.	9:13		
	30.	13:9		
	31.	13:9		
	32.	13:9		
	33.	11:0:11		
	34.	11:11		
	35.	10:12		
	36.	11:11		
	37.	9:13		
	38.	13:9		
	39.	11:11		
	40.	10:12		
	41.	10:12		
	42.	2:12:8		
	43.	11:11		
	44.	9:12:1		
	45.	10:12		
	46.	11:11		
	47.	10:12		
	48.	11:11		
	49.	10:12		
3.	1.	17:1		
	2.	17:1		
4.	1.	11:11		
	2.	11:11		
	3.	14:6:2		
	4.	11:11		
	5.	11:11		

Sitzung	Abstimmung	Ergebnis	Mehrheitsverhältnisse im Vermittlungsausschuss	Anmerkung zur Sitzung/ Abstimmung
4.	6.	17:2:3	11:11, bis Ende WP	
	7.	11:10:1		
5.	1.	20:1:1		
6.	1.	19:0:1		
7.	1.	11:11		
	2.	9:13		
	3.	13:9		
8.	1.	6:9		
	2.	8:8		
	3.	Einstimmig		
	4.	8:8		
	5.	8:8		
	6.	8:8		
	7.	15:1		
	8.	Einstimmig		
	9.	Einstimmig		
	10.	Einstimmig		
	11.	7:9		
	12.	Einstimmig		
	13.	Einstimmig		
	14.	Einstimmig		
	15.	7:9		
	16.	Einstimmig		
	17.	7:9		
	18.	Einstimmig		
	19.	8:8		
	20.	Einstimmig		
	21.	Einstimmig		
	22.	8:8		
	23.	Einstimmig		

Sitzung	Abstimmung	Ergebnis	Mehrheitsverhältnisse im Vermittlungsausschuss	Anmerkung zur Sitzung/ Abstimmung
8.	24.	14:0:2	11:11, bis Ende WP	
	25.	Einstimmig		
	26.	14:0:2		
9.	1.	11:11		
	2.	11:11		
	3.	11:11		
	4.	11:11		
	5.	10:12		
10.	1.	11:11		
	2.	11:11		
11.	1.	11:11		
	2.	11:11		
12.	1.	10:10		
	2.	9:10:1		
	3.	10:10		
	4.	8:9:1		
	5.	9:10:1		
	6.	10:9:1		
	7.	10:10		
	8.	10:10		
	9.	Einstimmig		
	10.	Einstimmig		
	11.	Einstimmig		
13.	1.	10:10		
	2.	10:10		
14.	1.	10:10		
	2.	10:10		
15.	1.	10:10		
	2.	10:10		
	3.	10:10		

Sitzung	Abstimmung	Ergebnis	Mehrheitsverhältnisse im Vermittlungsausschuss	Anmerkung zur Sitzung/ Abstimmung
15.	4.	10:10	11:11, bis Ende WP	
	5.	10:10		
	6.	10:10		
16.	1.	10:10		
	2.	10:10		
	3.	10:10		
	4.	10:10		
	5.	10:10		
	6.	10:10		
17.	1.	10:10		
	2.	10:10		
	3.	10:10		
	4.	10:10		
	5.	10:10		
	6.	10:10		
18.	1.	19:0:1		
	2.	15:3:2		
	3.	19:0:1		
19.	1.	9:9		
	2.	Einstimmig		
	3.	Einstimmig		
	4.	Einstimmig		
	5.	Einstimmig		
	6.	Einstimmig		
	7.	Einstimmig		
	8.	9:11		
	9.	9:11		
	10.	9:11		
	11.	Einstimmig		
	12.	6:14		

Sitzung	Abstimmung	Ergebnis	Mehrheitsverhältnisse im Vermittlungsausschuss	Anmerkung zur Sitzung/ Abstimmung
19.	13.	18:0:2	11:11, bis Ende WP	
	14.	7:11		
20.	1.	9:10		
	2.	10:10		
	3.	9:10		
21.	1.	10:10		
	2.	10:10		
	3.	9:10:1		
	4.	Einstimmig		
	5.	6:11:3		
22.	1.	14:5:1		
23.	1.	9:9		
	2.	9:9		
24.				Keine Abstimmung
25.	1.	8:8		
	2.	Einstimmig		
	3.	8:8		
	4.	Einstimmig		
	5.	8:8		
	6.	15:1		
	7.	Einstimmig		
	8.	Einstimmig		
	9.	Einstimmig		
	10.	Einstimmig		
	11.	Einstimmig		
	12.	Einstimmig		
26.	1.	Einstimmig		
	2.	Einstimmig		
27.	1.	10:10		
	2.	10:10		

Sitzung	Abstimmung	Ergebnis	Mehrheitsverhältnisse im Vermittlungsausschuss	Anmerkung zur Sitzung/ Abstimmung
27.	3.	10:10	11:11, bis Ende WP	
	4.	10:10		
	5.	10:10		
	6.	10:10		
	7.	10:10		
	8.	9:11		
	9.	10:10		
	10.	10:10		
	11.	10:10		
	12.	10:10		
	13.	Einstimmig		
	14.	10:10		
	15.	10:10		
	16.	10:10		
	17.	Einstimmig		
	18.	8:8		
	19.	8:8		
	20.	9:9		
	21.	5:8:5		
	22.	9:9		
	23.	Einstimmig		
	24.	9:8:1		
	25.	11:7		
	26.	11:7		
	27.	11:7		
	28.	9:6:3		
	29.	11:3:4		
	30.	11:3:4		
	31.	Einstimmig		
	32.	8:8		

Sitzung	Abstimmung	Ergebnis	Mehrheitsverhältnisse im Vermittlungsausschuss	Anmerkung zur Sitzung/ Abstimmung
27.	33.	8:8	11:11, bis Ende WP	
	34.	8:8		
	35.	Einstimmig		
	36.	8:8		
	37.	8:8		
	38.	8:8		
	39.	8:8		
	40.	8:8		
	41.	8:8		
	42.	7:9		
	43.	8:8		
	44.	7:9		
	45.	8:8		
	46.	7:8:1		
	47.	8:8		
28.	1.	8:8		
	2.	8:8		
29.	1.	8:8		
	2.	9:9		
	3.	9:9		
30.	1.	Einstimmig		
	2.	10:10		
	3.	14:6		
	4.	Einstimmig		
	5.	10:10		
	6.	19:1		
	7.	10:9:1		
	8.	19:0:1		
	9.	Einstimmig		
	10.	9:9		

Sitzung	**Abstimmung**	**Ergebnis**	**Mehrheitsverhältnisse im Vermittlungsausschuss**	**Anmerkung zur Sitzung/ Abstimmung**
30.	11.	9:9	11:11, bis Ende WP	
	12.	9:8:1		
31.	1.	12:10		
32.				Keine Abstimmung
F 32.	1.	Einstimmig		
	2.	Einstimmig		
33.	1.	Einstimmig		
	2.	Einstimmig		
	3.	Einstimmig		
	4.	16:3:1		
	5.	12:7:1		
	6.	14:6		
	7.	Einstimmig		
	8.	Einstimmig		
	9.	Einstimmig		
	10.	Einstimmig		
	11.	18:2		
	12.	10:10		
	13.	Einstimmig		
	14.	10:10		
	15.	Einstimmig		
	16.	Einstimmig		
	17.	Einstimmig		
	18.	9:9		
	19.	9:9		
	20.	7:10:1		
	21.	13:5		
	22.	Einstimmig		
	23.	Einstimmig		
	24.	Einstimmig		

Sitzung	Abstimmung	Ergebnis	Mehrheitsverhältnisse im Vermittlungsausschuss	Anmerkung zur Sitzung/ Abstimmung
33.	25.	3:14:1	11:11, bis Ende WP	
	26.	Einstimmig		
	27.	Einstimmig		
34.	1.	Einstimmig		
35.	1.	Einstimmig		
	2.	Einstimmig		
	3.	Einstimmig		
	4.	Einstimmig		
36.	1.	Einstimmig		
	2.	14:4:1		
	3.	10:10		
	4.	10:10		
	5.	10:10		
	6.	18:0:2		
	7.	18:0:2		
	8.	9:10:1		
	9.	5:12:3		
	10.	10:10		
	11.	10:10		
	12.	16:0:4		
	13.	8:10:2		
	14.	5:13:2		
	15.	7:13		
	16.	Einstimmig		
	17.	Einstimmig		
	18.	2:10:8		
	19.	Einstimmig		
	20.	Einstimmig		
	21.	Einstimmig		
37.	1.	9:11		

Sitzung	Abstimmung	Ergebnis	Mehrheitsverhältnisse im Vermittlungsausschuss	Anmerkung zur Sitzung/ Abstimmung
37.	2.	9:11	11:11, bis Ende WP	
	3.	Einstimmig		
	4.	Einstimmig		
	5.	Einstimmig		
	6.	10:10		
	7.	10:10		
	8.	16:4		
	9.	17:3		
	10.	10:10		
	11.	16:1:1		
	12.	Einstimmig		
	13.	10:10		
	14.	Einstimmig		
	15.	10:10		
	16.	10:10		
	17.	17:1:2		
	18.	10:10		
	19.	10:10		
	20.	10:10		
	21.	10:10		
	22.	10:9:1		
	23.	Einstimmig		
	24.	13:5:1		
	25.	13:7		
38.	1.	9:9		
	2.	Einstimmig		
	3.	8:8		
	4.	Einstimmig		
	5.	9:8:1		
	6.	Einstimmig		

Sitzung	Abstimmung	Ergebnis	Mehrheitsverhältnisse im Vermittlungsausschuss	Anmerkung zur Sitzung/ Abstimmung
38.	7.	Einstimmig	11:11, bis Ende WP	
	8.	Einstimmig		
	9.	9:9		
	10.	Einstimmig		
	11.	9:6		
	12.	9:6		
	13.	7:5		
	14.	10:3		
	15.	10:4		
	16.	10:4		
	17.	8:7		
	18.	7:7		
	19.	Einstimmig		
	20.	Einstimmig		
	21.	Einstimmig		
	22.	7:7		
	23.	15:1		
	24.	15:0:1		
	25.	Einstimmig		
	26.	8:8		
	27.	Einstimmig		
	28.	8:8		
	29.	8:8		
39.–41.	1.	Einstimmig		Gemeinsames Protokoll
	2.	9:9		
	3.	9:9		
	4.	10:10		
	5.	10:10		
	6.	10:10		
	7.	10:10		

Sitzung	Abstimmung	Ergebnis	Mehrheitsverhältnisse im Vermittlungsausschuss	Anmerkung zur Sitzung/ Abstimmung
39.–41.	8.	12:3:3	11:11, bis Ende WP	
	9.	10:10		
	10.	11:11		
	11.	11:11		
	12.	10:12		
	13.	12:10		
	14.	Einstimmig		
	15.	Einstimmig		
	16.	Einstimmig		
	17.	Einstimmig		
	18.	Einstimmig		
	19.	Einstimmig		
	20.	Einstimmig		
	21.	Einstimmig		
	22.	Einstimmig		
	23.	Einstimmig		
	24.	Einstimmig		
	25.	Einstimmig		
	26.	21:0:1		
	27.	Einstimmig		

9. Wahlperiode

Sitzung	Abstimmung	Ergebnis	Mehrheitsverhältnisse im Vermittlungsausschuss	Anmerkung zur Sitzung/ Abstimmung
1.	1.	9:11	11:11, bis zur 3. Sitzung	1 A-Mitglied fehlte
	2.	11:9		
2.	1.	10:9:1		1 B-Mitglied fehlte
	2.	10:9:1		
3.	1.	Einstimmig	10:12, bis zur 11. Sitzung	
4.	1.	10:8		
	2.	10:8		

Sitzung	Abstimmung	Ergebnis	Mehrheitsverhältnisse im Vermittlungsausschuss	Anmerkung zur Sitzung/ Abstimmung
4.	3.	10:8	10:12, bis zur 11. Sitzung	
5.	1.	9:7		
	2.	Einstimmig		
	3.	Einstimmig		
	4.	Einstimmig		
	5.	14:0:1		
	6.	Einstimmig		
	7.	Einstimmig		
	8.	Einstimmig		
	9.	12:3		
	10.	Einstimmig		
	11.	Einstimmig		
	12.	Einstimmig		
	13.	14:0:1		
	14.	14:0:1		
	15.	11:0:4		
	16.	Einstimmig		
	17.	Einstimmig		
6.	1.	19:1		
	2.	Einstimmig		
	3.	Einstimmig		
	4.	Einstimmig		
	5.	Einstimmig		
	6.	Einstimmig		
	7.	Einstimmig		
	8.	19:1		
	9.	Einstimmig		
	10.	Einstimmig		
	11.	Einstimmig		
	12.	Einstimmig		
	13.	18:2		

Sitzung	Abstimmung	Ergebnis	Mehrheitsverhältnisse im Vermittlungsausschuss	Anmerkung zur Sitzung/ Abstimmung
6.	14.	18:2	10:12, bis zur 11. Sitzung	
	15.	Einstimmig		
	16.	Einstimmig		
	17.	Einstimmig		
	18.	Einstimmig		
	19.	Einstimmig		
	20.	Einstimmig		
	21.	Einstimmig		
	22.	Einstimmig		
	23.	18:0:2		
	24.	Einstimmig		
	25.	15:5		
	26.	Einstimmig		
	27.	18:0:2		
	28.	12:6:2		
	29.	19:0:1		
	30.	Einstimmig		
	31.	Einstimmig		
	32.	Einstimmig		
	33.	Einstimmig		
	34.	Einstimmig		
	35.	Einstimmig		
	36.	18:0:2		
	37.	16:3:1		
	38.	14:5:1		
	39.	16:13:1		
	40.	Einstimmig		
	41.	Einstimmig		
	42.	18:0:2		
	43.	18:0:2		
	44.	19:0:1		

Sitzung	Abstimmung	Ergebnis	Mehrheitsverhältnisse im Vermittlungsausschuss	Anmerkung zur Sitzung/ Abstimmung
6.	45.	17:0:3	10:12, bis zur 11. Sitzung	
	46.	19:0:1		
	47.	18:0:2		
	48.	Einstimmig		
	49.	Einstimmig		
	50.	Einstimmig		
	51.	Einstimmig		
	52.	Einstimmig		
	53.	19:0:1		
	54.	19:0:1		
	55.	18:0:2		
	56.	17:0:3		
	57.	18:0:2		
	58.	14:1:2		
	59.	16:14:3		Protokollierungsfehler
	60.	19:0:1		
	61.	19:0:1		
	62.	19:0:1		
	63.	Einstimmig		
	64.	Einstimmig		
	65.	19:0:1		
	66.	19:0:1		
	67.	Einstimmig		
	68.	18:0:2		
	69.	Einstimmig		
	70.	Einstimmig		
	71.	Einstimmig		
	72.	Einstimmig		
	73.	9:5:2		
	74.	19:0:1		
	75.	Einstimmig		

Sitzung	Abstimmung	Ergebnis	Mehrheitsverhältnisse im Vermittlungsausschuss	Anmerkung zur Sitzung/ Abstimmung
6.	76.	18:2	10:12, bis zur 11. Sitzung	
	77.	Einstimmig		
	78.	Einstimmig		
	79.	19:0:1		
	80.	18:0:2		
	81.	Einstimmig		
	82.	18:1:1		
	83.	19:0:1		
	84.	10:8		
	85.	10:8		
	86.	10:8		
7.	1.	6:12		
	2.	6:10:2		
	3.	14:13:1		
	4.	17:1		
	5.	17:1		
	6.	17:1		
8.	1.	19:3		
	2.	19:3		
	3.	10:11:1		
	4.	10:12		
	5.	10:12		
	6.	10:12		
	7.	11:11		
	8.	Einstimmig		
	9.	Einstimmig		
	10.	7:10:5		
	11.	19:3		
9.	1.	16:1:5		
	2.	16:0:6		
	3.	Einstimmig		

Sitzung	Abstimmung	Ergebnis	Mehrheitsverhältnisse im Vermittlungsausschuss	Anmerkung zur Sitzung/ Abstimmung
9.	4.	Einstimmig	10:12, bis zur 11. Sitzung	
	5.	Einstimmig		
	6.	Einstimmig		
	7.	Einstimmig		
	8.	20:0:2		
	9.	17:2:3		
	10.	20:1:1		
	11.	16:5:1		
	12.	21:1		
	13.	Einstimmig		
	14.	11:11		
	15.	Einstimmig		
	16.	15:7		
10.	1.	10:9:1		
	2.	10:9:1		
	3.	10:9:1		
	4.	10:9:1		
	5.	10:9:1		
	6.	11:7:1		
	7.	9:10:1		
	8.	10:8:2		
	9.	Einstimmig		
	10.	Einstimmig		
	11.	16:2		
	12.	Einstimmig		
	13.	Einstimmig		
	14.	Einstimmig		
	15.	Einstimmig		
	16.	Einstimmig		
	17.	Einstimmig		
	18.	Einstimmig		

Sitzung	Abstimmung	Ergebnis	Mehrheitsverhältnisse im Vermittlungsausschuss	Anmerkung zur Sitzung/ Abstimmung
11.	1.	8:11	13:9, bis Ende WP	
	2.	16:1:2		
	3.	18:1		

10. Wahlperiode

Sitzung	Abstimmung	Ergebnis	Mehrheitsverhältnisse im Vermittlungsausschuss	Anmerkung zur Sitzung/ Abstimmung
1.			13:9, bis zur 2. Sitzung	Keine Abstimmung
2.	1.	Einstimmig	12:10, bis Ende WP	
	2.	Einstimmig		
	3.	19:2		
	4.	1:17:3		
	5.	Einstimmig		
	6.	11:10		
	7.	19:1:1		
3.	1.	17:0:1		
	2.	18:1		
	3.	Einstimmig		
4.	1.	16:3:1		
	2.	17:2:1		
	3.	10:8:2		
	4.	3:16:1		
	5.	11:8:1		
	6.	18:0:2		
5.	1.	Einstimmig		
	2.	Einstimmig		
	3.	Einstimmig		
	4.	Einstimmig		
	5.	Einstimmig		
	6.	10:10		
	7.	11:7:2		

11. Wahlperiode

Sitzung	Abstimmung	Ergebnis	Mehrheitsverhältnisse im Vermittlungsausschuss	Anmerkung zur Sitzung/ Abstimmung
1.			12:10, bis zur 2. Sitzung	Keine Abstimmung
2.	1.	Einstimmig	11:11, bis zur. 4 Sitzung	
	2.	Einstimmig		
	3.	Einstimmig		
3.	1.	Einstimmig		
4.	1.	19:1	10:12, bis Ende WP	
	2.	Einstimmig		
	3.	Einstimmig		
	4.	Einstimmig		
	5.	12:10		
	6.	18:4		
5.	1.	12:8		1 B-Mitglied fehlte
	2.	Einstimmig		
	3.	19:1		
	4.	19:1		

12. Wahlperiode

Sitzung	Abstimmung	Ergebnis	Mehrheitsverhältnisse im Vermittlungsausschuss	Anmerkung zur Sitzung/ Abstimmung
1.	1.	16:16	18:14, bis zur 3. Sitzung	
2.				Keine Abstimmung
3. + 4.	1.	15:15	17:15, bis zur 2. F 27. Si.	Gemeinsames Protokoll
	2.	15:15		
	3.	15:15		
5.	1.	13:17		
	2.	18:12:2		
	3.	15:16:1		
	4.	31:0:1		

Sitzung	Abstimmung	Ergebnis	Mehrheitsverhältnisse im Vermittlungsausschuss	Anmerkung zur Sitzung/ Abstimmung
6.	1.	15:17	17:15, bis zur 2. F 27. Si.	
	2.	17:15		
	3.	15:17		
7.				Keine Abstimmung
F 7.	1.	16:3		
	2.	Einstimmig		
	3.	16:4		
	4.	Einstimmig		
	5.	16:4		
	6.	Einstimmig		
	7.	Einstimmig		
	8.	29:0:1		
	9.	28:0:2		
	10.	Einstimmig		
	11.	12:12:4		
8.	1.	14:15:1		
	2.	16:14		
	3.	26:1:4		
9.	1.	14:16		
	2.	14:16		
	3.	14:16		
	4.	29:0:1		
	5.	16:11:2		
	6.	Einstimmig		
10.	1.	Einstimmig		
11.				Keine Abstimmung
F 11.	1.	22:0:5		
12.	1.	Einstimmig		1 A-Mitglied fehlte
	2.	12:15		
	3.	15:12		
	4.	13:16		

Sitzung	Abstimmung	Ergebnis	Mehrheitsverhältnisse im Vermittlungsausschuss	Anmerkung zur Sitzung/ Abstimmung
12.	5.	16:13	17:15, bis zur 2. F 27. Si.	
	6.	13:16		
13.	1.	13:14:1		
	2.	13:15		
	3.	13:15		
	4.	13:14:1		
	5.	12:14:2		
	6.	13:15		
	7.	12:15:1		
	8.	14:14		
	9.	14:14		
	10.	12:14:2		
	11.	14:14		
	12.	14:13:1		
14.	1.	14:13:1		
	2.	2:20:2		
	3.	23:1:1		
	4.	20:1:2		
	5.	22:0:3		
	6.	Einstimmig		
	7.	9:12:2		
15.	1.	30:1		
	2.	Einstimmig		
	3.	30:1		
16.	1.	Einstimmig		
	2.	14:12:2		
17.	1.	13:16:1		
	2.	28:1:1		
	3.	Einstimmig		
	4.	Einstimmig		
	5.	15:14		

Sitzung	Abstimmung	Ergebnis	Mehrheitsverhältnisse im Vermittlungsausschuss	Anmerkung zur Sitzung/ Abstimmung
17.	6.	15:15	17:15, bis zur 2. F 27. Si.	
	7.	Einstimmig		
	8.	Einstimmig		
	9.	Einstimmig		
18.	1.	Einstimmig		
	2.	6:14:3		
	3.	Einstimmig		
19.	1.	22:2:6		
	2.	Einstimmig		
	3.	25:5		
	4.	10:3:1		
20.	1.	19:10		
	2.	28:1:1		
	3.	13:15:2		
	4.	14:16		
	5.	14:16		
	6.	14:16		
	7.	14:16		
	8.	14:16		
21.	1.	21:1		
	2.	23:1		
	3.	11:10		
	4.	20:0:1		
	5.	21:2		
	6.	20:4		
	7.	22:2		
	8.	Einstimmig		
22.	1.	Einstimmig		
	2.	Einstimmig		
	3.	14:12		

Sitzung	Abstimmung	Ergebnis	Mehrheitsverhältnisse im Vermittlungsausschuss	Anmerkung zur Sitzung/ Abstimmung
23.	1.	14:16	17:15, bis zur 2. F 27. Si.	
	2.	11:14:5		
	3.	Einstimmig		
	4.	25:0:1		
24.	1.	Einstimmig		
	2.	Einstimmig		
	3.	29:0:1		
25.–30.	1.	Einstimmig		Gemeinsames Protokoll
	2.	10:11		
	3.	1:20		
	4.	12:8		
	5.	18:0:3		
	6.	8:13		
	7.	24:1:1		
	8.	13:8:3		
	9.	21:0:3		
	10.	22:0:2		
	11.	23:7:1		
	12.	Einstimmig		
	13.	Einstimmig		
	14.	Einstimmig		
	15.	Einstimmig		
	16.	Einstimmig		
	17.	13:12:1		
	18.	12:13:1		
	19.	13:12:1		
	20.	Einstimmig		
	21.	18:6:1		
	22.	21:1:3		
	23.	Einstimmig		
	24.	Einstimmig		

Sitzung	Abstimmung	Ergebnis	Mehrheitsverhältnisse im Vermittlungsausschuss	Anmerkung zur Sitzung/ Abstimmung
25.–30.	25.	10:9:1	16:16, bis Ende WP	
	26.	18:2:0	Ab hier 16:16, bis Ende WP	
	27.	Einstimmig		
	28.	Einstimmig		
	29.	19:1:1		
	30.	Einstimmig		
	31.	13:14:1		
	32.	13:14:1		
	33.	13:14:1		
	34.	12:5:1		
	35.	17:0:1		
	36.	Einstimmig		
	37.	Einstimmig		
	38.	13:14:1		
	39.	19:7:4		
	40.	23:0:1		
	41.	5:18:2		
	42.	2:27:1		
	43.	29:0:1		
	44.	21:8:1		
	45.	20:9:1		
	46.	17:12:1		
	47.	2:27:1		
	48.	24:1:0		
	49.	20:3:2		
	50.	11:11		
	51.	20:3		

13. Wahlperiode

Sitzung	Abstimmung	Ergebnis	Mehrheitsverhältnisse im Vermittlungsausschuss	Anmerkung zur Sitzung/ Abstimmung
1.–4.			14:18, bis Ende WP	Keine Abstimmungen
5.	1.	15:9:2		
	2.	17:8:1		
	3.	Einstimmig		
6.	1.	22:1		
F 6.	1.	21:1		
F 7.	1.	18:3		
	2.	14:10:2		
8.	1.	24:1		
	2.	15:10		
	3.	15:11		
9.	1.	14:12:1		1 A-Mitglied fehlte
1. F 9.	1.	22:0:2		
	2.	23:0:2		
	3.	23:0:2		
2. F 9.	1.	17:14:1		
	2.	17:14:1		
	3.	19:12:1		
	4.	16:15:1		
	5.	17:3:2		
3. F 9.	1.	17:11:4		
	2.	4:22:4		
	3.	1:29		
4. F 9.	1.	Einstimmig		
	2.	14:10		
5. F 9.	1.	13:7:2		
	2.	13:10		
	3.	19:0:1		
	4.	Einstimmig		

Sitzung	Abstimmung	Ergebnis	Mehrheitsverhältnisse im Vermittlungsausschuss	Anmerkung zur Sitzung/ Abstimmung
5. F 9.	5.	Einstimmig	14:18, bis Ende WP	
10.				Keine Abstimmung
F 10. + 11.	1.	13:10		
	2.	12:12		
	3.	20:2:2		
	4.	20:1:1		
2. F 11. + 13.	1.	14:11:1		
	2.	14:10		
12.				Keine Abstimmung
1. F 12. + 14. + 15.	1.	13:10:1		
	2.	3:7:12		
	3.	15:0:7		
2. F 12. + 16.	1.	28:0:1		
	2.	2:17:3		
	3.	28:0:1		
1. F 16.				Keine Abstimmung
2. F 16.				Keine Abstimmung
3. F 16.	1.	28:0:1		
	2.	28:0:1		
17.–1. F 19.				Keine Abstimmungen
2. F 19. + 2. F 24. + 26.	1.	11:10:1		
	2.	9:8		
3. F 19. + 3. F 24. + F 26. + 27.	1.	Einstimmig		
	2.	19:11		

Sitzung	Abstimmung	Ergebnis	Mehrheitsverhältnisse im Vermittlungsausschuss	Anmerkung zur Sitzung/ Abstimmung
3. F 19. + 3. F 24. + F 26. + 27.	3.	Einstimmig	14:18, bis Ende WP	
	4.	27:2:1		
	5.	24:5:1		
	6.	16:12:1		
1. F 19. + 20.	1.	16:8		
	2.	16:8		
21.	1.	15:12:1		
1. + 2. F 21. + 22. + 23.				Keine Abstimmung
3. F 21. + 1. F. 23.	1.	Einstimmig		
	2.	27:1		
	3.	2:24:2		
	4.	14:12:2		
	5.	13:14:1		
	6.	14:13:1		
4. F 21. + 2. F. 23.	1.	9:8		2 A-Mitglieder fehlten
	2.	8:7:2		
	3.	Einstimmig		
F 22.	1.	16:2		
24.				Keine Abstimmung
1. F. 24. + 25.	1.	Einstimmig		
4. F 24. + F 27. + 28.	1.	9:13:1		
	2.	21:0:1		
	3.	14:1:8		

Sitzung	Abstimmung	Ergebnis	Mehrheitsverhältnisse im Vermittlungsausschuss	Anmerkung zur Sitzung/ Abstimmung
4. F 24. + F 27. + 28.	4.	20:3:1	14:18, bis Ende WP	
	5.	23:0:1		
	6.	13:9:1		
	7.	13:10		Ein A-Mitglied stimmte mit der B-Seite
	8.	10:4		
F 25.	1.	16:15:1		
	2.	2:26:4		
	3.	17:15		
1. F 28. + 29.	1.	20:0:1		
	2.	11:7		
2. F 28. + 30.	1.	Einstimmig		
	2.	16:12:1		
	3.	14:15:1		
	4.	2:24:3		
	5.	25:1:4		
	6.	2:28		
	7.	15:13:2		
3. F 28. + 31.	1.	23:0:1		
	2.	11:9:2		
	3.	Einstimmig		
32.				Keine Abstimmung
1. F 30. + F 32. + 33.	1.	Einstimmig		
	2.	19:2:0		
	3.	20:0:1		

Sitzung	Abstimmung	Ergebnis	Mehrheitsverhältnisse im Vermittlungsausschuss	Anmerkung zur Sitzung/ Abstimmung
1. F 30. + F 32. + 33.	4.	Einstimmig	14:18, bis Ende WP	
2. F 30. + 34.	1.	23:1		3 A-Mitglieder fehlten
	2.	12:11:1		
F 31. + 32.	1.	11:9:1		1 A-Mitglied fehlte
	2.	Einstimmig		
F 34. + 35.	1.	16:1:1		
	2.	18:0:1		
F 35. + 36.	1.	17:0:1		

14. Wahlperiode

Sitzung	Abstimmung	Ergebnis	Mehrheitsverhältnisse im Vermittlungsausschuss	Anmerkung zur Sitzung/ Abstimmung
1.			20:12, bis 2. Sitzung	Keine Abstimmung
2.			18:14, bis 10. Sitzung	Keine Abstimmung
F 2.	1.	16:12		
	2.	16:12		
	3.	15:12:1		
	4.	16:1:11		
	5.	15:10		
	6.	15:10		
	7.	15:10		
	8.	15:10		
	9.	Einstimmig		
	10.	Einstimmig		
	11.	Einstimmig		
3.	1.	23:4:1		
	2.	19:9		

Sitzung	Abstimmung	Ergebnis	Mehrheitsverhältnisse im Vermittlungsausschuss	Anmerkung zur Sitzung/ Abstimmung
4.	1.	31:0:1	18:14, bis 10. Sitzung	
	2.	Einstimmig		
	3.	31:0:1		
5.–3. F 5.				Keine Abstimmungen
4. F 5.	1.	18:14		
6.	1.	20:3:0		
7.	1.	23:6:3		
	2.	17:13:2		
1. F 7. + 8.	1.	Einstimmig		
	2.	30:1:0		
2. F 7. + 1. F 8. + 9.	1.	Einstimmig	18:14, bis 10. Sitzung	
	2.	Einstimmig		
3. F 7. + 2. F 8. + 10.	1.	26:0:1	19:13, bis zur 13. Sitzung	
	2.	18:6		
	3.	Einstimmig		
	4.	24:2:1		
3. F 8. + 1. F 10. + 11.		Einstimmig		
		13:7:3		
1. + 2. F 9.				Keine Abstimmungen
3. F 9.	1.	15:11:4		
12.	1.	Einstimmig		
F 12. + 13.	1.	25:2	18:14, bis Ende WP	

Sitzung	Abstimmung	Ergebnis	Mehrheitsverhältnisse im Vermittlungsausschuss	Anmerkung zur Sitzung/ Abstimmung
1. F 13. + 14.	1.	14:11:1	18:14, bis Ende WP	
	2.	12:8:1		
	3.	Einstimmig		
	4.	Einstimmig		
	5.	9:17		
	6.	21:4:1		
	7.	25:1		
15.	1.	14:10		
16.	1.	25:0:1		
	2.	Einstimmig		
F 16.	1.	15:9:1		
17.	1.	23:0:1		
	2.	16:3:3		
1. F 17. + 18.	1.	27:1		
	2.	Einstimmig		
	3.	Einstimmig		
	4.	Einstimmig		
	5.	Einstimmig		
	6.	27:1:1		
	7.	16:11		
	8.	14:11		
	9.	15:12		
	10.	26:1:0		
	11.	26:0:1		
	12.	16:11		
2. F 17. + F 18. + 19.	1.	23:2		
	2.	23:2:2		
	3.	Einstimmig		

Sitzung	Abstimmung	Ergebnis	Mehrheitsverhältnisse im Vermittlungsausschuss	Anmerkung zur Sitzung/ Abstimmung
2. F 17. + F 18. + 19.	4.	Einstimmig	18:14, bis Ende WP	
	5.	13:10:1		
	6.	14:10		
	7.	15:8:1		
	8.	14:9		
	9.	13:12		
	10.	19:4:2		
	11.	13:12		
20.	1.	12:8		
	2.	Einstimmig		
	3.	2:15:3		
	4.	Einstimmig		
	5.	9:8:1		

15. Wahlperiode

Sitzung	Abstimmung	Ergebnis	Mehrheitsverhältnisse im Vermittlungsausschuss	Anmerkung zur Sitzung/ Abstimmung
1.	1.	17:14	17:15, bis zur 2. Sitzung	
	2.	14:17		
	3.	14:17		
	4.	16:14:1		
F 1.	1.	17:12		
	2.	31:1		
2.	1.	15:15	16:16, bis zur 53. Sitzung	
	2.	14:14		
	3.	27:1		
3.	1.	14:14		

Sitzung	Abstimmung	Ergebnis	Mehrheitsverhältnisse im Vermittlungsausschuss	Anmerkung zur Sitzung/ Abstimmung
4.	1.	14:14	16:16, bis zur 53. Sitzung	
F 2.	1.	28:1:1		
5.				Keine Abstimmung
F 5.	1.	26:1:1		
6.	1.	25:1		
	2.	13:13		
	3.	13:13		
	4.	Einstimmig		
6.	5.	Einstimmig		
7.	1.	13:13		
8.	1.	13:13		
1. F 9. + 10.	1.	16:16		
	2.	16:16		
F 10. + 11.	1.	16:16		
	2.	16:16		
	3.	16:16		
	4.	16:16		
	5.	16:16		
	6.	16:16		
	7.	16:16		
12.	1.	15:15		
	2.	15:15		
	3.	15:15		
	4.	15:15		
	5.	15:15		
13.	1.	15:15		
	2.	15:15		
14.	1.	15:15		

Sitzung	Abstimmung	Ergebnis	Mehrheitsverhältnisse im Vermittlungsausschuss	Anmerkung zur Sitzung/ Abstimmung
1. F 12. + 15.	1.	16:16	16:16, bis zur 53. Sitzung	
	2.	16:16		
2. F 12. + 1. F 15 + 16.	1.	Einstimmig		
	2.	15:15		
3. F 12. + 2. F 15. + 1. F 16.				Keine Abstimmung
4. F 12. + 3. F 15. + 2. F 16.				Keine Abstimmung
5. F 12. + 4. F 15. + 3. F 16.	1.	Einstimmig		
	2.	Einstimmig		
	3.	Einstimmig		
	4.	Einstimmig		
	5.	Einstimmig		
	6.	16:16		
17.	1.	16:16		
5. F 12. + 4. F 15. + 3. F 16. + 18.	1.	16:16		
	2.	Einstimmig		
	3.	Einstimmig		
	4.	Einstimmig		
	5.	31:1		
	6.	31:1		
	7.	16:16		
19.	1.	13:13		
	2.	13:13		

Sitzung	Abstimmung	Ergebnis	Mehrheitsverhältnisse im Vermittlungsausschuss	Anmerkung zur Sitzung/ Abstimmung
19.	3.	13:13	16:16, bis zur 53. Sitzung	
	4.	13:13		
	5.	13:13		
20.	1.	13:13		
	2.	13:13		
	3.	13:13		
	4.	13:13		
	5.	13:13		
21.	1.	13:13		
	2.	13:13		
	3.	13:13		
22.	1.	Einstimmig		
1. F 22. + 23.	1.	Einstimmig		
	2.	Einstimmig		
	3.	Einstimmig		
2. F 22. + F 23. + 24.	1.	Einstimmig		
	2.	29:0:1		
	3.	Einstimmig		
	4.	Einstimmig		
	5.	14:14:1		
	6.	Einstimmig		
	7.	10:20		
	8.	29:1		
25.	1.	14:14		
26.	1.	14:14		
1. F 24. + 27.	1.	15:14:1		
	2.	15:15		
	3.	15:11:2		

Sitzung	Abstimmung	Ergebnis	Mehrheitsverhältnisse im Vermittlungsausschuss	Anmerkung zur Sitzung/ Abstimmung
28.	1.	14:14	16:16, bis zur 53. Sitzung	
29.	1.	14:14		
2. F 24.	1.	5:14:5		
	2.	20:1:3		
31.	1.	14:14		
32.	1.	14:14		
2. F 9. + 2. F 27. + F 30. + 33.	1.	Einstimmig		
	2.	16:16		
	3.	Einstimmig		
	4.	16:16		
	5.	29:1:2		
	6.	31:0:1		
	7.	31:10		
	8.	31:1:0		
34.	1.	16:16		
	2.	16:16		
35.	1.	16:16		
36.	1.	16:16		
	2.	16:16		
37.	1.	13:13		
	2.	13:13		
38.	1.	13:13		
	2.	13:13		
1. F 36. + 39.	1.	13:13		
	2.	14:14		
	3.	7:19:2		
	4.	12:15:1		

Sitzung	Abstimmung	Ergebnis	Mehrheitsverhältnisse im Vermittlungsausschuss	Anmerkung zur Sitzung/ Abstimmung
40.	1.	14:14	16:16, bis zur 53. Sitzung	
	2.	12:15:1		
	3.	14:14		
41.	1.	14:14		
	2.	12:15:1		
	3.	14:14		
1. F 39 + 42.	1.	15:15		
	2.	15:15		
	3.	1:29		
	4.	Einstimmig		
43.	1.	15:15		
	2.	15:15		
44.	1.	15:15		
	2.	15:15		
2. F 39. + 45.	1.	14:14		
	2.	21:4:3		
	3.	14:14		
	4.	14:14		
46.	1.	14:14		
	2.	14:14		
	3.	14:14		
47.	1.	14:14		
	2.	14:14		
	3.	14:14		
4. F 39 + 2. F 45 + 1. F 48. + 51.	1.	Einstimmig		

Sitzung	Abstimmung	Ergebnis	Mehrheitsverhältnisse im Vermittlungsausschuss	Anmerkung zur Sitzung/ Abstimmung
4. F 39 + 2. F 45 + 1. F 48. + 51.	2.	12:15:1	16:16, bis zur 53. Sitzung	
	3.	13:14		
	4.	12:14:1		
	5.	24:1:3		
	6.	13:13		
	7.	Einstimmig		
3. F 45 + 2. F 48 + 1. F 51 + 52.	1.	13:13		
	2.	Einstimmig		
	3.	25:1		
	4.	13:13		
	5.	25:0:1		
4. F 45. + 3. F 48 + 2. F 51. + F 52. + 53.	1.	Einstimmig	15:17, bis zur 56. Sitzung	
	2.	29:0:1		
2. F 36. + 5. F 45. + 4. F 48. + 1. F 53. + 54.	1.	Einstimmig		
	2.	27:1		
	3.	Einstimmig		
	4.	27:1		
	5.	Einstimmig		

Sitzung	Abstimmung	Ergebnis	Mehrheitsverhältnisse im Vermittlungsausschuss	Anmerkung zur Sitzung/ Abstimmung
6. F 45. + 2. F 53 + 1. F 54. + 55.			15:17, bis zur 56. Sitzung	Keine Abstimmung
7. F 45 + 3. F 53 + 2. F 54 + F. 55 + 56.			14:18	Keine Abstimmung

Legende:
A-Mitglied: Mitglied der SPD-Bundestagsfraktion bzw. Vertreter einer SPD-geführten Landesregierung
B-Mitglied: Mitglied der CDU-Bundestagsfraktion bzw. Vertreter einer CDU-geführten Landesregierung
WP: Wahlperiode
F: Fortsetzung

Literaturverzeichnis

Abmeier, Klaus: Die parlamentarischen Befugnisse des Abgeordneten des Deutschen Bundestages nach dem Grundgesetz, Berlin 1984

Achterberg, Norbert: Die ständigen Ausschüsse der Parlamente, in: Kurt Madlener (Hrsg.), Deutsche öffentlich-rechtliche Landesberichte zum X. Internationalen Kongreß für Rechtsvergleichung in Budapest: 23.–28. August 1978

–: Parlamentsrecht, Tübingen 1984

Arndt, Claus: Zum Begriff der Partei im Organstreitverfahren vor dem Bundesverfassungsgericht, AöR 87 (1962), 197

Arndt, Klaus Friedrich: Parlamentarische Geschäftsordnungsautonomie und autonomes Parlamentsrecht, Berlin 1966

Axer, Georg: Die Kompetenz des Vermittlungsausschusses – zwischen legislativer Effizienz und demokratischer Legitimation – Dargestellt am Beispiel des Steuergesetzgebungsverfahrens, Berlin 2010

Bardenhewer, Franz: Die Entstehung und Auflösung von Meinungsverschiedenheiten zwischen den Gesetzgebungsorganen: Der Ausschuß nach Art. 77 Grundgesetz und die Stellung des Bundesrats im Gesetzgebungsverfahren, Pfaffenweiler 1984

Bauer, Thomas L.: Der Vermittlungsausschuß: Politik zwischen Konkurrenz und Konsens, Bremen 1999

Benda, Ernst / Klein, Eckart / Klein, Oliver: Verfassungsprozessrecht: Ein Lehr- und Handbuch, 3. Auflage, Heidelberg 2012, zitiert als: Benda / Klein

Berg, Wilfried: Zur Übertragung von Aufgaben des Bundestages auf Ausschüsse, Der Staat 9 (1970), 21

Bergkemper, Julia: Das Vermittlungsverfahren gemäß Art. 77 II GG: Eine Zwischenbilanz, Baden-Baden 2008

Bernau, Manfred: Die verfassungsrechtliche Bedeutung von Geschäftsordnungen oberster Bundesorgane, Göttingen 1955

Birk, Dieter: Gleichheit im Parlament, NJW 1988, 2521

Bismark, Hans: Grenzen des Vermittlungsausschusses, DÖV 1983, 269

Böhm, Frank: Der Arbeitsstil des Bundestages: Gedanken und Anregungen zur Tätigkeit der Ausschüsse, DNG 1964, 347

Bomsdorf, Eckart: Ein neues Verfahren zur Umsetzung von Wählerstimmen in Mandate, ZParl 1987, 221

Borgs-Maciejewski, Hermann/Drescher, Alfred: Parlamentsorganisation: Institutionen des Bundestages und ihre Aufgaben, 4. Auflage, Heidelberg 1993

Braun, Werner/Jantsch, Monika/Klante, Elisabeth: Abgeordnetengesetz des Bundes – unter Einschluß des Europaabgeordnetengesetzes und der Abgeordnetengesetze der Länder: Kommentar, Berlin [u.a.] 2002

Bumke, Christian: Relative Rechtswidrigkeit: Systembildung und Binnendifferenzierung im Öffentlichen Recht, Tübingen 2004

Bundesrat (Hrsg.): Handbuch des Bundesrates für das Geschäftsjahr 2015/2016, Berlin 2015

Cahn, Ernst: Das Verhältniswahlsystem in den modernen Kulturstaaten: Eine staatsrechtlich-politische Abhandlung, Berlin 1909

Canaris, Claus-Wilhelm: Systemdenken und Systembegriff in der Jurisprudenz: entwickelt am Beispiel des deutschen Privatrechts, 2. Auflage, Berlin 1983

Cornils, Matthias: Politikgestaltung durch den Vermittlungsausschuss, DVBl. 2002, 497

Dästner, Christian: Die Geschäftsordnung des Vermittlungsausschusses, Berlin 1995, zitiert als: Dästner, GOVermA

–: Die Rolle des Vermittlungsausschusses in der deutschen Bundesgesetzgebung, in: Sekretariat des Bundesrates (Hrsg.), Protokolle des Vermittlungsausschusses des Deutschen Bundestages und des Bundesrates: Erste bis vierzehnte Wahlperiode (1949–2002), München 2007

Dechamps, Bruno: Macht und Arbeit der Ausschüsse: Der Wandel der parlamentarischen Willensbildung, Meisenheim am Glan 1954

Deecke, Carsten: Verfassungsrechtliche Anforderungen an die Stimmenverteilung im Bundesrat, Berlin 1998

Dehm, Walter: Der Vermittlungsausschuß, in: Sekretariat des Bundesrates (Hrsg.), Der Bundesrat 1949–1969: Beiträge zum zwanzigjährigen Bestehen der zweiten gesetzgebenden Körperschaft der Bundesrepublik, Bonn 1969

–: Verfassungsrechtliche Stellung, Aufgaben und Verfahren des Vermittlungsausschusses, in: Wolfgang E. Burhenne (Hrsg.), Recht und Organisation der Parlamente, Bd. 2, Berlin, Stand: Ergänzungslieferung 2/16, Juni 2016

Denninger, Eberhard/Hoffmann-Riem, Wolfgang/Schneider, Hans-Peter/Stein, Ekkehart (Hrsg.): Kommentar zum Grundgesetz für die Bundesrepublik Deutschland (Reihe Alternativkommentare), Band 2, 3. Auflage, Neuwied 2001, zitiert als: *Bearbeiter*, in: AK-GG, Bd. 2

di Fabio, Udo: Parlament und Parlamentsrecht: Aufgaben, Organisation und Konflikte parlamentarischer Arbeit, Der Staat 29 (1990), 599

Diekmann, Marc: Das Verhältnis des Bundesrates zu Bundestag und Bundesregierung im Spannungsfeld von Demokratie- und Bundesstaatsprinzip: Versuch einer Konfliktlösung unter Berücksichtigung der historischen Entwicklung des Föderativvorgangs, Frankfurt a.M. [u.a.] 2007

Dietlein, Max Josef: Zulässigkeitsfragen bei der Anrufung des Vermittlungsausschusses, AöR 106 (1981), 525

–: Die „Theorie vom weißen Blatt" – ein Irrweg: Beitrag zur Auslegung der Art. 77 II und Art. 78 GG, ZRP 1987, 277

–: Der Vermittlungsausschuß des Deutschen Bundestages und des Bunderates: in: Sekretariat des Bundesrates (Hrsg.), Protokolle des Vermittlungsausschusses des Deutschen Bundestages und des Bundesrates: Erste bis vierzehnte Wahlperiode (1949–2002), München 2007

Dreier, Horst: Regelungsform und Regelungsinhalt des autonomen Parlamentsrechts, JZ 1990, 310

– (Hrsg.): Grundgesetz-Kommentar, Band II: Artikel 20–82, 2. Auflage, Tübingen 2015, zitiert als: *Bearbeiter*, in: Dreier, Bd. II

Drodt, Philipp: Die Tätigkeit des Vermittlungsausschusses in der siebten Wahlperiode des Deutschen Bundestages – Neunte zeitliche Übersicht mit Fundstellen –, Bundesanzeiger 1979, Nummer 107

Edinger, Florian: Wahl und Besetzung parlamentarischer Gremien: Präsidium, Ältestenrat, Ausschüsse, Berlin 1992

Ehmke, Horst: Grundgesetz und politisches Handeln, in: Peter Häberle (Hrsg.), Horst Ehmke: Beiträge zur Verfassungstheorie und Verfassungspolitik, Königstein/Ts. 1981

Ensslin, Dankwart: Der Ausgleich zwischen der ersten und der zweiten Kammer im Gesetzgebungsverfahren der Bundesrepublik Deutschland, Frankreichs, Großbritanniens, der Vereinigten Staaten von Amerika und der Schweiz, Stuttgart 1962

Epping, Volker/Hillgruber, Christian: Beck'scher Onlinekommentar Grundgesetz, 29. Edition, München, Stand: 1. Juni 2016, zitiert als: *Bearbeiter*, in: BeckOK-GG

Ernst, Christian/Johnsen, Lars: Spiegelbildlichkeit oder Mehrheitsprinzip? Die Besetzung der Bundestagsbank im Vermittlungsausschuss aus rechts- und politikwissenschaftlicher Sicht, ZParl 2005, 748

Fengler, Erhard: Ein Verfahren der möglichst geringen Verfälschung des Wählerwillens bei der Zuweisung der Parlamentsmandate, ZParl 1988, 561

–: Ausschuß-Variante des Fengler-Verfahrens, ZParl 1990, 531

Franßen, Everhardt: Der Vermittlungsausschuß – politischer Schlichter zwischen Bundestag und Bundesrat? Bemerkungen zur Stellung des Vermittlungsausschusses im Gesetzgebungsverfahren, in: Hans Jochen Vogel/Helmut Simon/Adalbert Podlech (Hrsg.), Die Freiheit des Anderen: Festschrift für Martin Hirsch, Baden-Baden 1981

Friesenhahn, Ernst: Parlament und Regierung im modernen Staat, VVDStRL 16 (1958), 9

Fromme, Karl Friedrich: Gesetzgebung im Widerstreit: Wer beherrscht den Bundesrat? Die Kontroverse 1969–1976, Stuttgart, 1976

Frost, Herbert: Die Parlamentsausschüsse, ihre Rechtsgestalt und ihre Funktionen, dargestellt an den Ausschüssen des Deutschen Bundestages, AöR 95 (1970), 38

Geck, Wilhelm Karl: Die Conference-Committees im Kongreß der Vereinigten Staaten, ihr Verfahren und ihre Bedeutung, ZaöRV 14 (1951/52), 294

Gehrig, Norbert: Parlament – Regierung – Opposition: Dualismus als Voraussetzung für eine parlamentarische Kontrolle der Regierung, München 1969

–: Gewaltenteilung zwischen Regierung und parlamentarischer Opposition, DVBl. 1971, 633

Genssler, Georg: Das d'Hondtsche und andere Sitzverteilungsverfahren aus mathematischer und verfassungsrechtlicher Sicht, Nürnberg 1984

Gramm, Christof: Gewaltverschiebungen im Bundesrat – Zu Möglichkeiten und Grenzen der Verfassungsrechtsdogmatik –, AöR 124 (1999), 212

Grimm, Dieter: Politik und Recht, in: Eckart Klein (Hrsg.), Grundrechte, soziale Ordnung und Verfassungsgerichtsbarkeit: Festschrift für Ernst Benda zum 70. Geburtstag, Heidelberg 1995

–: Die Verfassung und die Politik: Einsprüche in Störfällen, München 2001

Grube, Konrad Dieter: Die Stellung der Opposition im Strukturwandel des Parlamentarismus, o. O. 1965

Haack, Stefan: Widersprüchliche Regelungskonzeptionen im Bundesstaat, Berlin 2002

Haberland, Stephan: Die verfassungsrechtliche Bedeutung der Opposition nach dem Grundgesetz, Berlin 1995

Häberle, Peter: Freiheit, Gleichheit und Öffentlichkeit des Abgeordnetenstatus, NJW 1976, 537

–: Kommentierte Verfassungsrechtsprechung, Königstein/Ts. 1979

Hablitzel, Hans: Das politische Mandat des Bundesrates – Bemerkungen zum Rederecht der Mitglieder des Bundesrates und ihrer Beauftragten im Bundestag nach Art. 43 Abs. 2 GG –, BayVBl. 1979

Hasselsweiler, Ekkehart: Der Vermittlungsausschuß: Verfassungsgrundlagen und Staatspraxis: Eine Untersuchung der parlamentsrechtlichen und verfassungspolitischen Bedeutung des Ausschusses nach Art. 77 Abs. 2 des Grundgesetzes unter besonderer Berücksichtigung seiner Verfahrenspraxis, Berlin 1981

Hassenpflug-Hunger, Dorothee: Verfassungsrechtliche Abmessungen parlamentarischer Opposition nach dem Grundgesetz und Art. 12 der Verfassung des Landes Schleswig-Holstein, Frankfurt a.M. [u.a.] 1999

Hatschek, Julius: Das Parlamentsrecht des Deutschen Reiches, 1. Teil, Berlin [u.a.] 1915

Hauenschild, Wolf-Dieter: Wesen und Rechtsnatur der parlamentarischen Fraktionen, Berlin 1968

Haug, Volker: Bindungsprobleme und Rechtsnatur parlamentarischer Geschäftsordnungen, Berlin 1994

Hennis, Wilhelm: Verfassung und Verfassungswirklichkeit: Ein deutsches Problem, Tübingen 1968

–: Zur Rechtfertigung und Kritik der Bundestagsarbeit, in: Horst Ehmke/Carlo Schmid/Hans Scharoun (Hrsg.), Festschrift für Adolf Arndt zum 65. Geburtstag, Frankfurt a.M. 1969

–: Die mißverstandene Demokratie: Demokratie – Verfassung – Parlament: Studie zu deutschen Problemen, Freiburg 1973

Herdegen, Matthias/Herzog, Roman/Klein, Hans H./Scholz, Rupert (Hrsg.): Maunz/Dürig, Grundgesetz Kommentar, Band IV: Artikel 23–53a, München, Stand: 77. Ergänzungslieferung Juli 2016, zitiert als: *Bearbeiter*, in: Maunz/Dürig, Bd. IV

–: Maunz/Dürig, Grundgesetz Kommentar, Band V: Artikel 54–85, München, Stand: 77. Ergänzungslieferung Juli 2016, zitiert als: *Bearbeiter*, in: Maunz/Dürig, Bd. V

Herzog, Roman: Allgemeine Staatslehre, Frankfurt a.M. 1971

–: Der Einfluß des Bundesrates auf die Gesetzgebung und Verwaltung des Bundes seit 1949, in: Bundesrat (Hrsg.), Der Bundesrat als Verfassungsorgan und politische Kraft: Beiträge zum fünfundzwanzigjährigen Bestehen des Bundesrates der Bundesrepublik Deutschland, Bad Honnef/Darmstadt 1974

–: Konsequenzen aus den unterschiedlichen Mehrheiten in Bundestag und Bundesrat für die Interessenwahrnehmung der Länder, ZParl 1976, 298

Hesse, Konrad: Die normative Kraft der Verfassung, Tübingen 1959

–: Grenzen der Verfassungswandlung, in: Horst Ehmke/Joseph H. Kaiser/Wilhelm A. Kewenig/Karl Matthias Meessen/Wolfgang Rüfner (Hrsg.), Festschrift für Ulrich Scheuner zum 70. Geburtstag, Berlin 1973

–: Grundzüge des Verfassungsrechts der Bundesrepublik Deutschland, 20. Auflage, Heidelberg 1995

Heun, Werner: Das Mehrheitsprinzip in der Demokratie: Grundlagen – Struktur – Begrenzungen, Berlin 1983

Hoffmann, Josef: Die Tätigkeit des Vermittlungsausschusses in der zwölften Wahlperiode des Deutschen Bundestages – Dreizehnte zeitliche Übersicht mit Fundstellen –, Bundesanzeiger 1995, Nummer 62a

–: Die Tätigkeit des Vermittlungsausschusses in der dreizehnten Wahlperiode des Deutschen Bundestages – Vierzehnte zeitliche Übersicht mit Fundstellen –, Bundesanzeiger 1999, Nummer 30a

–: Die Tätigkeit des Vermittlungsausschusses in der vierzehnten Wahlperiode des Deutschen Bundestages – Fünfzehnte zeitliche Übersicht mit Fundstellen –, Bundesanzeiger 2003, Nummer 19a

Hoffmann-Riem, Wolfgang: Nachvollziehende Grundrechtskontrolle: Zum Verhältnis von Fach- und Verfassungsgerichtsbarkeit am Beispiel von Konflikten zwischen Medienfreiheit und Persönlichkeitsrecht, AöR 128 (2003), 173

Hölscheidt, Sven: Der Haushaltsausschuß des Deutschen Bundestages, Rheinbreitbach 1988

–: Die Ausschußmitgliedschaft fraktionsloser Bundestagsabgeordneter, DVBl. 1989, 291

–: Das Recht der Parlamentsfraktionen, Rheinbreitbach 2001

Hömig, Dieter/Wolff, Heinrich Amadeus (Hrsg.): Grundgesetz für die Bundesrepublik Deutschland: Handkommentar, 11. Auflage, Baden-Baden 2016, zitiert als: *Bearbeiter*, in: Hömig/Wolff

Isensee, Josef/Kirchhof, Paul (Hrsg.): Handbuch des Staatsrechts der Bundesrepublik Deutschland, Band V: Allgemeine Grundrechtslehren, 2. Auflage, Heidelberg 2000, zitiert als: *Bearbeiter*, in: HStR V, 2. Auflage

–: Handbuch des Staatsrechts der Bundesrepublik Deutschland, Band I: Historische Grundlagen, 3. Auflage, Heidelberg 2003, zitiert als: *Bearbeiter*, in: HStR I, 3. Auflage

–: Handbuch des Staatsrechts der Bundesrepublik Deutschland, Band III: Demokratie – Bundesorgane, 3. Auflage, Heidelberg 2005, zitiert als: *Bearbeiter*, in: HStR III, 3. Auflage

Jahn, Gerhard: Bundesrat gegen Bundestag, Gesetzgebung im Spannungsfeld zweier Verfassungsorgane, DNG 1976, 635

Jarras, Hans D./Pieroth, Bodo: Grundgesetz für die Bundesrepublik Deutschland: Kommentar, 14. Auflage, München 2016, zitiert als: *Bearbeiter*, in: Jarras/Pieroth

Jekewitz, Jürgen: Der Vermittlungsausschuß: Verfassungsauftrag und Verfassungswirklichkeit, Recht und Politik 1982, 70

Jellinek, Georg: Verfassungsänderung und Verfassungswandlung. Eine staatsrechtlich-politische Abhandlung, Berlin 1906

–: Allgemeine Staatslehre, 3. Auflage, Berlin 1922

Kahl, Wolfgang/Waldhoff, Christian/Walter, Christian (Hrsg.): Bonner Kommentar zum Grundgesetz, Ordner 11, Heidelberg, Stand: 180. Aktualisierung August 2016, zitiert als: *Bearbeiter*, in: Bonner Kommentar zum Grundgesetz, Ordner 11

Kämmerer, Jörn Axel: Muss Mehrheit immer Mehrheit bleiben? Über die Kontroversen um die Besetzung des Vermittlungsausschusses, NJW 2003, 1166

–: Staatsorganisationsrecht, 2. Auflage, München 2012

Kasten, Hans-Hermann: Ausschußorganisation und Ausschußrückruf: Ein Beitrag zum freien Mandat in den Parlamenten und kommunalen Vertretungskörperschaften der Bundesrepublik Deutschland, Berlin 1983

–: Plenarvorbehalt und Ausschußfunktion – Grenzen der Übertragung parlamentarischer Aufgaben auf Ausschüsse –, DÖV 1985, 222

Kewenig, Wilhelm: Staatsrechtliche Probleme parlamentarischer Mitregierung am Beispiel der Arbeit der Bundestagsausschüsse, Bad Homburg [u.a.] 1970

Kleffmann, Heinz-Werner: Die Rechtsstellung parteiloser Kandidaten und Mandatsträger, Frankfurt a.M. [u.a.] 1982

Klein, Hans H.: Parteipolitik im Bundesrat?, DÖV 1971, 325

–: Zur Rechtsstellung des Bundestagsabgeordneten als Ausschußmitglied, DÖV 1972, 329

–: Der Bundesrat im Regierungssystem der Bundesrepublik Deutschland, ZG 2002, 297

Knies, Wolfgang: Der Bundesrat: Zusammensetzung und Aufgaben, Zum Schlußbericht der Enquete-Kommission Verfassungsreform, DÖV 1977, 575

Koggel, Claus Dieter: Die Tätigkeit des Vermittlungsausschusses in der fünfzehnten Wahlperiode des Deutschen Bundestages – Sechzehnte zeitliche Übersicht mit Fundstellen –, Bundesanzeiger 2006, Nummer 18a

–: Die Tätigkeit des Vermittlungsausschusses in der sechzehnten Wahlperiode des Deutschen Bundestages – Siebzehnte zeitliche Übersicht mit Fundstellen –, Bundesanzeiger 2009, Nummer 190a

Kölble, Josef: Vorschläge zur Parlamentsreform: Einige Bemerkungen zur Schrift von F. Schäfer, Der Bundestag, DÖV 1969, 189

Kratzer, Jakob: Zustimmungsgesetze, AöR 77 (1951/52), 266

Kretschmer, Gerald: Fraktionen: Parteien im Parlament, 2. Auflage, Heidelberg 1992

Krüger, Herbert: Verfassung, in: Erwin von Beckerath/Carl Brinkmann/Erich Gutenberg/Gottfried Haberler/Horst Jecht/Walter Adolf Jöhr/Friedrich Lütge/Andreas Predöhl/Reinhard Schaeder/Walter Schmidt-Rimpler/Werner Weber/Leopold von Wiese (Hrsg.), Handwörterbuch der Sozialwissenschaften: zugleich Neuauflage des Handwörterbuchs der Staatswissenschaften, 11. Bd., Stuttgart [u.a.] 1961

Krüper, Julian: Ausschussbesetzung zwischen Politik, Mathematik und Demokratie (Besprechung von BVerwG – 8 C 18.03 –, NWVBl. 2004, 184), NWVBl. 2005, 97

Kunig, Philip (Hrsg.): von Münch/Kunig, Grundgesetz-Kommentar, Band 2, 6. Auflage, München 2012, zitiert als: *Bearbeiter*, in: von Münch/Kunig

Kürschner, Jörg: Die Statusrechte des fraktionslosen Abgeordneten, Berlin 1984

Lang, Joachim: Spiegelbildlichkeit versus Mehrheitsprinzip?, NJW 2005, 189

Lange, Klaus: Die Legitimationskrise des Bundesrates, in: Hermann Avenarius/Hanns Engelhardt/Hermann Heussner/Friedrich von Zezschwitz (Hrsg.), Festschrift für Erwin Stein zum 80. Geburtstag: dargebracht von Freunden und Kollegen, Bad Homburg vor der Höhe 1983

Larenz, Karl: Methodenlehre der Rechtswissenschaft, 6. Auflage, Berlin [u.a.] 1991

Lassalle, Ferdinand: Über Verfassungswesen, Berlin 1862

Laufer, Heinz: Der Bundesrat als Instrument der Opposition? Eine Funktionsanalyse der Länderkammer unter den Bedingungen divergierender Mehrheitskonstellationen in Bundestag und Bundesrat, ZParl 1970, 318

–: Der Bundesrat: Untersuchung über Zusammensetzung, Arbeitsweise, politische Rolle und Reformprobleme, Bonn 1972

–: Das föderative System der Bundesrepublik Deutschland, Bonn 1992

–/Münch, Ursula: Das föderative System der Bundesrepublik Deutschland, Opladen 1998

Lechner, Hans/Hülshoff, Klaus: Parlament und Regierung: Textsammlung des Verfassungs-, Verfahrens- und Geschäftsordnungsrechts der obersten Bundesorgane: mit Anmerkungen, Erläuterungen, Hinweisen und Sachregister, 3. Auflage, München 1971

Leibholz, Gerhard: Strukturprobleme der modernen Demokratie, 3. Auflage, Frankfurt a.M. 1974

–: Bericht des Berichterstatters an das Plenum des Bundesverfassungsgerichts zur „Status"-Frage (1957), in: Peter Häberle (Hrsg.), Verfassungsgerichtsbarkeit, Darmstadt 1976

–: Rudolf Smend: Gedenkrede, gehalten am 17. Januar 1976 in der Aula der Georg-August-Universität in Göttingen, in: In Memoriam Rudolf Smend: Gedenkfeier in der Aula der Universität Göttingen – mit einer Gedenkrede von Gerhard Leibholz und Gedenkworten von Gerhard Gottschalk und André Pirson, Göttingen 1976

–/Hesselsberger, Dieter: Die Stellung des Bundesrates und das demokratische Parteiensystem in der Bundesrepublik Deutschland, in: Bundesrat (Hrsg.), Der Bundesrat als Verfassungsorgan und politische Kraft: Beiträge zum fünfundzwanzigjährigen Bestehen des Bundesrates der Bundesrepublik Deutschland, Bad Honnef/Darmstadt 1974

–/Rinck, Hans-Justus (Begr.): Grundgesetz für die Bundesrepublik Deutschland: Kommentar an Hand der Rechtsprechung des Bundesverfassungsgerichts, Band III: Art. 70–146, Köln, Stand: 71. Ergänzungslieferung Juli 2016, zitiert als: Leibholz/Rinck, GG

Lerche, Peter: Übermass und Verfassungsrecht: Zur Bindung des Gesetzgebers an die Grundsätze der Verhältnismäßigkeit und der Erforderlichkeit, Köln [u.a.] 1961

Linck, Joachim: Fraktionsstatus und Ausübung parlamentarischer Rechte. Zur individuellen und kollektiven Gestaltung parlamentarischer Tätigkeit, DÖV 1975, 689

Loewenberg, Gerhard: Parlamentarismus im politischen System der Bundesrepublik Deutschland, Tübingen 1969

Loewenstein, Karl: Verfassungsrecht und Verfassungsrealität: Beiträge zur Ontologie der Verfassungen, AöR 77 (1951/52), 387

Lohmann, Karl: Der Deutsche Bundestag, Frankfurt a.M./Bonn 1967

Lovens, Sebastian: Die Besetzung der Bundestagsbank des Vermittlungsausschusses, ZParl 2003, 33

Magiera, Siegfried: Parlament und Staatsleitung in der Verfassungsordnung des Grundgesetzes: Eine Untersuchung zu den Grundlagen der Stellung und Aufgaben des Deutschen Bundestages, Berlin 1979

Magsaam, Niels: Mehrheit entscheidet: Ausgestaltung und Anwendung des Majoritätsprinzips im Verfassungsrecht des Bundes und der Länder, Berlin 2014

Maunz, Theodor: Die Rechtsstellung der Mandatsträger im Bundesrat, in: Bundesrat (Hrsg.), Der Bundesrat als Verfassungsorgan und politische Kraft: Beiträge zum fünfundzwanzigjährigen Bestehen des Bundesrates der Bundesrepublik Deutschland, Bad Honnef/Darmstadt 1974

– (Begründer): Bundesverfassungsgerichtsgesetz: Kommentar, Band 1, München, Stand: 48. Ergänzungslieferung Februar 2016, zitiert als: *Bearbeiter*, in: Maunz/Schmidt-Bleibtreu/Klein/Bethge, Bd. 1

– (Begründer): Bundesverfassungsgerichtsgesetz: Kommentar, Band 2, München, Stand: 48. Ergänzungslieferung Februar 2016, zitiert als: *Bearbeiter*, in: Maunz/Schmidt-Bleibtreu/Klein/Bethge, Bd. 2

Merten, Detlef/Papier, Hans-Jürgen (Hrsg.): Handbuch der Grundrechte in Deutschland und Europa, Band III: Grundrechte in Deutschland: Allgemeine Lehren II, Heidelberg 2009, zitiert als: *Bearbeiter*, in: HGR III

Meyer, Hans: Wahlsystem und Verfassungsordnung: Bedeutung und Grenzen wahlsystematischer Gestaltung nach dem Grundgesetz, Frankfurt a.M. 1973

–: Das parlamentarische Regierungssystem des Grundgesetzes, Anlage – Erfahrungen – Zukunftseignung, VVDStRL 33 (1975), 69

–: Judex non calculat. Der Zweite Senat und die Besetzung des Vermittlungsausschusses, in: Rainer Maria Kiesow/Regina Ogorek/Spiros Simitis (Hrsg.), Summa: Dieter Simon zum 70. Geburtstag, Frankfurt am Main 2005

Möller, Alex: Vermittlungsausschuß kein „Überparlament": Schlichtungsstelle um Interessenausgleich bemüht, in: Pressestelle des Bundesrates (Hrsg.), 30 Jahre Bundesrat: 1949–1979, Bonn 1979

Möllers, Christoph: Vermittlungsausschuss und Vermittlungsverfahren, JURA 2010, 401

Mols, Manfred: Politik als Wissenschaft: Zur Definition, Entwicklung und Standortbestimmung einer Disziplin, in: Hans-Joachim Lauth/Christian Wagner (Hrsg.), Politikwissenschaft: Eine Einführung, 8. Auflage, Paderborn 2016

Morlok, Martin: Parlamentarisches Geschäftsordnungsrecht zwischen Abgeordnetenrechten und politischer Praxis – Zugleich zum Urteil des BVerfG vom 13.6.1989 – 2 BvE 1/88 –, JZ 1989, 1035

Müller-Franken, Sebastian: Staatspraxis und Verfassungsauslegung: Zur Bedeutung der praktischen Handhabung der Verfassung durch staatliche Organe für die

Auslegung des Grundgesetzes, in: Otto Depenheuer/Markus Heintzen/Matthias Jestaedt/Peter Axer (Hrsg.), Staat im Wort: Festschrift für Josef Isensee, Heidelberg 2007

Mundil, Daniel: Die Opposition: Eine Funktion des Verfassungsrechts, Berlin 2014

Neunreither, Karlheinz: Der Bundesrat zwischen Politik und Verwaltung, Heidelberg 1959

Niemann, Helmuth: Die bundesstaatliche Bedeutung des Bundesrates unter besonderer Berücksichtigung der Funktion des Vermittlungsausschusses, Göttingen 1978

Nohlen, Dieter: Wahlrecht und Parteiensysteme: Zur Theorie und Empirie der Wahlsysteme, 7. Auflage, Opladen & Toronto 2014

O. Hrsg.: Protokolle des Vermittlungsausschusses des Deutschen Bundestages und des Bundesrates für die 13. bis 15. Wahlperiode (1994 bis 2005): DVD-Edition der Sitzungsprotokolle mit Materialien zur Erschließung, München 2011

O. V.: Vermittlungsausschuß hat sich bewährt: Einigungsvorschläge verhinderten Scheitern zahlreicher Gesetze, Das Parlament 1953, Nr. 31, S. 6

Opfermann, Wilhelm: Einigung durch Vermittlung, Die Rolle des Vermittlungsausschusses in der 7. Legislaturperiode, ZRP 1976, 206

–: Der europäische Vermittlungsausschuß, in: Rolf Grawert/Bernhard Schlink/Rainer Wahl/Joachim Wieland (Hrsg.), Offene Staatlichkeit: Festschrift für Ernst-Wolfgang Böckenförde zum 65. Geburtstag, Berlin 1995

Ossenbühl, Fritz: Die Zustimmung des Bundesrates beim Erlaß von Bundesrecht, AöR 99 (1974), 369

–: Zustimmung und Verantwortung des Bundesrates beim Erlaß von Bundesgesetzen, in: Institut für Völkerrecht und ausländisches öffentliches Recht der Universität zu Köln (Hrsg.), Festschrift für Hermann Jahrreiß zum 80. Geburtstag: 19. August 1974, Köln [u.a.] 1974

Partsch, Karl Josef: Parlament und Regierung im modernen Staat, VVDStRL 16 (1958), 74

Pasemann, Birthe: Der Einfluß des Bundesrates auf die Gesetzgebung: Der Bundesrat als Gewähr für die Vollziehbarkeit von Gesetzen, Berlin 2006

Patzelt, Werner J.: Grundriss einer Morphologie der Parlamente, in: Ders. (Hrsg.), Evolutorischer Institutionalismus: Theorie und exemplarische Studien zu Evolution, Institutionalität und Geschichtlichkeit, Würzburg 2007

–: Staat und Parlament: Herausforderungen und Entwicklungspfade, in: Horst Dreier/Friedrich Wilhelm Graf/Joachim Jens Hesse (Hrsg.), Staatswissenschaften und Staatspraxis, Baden-Baden 2011

Pestalozza, Christian: Die Wahl der Mitglieder der Berliner Bezirksämter: D'Hondt, das Los und der Verfassungsgerichtshof des Landes Berlin, NVwZ 1993, 1067

Pieper, Paul: Die staatsrechtliche Bedeutung des Vermittlungsausschusses gemäß Artikel 77 des Grundgesetzes, o. O. 1954

Pfeil, Hanno: Der Abgeordnete und die Fraktion – verfassungsrechtliche Vorgaben und gesetzliche sowie binnenrechtliche Ausgestaltung, Hamburg 2008

Podschull-Wellmann, Silke: Die Tätigkeit des Vermittlungsausschusses in der siebzehnten Wahlperiode des Deutschen Bundestages – Achtzehnte zeitliche Übersicht mit Fundstellen –, Berlin 2013

Pollmann, Hans: Repräsentation und Organschaft: Eine Untersuchung zur verfassungsrechtlichen Stellung des Bundesrates der Bundesrepublik Deutschland, Berlin 1969

Posser, Diether: Der Vermittlungsausschuß, in: Bundesrat (Hrsg.), Vierzig Jahre Bundesrat: Tagungsband zum wissenschaftlichen Symposium in der Evangelischen Akademie Tutzing vom 11. Bis 14. April 1989, Baden-Baden 1989

Pukelsheim, Friedrich: Erfolgswertgleichheit der Wählerstimmen zwischen Anspruch und Wirklichkeit, DÖV 2004, 405

–: Bundeswahlgesetz – Nächste Etappe, DVBl. 2008, 889

–/Maier, Sebastian: Eine schonende Mehrheitsklausel für die Zuteilung von Ausschusssitzen, ZParl 2005, 761

–: Parlamentsvergrößerung als Problemlösung für Überhangmandate, Pattsituationen und Mehrheitsklauseln, ZParl 2008, 312

Rauber, Jochen: Das Ende der Höchstzahlen? Zuteilungsmethodik für Parlaments- und Ausschusssitze auf dem verfassungsrechtlichen Prüfstand, NVwZ 2014, 626

Reimer, Franz: Verfassungsprinzipien: Ein Normtyp im Grundgesetz, Berlin 2001

Reinert, Harri: Vermittlungsausschuß und Conference Committees: Ein Beitrag zur Vergleichenden Lehre der Herrschaftssysteme, Heidelberg 1966

Reuter, Konrad: Praxishandbuch Bundesrat: Verfassungsrechtliche Grundlagen, Kommentar zur Geschäftsordnung, Praxis des Bundesrates, 2. Auflage, Heidelberg, 2007

Ritter, Ernst-Hasso: Die Verfassungswirklichkeit – eine Rechtsquelle? Der Staat 7 (1968), 352

Ritzel, Heinrich G./Bücker, Joseph/Schreiner, Hermann Josef (Begr.): Handbuch für die parlamentarische Praxis: Mit Kommentar zur Geschäftsordnung des Deutschen Bundestages, Teil 2, Köln, Stand: 30. Ergänzungslieferung, Dezember 2014

Roll, Hans-Achim: Geschäftsordnung des Deutschen Bundestages: Kommentar, Baden-Baden 2001, zitiert als: Roll, GOBT

Rüdiger, Vera: Der Bundesrat als Bindeglied im föderativen System, Mitwirkung am Entscheidungsprozeß des Gesamtstaates, in: Pressestelle des Bundesrates (Hrsg.), 30 Jahre Bundesrat: 1949–1979, Bonn 1979

Rührmair, Alfred: Der Bundesrat zwischen Verfassungsauftrag, Politik und Länderinteressen, Berlin 2001

Rutschmann, Frank: Der Europäische Vermittlungsausschuss: Eine organisationsrechtliche Untersuchung der interinstitutionellen Vermittlungseinheit im Rechtssetzungsverfahren nach Artikel 251 des EG-Vertrages, Berlin 2002

Sachs, Michael (Hrsg.): Grundgesetz: Kommentar, 7. Auflage, München 2014, zitiert als: *Bearbeiter*, in: Sachs

Schäfer, Friedrich: Der Bundestag: eine Darstellung seiner Aufgaben und seiner Arbeitsweise, 4. Auflage, Opladen 1982

Schäfer, Hans: Der Bundesrat, Köln/Berlin 1955

–: Der Vermittlungsausschuß, in: Bundesrat (Hrsg.), Der Bundesrat als Verfassungsorgan und politische Kraft: Beiträge zum fünfundzwanzigjährigen Bestehen des Bundesrates der Bundesrepublik Deutschland, Bad Honnef/Darmstadt 1974

Schenke, Wolf-Rüdiger: Die verfassungsrechtlichen Grenzen der Tätigkeit des Vermittlungsausschusses: Dargestellt am Beispiel des 2. Haushaltsstrukturgesetzes, Berlin 1984

Scherer, Joachim: Fraktionsgleichheit und Geschäftsordnungskompetenz des Bundestages, AöR 112 (1987), 189

Scheuner, Ulrich: Der Bereich der Regierung, in: o. Hrsg., Rechtsprobleme in Staat und Kirche: Festschrift für Rudolf Smend zum 70. Geburtstag, 15. Januar 1952, Göttingen 1952: Dargebracht von Freunden, Schülern und Kollegen

–: Das parlamentarische Regierungssystem in der Bundesrepublik: Probleme und Entwicklungslinien, DÖV 1957, 633

–: Das Wesen des Staates und der Begriff des Politischen in der neuen Staatslehre, in: Konrad Hesse/Siegfried Reicke/Ulrich Scheuner (Hrsg.), Staatsverfassung und Kirchenordnung: Festgabe für Rudolf Smend zum 80. Geburtstag am 15. Januar 1962, Tübingen 1962

–: Entwicklungslinien des parlamentarischen Regierungssystems in der Gegenwart, in: Horst Ehmke/Carlo Schmid/Hans Scharoun (Hrsg.), Festschrift für Adolf Arndt zum 65. Geburtstag, Frankfurt a.M. 1969

–: Das parlamentarische Verfahren im Bundestag, in: Gerhard Lehmbruch/Klaus von Beyme/Iring Fetscher (Hrsg.), Demokratisches System und politische Praxis der Bundesrepublik: Für Theodor Eschenburg, München 1971

–: Gesetzgebung und Politik, in: Michael Fischer/Raimund Jakob/Erhard Mock/Helmut Schreiner (Hrsg.), Dimensionen des Rechts: Gedächtnisschrift für René Marcic, Bd. 2, Berlin 1974

Schindler, Peter: Datenhandbuch zur Geschichte des Deutschen Bundestages 1949–1999: Gesamtausgabe in drei Bänden: Eine Veröffentlichung der Wissenschaftlichen Dienste des Deutschen Bundestages, Band II, Baden-Baden 1999

–: Datenhandbuch zur Geschichte des Deutschen Bundestages 1949–1999: Gesamtausgabe in drei Bänden: Eine Veröffentlichung der Wissenschaftlichen Dienste des Deutschen Bundestages, Band III, Baden-Baden 1999

Schlaich, Klaus/Korioth, Stefan: Das Bundesverfassungsgericht: Stellung, Verfahren, Entscheidungen, 10. Auflage, München 2015

Schleh, Walter: Die 'Conference Committees' des Kongresses der Vereinigten Staaten von Nordamerika: Einigungsausschüsse anderer Staatslegislaturen des Zweikammer-Systems und der Vermittlungsausschuss nach Artikel 77 des Bonner Grundgesetzes, Köln 1964

Schmidt, Walter: Chancengleichheit der Fraktionen unter dem Grundgesetz, Der Staat 9 (1970), 481

Schmidt-Bleibtreu, Bruno (Begr.)/Hofmann, Hans/Henneke, Hans-Günther (Hrsg.): Kommentar zum Grundgesetz, 13. Auflage, Köln 2014, zitiert als: *Bearbeiter*, in: Schmidt-Bleibtreu/ Hofmann/Henneke

Schmidt-Preuß, Matthias: Kollidierende Privatinteressen im Verwaltungsrecht: Das subjektive öffentliche Recht im multipolaren Verwaltungsrechtsverhältnis, 2. Auflage, Berlin 2005

Schneider, Hans: Die Bedeutung der Geschäftsordnungen oberster Staatsorgane für das Verfassungsleben, in: o. Hrsg., Rechtsprobleme in Staat und Kirche: Festschrift für Rudolf Smend zum 70. Geburtstag, 15. Januar 1952, Göttingen 1952

Schneider, Hans-Peter: Hare contra d'Hondt? Kritische Notizen zur Einführung der mathematischen Proportion bei der Besetzung von Bundestagsausschüssen, ZParl 1970, 442

–: Die parlamentarische Opposition im Verfassungsrecht der Bundesrepublik Deutschland, Bd. 1: Grundlagen, Frankfurt a.M. 1974

–: Das Parlamentsrecht im Spannungsfeld von Mehrheitsentscheidung und Minderheitenschutz, in: Peter Badura/Horst Dreier (Hrsg.), Festschrift 50 Jahre Bundesverfassungsgericht, Zweiter Band: Klärung und Fortbildung des Verfassungsrechts, Tübingen 2001

–/Zeh, Wolfgang: Parlamentsrecht und Parlamentspraxis in der Bundesrepublik Deutschland: ein Handbuch, Berlin 1989, zitiert als: *Bearbeiter*, in: Schneider/ Zeh, Parlamentsrecht

Scholl, Udo: Der Bundesrat in der deutschen Verfassungsentwicklung: Reichsverfassung von 1871 und Grundgesetz, Berlin 1982

Schöne, Helmar: Alltag im Parlament: Parlamentskultur in Theorie und Empirie, Baden-Baden 2010

Schönke, Adolf (Begr.)/Schröder, Horst (Fortf.): Strafgesetzbuch: Kommentar, 29. Auflage, München 2014, zitiert als: *Bearbeiter*, in: Schönke/Schröder, StGB

Schröder, Meinhard: Grundlagen und Anwendungsbereich des Parlamentsrechts: Zur Übertragbarkeit parlamentarischer Grundsätze auf Selbstverwaltungsorgane, insbesondere in der Kommunal- und Hochschulverwaltung, Baden-Baden 1979

Schuett-Wetschky, Eberhard: Gewaltenteilung zwischen Bundestag und Bundesregierung?: Nach dem Scheitern des Gewaltenteilungskonzeptes des Parlamentarischen Rates: Gemeinwohl durch Parteien statt durch Staatsorgane?, in: Klaus Dicke (Hrsg.), Der demokratische Verfassungsstaat in Deutschland: 80 Jahre Reichsverfassung, 50 Jahre Grundgesetz, 10 Jahre Fall der Mauer, Baden-Baden 2001

–: Parlamentarismuskritik ohne Ende? Parteidissens und Repräsentationskonzepte, am Beispiel der Entparlamentarisierungs- und Gewaltenteilungskritik, ZPol 2005, 3

–: Regierung, Parlament oder Parteien: Wer entscheidet, wer beschließt?, ZParl 2005, 489

Schulze-Fielitz, Helmuth: Der Fraktionslose im Bundestag: Einer gegen alle?, DÖV 1989, 829

Schwerin, Thomas: Der Deutsche Bundestag als Geschäftsordnungsgeber: Reichweite, Form und Funktion des Selbstorganisationsrechts nach Art. 40 Abs. 1 S. 2 GG, Berlin 1998

Sekretariat des Bundesrates (Hrsg.): Protokolle des Vermittlungsausschusses des Deutschen Bundestages und des Bundesrates: Erste bis vierzehnte Wahlperiode (1949–2002), München 2007

Dass. (Hrsg.): Protokolle des Vermittlungsausschusses des Deutschen Bundestages und des Bundesrates: Erste bis vierzehnte Wahlperiode (1949–2002), München 2007, Mikrofiche-Edition

Sendler, Horst: Abhängigkeiten der unabhängigen Abgeordneten, NJW 1985, 1425

Smend, Rudolf: Ungeschriebenes Verfassungsrecht im monarchischen Bundesstaat, in: o. Hrsg., Festgabe für Otto Mayer. Zum siebzigsten Geburtstag dargebracht von Freunden, Verehren und Schülern. 29. März 1916, Tübingen 1916

–: Die Verschiebung der konstitutionellen Ordnung durch die Verhältniswahl, in: Bonner Juristische Fakultät (Hrsg.), Festgabe für Karl Bergbohm zum 70. Geburtstag, Bonn 1919

–: Die politische Gewalt im Verfassungsstaat und das Problem der Staatsform: Aus der Festgabe der Berliner juristischen Fakultät für Wilhelm Karl zum Doktorjubiläum am 19. April 1923, Tübingen 1923

–: Verfassung und Verfassungsrecht, München/Leipzig 1928

–: Integrationslehre, in: Erwin von Beckerath/Carl Brinkmann/Erich Gutenberg/Gottfried Haberler/Horst Jecht/Walter Adolf Jöhr/Friedrich Lütge/Andreas Predöhl/Reinhard Schaeder/Walter Schmidt-Rimpler/Werner Weber/Leopold von

Wiese (Hrsg.), Handwörterbuch der Sozialwissenschaften: zugleich Neuauflage des Handwörterbuchs der Staatswissenschaften, 5. Bd., Stuttgart [u.a.] 1961

Spörndli, Markus: Diskurs und Entscheidung: Eine empirische Analyse kommunikativen Handelns im deutschen Vermittlungsausschuss, Wiesbaden 2004

Steiger, Heinhard: Organisatorische Grundlagen des parlamentarischen Regierungssystems: Eine Untersuchung zur rechtlichen Stellung des Deutschen Bundestages, Berlin 1973

Stein, Katrin: Die Besetzung der Sitze des Bundestages im Vermittlungsausschuss, NVwZ 2003, 557

Stern, Klaus: Das Staatsrecht der Bundesrepublik Deutschland, Band I, 2. Auflage, München 1983, zitiert als: Stern, Staatsrecht, Bd. I

–: Das Staatsrecht der Bundesrepublik Deutschland, Band II, München 1980, zitiert als: Stern, Staatsrecht, Bd. II

Sternberger, Dolf: Gewaltenteilung und parlamentarische Regierung in der Bundesrepublik Deutschland, in: Theo Stammen (Hrsg.), Strukturwandel der modernen Regierung, Darmstadt 1967

Stober, Rolf/Kluth, Winfried: Verwaltungsrecht II: Ein Studienbuch, 7. Auflage, München 2010, zitiert als: Wolff/Bachof/Stober/Kluth, Verwaltungsrecht II, 7. Auflage

Strohmeier, Gerd: Der Bundesrat: Vertretung der Länder oder Instrument der Parteien?, ZParl 2004, 717

Stüwe, Klaus: Die Opposition im Bundestag und das Bundesverfassungsgericht: Das verfassungsgerichtliche Verfahren als Kontrollinstrument der parlamentarischen Minderheit, Baden-Baden 1997

Thiery, Peter: Moderne politikwissenschaftliche Theorie, in: Hans-Joachim Lauth/Christian Wagner (Hrsg.), Politikwissenschaft: Eine Einführung, 8. Auflage, Paderborn 2016

Troßmann, Hans: Parlamentsrecht des Deutschen Bundestages: Kommentar zur Geschäftsordnung des Deutschen Bundestages unter Berücksichtigung des Verfassungsrechts, München 1977

–: Der Bundestag: Verfassungsrecht und Verfassungswirklichkeit, JöR 28 (1979), 1

–: Bundestag und Vermittlungsausschuss, JZ 1983, 6

Umbach, Dieter C./Clemens, Thomas (Hrsg.): Grundgesetz: Mitarbeiterkommentar und Handbuch, Band II: Art. 38–146 GG, Heidelberg 2002, zitiert als: *Bearbeiter*, in: Umbach/Clemens

–/–/Dollinger, Franz Wilhelm (Hrsg.): Bundesverfassungsgerichtsgesetz: Mitarbeiterkommentar und Handbuch, 2. Auflage, Heidelberg 2005, zitiert als *Bearbeiter*, in: Umbach/Clemens/Dollinger

Versteyl, Ludger-Anselm: Buchbesprechung von: Kürschner, Die Statusrechte des fraktionslosen Abgeordneten, ZRP 1984, 285

Vetter, Joachim: Die Parlamentsausschüsse im Verfassungssystem der Bundesrepublik Deutschland, Frankfurt a.M. [u.a.] 1986

Vogel, Friedrich: Mehr Zusammenarbeit als Konflikte, in: Pressestelle des Bundesrates (Hrsg.), 30 Jahre Bundesrat: 1949–1979, Bonn 1979

–: Der Vermittlungsausschuß, in: Bundesrat (Hrsg.), Vierzig Jahre Bundesrat: Tagungsband zum wissenschaftlichen Symposium in der Evangelischen Akademie Tutzing vom 11. Bis 14. April 1989, Baden-Baden 1989

–: Zu den politischen und rechtlichen Grenzen der Kompetenzen des Vermittlungsausschusses, in: Stefan Diekwisch/Torsten Wolfgramm (Hrsg.), Recht und Pflicht: Von der Freiheit eines Rechtspolitikers – Beiträge zu 20 Jahren Rechtspolitik – Detlef Kleinert zum 60. Geburtstag, Ronnenberg 1992

von der Heide, Wolf: Der Vermittlungsausschuß. Praxis und Bewährung, DÖV 1953, 129

von Gerber, Carl Friedrich: Grundzüge des deutschen Staatsrechts, 3. Auflage, Leipzig 1880

von Mangoldt, Hermann/Klein, Friedrich/Starck, Christian (Hrsg.): Kommentar zum Grundgesetz, Band 2: Artikel 20 bis 82, 6. Auflage, München 2010, zitiert als: *Bearbeiter*, in: von Mangoldt/Klein/Starck, Bd. 2

–: Kommentar zum Grundgesetz, Band 3: Artikel 83 bis 146, 6. Auflage, München 2010, zitiert als: *Bearbeiter*, in: von Mangoldt/Klein/Starck, Bd. 3

von Oertzen, Peter: Die Bedeutung C. F. von Gerbers für die deutsche Staatsrechtslehre, in: Konrad Hesse/Siegfried Reicke/Ulrich Scheuner (Hrsg.), Staatsverfassung und Kirchenordnung: Festgabe für Rudolf Smend zum 80. Geburtstag am 15. Januar 1962, Tübingen 1962

Voß, Harro: Zur Systematik der Aufgaben des Bundesrates. Zugleich ein Beitrag zur Interpretation des Art. 50 GG, DVBl. 1965, 102, 141

Wagschal, Uwe/Grasl, Maximilian: Die modifizierte Senatslösung. Ein Vorschlag zur Verringerung der Reformblockaden im deutschen Föderalismus, ZParl 2004, 732

Weiler, Joachim: Ausschußrückzug als verschleiertes imperatives Mandat? Anmerkungen zu Hans H. Klein, DÖV 1972, 329 ff., DÖV 1973, 231

Wessel, Franz: Der Vermittlungsausschuß nach Art. 77 des Grundgesetzes, AöR 77 (1951/1952), 283

Wilms, Karl: Der Streit hat sich verschärft, Eine Bilanz der Jahre 1969 bis 1979, in: Pressestelle des Bundesrates (Hrsg.), 30 Jahre Bundesrat: 1949–1979, Bonn 1979

Hans J. Wolff: Organschaft und juristische Person: Untersuchungen zur Rechtstheorie und zum öffentlichen Recht, Zweiter Band: Theorie der Vertretung (Stellvertretung, Organschaft und Repräsentation als soziale und juristische Vertretungsformen), Berlin 1934

–/Bachof, Otto: Verwaltungsrecht II (Organisations- und Dienstrecht): Ein Studienbuch, 4. Auflage, München 1976, zitiert als: Wolf/Bachof, Verwaltungsrecht II, 4. Auflage

Wolff, Heinrich Amadeus: Ungeschriebenes Verfassungsrecht unter dem Grundgesetz, Tübingen 2000

Zeh, Wolfgang: Über Sinn und Zweck der Parlamente heute. Ein Essay zum Auftakt, ZParl 2005, 473

Zirker, Georg: Die staatsrechtliche Stellung der Opposition nach dem Grundgesetz, Würzburg 1968

www.ingramcontent.com/pod-product-compliance
Ingram Content Group UK Ltd.
Pitfield, Milton Keynes, MK11 3LW, UK
UKHW021911290926
8980IPUK00015B/1197

9 783631 714362